■2025年度高等学校受験用

早稲田大学本庄高等学院

収録内容一覧

★この問題集は以下の収録内容となっています。また、編集の都合上、解説、解答用紙を省略させていただいている場合もございますのでご了承ください。

（○印は収録、一印は未収録）

入試問題と解説・解答の収録内容		解答用紙
2024年度	英語・数学・国語	○
2023年度	英語・数学・国語	○
2022年度	英語・数学・国語	○
2021年度	英語・数学・国語	○
2020年度	英語・数学・国語	○
2019年度	英語・数学・国語	○
2018年度	英語・数学・国語	○
2017年度 （29年度）	英語・数学・国語	○
2016年度 （28年度）	英語・数学・国語	○

★当問題集のバックナンバーは在庫がございません。あらかじめご了承ください。

●凡例●

【英語】

≪解答≫

〔　〕　①別解
　②置き換え可能な語句（なお下線は置き換える箇所が2語以上の場合）
　（例）I am〔I'm〕glad〔happy〕to ~

（　）　省略可能な言葉

≪解説≫

1, **2**…　本文の段落（ただし本文が会話文の場合は話者の１つの発言）

〔　〕　置き換え可能な語句（なお〔　〕の前の下線は置き換える箇所が２語以上の場合）

（　）　①省略が可能な言葉
　（例）「（数が）いくつかの」
　②単語・代名詞の意味
　（例）「彼（＝警察官）が叫んだ」
　③言い換え可能な言葉
　（例）「いやなにおいがするなべにはふたをするべきだ（＝くさいものにはふたをしろ）」

//　訳文と解説の区切り

cf.　比較・参照

≒　ほぼ同じ意味

【数学】

≪解答≫

〔　〕　別解

≪解説≫

（　）　補足的指示
　（例）（右図１参照）など

〔　〕　①公式の文字部分
　（例）〔長方形の面積〕＝〔縦〕×〔横〕
　②面積・体積を表す場合
　（例）〔立方体ABCDEFGH〕

∴　ゆえに

≒　約、およそ

【社会】

≪解答≫

〔　〕　別解

（　）　省略可能な語

＿＿　使用を指示された語句

≪解説≫

〔　〕　別称・略称
　（例）政府開発援助〔ODA〕

（　）　①年号
　（例）壬申の乱が起きた（672年）。
　②意味・補足的説明
　（例）資本収支（海外への投資など）

【理科】

≪解答≫

〔　〕　別解

（　）　省略可能な語

＿＿　使用を指示された語句

≪解説≫

〔　〕　公式の文字部分

（　）　①単位
　②補足的説明
　③同義・言い換え可能な言葉
　（例）カエルの子（オタマジャクシ）

≒　約、およそ

【国語】

≪解答≫

〔　〕　別解

（　）　省略してもよい言葉

＿＿　使用を指示された語句

≪解説≫

〈　〉　課題文中の空所部分（現代語訳・通釈・書き下し文）

（　）　①引用文の指示語の内容
　（例）「それ（＝過去の経験）が ～」
　②選択肢の正誤を示す場合
　（例）（ア，ウ…×）
　③現代語訳で主語などを補った部分
　（例）（女は）出てきた。

／　漢詩の書き下し文・現代語訳の改行部分

早稲田大学本庄高等学院

所在地	〒367-0032 埼玉県本庄市栗崎239-3
電　話	0495-21-2400
ホームページ	https://www.waseda.jp/school/honjo/
交通案内	JR高崎線「本庄駅」よりスクールバス （JR・東武鉄道ほか「寄居駅」からも便あり） JR上越・北陸新幹線「本庄早稲田駅」より徒歩約13分

応募状況

年度	募集数	受験数	合格数	倍率
2024	α選抜男子 45名	104名	47名	2.2倍
	α選抜女子 30名	166名	33名	5.0倍
	一般男子 100名	1,723名	475名	3.6倍
	一般女子 70名	760名	220名	3.5倍
	I選抜男女 20名	72名	20名	3.6倍
	帰国男子 15名	125名	40名	3.1倍
	帰国女子 10名	61名	20名	3.1倍
2023	α選抜男子 45名	97名	46名	2.1倍
	α選抜女子 30名	133名	32名	4.2倍
	一般男子 100名	1,744名	493名	3.5倍
	一般女子 70名	741名	228名	3.3倍
	I選抜男女 20名	81名	21名	3.9倍
	帰国男子 15名	99名	40名	2.5倍
	帰国女子 10名	63名	24名	2.6倍

※α選抜・I選抜は書類選考実施につき，受験数の欄には応募数を記載。

試験科目　（参考用：2024年度入試）

［α選抜（自己推薦入試）］
第1次選考：書類選考
第2次選考：面接（1次合格者に実施）
［一般・帰国生］
国語，数学，英語
［I選抜（帰国生自己推薦入試）］
第1次選考：書類選考
第2次選考：基礎学力試験（数学・国語），面接
（いずれも1次合格者に実施）

本校の特色

本校は，早稲田大学との一貫した教育体系の中に位置づけられており，進学条件を満たした生徒は全員，早稲田大学の各学部に進学できる。そのため偏狭な受験勉強や偏差値教育に煩わされない，本当の意味の教育を志向している。その一つに3年間の学習のまとめとしての卒業論文がある。担当教員の指導を受けながら，自分の定めたテーマについて調査・文献収集をし，論文にまとめる。

また，3年次には各種選択科目が用意されており，個々の適性に合わせた学習ができる。

施設

緑豊かな大久保山山麓に立地する校舎は，普通教室・各種特別教室・CALL教室・ゼミ室・情報処理教室・食堂・売店・交流ラウンジなどを完備。図書室は，高校としてはトップレベルの蔵書数を誇り，大学図書館蔵書の検索用端末も設置されている。グラウンド・野球場・サッカー場・テニスコートなどの各種体育施設も充実しており，2020年には斬新なデザインの体育館が竣工した。

また，生徒寮は，JR本庄駅北口近くにある「早苗寮」と，2018年4月に完成した「梓寮」がある。

進路状況

2024年3月卒業生・早稲田大学学部進学者数

政治経済学部	73名	創造理工学部	26名
法学部	44名	先進理工学部	18名
文化構想学部	22名	社会科学部	20名
文学部	16名	人間科学部	1名
教育学部	28名	スポーツ科学部	1名
商学部	35名	国際教養学部	13名
基幹理工学部	26名	合計	323名

編集部注―本書の内容は2024年3月現在のものであり，変更されている場合があります。正確な情報は，学校のホームページ等で必ずご確認ください。

出題傾向と今後の対策

出題内容

	2024	2023	2022
大問数	3	3	3
小問数	47	41	42
リスニング	×	×	×

◎大問数は２～３題で，小問数は40～50問程度である。長文読解問題は２題で，設問形式は多様である。

2024年度の出題状況

Ⅰ 適語(句)選択

Ⅱ 長文読解総合―説明文

Ⅲ 長文読解総合―対話文

解答形式

2024年度	記　述／マーク／併　用

出題傾向

適語(句)選択１題，長文１題，会話形式の長文１題という構成になっている。設問形式は年ごとに多様化しており，練られた良問が多い。英文のレベルは高いが，内容は分かりやすい。会話文は，長さが年によって異なるが，内容は複雑で，空所補充問題には非常に難しいものもある。口語表現も高度なものが含まれる。英作文も必出。

今後への対策

長文読解が中心なので，長文に慣れることが必要だ。中学で習う範囲の単語，文法をひと通りこなしたうえで，長文を数多く読むとともに，短時間で大意を把握し，意味を類推する能力も鍛えよう。会話文の慣用的な表現は，テレビやラジオの講座などを利用するのもよい。仕上げに過去問題集で問題形式を確認しておくこと。

◆◆◆◆◆ 英語出題分野一覧表 ◆◆◆◆◆

分野		年度	2022	2023	2024	2025 予想※
音声	放送問題					
	単語の発音・アクセント		●	●	●	◎
	文の区切り・強勢・抑揚					
語彙・文法	単語の意味・綴り・関連知識					
	適語(句)選択・補充		■	■	■	◎
	書き換え・同意文完成					
	語形変化		●			△
	用法選択					
	正誤問題・誤文訂正					
	その他					
作文	整序結合		●	●	●	◎
	日本語英訳	適語(句)・適文選択				
		部分・完全記述	●	●	●	◎
	条件作文		●	●	●	◎
	テーマ作文					
会話文	適文選択					
	適語(句)選択・補充					
	その他					
長文読解	内容把握	主題・表題	●		●	◎
		内容真偽				
		内容一致・要約文完成	●		●	◎
		文脈・要旨把握	■	■	●	◎
		英問英答	■	■	●	◎
	適語(句)選択・補充		■	■	★	◎
	適文選択・補充		●	●		◎
	文(章)整序					
	英文・語句解釈(指示語など)		■	■	●	◎
	その他(適所選択)		●	●	●	◎

●印：１～５問出題，■印：６～10問出題，★印：11問以上出題。
※予想欄　◎印：出題されると思われるもの。　△印：出題されるかもしれないもの。

出題傾向と今後への対策

出題内容

2024年度

大問４題，13問の出題。[1]は小問集合で，４問。二次方程式，式の計算，データの活用，平面図形の出題。二次方程式，式の計算は式がやや複雑。[2]は関数で，放物線と直線に関する問題。定点と放物線上の点を通る直線で，条件を満たすものについて問うもの。[3]は場合の数に関する問題。ルールに従ってマス目に数字を入れるときの入れ方が何通りあるかを問うもの。[4]は空間図形で，三角錐について問うもの。

2023年度

大問４題，13問の出題。[1]は小問集合で，数と式，確率，平面図形からの出題。確率は，さいころと座標平面を利用したもの。[2]は数と式から方程式の応用問題。約束記号を用いたもので，応用力を要する問題。[3]は関数で，反比例のグラフに関するもの。比例定数やグラフ上の点を結んでできる図形の面積にについて問われた。[4]は座標平面を利用した空間図形の問題で，回転体の体積や表面積などを求めるもの。[3]，[4]では，文字式を処理する力も問われている。

作…作図問題　証…証明問題　グ…グラフ作成問題

解答形式

2024年度	記　述（○）／マーク／併　用

出題傾向

大問４～５題で，[1]は小問集合，[2]以降は総合題となっている。総合題では，関数，図形からの出題が目立ち，難度の高い問題もある。関数は，放物線と直線といったオーソドックスな問題は少なく，図形が移動するものや約束記号で関数を定義するものなど工夫を凝らしたものが多い。図形は，条件や設定が複雑なものが出題されている。

今後への対策

まずは標準的な問題を確実にこなす力を身につけておきたい。そのうえで，標準レベル以上の問題にできるだけ多く当たり，いろいろな解法のパターンを習得し，応用力を身につけていこう。その際，問題が解けて満足するのではなく，他の解き方なども考えるようにするとよい。問題を違う角度から見る習慣をつけるようにしよう。

◆◆◆◆◆ 数学出題分野一覧表 ◆◆◆◆◆

分野	年度	2022	2023	2024	2025 予想※
数と式	計算，因数分解	●	■	●	◎
	数の性質，数の表し方				
	文字式の利用，等式変形				
	方程式の解法，解の利用			●	△
	方程式の応用		★		△
関　数	比例・反比例，一次関数	●	★		△
	関数$y=ax^2$とその他の関数	★		★	◎
	関数の利用，図形の移動と関数		★		△
図　形	（平面）計　量	●	●	●	◎
	（平面）証明，作図				
	（平面）その他				
	（空間）計　量	★		★	◎
	（空間）頂点・辺・面，展開図				
	（空間）その他				
データの活用	場合の数，確率	★	●	★	◎
	データの分析・活用，標本調査			●	△
その他	不 等 式				
	特殊・新傾向問題など				
	融合問題				

●印：１問出題，■印：２問出題，★印：３問以上出題。
※予想欄　◎印：出題されると思われるもの。　△印：出題されるかもしれないもの。

出題傾向と今後への対策

出題内容

2024年度

論説文　小説

課題文

一大澤真幸ほか『ナショナリズムとグローバリズム』
二松浦寿輝『巴』

2023年度

論説文　小説

課題文

一柄谷行人「漠たる哀愁」
二舞城王太郎『クローゼットの中』

2022年度

論説文　小説

課題文

一吉野源三郎『人間を信じる』
二井上　靖『姨捨』

解答形式

2024年度　記述／マーク／併用

出題傾向

論理的文章が２題出されることもあるが，近年は，論理的文章と文学的文章が１題ずつ出題されている。課題文の分量は，標準的ではあるが，内容的にはレベルの高いものが選ばれている。設問内容も高度で，各大問に記述式解答の設問が複数含まれ，年によって多少の変動はあるものの，合計で100字程度の字数となっている。

今後への対策

出題のねらいが，読解力と表現力の両方を見ることにあるようなので，高度な文章を読みこなし，その内容について論述できなければならない。そのためには，レベルの高い問題集を数多くこなしておく必要がある。国語の知識については，漢字と語句，文学史などを教科書や便覧を使って復習しておけばよい。

国語出題分野一覧表

分野		年度	2022	2023	2024	2025予想※
現代文	論説文 説明文	主題・要旨				
		文脈・接続語・指示語・段落関係	●	●		◎
		文章内容	●	●	●	◎
		表現	●	●	●	◎
	随筆 日記 手紙	主題・要旨				
		文脈・接続語・指示語・段落関係				
		文章内容				
		表現				
		心情				
	小説	主題・要旨		●		△
		文脈・接続語・指示語・段落関係	●			△
		文章内容	●	●	●	◎
		表現	●	●		◎
		心情				
		状況・情景				
韻文	詩	内容理解				
		形式・技法				
	俳句 和歌 短歌	内容理解				
		技法				
古典	古文	古語・内容理解・現代語訳				
		古典の知識・古典文法				
	漢文	（漢詩を含む）				
国語の知識	漢字 語句	漢字	●	●	●	◎
		語句・四字熟語				
		慣用句・ことわざ・故事成語			●	△
		熟語の構成・漢字の知識				
	文法	品詞				
		ことばの単位・文の組み立て				
		敬語・表現技法				
	文学史		●	●		◎
作文・文章の構成・資料						
その他						

※予想欄　◎印：出題されると思われるもの。　△印：出題されるかもしれないもの。

合格を勝ち取るための

本書の使い方

本書に掲載されている過去問をご覧になって，「難しそう」と感じたかもしれません。でも，大丈夫。ほとんどの受験生が同じように感じるのです。高校入試の出題範囲は中学校の定期テストに比べて広いですし，残りの中学校生活で学ぶはずの，まだ習っていない内容からも出題されているかもしれません。

ですから，初めて本書に取り組む際には，点数を気にする必要はありません。点数は本番で取れればいいのです。

過去問で重要なのは「間違えること」です。自分の弱点を知るために，過去問に取り組むのです。当然，間違った問題をそのままにしておいては意味がありません。

本書には，長年にわたって高校受験に関わってきたベテランスタッフによる詳細な解説がついています。間違えた問題は重点的に解説を読み，何度も解きなおしてください。時にはもう一度，教科書で復習するのもよいでしょう。

別冊として，抜き取って使える解答用紙を収録しました。表示してあるように拡大コピーをとれば，実際の入試と同じ条件で，何度でも過去問に取り組むことができます。特に記述問題では解答欄の大きさがヒントになる場合があります。そうした，本番で使える受験テクニックの練習ができるのも，本書の強みです。

前のページにある「出題傾向と今後への対策」もよく読んで，本校の出題傾向に慣れておきましょう。

2024年度 早稲田大学本庄高等学院

【英　語】（50分）〈満点：100点〉

I　次の［1］～［10］の（　）に入る最も適切なものをそれぞれ選び，記号で答えなさい。

［1］ I (　　　) France next month to attend my brother's wedding.
　イ am visiting　ロ have been visiting　ハ have visited
　ニ will be visited　ホ will have visited

［2］ I don't have enough room in my closet.　I will (　　　) my old clothes to charity.
　イ give away　ロ give in　ハ give off　ニ put on　ホ put up

［3］ The teacher asked us to go (　　　) our essays to see if there were any mistakes.
　イ after　ロ into　ハ off　ニ through　ホ with

［4］ This pop group is popular in many parts of Asia, (　　　) Japan.
　イ nothing to say　ロ saying nothing to　ハ saying not of
　ニ to say nothing of　ホ to say not of

［5］ If you are (　　　) the art contest, you must use your imagination and create something unique.
　イ being won　ロ to be won　ハ to win　ニ winning　ホ won

［6］ (　　　) it rained a lot, we enjoyed a fun holiday by the sea.
　イ Although　ロ Because　ハ Despite　ニ However　ホ Since

［7］ Ten years ago, that swimmer had five world records, (　　　) are still unbroken.
　イ that of two　ロ those of two　ハ two of that
　ニ two of which　ホ which of two

［8］ My mother has been in hospital for a long time.　Her illness is (　　　) we thought at first.
　イ more serious much than　ロ more than much serious
　ハ much more serious than　ニ much more than serious
　ホ serious much more than

［9］ The food at the new Italian restaurant was (　　　) from delicious.　I never want to eat there again!
　イ absent　ロ away　ハ different　ニ far　ホ free

［10］ Please write down any ideas (　　　) you will not forget them later.
　イ before　ロ in case　ハ so that　ニ until　ホ when

II　次の英文を読み，設問に答えなさい。

You can find the names of colors in a lot of English expressions.　Many of these expressions, however, talk about colors (　1　) very different ways.　For example, the expression black and white can have different meanings.

If something is "black and white", it means it is clear, easy to understand.　However, some people see everything in "black and white", which means that they judge everything they see (　2　) either good or bad.　Some people have to see something in "black and white" to know that it is [　あ　]; this "black and white" talks about seeing something printed, as in a newspaper.　If something is printed in a newspaper, it must be [　あ　], right?

The color red is often used to talk about things that are hot or exciting. You can listen to red-hot jazz music or eat red-hot chili peppers. If you roll out the red carpet for someone, you are giving them a big welcome. (3) TV, you may see stars walking on the red carpet at the opening night of a Hollywood movie or at the Academic Awards. After a big night like this, the stars often い"paint the town red", which means that they celebrate and have fun, going to parties or nightclubs all over town. However, red isn't always fun.

If you do something embarrassing, like spill coffee on your teacher's desk, perhaps your face is beet-red. Your teacher's face might be red with anger, too! Or if you see a person doing something bad on purpose, like taking someone's wallet, you can say that う you "caught the person red-handed". Whether it's good or bad, red usually means something interesting is happening.

Blue is different. When people are blue, or have got the blues, it means they feel sad. They might listen to blues music, which usually tells sad stories. Blue isn't always a sad color, though. If something good happens to you when you're not expecting it, like when you get a good idea, or if you run across an old friend, you can say it happened "out of the blue".

Green is another color that can have very different meanings. In the past, {almost / negative / was / always / green / something / being}. For example, if you ride (4) a boat and feel seasick, your face may look green. If someone has something nice that you really want, like a new car or an expensive watch, you may also be "green with envy". Or if you are starting a new job, your boss may say you are green, which means that you don't have any [え].

Now, however, green is usually good. Being green more often means doing good things for the environment. People who are skilled at gardening have お a "green thumb". Many companies are going green, which means they are recycling more or are trying to use less energy. In fact, some companies are moving to new, green buildings, which may use solar power or [X]. So if someone asks you how green you are, it probably means they want to know (5) you do good things for the environment.

Another color word with an interesting meaning is yellow. It's a (6) color with many positive meanings. When we see yellow, we think of the joy and warmth of the sun or the beauty of flowers in the spring, and generally pleasant thoughts and associations. We sometimes connect it with new ideas and ways of thinking, as it is a bright and energetic color. However, you have to be careful about its meaning when someone says, "you are too yellow to go on the roller-coaster!" It means か you are a coward.

Learning new expressions with colors can be fun, but it's not always easy. (7) you can see, their meanings can sometimes be very different. Please keep in mind that the meaning of colors can vary depending on cultural context and personal experience. Try looking for these expressions in the things you read. If you learn more about how these expressions are used, you may add a little color to your writing, or even pass your next English test with flying colors.

問1 文中の(1)~(7)に入る最も適切なものをそれぞれ選び，記号で答えなさい。

	イ	ロ	ハ	ニ	ホ
(1)	at	for	in	on	with
(2)	as	by	for	on	with
(3)	About	By	For	On	With
(4)	around	by	on	out	to
(5)	how	if	what	when	why

（6） イ crazy ロ dangerous ハ fearful ニ happy ホ sad
（7） イ As ロ How ハ What ニ When ホ Why

問2 本文の内容に合うように次の各文を完成させたい。最も適切なものを選び，記号で答えなさい。

［1］ The passage is mainly about . . .
イ how English people feel when they see some colors.
ロ interesting English phrases containing colors.
ハ learning the different names of colors in English.
ニ serious meanings of English words that describe colors.
ホ strange names of colors in the English language.

［2］ According to the passage, when your face is red, it can mean . . .
イ you are excited and want to laugh.
ロ you are happy but a little embarrassed.
ハ you are hot and ready for a fight.
ニ you are interesting and people often listen to you.
ホ you are mad or feel very uncomfortable.

［3］ The phrase "out of the blue" is an expression you use . . .
イ when you are excited and having fun.
ロ when you do something without a clear reason.
ハ when you plan to see a friend of yours after a long absence.
ニ when you talk about something that comes to you as a surprise.
ホ when you want to forget about sad stories.

［4］ These days green is usually good because . . .
イ people want to get along with others by gardening together.
ロ people have realized the importance of protecting nature.
ハ people think it necessary to change their habit of spending too much.
ニ some companies are trying to make money by selling plants.
ホ some companies have started recycling to make a lot of money.

［5］ In this article, the author shows that . . .
イ learning color expressions is necessary for leading a happy life.
ロ learning color expressions may expand your personal experience.
ハ learning color words sometimes makes you misunderstand how people see colors.
ニ the meanings of color expressions are based on cultural misunderstanding.
ホ the meanings of color words differ depending on the situation.

問3 次の問いに答えなさい。

［1］ 文中の［あ］に共通して入る最も適切なものを選び，記号で答えなさい。
イ clean ロ dirty ハ easy ニ rare ホ true

［2］ 文中の下線部い "paint the town red" の意味として最も適切なものを選び，記号で答えなさい。
イ To go out and enjoy yourself in a lively manner.
ロ To hang out with friends who are all wearing red clothes.
ハ To have fun by painting all the houses in the town red.
ニ To roll out the red carpet to attract people's attention.

ホ　To walk around while people in the town give you a big welcome.

［3］　文中の下線部う you "caught the person red-handed" の意味として最も適切なものを選び，記号で答えなさい。

イ　You caught the person as you knew she had done something very bad.
ロ　You caught the person at the moment when she was doing something wrong.
ハ　You caught the person because you saw her red hand was holding a wallet.
ニ　You caught the person while she was having an exciting time.
ホ　You caught the person whose face and hands are red with anger.

［4］　文中の{　}内の語句を並べかえて意味の通る文にしたい。最も適切なものを選び，記号で答えなさい。

In the past, {1. almost　2. negative　3. was　4. always　5. green　6. something　7. being}.

イ　5－3－7－1－4－6－2　　ロ　5－3－7－4－1－2－6
ハ　6－2－3－1－4－7－5　　ニ　6－5－3－7－1－4－2
ホ　7－5－3－1－4－6－2

［5］　文中の［え］に入る最も適切なものを選び，記号で答えなさい。

イ　envy　ロ　experience　ハ　knowledge　ニ　passion　ホ　power

［6］　文中の下線部お a "green thumb" の意味として最も適切なものを選び，記号で答えなさい。

イ　a finger that is good at creating things
ロ　a finger that is green in color
ハ　a practical way of doing something well
ニ　a special ability to care for plants
ホ　an unusual talent for making things

［7］　文中の下線部か you are a coward の意味として最も適切なものを選び，記号で答えなさい。

イ　You are brave enough to do something dangerous.
ロ　You are carefree and never think about the future.
ハ　You are slow and get upset easily like a cow.
ニ　You are too scared and have no courage to do anything.
ホ　You are very bold and fear nothing at all.

［8］　本文のタイトルとして最も適切なものを選び，記号で答えなさい。

イ　Blue is not always a sad color　　ロ　It's not always black and white
ハ　It's a recent trend to go green　　ニ　Red is not always fun
ホ　Yellow does not always make you feel good

［9］　下線部の発音が全て異なる組を1つ選び，記号で答えなさい。

イ	beet	green	mean
ロ	color	companies	solar
ハ	embarrass	fact	sad
ニ	excite	night	spill
ホ	though	thought	tough

［10］　文中の［X］に入る英語を6語以内で表しなさい。ただし，grow と roofs を使うこと。

［11］　文中の～～部を日本語に直しなさい。

III 次の会話文を読み，設問に答えなさい。

Chris has injured his leg and a doctor has come to check up on him while he's recovering in hospital.

Dr. Lee : Good morning, Chris. How are you today ?

Chris : Pretty good, doctor. I slept well last night. I didn't feel any pain in my leg.

Dr. Lee : [i]. You are looking a lot better.

Chris : Dr. Lee, how long will I have to stay in hospital ?

Dr. Lee : At least (1) five days.

Chris : Do you think you can make it shorter ? ---[あ]---

Dr. Lee : Chris, it is not an issue you can discuss with me or other doctors. You broke your leg badly and you had an operation yesterday. We have to keep (2) on your recovery for at least (1) five days.

Chris : Dr. Lee, I am an active person. I always have been. Besides, I'm the captain of the soccer team in my school. All my team members have been practicing very hard for an important match. We only have two more weeks to practice. Sitting in this bed [A] is driving me crazy !

Dr. Lee : I understand how you feel, Chris, as I was the vice-captain of the basketball team at high school. I know you broke your leg during a practice match, right ? You must be a brave, powerful player with lots of energy.

Chris : [ii], I'm not afraid of getting injured. But I've never been in such a bad situation like this before. I'm so [X]. Could you help me get back to my team earlier ? I promise that I won't play soccer on the day I get out of hospital.

Dr. Lee : Chris, your leg needs to recover. If you want to return to your team quickly, you need to be patient now. Just sit back and rest your poor leg. You have to stay in bed until the day after tomorrow. ---[い]--- If everything goes well, we can start a rehabilitation program in two days. You can start walking around the hallway as long as you are (3) our physical trainers.

Chris : And dribbling a ball just a couple of times, maybe ?

Dr. Lee : [iii]. Just walking. Remember, BE PATIENT ! ---[う]--- Your teammates would say the same thing. I'm sure they are thinking of you a lot.

Chris : Yes, they are ! Oh, by the way, Dr. Lee, some of them say they want to [B]. Is it OK ? I really miss them.

Dr. Lee : [iv] they can. Remind them that (4) are from 3 p.m. to 8 p.m.

Chris : What is the maximum number of visitors ?

Dr. Lee : Well, there's no rule, but use your common sense. [ここは病院で，治療を受け休息する場だ。] You are not going to invite the whole team, right ?

Chris : Oh, no. ---[え]--- They may visit me around 6:30 the day after tomorrow so that we can watch the soccer match of the national team together on TV. They are so nice. They want to make me happy.

Dr. Lee : Can you tell them to leave here during half-time ? I know the match starts at 7 p.m. They can't stay until the end of the match. ---[お]---

Chris : Oh . . . I think so.

Dr. Lee : [Y]! I may ask the night watch to make sure your friends are not hiding under your bed to watch the whole game.

問1　文中の(1)～(4)に入る最も適切なものを選び，記号で答えなさい。

(1)　イ　another　ロ　less　ハ　more　ニ　next　ホ　other

(2)　イ　an eye　ロ　the hand　ハ　thinking　ニ　touching　ホ　words

(3)　イ　assisted by　ロ　coming with　ハ　hand in hand with
ニ　playing with　ホ　put together with

(4)　イ　the time for visitors　ロ　the time they are in　ハ　the time to visit
ニ　the times they see you　ホ　visiting hours

問2　それぞれの問に対し，本文の内容に合う最も適切な答えを選び，記号で答えなさい。

[1]　Which of the following statements is true?

イ　Dr. Lee thinks Chris is a good soccer player with a strong fighting spirit.
ロ　Chris's teammates believe they can win their important match without Chris.
ハ　Chris's teammates tell Chris to focus on his rehabilitation program.
ニ　The other doctors may allow Chris to leave hospital earlier.
ホ　The physical trainer encourages Chris to stay in hospital as long as possible.

[2]　Dr. Lee seems to understand how sports players feel about injury.　Why?

イ　Because Dr. Lee broke his leg during a practice match at high school.
ロ　Because Dr. Lee hates soccer and he doesn't completely understand how Chris feels now.
ハ　Because Dr. Lee once played hard in the local professional soccer team.
ニ　Because Dr. Lee used to play a very important role in a basketball team.
ホ　Because Dr. Lee was a professional basketball player.

[3]　What is NOT Dr. Lee's advice for Chris to recover more quickly?

イ　Chris must be supported by a physical trainer, when he starts walking again.
ロ　Chris must practice dribbling a ball in a rehabilitation program.
ハ　Chris must rest patiently in bed for the next two days.
ニ　Chris must start his rehabilitation program inside the hospital building.
ホ　Chris must stay in the hospital for five days or more.

問3　文中の[A]，[B]に入る最も適切なものを選び，記号で答えなさい。

[A]
イ　all day　ロ　every other day　ハ　one day
ニ　whole night　ホ　whole week

[B]
イ　call me up　ロ　call them up　ハ　come and see me
ニ　hear me　ホ　photograph me

問4　以下の英文を文中の---[あ]---から---[お]---のどこかに入れる場合，最も適切な場所を選び，あ～お の記号で答えなさい。

Just 5 or 6 of them.

問5　文中の[i]～[iv]に入る1～4の最も適切な組み合わせを選び，記号で答えなさい。

1. Good　2. Of course　3. No　4. Yeah

イ　[i：1　ii：3　iii：2　iv：4]　ロ　[i：1　ii：4　iii：3　iv：2]
ハ　[i：2　ii：3　iii：4　iv：1]　ニ　[i：4　ii：1　iii：2　iv：3]
ホ　[i：4　ii：2　iii：1　iv：3]

問6　もしあなたがChrisであれば，文中［X］では何と言いますか。適切な1語を書きなさい。

問7　もしあなたがDr. Leeであれば，文中［Y］では何と言いますか。適切な文を6語以内で書きなさい。ただし，makeを使うこと。句読点(.,?!など)は語数に含めない。

問8　文中の日本語を英語に直しなさい。ただし，Thisで始め，medical careとneedを使い，1つの文で表すこと。

【数　学】（50分）〈満点：100点〉

（注意）1．解答欄に「計算」とある問については，計算の過程(式の変形や考え方)もわかりやすく簡潔に書くこと。

2．答えに根号を含む場合は，根号の中の数はできるだけ小さな自然数にして答えること。分数の場合は，それ以上約分できない形で答えること。また，分母に根号がない形で答えること。

1　次の各問に答えよ。

問1．2次方程式 $(\sqrt{5}+\sqrt{3})x^2+2\sqrt{3}x-\sqrt{5}+\sqrt{3}=0$ を解け。

問2．式 $\dfrac{1}{2024}\left(8x+\dfrac{11}{x}+23\right)\left(8x+\dfrac{11}{x}-23\right)\left(8x-\dfrac{11}{x}+23\right)$ を展開し，

$$ax^3+bx^2+cx+d+\frac{e}{x}+\frac{f}{x^2}+\frac{g}{x^3}$$

の形に整理したときの d の値を求めよ。ただし，a，b，c，d，e，f，g はすべて数である。

問3．9個のデータ

1，2，3，4，5，7，10，14，19

から中央値が7，平均値が9となるように5個のデータをぬき出し，その5個のデータの積を作る。このようにして作られたデータの積のうちで最も大きな値を求めよ。

問4．右図において，AB＝ACである二等辺三角形ABCは円Oに内接し，円周上の点D，EをAD∥EBとなるようにとる。∠BAC＝a とするとき，

∠DAB＋∠DBA＋∠EAC＋∠ECA

を a を用いて表せ。

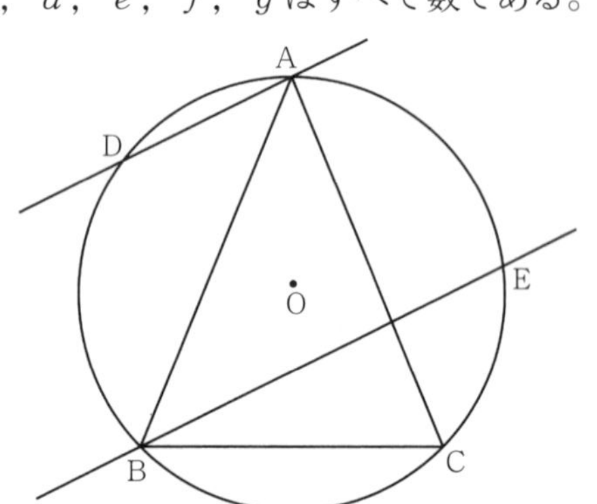

2　次の【条件】を満たす直線を考える。

> 【条件】
> 点(1，9)を通り，y 軸と平行でなく，放物線 $y=x^2$ とのすべての交点の x 座標と y 座標がともに整数である。

次の各問に答えよ。

問1．【条件】を満たす直線の中で，傾きが最も大きくなる直線の方程式を求めよ。

問2．【条件】を満たす直線の中で，切片が最も大きくなる直線の方程式を求めよ。ただし，切片とは直線と y 軸との交点の y 座標のこととする。

問3．【条件】を満たす直線は何本あるか求めよ。

3 すべてのマス目に次の【ルール】にしたがって自然数を入れる。

> 【ルール】
> 上下に並んだ2つの数は下の数のほうが大きく，左右に並んだ2つの数は右の数のほうが大きくなるように数を入れる。また，異なるマス目には異なる数を入れる。

次の各問に答えよ。

問1．下図のように，1と6がすでに入っているとき，残りのマス目に2，3，4，5を入れる方法は何通りあるか求めよ。

1		
		6

問2．下図のように，1と4と8がすでに入っているとき，残りのマス目に2，3，5，6，7を入れる方法は何通りあるか求めよ。

1			
	4		8

問3．下図のように，1と5と9がすでに入っているとき，残りのマス目に2，3，4，6，7，8を入れる方法は何通りあるか求めよ。

1		5
		9

4 三角すいA−BCDがあり，∠ABD＝30°，∠ACD＝60°，∠ADB＝90°，∠ADC＝90°，∠BDC＝90°，AD＝6である。

次の各問に答えよ。

問1．三角すいA−BCDの体積Vを求めよ。

問2．三角形ABCの面積Sを求めよ。

問3．∠AED＝45°を満たす点Eを辺BC上にとるとき，線分BEの長さを求めよ。

文字を「書」として書く場合、「明朝体の活字」や「子供の殴り書き」とはどのような点が異なると述べているのか。本文中の語句を用いて四十字以内で答えなさい。

問4 傍線部4「副島種臣（そえじまたねおみ）の書」の説明として最も適切なものを次の中から選んで記号で答えなさい。

ア　副島は黒船の到来によって西洋文明にむりやり押し開かれた時代を生きており、その書には近代が土俗に上まわったことが表されている。

イ　書家とは形骸化した美意識に閉じこもった小器用な趣味人であるため、副島の奔放自在な書は書き手が政治家である点ばかりが評価されている。

ウ　副島の人生や人となりがそこにあるばかりか、近代に直面することを強いられた衝撃と暴力という、彼が生きた時代の激しさが露出している。

エ　副島の生きていた、ささやかな幸福と悲哀のうちに自足していた閑雅な時代を象徴するかのような、土俗的な雄勁（ゆうけい）さが特徴となっている。

問5 空欄 A ～ C に入るべき表現を次の中から選んで記号で答えなさい。

ア　天馬空を翔（か）ける　　イ　百聞は一見に如かず

ウ　枯れ木も山のにぎわい　　エ　どんぐりの背比べ

問6 空欄 I に入るべき表現を次の中から選んで記号で答えなさい。

ア　軽侮と恥じらい　　イ　皮肉と悪意

ウ　同情と労い　　エ　敬意と譲歩

問7 傍線部①～⑤の漢字の読みをひらがなで答えなさい。

り土俗と近代ね。副島の書っていうのは、実際その闘いなんですよ」と篝山は悠然としたもので、「あれは④傑物だ。蒼海副島種臣。佐賀藩士の次男に生まれた人でね。日清修好条規の⑤批准書を交換しに北京へ行って、清国皇帝に謁見したとき、ずっと立ったままで押し通した初めての外国人ということで名をあげた。跪礼、つまりこっちは這いつくばって皇帝に会っていただくのが当たり前の慣習だった時代ですよ。副島は立ってお辞儀をしただけで平然としていた。何せそういう男が書いた字だから、雄勁と言えば雄勁そのものです。［ C ］がごとく奔放自在でね。虚仮威しなんて嫌味を言う人もいるが、どうしてなかなかそんないい加減なものではない。どうか本物を一目見ていただきたいな。本に載ってるような、小さく印刷された写真なんかじゃ書はわからない。本物を見て、その筆の勢いや墨の掠れ具合に籠められた、書き手の気韻を感じてもらわなくては」

「気韻ですか」

「気韻としか言いようのないものがあるんだよ」

「ほう」

　木で鼻を括ったようなわたしの「ほう」にむっとしたのか篝山がしばらく黙りこんだので、その機を捉えてわたしは、

「しかし、さっきの話ですけどね」と話題を戻すことにした。「いったいどうして僕なんです。ついこないだ、偶然みたいな成り行きでちょっとお目にかかっただけでしょう。どうやらあなたにとってはとても重要なことらしいし、僕みたいなどこの馬の骨とも知れない者に……」

「いやいや、馬の骨とは思っておらない。失礼だが、わたしはあんたのことは少々存じ上げている。大学の頃作られた八ミリ映画がありましたな」そして篝山が、わたしがいっぱしの詩人を気取っていた大学生のときに自分ではせいぜい「美」を追求したつもりで撮った青臭い「芸術映画」の題名を挙げたので、わたしは喫驚してしまった。

「まさかあんなもの、見たわけじゃないでしょう」

「拝見しましたよ」と篝山は平然として言った。「なかなか面白かった」

　そしらぬ顔をしたままでいようと努めたが、恥ずかしさで我知らず頬が熱くなってしまったのをこの老人が見逃したはずはあるまい。そもそも篝山が口にした題名自体、詩人気取りが露骨に出たどうしようもなく気恥ずかしい代物だった。あんなもの、面白いはずがあるものか。

「気韻が籠もってましたかね」と、事態を茶化してしまおうとして言ってみたが、

「いや……」とわたしの言葉を真面目に受け取って束の間考えこんでみるふりをしてみせたのは、この老人の明らかな［ I ］だろう。あげくに、「あまり気韻は感じられなかった」と淡々と言ったが、悪戯っぽい光が一瞬瞳に閃いたようだった。

「ということは、才能がないってことでしょう」とつい挑むように応じてしまってからこれでは相手の思う壺だと後悔したが、後の祭りだった。

「いやいや、そんなことはない」と宥めるように言い、「まあ、今夜は飲みましょう。若い人と飲む機会があまりなくてね。……雨かな」

　たしかにぱらぱらと雨粒が屋根に当たりはじめているようだった。

（松浦寿輝『巴』による）

問1　傍線部1「仕事のオッファー」とあるが、その「仕事」は何に関するものであると考えられるか。本文中から最も適切な二字の語句を抜き出して答えなさい。

問2　傍線部2「約束事」とは何か。それを述べている十一字の語句を本文中から抜き出して答えなさい。

問3　傍線部3「文字なんてものは味も素気もない明朝体の活字でもいいし、子供の殴り書きでもいいことになる。ここまでのところでは、書なんてものの出る幕はない」とあるが、「鳥」という

「俺あやっぱり、酒は冷やが好きだわ」と、コップ酒をぐいっと飲み干した高畠が唐突に言って、ふうっと溜息をつく。

垢染みた身なりのうえに、胡座を組んでいるはだしの足の裏が真っ黒に汚れており、厭でも目に入らざるをえないその黒さが、篝山の太い生白い指に劣らず何か猥褻な感じだった。高畠は肩から二の腕にかけての筋肉の盛り上がりが凄くて、半袖のシャツがはちきれそうになっているのがこちらの神経のせいか見るからにうとましい印象を与える。いったいこの男は、篝山老人が発散している威圧感をまったく感じていないということか、それとも篝山のみならずわたしの心の動きまですべて読み尽くしたうえで何か挑発のようなことをやっているのか。禿ちょろの卓袱台に③肘をつき、背中を丸めてコップ酒を飲んでいるかぎりはどこにでもいそうな人生に疲れたありきたりの老人にしか見えない篝山だが、ひとたび背筋を伸ばして宙の一点を凝視し、「たとえばこの字をね……」と言いながら空間を撫でてゆくにつれて何か動物的な精気のようなものが全身から濛々と立ちこめてくるようで圧倒されざるをえない。そうしたものをしかし、「親戚の者」だというこの男はまったく感じないのだろうか。

いきなり話の腰を折られて篝山はほんのかすかに顔を顰める体だったが、何やら無意味に口を開け閉めしながらそっぽを向いている高畠の方には目をやりもせず、「ところがですよ――」ともう一度繰り返した。

「ところが、墨をたっぷりと含ませた筆をこうやって紙の上に走らせてゆく。形式的な約束事の上を墨というこの香ぐわしい物質でなぞってゆくわけです。と、何としたことか、その「鳥」という文字に不意に生気が宿り、うららかに囀り、翼を羽ばたかせて今にも飛び立ちそうになる。そういうことがたしかに起こるんですよ。もちろんしょっちゅうというわけじゃない、何百回、何千回、いや何万回に一度というほど稀なことだが、人為的な約束事が前触れなしにいきなり壊れてしまう、そんな出来事が必ず起こるんだ」

「書道ってそういうものだとは知らなかったな」

「4副島種臣の書を見たことがあるかね」

「いや」

「残念だね。［A］。ああいうものを見れば、明治の日本というのがどれほどすさまじい力が逆巻いていた時代だったのか、一目瞭然なんだが」

「副島種臣っていうのは政治家の……」

「明治の政治家だが、むしろ書家と言った方がいい。近代日本の最大の書家だよ。いわゆる書家、書の専門家っていうのは今も昔もちまちました趣味人ばかりです。形骸化した美意識に閉じこもって［B］みたいなことにかまけている、ただ小器用なだけの連中だ。そこへ行くと副島の書はまったく違う。そこには、彼の人生がある。いやそればかりじゃない。そこには、明治という激動の時代そのものが露出している。江戸時代というのは日本がささやかな幸福とささやかな悲哀のうちにのどかに自足していた閑雅な時期でしょう。それがどんなものだったかは、これはたとえば与謝蕪村の書や絵を見ればいちばんよくわかります。その自足が黒船の到来で壊れるわけだ。何とも呆気なくね。日本は西洋文明によってむりやり押し開かれ、近代に直面することを強いられたわけです。そして、副島種臣の書にはその衝撃と暴力がまざまざと現われている。土俗と近代という二つの力が角突き合わせているというのか――」

わたしは篝山柾道の作品について図書館で読んだことを思い出したので、「雄勁な建築性ですかね」と呟いてみた。篝山は虚を衝かれたようでちょっと目をぱちくりさせたが、すぐ上を向いてややわざとらしくハッハッと笑い、「そうか、わたしのことを何かで読んだんだね。あんたもなかなか油断のならない人だね、大槻さん」

「読みましたよ、勲四等旭日章ね。そういう人が山谷のドヤ街の真っ只中でこうやって安酒を飲んでるっていうのが、僕にはよくわからないんだ」

「いいじゃないか。この部屋はなかなか落ち着くでしょう。それよとはどういうことか。本文中の語句を用いて八十字以内で答えなさい。

問5　傍線部4「二つの出来事の間の同時性を示す典型的な方法は、小説的な文体が確立する前は、『会話によるフラッシュバック』であった」とあるが、「二つの出来事の間の同時性を示す典型的な方法」が「会話によるフラッシュバック」であった要因とは何か。最も適切なものを次の中から選んで記号で答えなさい。

ア　語り手の視点が、分散して生起するローカルな出来事にまで及んでいたこと。

イ　語り手の視点が、主要人物と一体化していて、物語世界に内属していたこと。

ウ　語り手の視点が、登場人物の心理の一貫性・連続性を捉えていなかったこと。

エ　語り手の視点が、読者と同一空間を同時に分有している点を見逃していたこと。

問6　傍線部①～⑤のカタカナを漢字に直しなさい。

二　次の文章を読み、あとの問いに答えなさい。

じゃぼじゃぼと冷や酒が注がれたコップを手元に引き寄せて、工業臭いにおいがつんと①鼻孔の奥をうつその安酒を少しずつ口に含んでいると、俺はいったいこんなところで何をしているんだというすっかり躯(からだ)に馴染(なじ)んでしまったあの徒労感がまたゆるやかに戻ってくる。篝山(こうやま)も高畠(たかはた)も黙りこくって酒を啜(すす)っているのをいいことに、その、今はやや甘美なものと感じられるようになった徒労感を、かすかにしかし執拗(しつよう)に痛みつづける虫歯のうろを舌先で探るようにして、わたしはしばらくの間撫(な)でさすり、②慈しんでいた。と、いくらか気持が明るくなって、ひょっとしたらこの妙ちきりんな1仕事のオッファーこそ、ここ何年か待ち望みつづけて得られなかった、人生の転機のための絶好のきっかけなのかもしれないという幻想が薔薇(ばら)色の靄(もや)のように心の中に広がり、思わずそれを半分ほどは信じてしまいそうになる。

咳払(せきばら)いを一つして篝山が喋(しゃべ)り出す。「杉本が言ったかもしれんが、わたしは書家です」こういう汚らしい部屋に男三人が肩突き合わせて酒を飲んでいると何やらタコ部屋といった雰囲気が漂わないでもなく、そうした中で篝山がこんなふうに喋り出すのはいくらか滑稽に響かないでもなかった。

「文字というのは不思議なものでね。要するに単なる2約束事でしょう。たとえば『鳥』なら『鳥』という字ね」右手に筆を持っているという思い入れで眼前の宙空に「鳥」という漢字をゆっくりと書いてみせる。さっき猫を撫でていた高畠の指に似て、この老人も太くて長い指をしているが、何となく猥褻(わいせつ)というかいやらしい感じがしてよく太った虫か何かが五匹別々に動いているかのように見えてしまうのはいったいなぜなのか。親指と人差し指と中指で持った想像上の筆で下の四つの点をゆるやかなリズムを刻むように打ってから、

「鳥。これは鳥の姿を象(かたど)って作られた字だと言われている。まあそうなんだろう。しかしね、結局はただの取り決め、約束事でしょう。こういうのをあのカラスだのスズメだのシジュウカラだのを意味する記号だというふうに決めたわけです。そんなふうにしてわれわれの棲(す)まう共同体というものが成り立っている。ね、記号をめぐる共通の了解が必要なわけです。決まりに従って言葉と意味との透明な交換がどんどん行われていかないことには、人と人との意思疎通に齟齬(そご)をきたす。『鳥』は『鳥』という意味だとね。これは単に形式的な約束なんで、それがわれわれみなの間で共有されていさえすればそれでいいわけです。トリという音があればいい。それから『馬』でも『兎』でもなく『鳥』なら『鳥』と判別できる文字さえあればいいんで、だとすれば3文字なんてものは味も素気(そっけ)もない明朝体の活字でもいいし、子供の殴り書きでもいいことになる。ここまでのところでは、書なんてものの出る幕はない。ところがですよ──」

な世界、どのような時空間を前提にして使用されるのかを、まずは考えてみるとよい。「この間」は、小説の登場人物たちが、そして彼らが経験する多数の出来事が、同一の、質的に④ダンゼツのない空間に属していることを前提にしている。「AとBの口論」と「CとDの旅立ち」という二つの出来事が、互いに接触していないにもかかわらず、「この間」によって併置されるのは、これらの出来事が、同一の空間を同時に分有していると見なされているからである。

それでは、この均質な空間、さまざまな出来事が共通に所属している均質な空間は、誰に対して存在しているのか。この空間の同一性は、誰にとってのものなのか。この空間は、作品の読者(と作者)に対して存在しているのである。小説のそれぞれの登場人物は、AやBやCやDは、分散して生起しているローカルな出来事の内に組み込まれており、それらの出来事の間の関係を、つまりそれらが同一の空間の中に配分されているということを、直接には認識することができない。ただ読者(と作者)だけが、Aが喧嘩(けんか)しているときに、Cが旅立とうとしているなどを、すべて同時に見ることができるのである。読者(と作者)の視点が、このような特権をもつのは、それが、小説が描写している物語世界の中に、⑤オノレの場所を持っていないからである。読者(と作者)は、登場人物たちとは違って、世界の外から出来事を眺めているのだ。要するに、読者の視点は、純粋に超越的な視点を、つまり神の視点を代行しているのである。

小説以前の物語が、「この間」という語を自在に駆使することができず、「会話によるフラッシュバック」に頼らざるをえなかったのは、語り手が、この神の視点に対応する超越的な視点をわがものにできていなかったからである。語り手の視点は、主要な登場人物と一体化していて、物語世界に内属していたのだ。

ここまで議論を進めておけば、小説とネイションとの間の関係を説明することはたやすい。ネイションの本質的な特徴、それ以前の社会システムにはなかった特徴は、大半のメンバー同士が互いのことを知らず、一生会うことすらないのに、強い連帯感、命がけの同朋意識をもっている、という点にある。ある人を中心とした親密圏Iと別の人の親密圏Jは、互いに直接にはつながっていないが、同じ国民である限り、均質的で統一的な全体に所属していると(個々のメンバーに)想像される。IとJの関係は、まさに「この間」である。Iが何かをしている、この間に、Jは別の何かをしており、互いに直接交流しているわけではないが、彼らは同じ空間に属している同朋である。要するに、ネイションは、小説の読者にとってのあの均質空間、物語の展開の場となっている均質空間と同じような現われ方をするのだ。別の言い方をすれば、ネイションは、小説の読者の視点と同じような、神の視点に類する超越的な視点を媒介にして、想像されるのである。私が自分を日本人の一員として把握するとき、一方では、もちろん、私の視点はネイションの内部に置かれているが、他方では、私は、外部の超越的な場所からネイションを把握してもいる。

小説とネイションが並行して登場する必然性は、以上の点にある。小説を読むという体験が必然的に要請する態度と、ネイションを想像し、体験するときに前提になっている態度とは、同じ構造をもっているのである。小説とネイションは同じ形式の視点を媒介にして成立しているのだ。

(『ナショナリズムとグローバリズム』の大澤真幸の文章による)

問1 傍線部1「ネイション(国民)という意識」の特徴を述べている六十字以内の箇所を本文中から探し、その始めと終わりの五字を抜き出して答えなさい。

問2 空欄[A]に入るべき語を次の中から選んで記号で答えなさい。

ア 機　イ 帰　ウ 軌　エ 起

問3 空欄[B]に入るべき語句を次の中から選んで記号で答えなさい。

ア 学術　イ 国際　ウ 傾国　エ 愛国

問4 傍線部2「小説という形式が必然的に要請する読みのスタイルが、ネイションを経験し、想像する様式と同型的なのである」

二〇二四年度 早稲田大学本庄高等学院

【国語】（五〇分）〈満点：一〇〇点〉

一 次の文章を読み、あとの問いに答えなさい。

十八世紀の西ヨーロッパに、「新しいnovel＝小説」という名の、物語の形式が登場し、後に、それは、文学の代表的なジャンルとして全世界に普及し、定着した。それ以前の文学の形式、たとえば神話的な①ボウケン譚を含むロマンスのようなものから、小説を分かつ特徴は、ある種のリアリズムである。このリアリズムは、次の二つの特徴からくる。第一に、小説は虚構ではあるが、その前提となっている時空間が、作者／読者が属する時空間と基本的に連続的・同質的であると感じられるように書かれている。第二に、登場人物の心理に一貫性・連続性があって、読者がその変化を納得しながら追跡することができる。このような小説がイギリスに登場したのは十八世紀前半、フランスに登場したのは十八世紀後半である。

1ネイション（国民）という意識と小説という文学形式とは、ほぼ同じ時期に成立した。このような並行性が見出されるのは、西ヨーロッパだけではない。世界中のどこでも、ネイションの成立とほぼ[A]を一にして、小説が文学の新②シュコウとして登場し、やがて最も標準的な物語様式として定着した。そして、たとえば日本における夏目漱石のような、ネイションそのものを代表するような小説家が現われる。

ネイションと小説の間のこうした連動性は、偶然ではない。この現象には、はっきりとした社会学的な原因がある、とベネディクト・アンダーソンは主張している。ネイションと小説の間にどのようなつながりがあるというのか。重要なのは、小説の内容ではない。つまり、[B]的な内容をもった小説が書かれたことがポイントなのではない。2小説という形式が必然的に要請する読みのスタイルが、ネイションを経験し、想像する様式と同型的なのである。ことは、まさに小説の新しさ、小説なる文学形式が登場した際に人々が感じた新奇さにかかわっている。小説の新しさの源泉であり、そのリアリズムを可能にしている語法、ごく平凡な小説にも必ず見出すことができる語法、それは、――アンダーソンによれば――3「この間 meanwhile」という語を含む語りのスタイルである。小説は、「この間」という言葉を縦横無尽に駆使する。たとえば、主人公の男Aには妻Bと愛人Cがいて、その愛人Cには、主人公とは別に恋人Dがいたとしよう。小説には、次のように書かれる。「AはBと口論していた。この間、CはDとともに旅立とうとしていた」と。主人公Aは、自分が妻Bと口論しているとき、愛人CがDと旅に出ようとしていることを知らない。そもそも、彼は、自分の愛人Cの秘密の恋人Dが何者かを知らないし、会ったこともないし、小説の結末まで会うことがないかもしれない。にもかかわらず、二つの出来事、「AとBとの口論」と「CとDの旅立ち」が同一の時点に生起したということが語られるのだ。その同時性を示すための語が「この間」である。

小説以前の物語では、このようなかたちで「この間」という語が自在に用いられることはなかった。互いに接触していない二つの出来事、しかし物語の展開のなかで関連があることが判明するような二つの出来事、そうした出来事の同時性は、直接には示されない。4二つの出来事の間の同時性を示す典型的な方法は、小説的な文体が確立する前は、「会話によるフラッシュバック」であった。「フロランテがアテネで学習していたその同じ春に、アラディンはペルシアの王の③キュウテイにいた」ということは、フロランテとアラディンが実際に出会い、互いの過去を語り合ったときに、初めて明らかになる。

こうしたこと、つまり小説において初めて「この間」を頻用する文体が確立したということが、ネイションやナショナリズムとどのように関係があるのだろうか。「この間」という言葉が、どのよう

英語解答

Ⅰ [1] イ　[2] イ　[3] ニ
[4] ニ　[5] ハ　[6] イ
[7] ニ　[8] ハ　[9] ニ
[10] ハ

Ⅱ 問1 (1)…ハ　(2)…イ　(3)…ニ　(4)…ハ
(5)…ロ　(6)…ニ　(7)…イ
問2 [1]…ロ　[2]…ホ　[3]…ニ
[4]…ロ　[5]…ホ
問3 [1]…ホ　[2]…イ　[3]…ロ
[4]…ホ　[5]…ロ　[6]…ニ
[7]…ニ　[8]…ロ　[9]…ホ
[10] (例) grow plants on their roofs
[11] (例)あなたは自分の文章に少しいろどりを加えたり，次の英語のテストに見事に受かったりすることだってあるかもしれない

Ⅲ 問1 (1)…イ　(2)…イ　(3)…イ　(4)…ホ
問2 [1]…イ　[2]…ニ　[3]…ロ
問3 A…イ　B…ハ　問4 え
問5 ロ　問6 (例) worried
問7 (例) Make sure they leave during half-time
問8 (例) This is the hospital, which is the place for people who need medical care and rest.

(声の教育社　編集部)

Ⅰ〔適語(句)選択〕

[1]現在進行形は‘確定的な未来の予定’を表すことができる。 attend「～に出席する」 「兄〔弟〕の結婚式に出席するために，来月フランスに行くことになっている」

[2]give away ～「～をただで与える，～を寄付する」 give in ～「～を提出する」 give off ～「～を発する」 「クローゼットに十分なスペースがない。慈善団体に古い服を譲るつもりだ」

[3]go through ～「(書類など)を見直す〔調べる〕」 「先生は間違いがないか確認するために私たちにエッセーを見直すように頼んだ」

[4]to say nothing of ～「～は言うまでもなく，～はもとより」 *cf.* needless to say「言うまでもなく」 「このポップグループは，日本はもとよりアジアの多くの地域で人気がある」

[5]If節中で‘be動詞＋to不定詞’を使うと「～するつもりだ」という‘意図’を表すことができる。「君がそのアートコンテストで優勝するつもりなら，想像力をはたらかせて独自性のあるものをつくらなければならない」

[6]空所を伴う節は後半の主節と対立する状況になっている。although は「～にもかかわらず」という‘譲歩’を表す接続詞。なお，ハの despite ～も「～にもかかわらず」の意味を表すが，接続詞ではなく前置詞なのでここでは不適。 「雨がよく降ったが，私たちは海の近くで楽しい休日を堪能した」

[7]関係代名詞の which には，～ of which という形で「そのうちの～」という意味を表す用法がある。これは非制限用法で使われる。 「10年前，あの水泳選手は5つの世界記録を樹立して，そのうち2つはまだ破られていない」

[8]much には比較級を強調する用法があり，‘much＋比較級＋than ～’で「～よりずっと…」とい

う意味を表す。　「私の母は長い間入院している。彼女の病気は私たちが最初に思っていたよりもずっと深刻だ」

[9]be far from ～「少しも～でない」　be absent from ～「～を欠席して」　be free from ～「～がない」　「新しいイタリアンレストランの料理は全くおいしくない。私は二度とあそこで食べたくない！」

[10]'so that＋主語＋動詞...'「～が…するように」　「後で忘れないように，どんなアイデアも書きとめてください」

Ⅱ〔**長文読解総合―説明文**〕

≪全訳≫❶多くの英語表現に色の名前を見出すことができる。しかしながら，それらの表現の多くは色について全く異なる形で語っている。例えば，黒と白という表現は複数の異なる意味を持つことがある。❷もし何かが black and white「黒と白」であるなら，それは明白で理解しやすいことを意味する。しかし，black and white「黒と白」で全ての物事を見る人がいるというのは，その人たちは見るもの全てを善か悪で判断するということを意味する。何かが真実であると知るために black and white「黒と白」でそれを見なければならない人もいる。この black and white「黒と白」は，新聞のように何か印刷された物を見ることを指している。何かが新聞に印刷されているなら，それは真実に違いないといえよう。❸赤色は，しばしば熱い，あるいは興奮させる物事について語るのに用いられる。red-hot「熱狂した」ジャズ音楽を聴いたり，red-hot「激辛の」チリ唐辛子を食べたりすることがある。誰かのために roll out the red carpet をしたら，その人を大歓迎しているということである。テレビで，ハリウッド映画公開日の夜やアカデミー賞で，スターたちが赤いじゅうたんの上を歩いているのを目にするだろう。こういった大々的な夜の後，スターたちがしばしば paint the town red するというのは，彼らが街中でパーティーやナイトクラブに繰り出して，祝ったり楽しんだりすることを意味している。しかし，赤はいつも楽しいわけではない。❹もし先生の机上にコーヒーをこぼすというような何か困惑するようなことをしたら，おそらくあなたの顔は beet-red「ビートのように赤い」だろう。先生の顔もまた怒りで赤くなるかもしれない！　あるいは，もしある人がわざと誰かの財布をとるといった悪いことをしているのを見たら，その人を「red-handed『現行犯』で捕まえた」ということができる。良かれあしかれ，赤はたいてい何か興味深いことが起こっていることを意味する。❺青は違う。人々が blue だったり，the blues「憂鬱」を抱えていたりすれば，それはその人たちが悲しんでいることを意味する。彼らはブルースの音楽を聴くかもしれず，それはたいてい悲しい物語を語っている。それでも，青は常に悲しい色というわけではない。良いアイデアを思いついたり昔の友達にばったり会ったりしたときのように，予想していないときに何か良いことが起こったら，それは out of the blue「出し抜けに」起きたといえる。❻緑はさまざまな複数の意味を持ちえるもう1つの色である。かつては，green であることはほぼ常に何か否定的なことであった。例えば，ボートに乗って船酔いしたら，顔が green に見えるかもしれない。もし誰かが新車や高級時計のようなあなたが本当に欲しいと思っている物を持っていたら，あなたは green with envy「ひどくうらやましく」もなるかもしれない。あるいは，新しい仕事を始めたところであれば，上司があなたは green「未熟」だと言うかもしれず，それはあなたに経験がないことを意味している。❼しかし，現在では，緑はたいてい良い意味である。green であることはより多くの場合，環境に良いことをしているという意味を表す。庭仕事にたけている人たちは green thumb「園芸の才」がある。多くの会社が green になりつつあり，これはよりリサイクルをしたり，以前よりエネルギーを使わないようにしたりしていることを意味している。実際，新しい green「環境に配慮した」ビルに移転している会社もあり，そこでは太陽光エネルギーを活用したり屋上で植物を育てたりしているだろう。だから，誰かがあなたにどのくらい green かを尋ねるなら，それはおそらくあなたが環境に良いことをしているかどうかを知りたいということである。**8**興味深い意味を持つ別の色は黄色である。それは多くの肯定的な意味を持った幸せな色である。黄色を見ると，喜びと太陽の暖かさや春の花の美しさ，そして一般的に心地良い思考と連想を想起する。それは明るくエネルギーに満ちた色であるため，私たちはよく黄色を新しいアイデアや考え方と結びつける。しかし，誰かが「あなたはジェットコースターに乗るには yellow すぎる」と言ったら，その意味に注意しなければならない。それはあなたが臆病だという意味だ。**9**色を伴った新しい表現を学ぶのは楽しいかもしれないが，それは必ずしも簡単ではない。ご覧のとおり，それらの意味はときに非常に異なる。色の意味は文化的な文脈や個人の経験によって変わることがあるということを心にとめておいてほしい。読むものの中にこれらの表現を探してみるといい。これらの表現がどのように使われているかについてもっと知れば，あなたは自分の文章に少しいろどりを加えるかもしれないし，次の英語のテストに見事に合格することだってあるかもしれない。

問１<適語選択>(1)in ～ way(s)「～な方法で」　(2)「～として」の意味の as。　(3)on TV「テレビで」　(4)ride on〔in〕～で「～に乗って行く」。通例，バスや船など大型の乗り物には on が使われる。　(5)「～かどうか」の意味の接続詞 if。　(6)with many positive meanings「多くの肯定的な意味を持った」とあるので，肯定的な意味の選択肢を選ぶ。　(7)as you can see で「ご覧のとおり」。この as は「～のように」を表す接続詞。

問２<内容一致>[１]「本文は主に(　　)に関する内容だ」―ロ.「色を含んだ興味深い英語のフレーズ」　冒頭で，色の名前を含んだ英語表現がたくさんあると述べたうえで，その後具体例を挙げながら，表現ごとに色の意味が異なることを説明している。　contain「～を含む」　[２]「文章によると，顔が赤いのは(　　)を意味する」―ホ.「怒っているかとても心地悪く感じている」　第４段落第１，２文参照。ホの mad と uncomfortable はそれぞれ本文の red with anger と embarrassing に対応している。　[３]「『out of the blue』という表現は，(　　)に使う表現である」―ニ.「不意に起こる何かについて語るとき」　第５段落最終文参照。　[４]「最近，緑がたいてい良い意味であるのは(　　)からだ」―ロ.「人々が自然を保護することの重要性に気づいた」　第７段落参照。「環境に配慮した」の意味の green が紹介されている。　[５]「この記事で，著者は(　　)ということを示している」―ホ.「色を表す語の意味は状況によって変わる」　最終段落第２，３文参照。　vary「変わる」　differ「異なる」

問３<総合問題>

[１]<適語選択>最初の空所の後に続く内容が，最初の空所を含む部分の説明になっている。新聞で印刷されている物は一般的にどのようにとらえられるかを考える。

[２]<語句解釈>直後の which 以下で下線部の意味が説明されている。この which は，先行詞の説明をつけ加える関係代名詞の非制限用法。イ.「元気に出かけて楽しむこと」は，その内容をまとめている。　in a ～ manner「～な方法で」　lively「元気な，活発な」

[３]<英文解釈>下線部を含む部分の状況は，同じ文前半の if 節で説明されている。ロ.「人が何か悪いことをしている瞬間に捕まえた」は，if 節の you see a person doing something bad

「ある人が何か悪いことをしているのを見る」に対応している。なお，ここでの red-handed は「(犯罪の)現場で，現行犯で」という意味。

[4]＜整序結合＞語群とこの段落の内容から，「緑は常に否定的だった」といった意味になると推測できるので，まず green was always negative とする。being は，was being として過去進行形とすると意味が通らないので，動名詞(～ing)として使って being green「緑であること」とまとめてこれを主語にする(第7段落第2文に同じ形がある)。残りは選択肢より，almost always something negative とまとまる。something など -thing を修飾する形容詞はその後ろに置かれ‘-thing＋形容詞’の形になることに注意。 … being green was almost always something negative.

[5]＜適語選択＞空所に入るのは，新しい仕事を始めたときにその人が持っていないと考えられるものである。 envy「ねたみ」

[6]＜語句解釈＞下線部は People who are skilled at gardening が持っているものである。それを表すのは，ニ．「植物を世話する特別な能力」。 be skilled at ～「～に熟練している」

[7]＜英文解釈＞前文の冒頭にある However より，yellow の否定的な意味を表す内容だとわかる。前文にある you are too yellow to go on the roller-coaster!「yellow すぎてジェットコースターに乗れない」という意味から，下線部は，ニ．「あなたはおびえすぎていて何かをする勇気がない」という意味だと判断できる。 coward「臆病者」 scared「おびえた」 courage「勇気」

[8]＜表題選択＞本文の主旨は，冒頭の第1段落と，文章全体のまとめとなる最終段落にあるとおり，色を用いた表現には多様な意味があるということ。どちらかはっきりさせる black or white「黒か白か」という二者択一を表す表現を用いた，ロ．「それは必ずしも黒か白か(明白)ではない」はその主旨に合っている。

[9]＜単語の発音＞

イ．	beet[iː]	green[iː]	mean[iː]
ロ．	color[ʌ]	companies[ʌ]	solar[ou]
ハ．	embarrass[æ]	fact[æ]	sad[æ]
ニ．	excite[ai]	night[ai]	spill[i]
ホ．	though[ou]	thought[ɔː]	tough[ʌ]

[10]＜適語句補充＞空所は前にある new, green buildings「新しい緑化したビル」を修飾する関係代名詞節の一部で，直前の use solar power と or で並列される部分。grow「～を育てる」と roofs「屋根」を使うという条件から，「屋上で植物を育てている」といった内容が考えられる。

[11]＜英文和訳＞add a little color to your writing は‘add ～ to …’「～を…に加える」の形で，ここでの writing は「書き物，文書」という意味。また，with flying colors は，「大成功を収めて，見事に」といった意味。

Ⅲ〔長文読解総合―対話文〕

≪全訳≫❶クリスは脚をけがして，病院での療養中に医師が診察に来た。❷リー医師(D)：おはよう，クリス。今日はどうだい？❸クリス(C)：かなりいい感じです，先生。昨夜はよく眠れました。脚に痛みは感じませんでした。4D：ᵢよかった。ずいぶん良くなっているようだね。5C：リー先生，僕はどのくらい入院しなければなりませんか？6D：少なくとももう５日間だね。7C：もっと短くできると思われますか？8D：クリス，それは君が私や他の医師たちと話し合えることではないんだ。君は脚をひどく骨折して昨日手術を受けたんだ。私たちは少なくともあと５日間は君の回復を注視しなければならない。9C：リー先生，僕は活動的な人間なんです。ずっとそうでした。それに，僕は学校のサッカー部のキャプテンなんです。大事な試合に向けてチームのメンバー全員がすごく一生懸命練習しています。僕たちには練習するのにあと２週間しかないんです。終日ベッドに座っているなんて気が狂いそうです！10D：君の気持ちは理解できるよ，クリス，私も高校のバスケットボール部で副キャプテンだったからね。君が練習試合中に脚を骨折したということは知っている，そうだろ？　君は勇敢で，エネルギーに満ちた力強い選手に違いない。11C：ᵢᵢそうですね，僕はけがをすることも恐れません。でも僕はこれまでにこんなひどい状況になったことはないんです。とても不安なんです。もっと早く僕がチームに戻れるよう助けてくれませんか？　退院した日はサッカーをしないと約束します。12D：クリス，君の脚は回復が必要だ。もし早くチームに戻りたいなら，今は我慢する必要があるよ。とにかくくつろいで弱った脚を休ませるんだ。明後日までベッドにいなければならないよ。もし全て順調にいけば，２日後にはリハビリを始められる。うちの理学療法士に介助してもらいさえすれば，廊下を歩き回り始められるよ。13C：それと，もしかしたら数回だけドリブルすることも？14D：ᵢᵢᵢだめだ。歩くだけだよ。忘れないで，我慢するんだ！　君のチームメイトだって同じことを言うだろうね。きっと彼らは君のことをよく考えていると思うよ。15C：はい，そうなんです！　そうだ，ところで，リー先生，彼らの何人かが僕に会いに来たいと言っているんです。それは大丈夫ですか？　僕は本当に彼らに会いたいです。16D：ᵢᵥもちろん，できるよ。彼らに面会時間は午後３時から午後８時までだということに注意させてね。17C：訪問者の最大人数は何人ですか？18D：そうだね，決まりはないけれど，常識で考えてくれ。ここは病院で，治療を受け休息する場だ。チーム全体を招くつもりではないだろう？19C：えっ，違います。ぇ彼らのうちの５，６人だけです。テレビで一緒に国の代表チームのサッカーの試合を見られるように，明後日の６時30分頃に僕の所に来てくれると思います。彼らはすごくいい連中なんです。僕を喜ばせたいんです。20D：ハーフタイムの間にここを出るように彼らに言ってくれるかな？試合は午後７時に始まることは知っている。彼らが試合の最後までいることはできないよ。21C：あっ…そう思います。22D：ʏハーフタイムの間に彼らが必ず帰るようにするんだよ！　君の友達が試合を全部見るために君のベッドの下に隠れたりしていないことを確認するように，夜間の守衛に頼んでおくかもしれないよ。

問１＜適語(句)選択＞(1)会話の流れから空所を含む部分は「少なくともあと５日間」という意味になると推測できる。‘another＋数詞’で「さらに～，あと～」という意味を表せる。　(類例) five more days　(2)keep an eye on ～「～を見張る，～を注視する」　(3)リハビリにおけるクリスと直後の physical trainer「理学療法士」との関係から考える。　assist「～を援助する」　(4)文脈より，空所には「面会時間」に相当する語句が入ると推測できる。直後の be動詞が are なのでニかホのいずれかになるが，「時間」の意味の time は複数形にはならないのでニは不可。

問２＜英問英答―要旨・文脈把握＞[１]「次の記述のうち正しいのはどれか」―イ．「リー医師は，クリスが強い闘志を持った優れたサッカー選手であると思っている」　第10段落最終文参照。

[２]「リー医師はスポーツ選手がけがについてどう感じるかを理解しているようである。なぜか」

―ニ．「なぜなら，リー医師はあるバスケットボールチームでとても重要な役目を果たしていたから」　第10段落第１文参照。　vice-captain「副キャプテン」　［3］「クリスがより早く回復するためのリー医師の助言ではないものはどれか」―ロ．「クリスはリハビリの過程でボールのドリブルの練習をしなければならない」　第13段落～第14段落第１文参照。クリスはドリブルをしたがったが，リー医師はそれを却下している。

問３＜適語句選択＞Ａ．all day で「一日中」。なお，「一晩中」「丸１週間」はそれぞれ the whole night, the whole week のように the が必要なので，ニ，ホは文法上不可。ロの every other day は「１日おきに」。なお，is driving me crazy は‘drive＋人＋形容詞’「〈人〉を～(の状態)にする」の形で，「私を crazy な状態にする」→「気が狂いそうになる」という意味。　Ｂ．この後に続く内容から，「面会に来る」といった表現が入ると判断できる。

問４＜適所選択＞与えられた英文は「そのうちの５～６だけ」という意味。空所え．の前で，リー先生に「チーム全体を招くつもりではないだろう？」ときかれた返答となる。the whole team「チーム全体(全員)」が実質的に複数の人を指しているので，これを them で受けている。

問５＜適語(句)選択＞ｉ．クリスの容体が良好であると聞いたリー医師の返答。Good は「よかった」のように満足の意を示す表現。　ⅱ．直後の I'm not afraid of getting injured は，直前でリー医師に言われた You must be a brave, powerful player ... という発言を受け入れる発言になっているので，同意を示す表現が入る。　ⅲ．ドリブルをしたいと言うクリスに対するリー医師の返答。直後で医師は「歩くだけだ」と言っているので，否定の表現が入る。　ⅳ．前段落でチームメイトの面会可否を問うクリスに対する医師の返答。Of course ～ can. は，「もちろん～はできる」→「もちろんいい」と快諾する表現。

問６＜適語補充＞空所にはクリスの心情を表す語が入る。前後の内容から，サッカー部のキャプテンで大事な試合が控えているクリスは，少しでも早く退院して練習を再開したいと思っていることがわかる。大きなけがをして入院するのが初めての経験であることから，クリスはいつ退院できるのか不安で，どうしたらいいかわからないと考えられるので，worried のほか，uneasy や nervous といった不安や困惑を表す語を入れるとよい。

問７＜条件作文＞面会に来るチームメイトを面会時間内に帰すことに煮えきらない返事をしたクリスへのリー医師の言葉。前後の内容から，リー医師はクリスに，チームメイトたちを面会時間内に必ず帰すように念を押したのだと考えられる。make を使うという条件があるので，‘make sure (that)＋主語＋動詞...’「必ず～するように手配する」，make sure to ～「確実に～する」の形で表すとよい。　(別解例) Make sure to tell them so「必ず彼らにそう伝えるようにしなさい」

問８＜和文英訳―完全記述＞「ここは病院だ」This is the hospital. が文の骨組み。「治療を受け休息する場」は，medical care と need を使うという条件があることから，「治療と休息を必要とする人々のための場」と考える。これが the hospital を補足説明するので，関係代名詞 which を非制限用法で用いる。また関係副詞 where を用いて，This is the hospital, where you get medical care and rest you need. などとすることもできる。

数学解答

1 問1 $x=-1,\ 4-\sqrt{15}$　問2 $-\dfrac{353}{88}$

問3 26600　問4 $180°-a$

2 問1 $y=9x$　問2 $y=-5x+14$

問3 4本

3 問1 5通り　問2 4通り

問3 12通り

4 問1 36　問2 $6\sqrt{39}$

問3 $\dfrac{9\sqrt{30}-3\sqrt{70}}{5}$

（声の教育社　編集部）

1 〔独立小問集合題〕

問1＜二次方程式＞左辺$=\sqrt{5}x^2+\sqrt{3}x^2+2\sqrt{3}x-\sqrt{5}+\sqrt{3}=\sqrt{5}(x^2-1)+\sqrt{3}(x^2+2x+1)=\sqrt{5}(x+1)(x-1)+\sqrt{3}(x+1)^2$となるので，$x+1=A$とおいて，左辺$=\sqrt{5}A(x-1)+\sqrt{3}A^2=A\{\sqrt{5}(x-1)+\sqrt{3}A\}=(x+1)\{\sqrt{5}x-\sqrt{5}+\sqrt{3}(x+1)\}=(x+1)(\sqrt{5}x-\sqrt{5}+\sqrt{3}x+\sqrt{3})=(x+1)\{(\sqrt{5}+\sqrt{3})x-(\sqrt{5}-\sqrt{3})\}$である。よって，二次方程式は，$(x+1)\{(\sqrt{5}+\sqrt{3})x-(\sqrt{5}-\sqrt{3})\}=0$となるから，$x=-1$，$\dfrac{\sqrt{5}-\sqrt{3}}{\sqrt{5}+\sqrt{3}}$となる。$\dfrac{\sqrt{5}-\sqrt{3}}{\sqrt{5}+\sqrt{3}}=\dfrac{(\sqrt{5}-\sqrt{3})\times(\sqrt{5}-\sqrt{3})}{(\sqrt{5}+\sqrt{3})\times(\sqrt{5}-\sqrt{3})}=\dfrac{5-2\sqrt{15}+3}{5-3}=\dfrac{8-2\sqrt{15}}{2}=4-\sqrt{15}$だから，$x=-1,\ 4-\sqrt{15}$である。

≪別解≫両辺に$\sqrt{5}-\sqrt{3}$をかけると，$(\sqrt{5}+\sqrt{3})x^2\times(\sqrt{5}-\sqrt{3})+2\sqrt{3}x\times(\sqrt{5}-\sqrt{3})-\sqrt{5}\times(\sqrt{5}-\sqrt{3})+\sqrt{3}\times(\sqrt{5}-\sqrt{3})=0$，$(5-3)x^2+(2\sqrt{15}-6)x-5+\sqrt{15}+\sqrt{15}-3=0$，$2x^2+2(\sqrt{15}-3)x+2\sqrt{15}-8=0$，$x^2+(\sqrt{15}-3)x+\sqrt{15}-4=0$となる。$\sqrt{15}-3=1+(\sqrt{15}-4)$，$\sqrt{15}-4=1\times(\sqrt{15}-4)$だから，$x^2+\{1+(\sqrt{15}-4)\}x+1\times(\sqrt{15}-4)=0$となり，$(x+1)\{x+(\sqrt{15}-4)\}=0$，$(x+1)\{x-(4-\sqrt{15})\}=0$となる。よって，$x=-1,\ 4-\sqrt{15}$である。

問2＜式の計算＞$\dfrac{1}{2024}\left(8x+\dfrac{11}{x}+23\right)\left(8x+\dfrac{11}{x}-23\right)\left(8x-\dfrac{11}{x}+23\right)$において，$8x+\dfrac{11}{x}+23$をⒶ，$8x+\dfrac{11}{x}-23$をⒷ，$8x-\dfrac{11}{x}+23$をⒸとする。$\left(8x+\dfrac{11}{x}+23\right)\left(8x+\dfrac{11}{x}-23\right)\left(8x-\dfrac{11}{x}+23\right)$を展開したとき，$x$を含まない項ができるⒶ，Ⓑ，Ⓒの項の組は，（Ⓐ，Ⓑ，Ⓒ）$=\left(8x,\ \dfrac{11}{x},\ 23\right)$，$\left(8x,\ -23,\ -\dfrac{11}{x}\right)$，$\left(\dfrac{11}{x},\ 8x,\ 23\right)$，$\left(\dfrac{11}{x},\ -23,\ 8x\right)$，$\left(23,\ 8x,\ -\dfrac{11}{x}\right)$，$\left(23,\ \dfrac{11}{x},\ 8x\right)$，$(23,\ -23,\ 23)$である。これらの積の和は，$8x\times\dfrac{11}{x}\times23+8x\times(-23)\times\left(-\dfrac{11}{x}\right)+\dfrac{11}{x}\times8x\times23+\dfrac{11}{x}\times(-23)\times8x+23\times8x\times\left(-\dfrac{11}{x}\right)+23\times\dfrac{11}{x}\times8x+23\times(-23)\times23=23\times88+23\times88+23\times88-23\times88-23\times88+23\times88-23^3=23\times88+23\times88-23^3=23\times(88+88-23^2)=23\times(88+88-529)=23\times(-353)$となる。よって，$d=\dfrac{1}{2024}\times23\times(-353)=-\dfrac{353}{88}$である。

問3＜データの活用＞1，2，3，4，5，7，10，14，19の中から抜き出した5個のデータの中央値が7であることから，抜き出した5個のデータを小さい順に並べたとき，小さい方から3番目が7である。これより，7以外の4個のデータは，7より小さいもの，7より大きいものが2個ずつとなる。また，5個のデータの平均値が9だから，その和は$9\times5=45$となる。7より大きいデータの組は，10と14，10と19，14と19が考えられる。7より大きいデータの組が10と14のとき，7より小さい2個のデータの和は$45-7-10-14=14$となるが，このようになるデータはない。7より大きいデータの組が10と19のとき，7より小さい2個のデータの和は$45-7-10-19=9$だから，その2個のデータは，4と5である。7より大きいデータの組が14と19のとき，7より小さい2個のデータの和は$45-7-14-19=5$だから，その2個のデータは，1と4，2と3となる。よって，抜き出した5個のデータは(4，5，7，10，19)，(1，4，7，14，19)，(2，3，7，14，19)となる。7と19以外のデータの積は，$4\times5\times10=200$，$1\times4\times14=56$，$2\times3\times14=84$だから，積が最も大きくなるのは(4，5，7，10，19)であり，5個のデータの積は$200\times7\times19=26600$となる。

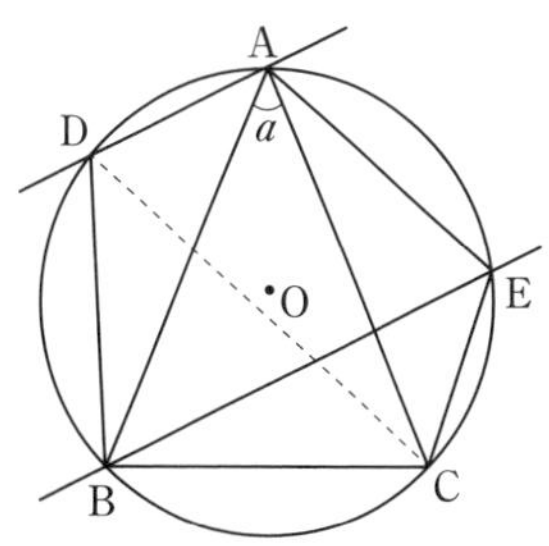

問4＜平面図形―角度＞右図で，2点C，Dを結ぶ。$\overset{\frown}{DB}$，$\overset{\frown}{DA}$，$\overset{\frown}{EC}$，$\overset{\frown}{EA}$に対する円周角より，$\angle DAB=\angle DCB$，$\angle DBA=\angle DCA$，$\angle EAC=\angle EBC$，$\angle ECA=\angle EBA$だから，$\angle DAB+\angle DBA+\angle EAC+\angle ECA=\angle DCB+\angle DCA+\angle EBC+\angle EBA=\angle ACB+\angle ABC$となる。△ABCで，$\angle ACB+\angle ABC=180^\circ-\angle BAC=180^\circ-a$だから，$\angle DAB+\angle DBA+\angle EAC+\angle ECA=180^\circ-a$である。

2 〔関数―関数$y=ax^2$と一次関数のグラフ〕

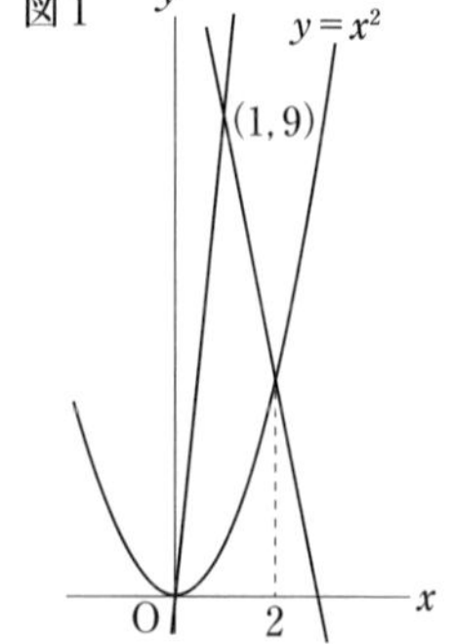

問1＜直線の式＞放物線$y=x^2$上で，x座標とy座標がともに整数となる点は，x座標が整数の点である。右図1で，直線は点(1，9)を通るので，まず，直線の傾きが最も大きくなると考えられるのは，O(0，0)を通るときである。このとき，傾きは$\frac{9}{1}=9$だから，その式は$y=9x$である。放物線$y=x^2$と直線$y=9x$の交点のx座標は，$x^2=9x$，$x^2-9x=0$，$x(x-9)=0$より，$x=0$，9となり，もう1つの交点のx座標は9である。x座標が整数より，y座標も整数なので，適する。よって，求める直線の式は$y=9x$である。

問2＜直線の式＞右図1で，直線の切片が最も大きくなるとき，直線の傾きは最も小さいので，放物線$y=x^2$上のx座標が2の点から考える。x座標が2の点は，$y=2^2=4$より，点(2，4)である。点(2，4)を通るとき，傾きが$\frac{4-9}{2-1}=-5$より，その式は$y=-5x+b$とおけ，点(2，4)を通ることから，$4=-5\times2+b$，$b=14$となり，直線の式は$y=-5x+14$となる。放物線$y=x^2$と直線$y=-5x+14$の交点のx座標は，$x^2=-5x+14$，$x^2+5x-14=0$，$(x-2)(x+7)=0$より，$x=2$，-7となり，もう1つの交点のx座標は-7である。x座標が整数となるので，適する。よって，求める直線の式は$y=-5x+14$である。

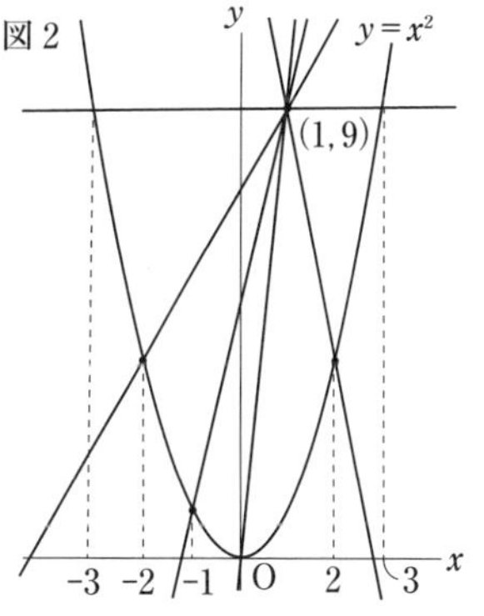

問3＜条件を満たす直線の数＞右図2で，点(1，9)を通る直線はy軸と平行でないので，放物線$y=x^2$と2点で交わり，その交点のうち少なくとも1つは，y座標が9以下となる。放物線$y=x^2$上でy座標が9となる点のx座標は，$9=x^2$より，$x=\pm3$である。よって，考えられる直線は，放物線$y=x^2$上のx座標が-3，-2，-1，0，2，3の点を通る直線である。x座標が-3の点は点(-3，9)だから，直線の式は$y=9$であり，x軸に平行な直線となる。これより，もう1つの交点は点(3，9)となるから，適する。x座標が-2の点は，$y=(-2)^2=4$より，点(-2，4)である。直線の傾きは$\frac{9-4}{1-(-2)}=\frac{5}{3}$だから，直線の式を$y=\frac{5}{3}x+c$とおくと，$4=\frac{5}{3}\times(-2)+c$，$c=\frac{22}{3}$となり，直線の式は$y=\frac{5}{3}x+\frac{22}{3}$となる。交点の$x$座標は，$x^2=\frac{5}{3}x+\frac{22}{3}$，$3x^2-5x-22=0$より，$x=\frac{-(-5)\pm\sqrt{(-5)^2-4\times3\times(-22)}}{2\times3}$

$=\dfrac{5\pm\sqrt{289}}{6}=\dfrac{5\pm17}{6}$ となり，$x=\dfrac{5+17}{6}=\dfrac{11}{3}$，$x=\dfrac{5-17}{6}=-2$ である。もう1つの交点の x 座標が整数にならないので，適さない。同様に考えて，x 座標が -1 の点は，点$(-1,\ 1)$であり，直線の式は $y=4x+5$ となる。$x^2=4x+5$ より，$x=-1,\ 5$ となり，もう1つの交点の x 座標は5だから，適する。x 座標が0の点を通るときは，問1より，適する。x 座標が2の点を通るときも，問2より，適する。x 座標が3の点を通るときの直線は，x 座標が -3 の点を通るときと同じ直線になる。以上より，条件を満たす直線は，放物線 $y=x^2$ 上の x 座標が -3，-1，0，2の点を通る直線であり，4本ある。

3 〔データの活用―場合の数〕

図1

(a)

1	2	ア
イ	ウ	6

(b)

1	エ	オ
2	カ	6

問1＜場合の数＞2は，1の右か下に入る。右図1の(a)，(b)で，ア～カを定める。(a)の場合，(ア，イ，ウ)＝(3，4，5)，(4，3，5)，(5，3，4)の3通りある。(b)の場合，(エ，オ，カ)＝(3，4，5)，(3，5，4)の2通りある。よって，数字を入れる方法は，3＋2＝5(通り)ある。

図2

1	キ	ク	ケ
コ	4	サ	8

問2＜場合の数＞右図2で，キ～サを定める。2，3は，キ，コに入り，5は，クに入る。これより，6，7は，ケ，サに入る。よって，キ，コが(キ，コ)＝(2，3)，(3，2)の2通り，クが5の1通り，ケ，サが(ケ，サ)＝(6，7)，(7，6)の2通りより，数字を入れる方法は，2×1×2＝4(通り)ある。

問3＜場合の数＞2，3の入れ方は，右下図3の(a)，(b)，(c)が考えられる。(a)の場合，下の2段に着目すると，問1と同様に考えることができるので，5通りある。(b)の場合も，同様にして，5通りある。(c)の場合，シ，ス，セ，ソを定めると，(シ，ス，セ，ソ)＝(4，6，7，8)，(4，6，8，7)の2通りある。以上より，数字を入れる方法は，5×2＋2＝12(通り)ある。

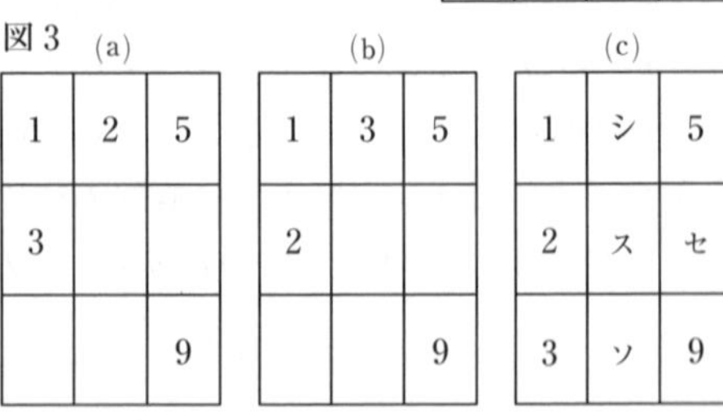

図3

(a)

1	2	5
3		
		9

(b)

1	3	5
2		
		9

(c)

1	シ	5
2	ス	セ
3	ソ	9

4 〔空間図形―三角錐〕

問1＜体積―特別な直角三角形＞右図1で，∠ADB＝∠ADC＝90°より，AD⊥〔面BCD〕だから，三角錐A-BCDは，底面を△BCDとすると，高さがAD＝6となる。また，∠ABD＝30°だから，△ABDは3辺の比が $1:2:\sqrt{3}$ の直角三角形であり，$BD=\sqrt{3}AD=\sqrt{3}\times6=6\sqrt{3}$ となる。∠ACD＝60°だから，△CADも3辺の比が $1:2:\sqrt{3}$ の直角三角形であり，$CD=\dfrac{1}{\sqrt{3}}AD=\dfrac{1}{\sqrt{3}}\times6=2\sqrt{3}$ である。∠BDC＝90°なので，$V=$〔三角錐A-BCD〕$=\dfrac{1}{3}\times$△BCD$\times AD=\dfrac{1}{3}\times\left(\dfrac{1}{2}\times6\sqrt{3}\times2\sqrt{3}\right)\times6=36$ となる。

図1

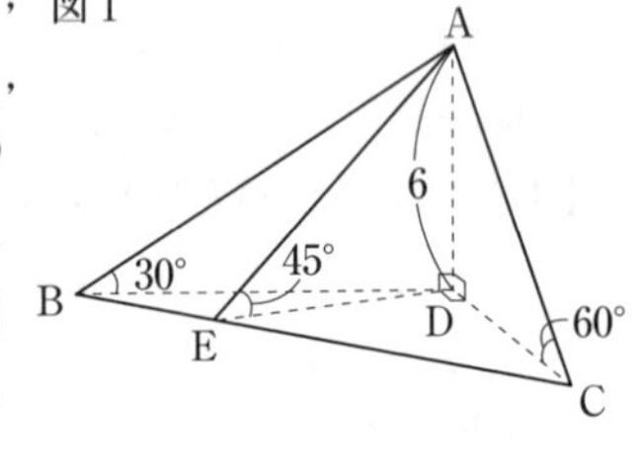

問2＜面積＞右上図1で，問1より，△ABD，△CADの3辺の比は $1:2:\sqrt{3}$ だから，$AB=2AD=2\times6=12$，$AC=2CD=2\times2\sqrt{3}=4\sqrt{3}$ である。△BCDで三平方の定理より，$BC=\sqrt{BD^2+CD^2}=\sqrt{(6\sqrt{3})^2+(2\sqrt{3})^2}=\sqrt{120}=2\sqrt{30}$ となる。よって，△ABCは右図2のようになる。点Aから辺BCに垂線AHを引き，$BH=x$ とすると，$HC=BC-BH=2\sqrt{30}-x$ となる。△ABH，△AHCで三平方の定理より，$AH^2=AB^2-BH^2=12^2-x^2$，$AH^2=AC^2-HC^2=(4\sqrt{3})^2-(2\sqrt{30}-x)^2$ だから，$12^2-x^2=(4\sqrt{3})^2-(2\sqrt{30}-x)^2$ が成り立つ。これより，$144-x^2=48-$

図2

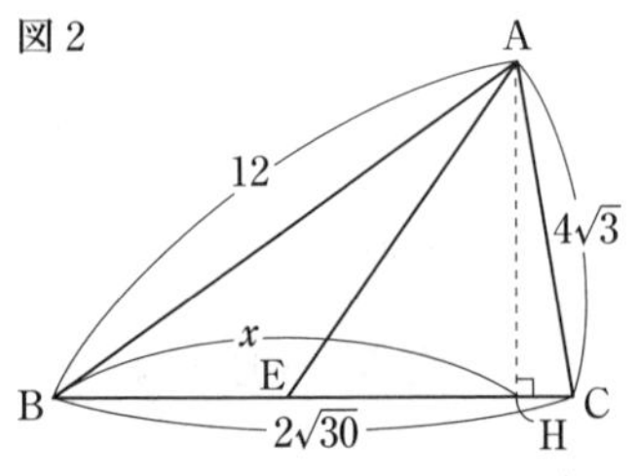

$(120-4\sqrt{30}x+x^2)$，$144-x^2=48-120+4\sqrt{30}x-x^2$，$-4\sqrt{30}x=-216$，$x=\dfrac{9\sqrt{30}}{5}$となるから，AH $=\sqrt{12^2-x^2}=\sqrt{12^2-\left(\dfrac{9\sqrt{30}}{5}\right)^2}=\sqrt{\dfrac{1170}{25}}=\dfrac{3\sqrt{130}}{5}$である。したがって，$S=\triangle ABC=\dfrac{1}{2}\times BC\times AH=\dfrac{1}{2}\times 2\sqrt{30}\times\dfrac{3\sqrt{130}}{5}=6\sqrt{39}$となる。

問３＜長さ＞前ページの図１で，$\angle AED=45°$だから，$\angle ADE=90°$より，$\triangle ADE$は直角二等辺三角形となる。よって，$AE=\sqrt{2}AD=\sqrt{2}\times 6=6\sqrt{2}$である。前ページの図２の$\triangle AEH$で三平方の定理より，$EH=\sqrt{AE^2-AH^2}=\sqrt{(6\sqrt{2})^2-\left(\dfrac{3\sqrt{130}}{5}\right)^2}=\sqrt{\dfrac{630}{25}}=\dfrac{3\sqrt{70}}{5}$となるので，$BE=BH-EH=x-EH=\dfrac{9\sqrt{30}}{5}-\dfrac{3\sqrt{70}}{5}=\dfrac{9\sqrt{30}-3\sqrt{70}}{5}$である。

＝読者へのメッセージ＝

４のように図が与えられていない問題では，自ら図をかかなくてはなりません。基本的な立体の図は，かけるようにしておきましょう。

国語解答

一 問1 大半のメン～，という点
問2 ウ　問3 エ
問4 読者が接触のない出来事を世界の外から眺める小説も，直接交流のない者の同朋意識で想像されるネイションも，均質な空間を前提として超越的な視点を要請する，ということ。(80字)
問5 イ
問6 ① 冒険　② 趣向　③ 宮廷　④ 断絶　⑤ 己

二 問1 映画
問2 記号をめぐる共通の了解
問3 文字が生気を宿し，囀り，今にも飛び立ちそうになって，人為的な約束事が壊れる点。(39字)
問4 ウ
問5 A…イ　B…エ　C…ア
問6 イ
問7 ① びこう　② いつく　③ ひじ　④ けつぶつ　⑤ ひじゅん

（声の教育社　編集部）

一〔論説文の読解―政治・経済学的分野―社会〕出典：大澤真幸・塩原良和・橋本努・和田伸一郎『ナショナリズムとグローバリズム――越境と愛国のパラドックス』「小説・新聞」。

≪本文の概要≫ネイションという意識と小説という文学の形式は，ほぼ同時に登場した。この連動性は，小説が要請する読みのスタイルが，ネイションを経験し想像する様式と同型的であることによる。小説では，小説の登場人物や彼らが経験する多数の出来事が，同一の均質な空間に属していることを前提に，「この間」という語を駆使することによって，互いに接触していない二つの出来事が同一の時点に生起したということが語られる。読者(と作者)の視点は，物語世界の中に自分の場所を持たずに，世界の外から出来事を眺めているのである。一方，ネイションの本質的な特徴は，メンバーが互いに交流はないにもかかわらず，強い連帯感や同朋意識を持っている点にある。同じ国民であるかぎり，均質的で統一的な全体に所属していることが，個々のメンバーによって想像される。要するに，ネイションは，小説の読者の視点と同様の，神の視点に類する超越的な視点を媒介にして想像される。小説とネイションは，同じ形式の視点を媒介にして成立しているのである。

問1＜文章内容＞「ネイションの本質的な特徴，それ以前の社会システムにはなかった特徴」は，「大半のメンバー同士が互いのことを知らず，一生会うことすらないのに，強い連帯感，命がけの同朋意識をもっている，という点」にある。

問2＜慣用句＞「ネイション(国民)という意識と小説という文学形式とは，ほぼ同じ時期に成立」し，両者には「並行性」が見られる。考え方や方法が同じであることを，「軌を一にする」という。

問3＜表現＞「ネイションと小説の間」に「つながり」があるといっても，それは，「小説の内容」が「ネイション」を愛するナショナリズムのようであるということではない。

問4＜文章内容＞小説では，「読者(と作者)は，登場人物たちとは違って，世界の外から出来事を眺めて」いる。言い換えれば，「読者の視点は，純粋に超越的な視点を，つまり神の視点を代行して」いる。ネイションは，「互いに直接交流しているわけではない」が「同じ空間に属している同朋」という意識を持つメンバーどうしが，つながりを「想像」することで成り立っている。ネイションも小説も，「神の視点に類する超越的な視点を媒介にして，想像される」ものなのである。

問5＜文章内容＞小説では，「この間」という語を用いることによって，二つの出来事が，「互いに接触していない」にもかかわらず「同一の空間を同時に分有している」と見なされ，「併置」される。

このとき,「読者(と作者)の視点」は,「小説が描写している物語世界の中に,己の場所を持っていない」のであり,「純粋に超越的な視点を,つまり神の視点を代行して」いる。一方,「小説以前の物語」では,「語り手の視点」が「主要な登場人物と一体化していて,物語世界に内属していた」ために,登場人物が「実際に出会い,互いの過去を語り合ったとき」にしか,同時に発生した別の出来事を描写できなかった。

問6＜漢字＞①確かに成功するとわかっているわけではないことをすること。危険を冒すこと。 ②趣を出すための工夫のこと。 ③皇帝や王などが住んでいる場所のこと。 ④関係や結びつきが切れること。 ⑤自分自身のこと。

二〔小説の読解〕出典:松浦寿輝『巴』「映写」。

問1＜文章内容＞「仕事のオッファー」は,篝山が「わたし」に持ちかけてきたものである。「わたし」が篝山に「いったいどうして僕なんです」と尋ねると,篝山は,「わたし」が大学の頃につくった「八ミリ映画」のことを話し出し,それを「なかなか面白かった」と言った。篝山は,「わたし」が「映画」の制作の経験があることを買って,仕事を「オッファー」してきたのである。

問2＜文章内容＞「鳥」という文字を,カラスやスズメやシジュウカラなどを意味する「記号」と決めるのは,「形式的な約束」にすぎないが,その決めたことが「共通の了解」として「われわれみなの間で共有されて」いれば,「われわれの棲まう共同体」が成り立つ。

問3＜文章内容＞「鳥」という字を「書」として書く場合には,「その『鳥』という文字に不意に生気が宿り,うららかに囀り,翼を羽ばたかせて今にも飛び立ちそうになる」ということが「たしかに起こる」と,篝山は言う。記号としての文字から「人為的な約束事が前触れなしにいきなり壊れて」しまい,その書からは「書き手の気韻」が感じられるのである。

問4＜文章内容＞篝山によれば,副島の書には「彼の人生がある」し,それだけではなく,「明治という激動の時代そのものが露出して」いる。副島の時代には,「日本は西洋文明によってむりやり押し開かれ,近代に直面することを強いられた」ため,副島の書には,そのときの「衝撃と暴力がまざまざと現われて」おり,「土俗と近代という二つの力が角突き合わせている」ようなのである。

問5＜ことわざ＞A.副島の書を見れば,「明治の日本というのがどれほどすさまじい力が逆巻いていた時代だったのか」が「一目瞭然」でわかる。何度も話を聞くより,自分の目で見た方が確実であることを,「百聞は一見に如かず」という。 B.「いわゆる書家,書の専門家」は皆「形骸化した美意識に閉じこもって」いて似たようなものである。どれも平凡で,特に優れたもののないことを,「どんぐりの背比べ」という。 C.書家が皆「形骸化した美意識に閉じこもって」いる中で,副島の書は「奔放自在」である。天馬が思いのままに空を駆けめぐるように,考え方や振る舞いが自由奔放であることを,「天馬空を翔ける」または「天馬空を行く」という。

問6＜文章内容＞篝山は,「わたし」が大学の頃につくった映画を見ており,その映画がどのような作品か,また,それをつくった「わたし」がどのような人間かを,すでに見抜いているはずである。それにもかかわらず,篝山は,「わたし」が恥ずかしさから茶化そうとした「気韻が籠もってましたかね」という言葉を「真面目に受け取って束の間考えこんで」いるかに見せた。そうしておいて「あげくに,『あまり気韻は感じられなかった』と淡々と言った」ときには「悪戯っぽい光が一瞬瞳に閃いたようだった」のであるから,篝山が考え込んでいるかに見せたのは,遠回しに人の弱点をつく意地悪さの現れといえる。

問7＜漢字＞①鼻の穴のこと。 ②音読みは「慈悲」などの「ジ」。 ③上腕と前腕をつなぐ関節のこと。 ④特別優れている人のこと。 ⑤全権を委ねられた者が調印した条約を,当事国が最終的に確認して同意する手続きのこと。

Memo

2023年度　早稲田大学本庄高等学院

【英　語】（50分）〈満点：100点〉

I　次の［1］～［10］の（　）に入る最も適切なものをそれぞれ選び，番号で答えなさい。

［1］ It is natural that we turn to someone who has the ability to (　　) the difference between right and wrong.

① sell　② tell　③ think　④ win　⑤ write

［2］ If it (　　) tomorrow, we will not be able to go on the school picnic.

① has rained　② is raining　③ rain　④ rains　⑤ will rain

［3］ This brand of silk is (　　) to that one in quality.

① better　② good　③ great　④ nice　⑤ superior

［4］ Because of limited capacity, (　　) young children will be able to get into nursery school.

① neither　② never　③ no matter who

④ none　⑤ not all

［5］ (　　) of all U.N. member nations must vote for any reform plan to be passed.

① Two and thirds　② Two and three　③ Two-third

④ Two-thirds　⑤ Two-three

［6］ When I go out with her, I am always (　　　).

① keeping to wait　② keeping waited　③ kept to wait

④ kept waited　⑤ kept waiting

［7］ Hanako doesn't like to miss opportunities. Her experience tells her to "strike (　　) the iron is hot."

① how　② that　③ what　④ which　⑤ while

［8］ Both Taro and I (　　) to blame for the broken window. We were playing catch nearby.

① am　② are　③ have　④ is　⑤ was

［9］ Can I borrow your books when you (　　) reading them ?

① finished　② have finished　③ will be finishing

④ will finish　⑤ will have finished

［10］ Ichiro has read famous speeches aloud many times. (　　) is how he improved his English.

① Such　② These　③ This　④ What　⑤ Which

II　次の英文を読み，設問に答えなさい。

In 1974, serious flooding in Bangladesh caused a terrible famine. Throughout Bangladesh, an estimated one million people starved to death over the next few years.

During the famine, a concerned young professor at Chittagong University, Muhammad Yunus, was upset that all he could do to help society was to teach economics. He wanted to do more to help ア<u>his fellow countrymen and women</u>. He wanted to (　1　) the economic theories and textbooks and find out about the real lives of the poor of Bangladesh. With this in mind, he took his students on a field trip to the local village of Jobra.

In Jobra, the professor and his students {a woman / who / Sophia / small bamboo seats / named /

met / made} for a living. They were shocked to discover that she only made 2 cents a day from her work. Most of her money went into paying back high-interest loans that she used to buy the raw materials she needed. Their research in Jobra revealed many more poor people living just like Sophia.

Traditional banks do not usually lend money to these poor people. ---[i]--- In Sophia's case, she talked to people from a traditional bank to borrow some money. The problem was that she didn't have anything valuable or land for the money she needed. The banker said, "We can't lend you money because we are not sure if you can pay us back." So she had to borrow money from local dealers, who charged awfully high interest rates. None of the villagers could make enough money to escape their poverty because they were all having to pay back high-interest loans.

Yunus saw that if イ<u>these people</u> could borrow money at a more reasonable rate, it would help them greatly. ---[ii]--- So he lent 42 poor women the $27 he had with him to buy raw materials to make their bamboo seats, etc. Crucially, he trusted these penniless women to pay him back—if they didn't, there would be nothing he could do.

Yunus's lower repayment rate allowed the women to make enough to (2) and to make a profit. He continued his banking system for the poor based purely on trust, and it soon became successful in several villages. ---[iii]--- So in 1983, Yunus decided to start his own bank, Grameen Bank, with the single purpose of loaning money to the "poorest of the poor." The word "gram" means village in Bengali, reflecting the bank's origins.

Grameen Bank has a unique system. ---[iv]--- Then, five of you make a group and each of you receives a small individual loan. People who borrow from the bank repay the trust they are given by repaying their loans in record numbers.

If one of the group cannot repay their loan, the rest of the group will suffer. This social pressure encourages the members to pay back (3). However, the rest of the group do not have to repay an unpaid loan—ウ<u>Grameen Bank accepts it as a loss.</u> By trusting these people with their tiny loans, Yunus allowed them to help themselves. ---[v]---

It is an interesting fact that about 97 percent of Grameen borrowers are women. Yunus believes that women living in poverty use the money more directly for their families than men. Not only do they repay their loans, but they also clothe, educate, and feed their children with their profits.

Over the last few years, エ<u>the old policy of traditional banks</u> has caused great problems in the world economy. At the same time, Grameen Bank has continued to make life a little better for the poor of the world. The contrast between these banks and Grameen Bank is obvious : they work to make money ; Grameen works to help the poor.

Grameen Bank has (4) loaned about $6.4 billion to 7.4 million families, and now many financial institutions around the world have copied Muhammad Yunus's simple model. It is worth remembering that the poor are not poor because they are lazy. They are no different from the rich. [たまたま違う家族のもとに彼らは生まれてきただけなのです。] In 2006, the great work done by Yunus and the bank itself was recognized, and they were awarded the Nobel Peace Prize.

（注） famine：飢饉　starve to death：餓死する　upset：動揺して　interest：利子
reveal：明らかにする　charge：請求する　penniless：一文なしの
repay the trust：信用に応える

問1　文中の（1）～（4）に入る最も適切なものをそれぞれ選び，番号で答えなさい。

（1）　① check out　② carry on　③ go into　④ put away　⑤ think out

（2） ① clean up ② let go ③ live on ④ rest on ⑤ take off
（3） ① at all ② at any moment ③ every time
④ on time ⑤ with delay
（4） ① so do ② so far ③ so forth ④ so that ⑤ so what

問2 それぞれの問に対し，本文の内容に合う最も適切な答えを選び，番号で答えなさい。

[1] What does the writer mostly want to say?
① Grameen Bank is one of the prestigious banks in Bangladesh.
② Many people starved to death after the floods of 1974 in Bangladesh.
③ Professor Yunus and his fellow students went on a field trip to help the poor people in Jobra.
④ The poor in Bangladesh should borrow money from traditional banks.
⑤ Professor Yunus believed in the power of trust.

[2] Which of the following is NOT true about lending money to the poor?
① Local dealers are willing to lend money to the poor.
② Traditional banks believe that the poor will not pay the money back.
③ Traditional banks do not trust the poor.
④ The poor have to borrow money from local dealers with high interest rates.
⑤ Villagers have to remain in poverty because of the high interest rates.

[3] Who are the targeted customers of Grameen Bank?
① People who are not eager to pay back low-interest loans.
② People who are suffering from poverty.
③ People who want to sell raw materials to poor women.
④ Women in Jobra who are trying to make money.
⑤ Women in Jobra who have already borrowed money at a more reasonable rate.

[4] More than 90 percent of the Grameen Bank borrowers are women. Why?
① Because it is women who can make more profits.
② Because it is women who use their money to take care of their children.
③ Because if a borrower in the group cannot repay the loan, the rest of them repay it.
④ Because the women only made two cents a day from their work.
⑤ Because women still pay back high-interest loans.

[5] What is the difference between traditional banks and Grameen Bank?
① Grameen Bank lends money with higher interest rates than traditional banks.
② Grameen Bank was established by local dealers, but traditional banks were not.
③ Traditional banks aim to make profits; Grameen Bank aims to help the poor.
④ Traditional banks are more focused on lending money to the poor than Grameen Bank.
⑤ Traditional banks trust customers; Grameen Bank does not trust them at all.

問3 次の問に答えなさい。

[1] 文中の下線部アを言い換えた場合，最も適切なものを選び，番号で答えなさい。
① his students who are from Jobra
② one million people
③ people in Bangladesh
④ people who starved to death
⑤ professors who teach economics

［2］ 文中の下線部イが指す内容として，最も適切なものを選び，番号で答えなさい。
① all people who need raw materials
② the local dealers
③ traditional bank staff
④ villagers who are suffering from poverty
⑤ 42 poor women

［3］ 文中の下線部ウはどのような意味か。最も近いものを選び，番号で答えなさい。
① Grameen Bank accepts the fact that none of the borrowers in a group can pay the money back
② Grameen Bank asks a borrower to pay the money back
③ Grameen Bank does not force borrowers to pay the money back
④ Grameen Bank misses an opportunity to collect money from the rest of the group
⑤ Grameen Bank stops lending money to the rest of the group

［4］ 文中の下線部エはどのような意味か。最も近いものを選び，番号で答えなさい。
① the policy where traditional banks and Grameen Bank helped each other
② the policy where traditional banks did not trust the poor at all
③ the policy where traditional banks lent money to men only
④ the policy where traditional banks lent money to poor women only
⑤ the policy where traditional banks repaid their loans to wealthy people

［5］ 文中の{ }内の語句を並べかえて意味の通る文にしたい。最も適切なものを選び，番号で答えなさい。

the professor and his students {1. a woman　2. who　3. Sophia　4. small bamboo seats　5. named　6. met　7. made} for a living

① 2－6－3－7－4－5－1　② 3－2－7－4－5－1－6
③ 5－2－6－1－3－7－4　④ 6－1－5－3－2－7－4
⑤ 7－3－6－1－2－5－4

［6］ 以下の英文を文中の…［ i ］…から…［ v ］…までのどこか1か所に入れる場合，最も適切な場所を選び，①～⑤の番号で答えなさい。

To get a loan, all you need to show is that you are poor and you have the desire to work hard.

① …［ i ］…　② …［ ii ］…　③ …［ iii ］…　④ …［ iv ］…　⑤ …［ v ］…

［7］ 下線部の発音が全て異なる組を2つ選び，番号で答えなさい。

①	fl<u>oo</u>ding	p<u>oo</u>r	bamb<u>oo</u>
②	rev<u>ea</u>l	gr<u>ea</u>t	m<u>ea</u>n
③	st<u>ar</u>t	aw<u>ar</u>d	c<u>ar</u>ry
④	w<u>or</u>ld	w<u>or</u>k	w<u>or</u>th
⑤	tr<u>u</u>st	n<u>u</u>mber	cr<u>u</u>cially

［8］ 文中の日本語を英語に直しなさい。ただし，happened to を使うこと。

Ⅲ 次の会話文を読み，設問に答えなさい。

Ari : Hey, Jen! Don't throw that soda can in there.
Jen : (A)
Ari : It goes in the recycling bin.
Jen : Oops. Sorry, I forgot.

Ari： Well, (い)watch it！ I'll tell "Sustainable Dave" about you.

Jen： Uh, Sustainable Dave？ [X]

Ari： I read about him online. He's this guy who's saving all of his trash for a year as an [ア]. He wants to find out how much trash he's really producing. He's saving everything, bottles, newspaper, plastic bags, banana peels, used tea bags, everything. 〔1〕**The only exceptions are meat and milk products.** ---[i]---

Jen： But for a year？ （ B ） What's he doing [イ] it all？

Ari： He's putting it down in the basement under his house.

Jen： In his basement！ ---[ii]--- It must be a real mess down there.

Ari： （ C ） Look, here's the website. You can see from these pictures that it's pretty well organized. Also Dave says that the whole project is making him use [Y] all the time. He even does things like bringing his own cup and spoon [イ] him when he goes out to buy a cup of coffee. ---[iii]--- That way he doesn't use paper cups and plastic spoons.

Jen： OK, I can see the idea about the plastic and glass and so on—but food！ How can you keep [ウ] in your basement？ That's dangerous for your health. It can cause all kinds of problems！ 〔2〕**Yuck！**

Ari： ---[iv]--- He has something called an earthworm composter or worm farm. He puts food waste, and used tea bags and coffee filters in it, and the worms eat the waste. This process produces something called compost. 〔3〕**He uses it in his garden.** You should see the large pumpkins growing there. I mean, he thinks of everything.

Jen： But doesn't it smell terrible？

Ari： Well, I never actually saw one, but he says it doesn't smell as long as he doesn't put any meat or milk products in it.

Jen： Hmm. (ろ)I think he's taking this whole thing a little too far, but anyway, what will he do [イ] all this stuff when the year ends？

Ari： First, he'll weigh it all and calculate how much there is of each type of trash. [彼は1年間で実際どれだけ捨てたのか，ウェブサイト用に報告書を書くでしょう。] When that's done, he'll take most of it to the recycling center. （ D ） I don't know. I guess he'll take it to the local landfill, or maybe he'll sell it online.

Jen： Yeah, right！

問1 文中の〔1〕～〔3〕に関して，本文の内容に合う最も適切な答えを選び，番号で答えなさい。

〔1〕 Ari says, **"The only exceptions are meat and milk products."** Why？

① Because meat or milk waste will kill earthworms.

② Because Ari knows Sustainable Dave doesn't have meat or milk for his meals.

③ Because meat and milk products will make compost bad-smelling.

④ Because Sustainable Dave likes meat and milk so much that he doesn't want to throw them away.

⑤ Because Sustainable Dave saves so many things that he doesn't have any more space for meat or milk products.

〔2〕 Jen says, **"Yuck！"** How does Jen feel？

① Excited. ② Interested. ③ Sad. ④ Silly. ⑤ Unpleasant.

〔3〕 Ari says, **"He uses it in his garden."** Why does Sustainable Dave most likely use "it" in his garden ?

① Because a bad smell goes away more quickly in his garden than it does in his basement.

② Because it can make the soil in his garden richer.

③ Because it takes up too much room in the basement.

④ Because it is easier to weigh it in his garden than in his basement.

⑤ Because other creatures in his garden will eat it.

問2 次の問に答えなさい。

［1］ 文中の(A)～(D)に以下のア～エを入れる場合，最も適切な組み合わせを選び，番号で答えなさい。

ア No way！ イ Not really. ウ The rest ? エ Why not, Ari ?

① A：ア B：エ C：イ D：ウ

② A：イ B：ア C：ウ D：エ

③ A：ウ B：エ C：ア D：イ

④ A：エ B：ア C：イ D：ウ

⑤ A：エ B：ア C：ウ D：イ

［2］ 文中の下線部(い)を言い換えた場合，最も適切なものを選び，番号で答えなさい。

① be careful ② don't be sorry ③ look at the recycling bin

④ listen to me ⑤ look who forgot

［3］ 以下の英文を文中の…[i]…から…[iv]…までのどこか1か所に入れる場合，最も適切な場所を選び，①～④の番号で答えなさい。

That's the most interesting thing.

① …[i]… ② …[ii]… ③ …[iii]… ④ …[iv]…

［4］ 文中の［Y］に入る最も適切なものを選び，番号で答えなさい。

① his own cup and spoon ② less and less ③ nothing

④ more healthy products ⑤ the website

［5］ 文中の下線部(ろ)を言い換えた場合，最も適切なものを選び，番号で答えなさい。

① I don't think he can take his trash to a faraway landfill.

② I don't think he should save things such as meat and milk products.

③ I think he should take his trash to the local landfill even if it takes a little too long.

④ I think he's doing this thing a little more than he should.

⑤ I think he's keeping too many things in his basement.

問3 文中の［ア］に入る1語を書きなさい。ただしeを頭文字とすること。

問4 文中の［イ］に入る**共通する1語**を書きなさい。

問5 文中の［ウ］には何が入るか。**本文より2語で抜き出し**なさい。

問6 もしあなたがJenだったら，文中［X］では何と言いますか。適切な英文を1つ書きなさい。文の語数は4語から6語とし，必要に応じて句読点等(.,?!など)をつけること。ただし，句読点等は語数に含めない。

問7 文中の日本語を英語に直しなさい。ただし，for the websiteで終わらせること。

【数　学】（50分）〈満点：100点〉

（注意）1．解答欄に「計算」とある問については，計算の過程(式の変形や考え方)もわかりやすく簡潔に書くこと。

2．答えに根号を含む場合は，根号の中の数はできるだけ小さな自然数にして答えること。分数の場合は，それ以上約分できない形で答えること。また，分母に根号がない形で答えること。

1　次の各問に答えよ。

問1．$\left\{\dfrac{\sqrt{2}+\sqrt{3}-\sqrt{5}}{\sqrt{18}(\sqrt{2}-1)}\right\}^2 \div \left\{\dfrac{\sqrt{2}(\sqrt{8}+2)}{\sqrt{2}+\sqrt{3}+\sqrt{5}}\right\}^2$ を計算せよ。

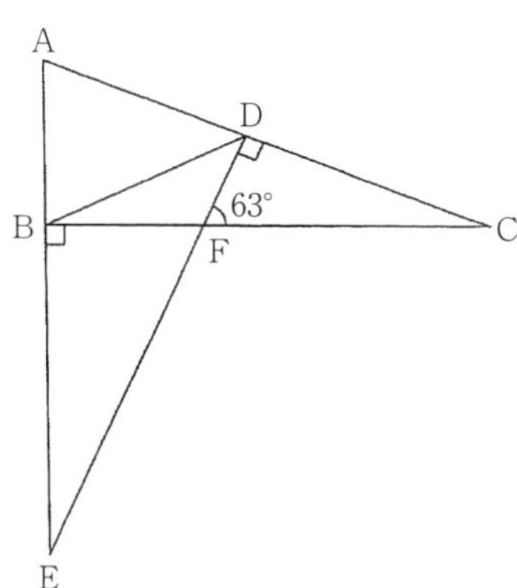

問2．$3x^2+y^2+2\sqrt{3}xy+7\sqrt{3}x+7y-18$ を因数分解せよ。

問3．座標平面上に3点A(1，1)，B(3，2)，C(2，4)がある。大小2つのさいころを投げ，大きなさいころの出た目を s，小さなさいころの出た目を t とし，座標が$(2+s,\ 4+t)$となる点をPとする。このとき，三角形ABCの面積と三角形ABPの面積が等しくなる確率を求めよ。

問4．右図のように直角三角形ABCと直角三角形ADEがあり，辺DEと辺BCの交点をFとする。$\mathrm{BD}^2=\mathrm{DE}\cdot\mathrm{DF}$ のとき∠ADBの大きさを求めよ。

〔編集部注…問題の記述に不適当な部分があり，適切な解答に至らないおそれがあると判断されたため，問4では受験者全員に得点を与える措置がとられました。〕

2　正の整数 m，n に対して，数 $h(m,\ n)$ を

$$h(m,\ n)=\frac{1}{2}(m+n)(m+n-1)-m+1$$

と定める。例えば，$h(1,\ 1)=1$，$h(2,\ 1)=2$，$h(1,\ 2)=3$ である。

次の各問に答えよ。

問1．$h(27,\ 2)+h(26,\ 3)$ を計算せよ。

問2．等式 $h(3m,\ 3m+4)=1987$ を満たす正の整数 m の値をすべて求めよ。

問3．等式 $h(m,\ n)=2023$ を満たす正の整数の組$(m,\ n)$をすべて求めよ。

3　$a>0$，$t>0$ とする。点Oを原点とする座標平面上において，$y=\dfrac{a}{x}$，$y=\dfrac{a+2}{x}$ のグラフの $x>0$ の部分をそれぞれ C_1，C_2 とする。直線 $x=t$ を l，直線 $x=\sqrt{2}t$ を m とし，曲線 C_1 と直線 l，m の交点をそれぞれA，B，曲線 C_2 と直線 l，m の交点をそれぞれC，Dとする。3点O，A，Dが一直線上にあるとき，次の各問に答えよ。

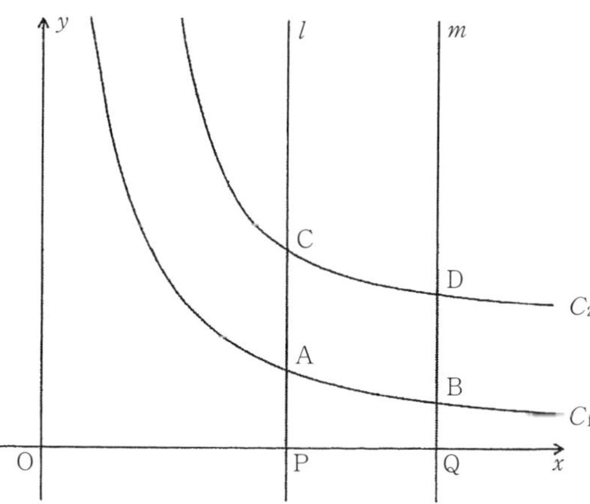

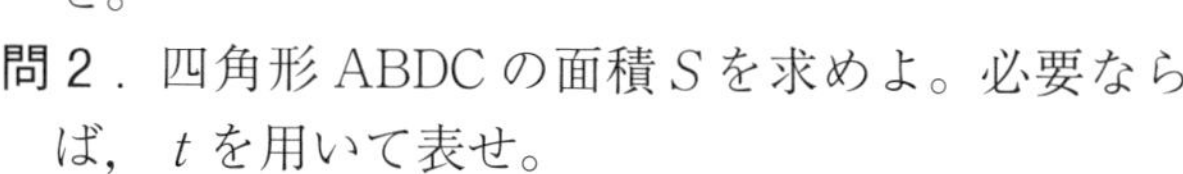

問1．a の値を求めよ。必要ならば，t を用いて表せ。

問2．四角形ABDCの面積 S を求めよ。必要ならば，t を用いて表せ。

問3．x 軸と直線 l，直線 m の交点をそれぞれP，Qとする。3つの線分CP，PQ，QDおよび曲線

DCで囲まれた部分の面積をWとする。このとき，2つの線分OC，ODと曲線CDで囲まれた部分の面積Tを求めよ。必要ならば，W，tを用いて表せ。

4 原点をOとする座標平面上に点A($\sqrt{3}$，0)，B($\sqrt{3}$，1)がある。$0 \leqq t \leqq \sqrt{3}$に対して，P(t，0)，Q($t-\sqrt{3}$，0)，R($t-\sqrt{3}$，1)をとる。直線PRと直線OBの交点をCとする。5つの線分AB，BC，CR，RQ，QAで囲まれる斜線部分の図形を，x軸を軸として一回転させてできる立体をMとする。

次の各問に答えよ。ただし，円周率はπを用いよ。

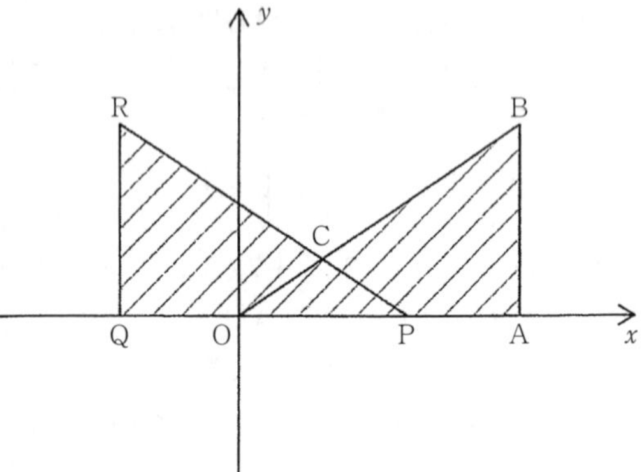

問1．点Cの座標をtを用いて表せ。

問2．立体Mの体積Vをtを用いて表せ。

問3．立体Mの表面積Sをtを用いて表せ。

る。

（舞城王太郎『深夜百太郎　出口』所収
「クローゼットの中」（ナナロク社刊）による）

問1　傍線部1「狭くて暗いところが好きだ」とあるが、「僕」が「狭くて暗」くない場所を好まない理由は何か。それを述べている「～から」に続くような四十字以内の箇所を本文中より探し、その始めと終わりの五字を抜き出して答えなさい。

問2　傍線部2「押し入れの中の僕が感じていたわざとらしさ」とあるが、「僕」が「わざとらしさ」を感じる理由を述べている一文を本文中から探し、その始めの五字を抜き出して答えなさい。

問3　空欄 Ⅰ に入るべき語句を次の中から選んで記号で答えなさい。

ア　城の石垣　　イ　漆黒の闇
ウ　ビルの外壁　　エ　巨大な尖塔

問4　傍線部3「この余りに余った空間をどう埋めようかな」とあるが、「僕」が「この余りに余った空間」を「埋め」たいと考える理由として最も適切なものを次の中から選んで記号で答えなさい。

ア　クローゼットの中の荷物を動かして自分が入り込む隙間を作り出すことに、幸せを感じているから。
イ　クローゼットの中に服や物が詰めこまれていると、僕という形の隙間を作ることができないから。
ウ　クローゼットの中に潜り込んで姉の荷物と一体化し、自分を失うことに快適さを感じているから。
エ　クローゼットの中で他の物たちの隙間に収まることで、僕という形の無になりたいと考えているから。

問5　傍線部4はどのようなことを表しているのか。本文中の語句を用いて七十字以内で説明しなさい。

問6　本文の内容の説明として最も適切なものを次の中から選んで記号で答えなさい。

ア　姉は、自分の部屋・僕の使っていた部屋・和室の全てを自由に寝室にできるようになった。
イ　父の寝室ははじめ和室だったが、僕の使っていた部屋へ移動し、その後元の和室に戻った。
ウ　僕は自分が元々使っていた部屋を姉に渡し、その部屋の一部を有償で借りて寝室にした。
エ　姉は僕の部屋や和室にも持ち物を置けるようになったが、寝室はずっと自分の部屋だった。

問7　傍線部①～⑤のカタカナを漢字に直しなさい。

中で他の物たちと過ごしていると僕は本当に落ち着く。心から。頭の芯が溶けてくるような感覚があって、それもいい。身体も姉の服のラインナップと一体になったようで、自分というものが自分という形を保ったまま、あるいは隙間というものに形を整えられて、その曖昧な空間に存在しているような気持ち。
快適だ。
姉はゲラゲラ笑いながら僕の幸せをからかうけれども構わない。
「あんたって可愛いしモテるっぽいのに、本当に残念だねえ」
どうでもいい……。
「私の服とかあんまり触んないでね？」
興味がないし、そこに置いてある何かに触れて動かしちゃったりしたら僕の潜り込みの意味がなくなるのだ。あくまでもそっと、元々あった隙間に入り込みたいのだ。隙間を作るのではなくて。
「私の部屋とかもあんま見ないでね？」
全く見たくもない……。
「着替えとかも覗(のぞ)かないでね」
喋(しゃべ)りたくない……。
僕はクローゼットの中で僕という形の無、言い換えれば隙間そのものになりたいのだ。
でも姉にそんなこと言っても理解できないだろうからと思って黙って座り続けていたら、たまに姉が姉の部屋に入ってくる僕を見て驚いたりする。
「あれ？　あんたさっきこのクローゼットん中入んなかったっけ？」
入ってない。
「あれー？　さっきあんた見た気がするけどな」
別のときにも
「ちょっと……、あんたいたの？　じゃあ中にいるの、あんたの友達とかじゃないよね？」
などと言う。
どうやら僕の偽者がこのクローゼットに⑤シュツボツしているらしいが、何かの勘違いだろう。
……と言っているのに勝手にビビって姉がクローゼットの使用を制限しようとしてくるので僕は抵抗する。元の僕の部屋を好き放題に使っているくせに僕を追い出そうとするなんて……！
すると姉は元の僕の部屋のほうを正式な寝室とし、自分の部屋のほうを予備とする。
つまりクローゼットから洋服などを運び出してしまって妙にがらんとする。
とりあえず僕の服をあるだけ吊るしてみるけれども全く足りない……。
暗いクローゼットの隅っこで膝を抱えながら3この余りに余った空間をどう埋めようかなと考えていると、反対側の隅っこに誰か僕と同じくらいの大きさの子供が座っているのが判る。
あーこいつか。
僕の影。
僕と全く同じ格好で座っているので、何となくどうしてそいつが生まれたのかが判る気がする。
僕は荷物の中で僕の形の隙間になろうとしていたのだが、そうやって作った僕の形の隙間が、僕をもう一つ作ったのだ。
つまりそいつは僕と同じ気持ちを持つ僕自身であって、僕という隙間は僕を量産している。
みるみるうちに膝を抱えた僕が積み重なって、クローゼットを埋めていく。
4僕僕僕僕僕僕僕僕僕
僕僕僕僕僕僕僕僕僕
僕僕僕僕僕僕僕僕僕
僕僕僕僕僕僕僕僕僕
ピッタリだ。
僕は僕と僕の隙間に収まって、暗闇の中で僕たちと一体にな僕がいないときも押し入れの中に誰かいるような気がするのも気持ちが悪いのだと言う。それについては何もしてあげられることはないな……と思っていたら父親が僕が元々使っていたほうの部屋で寝るようになる。

それで父親に申し訳ないなと思ってたってことでもないのだけれど、僕は新しい、もっと本来の僕の望み通りの場所を見つける。

クローゼット。

床に物を置いて積んでく押入れタイプのものじゃない、バーに洋服などを引っかけたり吊るしたりする物入れ。

姉の部屋には作り付けの大きなクローゼットがあって、僕はふと、そこの床なら部屋っぽく作らずとも僕がじっとしてるだけの空間ができるんじゃないかなと思う。和風の押し入れはそこにいようと思うと何かをどけなければならないけれど、クローゼットは必ずしもそうじゃないからだ。何と言うか、2押し入れの中の僕が感じていたわざとらしさがかなり軽減されるんじゃないだろうか？

姉の部屋にこっそり忍び込んで確認する。

が、何て持ち物の多いやつなんだ……と絶望しそうになる。姉はステンレス製のバーに端から端までぎっちり服をかけていて、さらにその下にはキャビネットと衣装ケースをところ狭しと積んである。それでも僅かな隙間があるとそこにはバッグ類が突っ込んであって、まるで［　Ⅰ　］のような見事さだった。

でもだからこそ、そこに自分を詰め込んでみたいという気持ちがさらに湧いた。

試しに物をどけてみる。押し入れよりも奥行きが狭くて自然と横を向くことになる。②カタハバが奥行きにハマっている。僕が体育座りするとハンガーで吊るしてある衣類のすそにぎりぎり頭が当たらないぐらいだ。そして何より、潜り込んでる感覚がこれぞ、という具合にある。

「素晴らしい……！」

と思わず声が出るくらいだ。

姉に見つかる。

どつかれる。

人の物を勝手に触るなと言われる。無断で人の部屋に入るなとも。

正しい。

でも頼んでOKの出る話ではないのでしょうがないじゃないか。

まあそれを言ってさらに相手をカッカさせても仕方ない。何しろ僕にはそれより大事な交渉ごとがある。

「あのさ、断捨離とかしたら？」

「あんた今度はこのクローゼット③ネラってんの？」

ズバリときた。

姉は思ったよりも頭の回転が速いのかもしれない。

「いやまんまだから。クローゼット入ってて何言ってんの。とりあえず出なよ」

出ない。

力ずくで出される。④ケられる。

で、泣く泣く押し入れ部屋に戻るけれども、すると姉が訪ねてきてぐるりと内部を確認する。

「あんた、クローゼットに行ったらここのこの部屋どうすんの？」

「……あ、こことクローゼット交換してくれる？」

「駄目。あんたの部屋も頂戴」

「別にいいよ？　お父さん寝てるけど」

「あんたがこっから出ればお父さんもこっち戻るでしょ」

「ああそうか」

姉が父親と交渉して姉の思う通りになる。

すなわち父親は元の和室に寝室を戻し、姉は押し入れと元の僕の部屋をクローゼットの一部、縦七十センチ×横七十センチ×奥行き四十五センチと交換する。

僕は姉に月千円で押し入れ内の小部屋を借りてそこで勉強して寝る。そしてそれ以外の時間を姉のクローゼットの中で過ごす。

キュッと音をたてて隙間に収まるようにして暗いクローゼットの

されるようになった。その後も現代文学の一翼を担う重要な作家として、時代の第一線に立って活躍を見せた。海外においても評価が高く、一九九四年には［ b ］賞を受賞、［ c ］以来二十六年ぶり、日本の作家としては二人目の受賞者となった。

(1) 空欄［ a ］に入るべき漢字二字の語句、空欄［ b ］に入るべき六字の語句をそれぞれ答えなさい。

(2) 空欄［ c ］に入るべき文学者の名前を次の中から選んで記号で答えなさい。

ア 三島由紀夫　イ 谷崎潤一郎
ウ 川端康成　エ 菊池寛

問5 空欄［ I ］(二箇所)に入るべき語句を次の中から選んで記号で答えなさい。

ア 歴史的　イ 反動的　ウ 主観的　エ 後進的

問6 傍線部4「彼は、「内向の世代」という名のグループとして集まっていること自体が気に入らなかった」とあるが、「気に入らなかった」理由として最も適切なものを次の中から選んで記号で答えなさい。

ア 前世代を否定しようとして結集したわけではないのに、一括りに扱われているから。
イ 自分が斥(しりぞ)けている方法的姿勢や志向を持っている作家たちと同席させられているから。
ウ 戦後文学の課題を吸収した大江健三郎に追随している作家と同類に扱われているから。
エ 文壇に背を向け、人づきあいを絶っているのに、わざわざ上京させられているから。

問7 傍線部5「それ」の内容を述べている十五字以内の箇所を本文中から抜き出して答えなさい。

問8 傍線部①～⑤の漢字の読みをひらがなで答えなさい。

二　次の文章を読み、あとの問いに答えなさい。

1狭くて暗いところが好きだ。

押し入れに入って隠れているときの高揚の中で僕はこの偏愛に目覚め、自分の居場所をその①キュウクツな暗がりに作り始める。

布団の畳み方を変えてソファにしたりベッドにしたりしてギュウギュウの中でものを食べたり飲んだりしていると必ず汚してしまうしそれが必ず親に見つかるので、布団を諦める。

けれども布団の入ってない押し入れなんて凄くわざとらしい空間なのだ。それはもう僕の入る場所になってしまい、押し入れではなくなる。そうするためのところではない場所に潜り込んでる感覚がなくなってしまう。

ドラえもんやラブやんみたいなことをしたいわけじゃないのだ……。

とは言え頭でっかちなことを主張したいわけでもないのでとりあえず僕の中の違和感のほうを我慢しながら押し入れを僕の小部屋として仕上げる。小さな机とライトを入れ、座椅子と座布団を持ち込む。本棚も作る。

まあこうしてきちんと部屋機能を小さな空間に押し込んでみるとなかなか悪くない。居心地もいい。ともかくきゅっとしていて余計な広がりのないのは正しい。

学校に行ったり家のリヴィングにいたりすると僕は僕自身が次第にほどけてバラバラになってしまうんじゃないかって気がしてくる。広すぎるのだ。

起きて半畳寝て一畳。起きて半畳寝て一畳。起きて半畳寝て一畳……。

で、小学生のうちのしばらくは父親が寝室にしている和室の押し入れの半分を自分の部屋として過ごす。

父親がもの凄く嫌がる。押し入れの中で小さくなって息をひそめてるのが不気味だと言って。別に意識して静かにしてるわけじゃないのだけれど。

不機嫌で、批評家ごときがなぜこんなところにいるのだという態度を隠さなかった。それは特に私に向けられたものではなかった。4彼は、「内向の世代」という名のグループとして集まっていること自体が気に入らなかったのだ。私もこの例会は居心地が悪かった。何でこんなところにいるのかという思いを禁じえなかった。先にいったように、私は「内向の世代」に、政治的なラディカリズムとは違った一種のラディカリズムを見ていたが、結局それは物足りなかったのである。

のちに、阿部は古井や後藤が雑誌「文体」を始めたときにも参加しなかった。彼の考えでは、「文体」などではなく、たんに「文章」というべきだったのだ。私は、まったく別の理由からそう考えていた。阿部は、「文体」という言葉に、方法意識へのこだわりを見、私は逆にそれの②欠如を見たのだった。私が阿部と親しくなったのは、彼がますます③狷介さを発揮して文壇に背を向けるようになってからである。私も一九七七年に二年ぶりにアメリカから帰って、それまでの人とのつきあいが④億劫になっていたころだった。阿部は人づきあいを絶ち、めったに「上京」もしなくなった。かつてはテレビのディレクターもしていた男が世の中からみるみる遅れているといった感じがあった。奇妙なことに、私はそういう阿部昭とのほうが話しやすかった。意見の一致など求めずにすむ関係にあったからである。

阿部はある意味で、昭和の新文学・新思想について行くことを拒絶した大正の私小説作家のようなものだった。しかし、大正の作家が「文芸復興期」に復活したように、阿部はあるかたちで復活した。それは、「短編小説⑤礼讃」という彼のエッセイが意外に広く読まれたことにあらわれている。それは、もう西洋の文学に追いつこうとかそれを規範にするということはいらない、日本人の感性に合ったものでいいのではないかという阿部の主張が、今日の自足的な時代の風潮に合致したからである。「短編」が復活するのは、大正期であれ、昭和十年代であれ、外部的なもの、他者的なものへの緊張が失われたときである。

しかし、阿部昭自身はべつに時代潮流に敏感だったわけではないし、5それに迎合したのでないことも明らかだ。彼はたんに「 I 」であり、それを貫いたのである。他の者が彼のようにやれるわけはない。私は阿部の初期の短編がどれも好きだが、とりわけ、『千年』にある次のような一節をいつも思い出す。《これは大したことではなかっただろうか？　子供が、自分たちの感情生活が大人たちに一顧もされない幼年期の早い時期に、もうこの人生の漠たる哀愁だけは知ってしまうというのは。もしそうだとしたら、あとわれわれが学ぶべきどんな重大な事柄が残されているというのか？》

この問いに私は答えられない。違うといいたい。しかし、阿部昭が死んで、私は「この人生の漠たる哀愁」にうちのめされている。それは老年の徴候にすぎないのだろうか。

（柄谷行人「漠たる哀愁」による）

注　ラディカリズム…現在の制度を根本から変革しようとする考え・行動方針。
アクチュアリティ…今日性。

問1　空欄 A ～ D に入るべき語を次の中から選んで記号で答えなさい。

ア　しかし　　イ　そして　　ウ　もっとも　　エ　だから

問2　傍線部1「異質なラディカリズム」とは何か。本文中の語句を用いて五十字以内で答えなさい。

問3　傍線部2「ある否定性」とは何を指すのか。それを端的に述べている二十字以内の箇所を本文中から探し、その始めと終わりの三字を抜き出して答えなさい。

問4　次の文章は傍線部3「大江健三郎」について述べたものである。これを読み、あとの(1)・(2)の問いに答えなさい。

大江健三郎は、東京大学在学中から作品を発表し始め、一九五八年には「飼育」で a 賞を受賞、一躍新世代の旗手と目

二〇二三年度 早稲田大学本庄高等学院

【国語】（五〇分）〈満点：一〇〇点〉

一 次の文章を読み、あとの問いに答えなさい。

阿部昭と初めて会ったのは、一九七〇年、「内向の世代」の作家を中心に集まる例会においてであった。一九七〇年当時は、「全共闘」の①華やかなころで、高橋和巳などがベストセラーになっていた。［A］、そのころの文学雑誌で「内向の世代」が中心的であったことは、今から見れば奇妙に見える。中上健次をのぞけば、私より若い世代はまったく彼らを読まなかったのではないだろうか。読んだとしても、そこに政治的なラディカリズムとは1異質なラディカリズムを見いだすというようなことはなかっただろう。

「内向の世代」は、小田切秀雄が命名したものだが、それ以後彼がどう命名しようとそんなふうに「――世代」として定着したことがなかったところからみれば、これはたぶん最後の「文学世代」だったのだろう。日本の近代文学史は、新人が出て来るとき、前世代を否定すべき新しい主張を共同的に掲げて登場することを示している。あとでバラバラになるとしても。この現象が終ったということは、いわば「近代文学」が終ったということである。

［B］「内向の世代」に新しいスローガンなどなかったし、積極的に結集したのでもない。ただ、それは2ある否定性においてのみ、共通していた。その点では、「戦後文学派」に対して「第三の新人」と呼ばれた人たちの登場の仕方と似ている。「内向の世代」の作家の前にいたのは、3大江健三郎だといっても過言ではない。大江健三郎が戦後文学派の課題を吸収してしまっていたとしたら、同世代の作家が位相的に安岡章太郎や遠藤周作といった「第三の新人」に似てくるのは当然であろう。彼らはほぼ大江と同世代であった。［C］、同世代に大江がいたために、その文学的出発を遅らされ、一旦作家たることを諦めた人たちであった。彼らはそれぞれ非文学的な勤め人の生活を経験していた。

彼らは、主題性やアクチュアリティを拒否するところから始めた。その意味で、政治的現実から背を向けて「内向」する作家たちとして否定的に位置づけられたのである。私はそういう評価に反対だった。古井由吉や後藤明生は、「第三の新人」とはちがって、内向しうるような自己や内面をまったく信じていなかった。自己そのものが「関係」でしかないという視点を、これほど明確に方法的にもっていた作家たちはかつていなかった。中上健次もまたここから出発したのである。これに比べれば、「全共闘」の物書きの方がはるかに内面的だったし、今なおそうである。

阿部昭は、この意味では、「内向の世代」として際立つような特徴を持っていなかった。［D］、インテリの内面性を否定するという意味で、彼が最も「内向の世代」というべきものだったかもしれない。たとえば、古井由吉や後藤明生の方法的姿勢や志向は大江健三郎と共通するものだが、阿部にはそれがなかった。彼は最もそれを斥(しりぞ)けていた。「内向の世代」は大江の影のもとで出発したと私はいったけれども、たぶん阿部昭がそれを最も強く意識していただろう。

事実、彼は大江健三郎と同じ東大仏文科出身で、学生作家としてすでにスターであった大江を横目で見ながら文学を始めるほかなかったからである。彼は意図的に大江の対極に立とうとしたのかもしれない。むろん阿部は同世代のなかでも特に、戦後文学の流れに対抗する理由を持っていた。彼は旧軍人の一家に育ち、大江が代表する戦後的な価値に対する異和に固執したからである。彼は「第三の新人」のように非政治的であったというよりも、むしろ「［I］」な作家であった。

一九七〇年以来、私は新米の批評家として「内向の世代」の会合のなかに混じっていた。ほとんどの人と初対面であったが、ともかく話はしたなかで、阿部昭とは一度も話さなかった。阿部はいつも

英語解答

I ［1］ ②　［2］ ④　［3］ ⑤
［4］ ⑤　［5］ ④　［6］ ⑤
［7］ ⑤　［8］ ②　［9］ ②
［10］ ③

II 問1　(1)…④　(2)…③　(3)…④　(4)…②
問2　［1］…⑤　［2］…①　［3］…②
［4］…②　［5］…③
問3　［1］…③　［2］…④　［3］…③
［4］…②　［5］…④　［6］…④
［7］…①，③
［8］（例）They just happened to be born into different families.

III 問1　〔1〕…③　〔2〕…⑤　〔3〕…②
問2　［1］…④　［2］…①　［3］…④
［4］…②　［5］…④
問3　experiment　問4　with
問5　food waste
問6　（例）I have never heard of him.
問7　（例）He will write a report on〔about〕how much (trash) he actually threw away in a year for the website.

（声の教育社　編集部）

I 〔適語(句)選択〕

［1］tell the difference で「違いを見分ける」。このように tell には「～を見分ける，区別する」という意味がある。 turn to ～「～に頼る」 「善悪の違いを区別できる人を頼りにするのは当然だ」

［2］'時' や '条件' を表す副詞節では未来のことでも現在形で表す。it が主語なので3単現の s が必要。進行形にする必要はないので②は不適切。 「明日雨が降ったら，学校の遠足には行けないだろう」

［3］superior to ～「～よりも優れている」 「このブランドのシルクはあちらよりも品質が良い」

［4］「全ての子どもが保育園に入れるわけではない」という文意になればよい。「全てが～というわけではない」という '部分否定' を表すのは not all。 「定員に限りがあるので，全ての幼い子どもが保育園に入れるわけではないだろう」

［5］英語で分数は，分子を先に基数で表し，続けて分母を序数で表す。分子が2以上の場合は分母の序数は複数形になる。 （類例）three-fifths「5分の3」 「何らかの改革案を可決するためには，全ての国連加盟国のうち3分の2が投票する必要がある」

［6］'keep＋目的語＋～ing' で「…に～させておく」。本問はこれを受け身にした '主語＋be動詞＋kept＋～ing' の形。 「彼女と出かけるときは，いつも私が待たされる」

［7］この while は「～している間に」という意味の接続詞。Strike while the iron is hot. は「鉄は熱いうちに打て」という意味のことわざ。 「ハナコは機会を逃すのを好まない。彼女の経験が『鉄は熱いうちに打て』と彼女に言うのだ」

［8］be to blame for ～で「～に対して責任がある，責めを負うべきだ」という意味を表す。'both *A* and *B*'「*A* も *B* も両方とも」は複数扱い。 「タロウと僕は2人ともその割れたガラスに責任がある。僕たちは近くでキャッチボールをしていたのだ」

［9］‘時’を表す副詞節では未来のことでも現在形(厳密には現在時制)で表す。選択肢の中で現在時制は現在完了形の②だけ。このように‘時’を表す副詞節で未来に‘完了’する内容のときは現在完了形が使われる。　「あなたがそれらの本を読み終わったら，借りてもいい？」

［10］This is how ～で「このようにして～，これが～のやり方だ」。この This は直前の文の内容を受けている。　「イチロウは有名なスピーチを何回も音読した。このようにして彼は自分の英語を上達させたのだ」

Ⅱ〔長文読解総合─説明文〕

≪全訳≫❶1974年，バングラデシュで起きた大洪水は，ひどい飢饉(ききん)を引き起こした。バングラデシュ中で，その後数年にわたって推定100万人が餓死した。❷飢饉の間，事態を憂慮したチッタゴン大学の若き教授，ムハマド・ユヌスは，社会を援助するために彼にできることは経済学を教えることしかないということにむしゃくしゃした。彼は自分の同胞たる同郷人を助けるためにもっと多くのことをしたかった。彼は経済学の理論や教科書を脇に置いて，バングラデシュの貧困層の実生活について知りたかった。こういう意図を持って，彼はジョブラという地方の村に自分の学生たちを現地調査に連れていった。❸ジョブラで，教授と学生たちは，小さな竹の椅子をつくって生計を立てているソフィアという名の女性に出会った。彼女が自分の仕事で1日2セントしか稼げないことを知り，彼らは衝撃を受けた。彼女のお金の大半は，必要な材料を買うために利用していた利息の高いローンの返済に充てられていた。ジョブラにおける彼らの調査は，ソフィアと全く同じような暮らしをしている貧しい人たちがさらに大勢いることを明らかにした。❹従来型の銀行は，こういった貧しい人々には普通はお金を貸さない。ソフィアの場合，彼女はお金を借りるために従来型の銀行の人たちと話をした。問題は，彼女が自分の必要とするお金に見合った貴重品や土地を持っていないことだった。銀行員はこう言った。「あなたに返済してもらえるかどうか確信が持てないので，あなたにはお金を貸すことができません」　そこで彼女は地元の金融業者からお金を借りるしかなかったのだが，その業者はひどく高い金利を課した。みんな高金利のローンを返済しなければならないため，村人たちは誰一人貧困から抜け出すのに十分なお金を手にすることはできなかった。❺ユヌスは，もしこういった人々がもっと手頃な金利でお金を借りることができれば，それはそうした人にとって非常に役に立つということに気づいた。そこで彼は42名の貧しい女性たちに，竹の椅子などをつくるための材料を買えるように，そのとき持っていた27ドルを貸し与えた。とりわけ重要なのは，彼がこの一文なしの女性たちが自分にお金を返してくれると信じたことだ──もし彼女たちが返済してくれなければ，彼にはどうしようもないだろう。❻ユヌスの課した返済金利が比較的低かったおかげで，この女性たちは生活し，利益を得るのに十分なお金を手にすることができた。彼は純粋に信頼に基づく，貧しい人たちのためのこの銀行システムを継続し，それはまもなくいくつかの村で成功を収めた。そこで1983年に，ユヌスは「貧困層の中でも最も貧しい人々」にお金を融資するということを唯一の目的として，グラミン銀行という独自の銀行を立ち上げることに決めた。「グラム」という言葉はベンガル語で村を意味し，この銀行の由来を反映している。❼グラミン銀行には独自のシステムがある。融資を受けるためには，自分が貧しくて，がんばって働きたいという強い意志があることを示しさえすればよい。それから，5人で1グループとなり，各自が少額の個別融資を受ける。この銀行からお金を借りた人たちは，ローンを決まった金額どおり返済することによって，自分たちが受けた信用に応えるのである。❽もしグループの1人が自分たちのローンを返済できない場合は，グループの残りのメンバーが困ることになる。この社会的な圧力が，メンバーが期日どおりに返済するようにはたらきかける。しかしながら，グループの他のメンバーは返済されなかったローンを支払う必要はない――グラミン銀行はそれを損失として受け入れるのだ。このような少額融資を受ける人々を信頼することによって，ユヌスはこうした人々が自助努力できるようにしているのである。9グラミンの借り手のうち約97パーセントが女性だというのは興味深い事実だ。ユヌスは，貧困の中で暮らす女性たちは，男性に比べてより直接的に家族のためにお金を使うと考えている。女性たちはローンを返済するだけでなく，自分たちの得た利益で子どもたちに衣服を着せ，教育し，食事を与えているのだ。10過去数年にわたって，従来型の銀行の古いやり方は世界経済に多大な問題を引き起こしてきた。それと同時に，グラミン銀行は世界の貧困層のために生活を少しずつ改善し続けてきた。従来型の銀行とグラミン銀行との対照性は明らかだ――従来型の銀行はもうけるために働き，グラミン銀行は貧者を助けるために働くのだ。11グラミン銀行はこれまでに約64億ドルを740万の家庭に対して融資し，現在では世界中の多くの金融機関がムハマド・ユヌスのシンプルなモデルにならっている。貧しい人たちは，怠惰なせいで貧しいのではないということはぜひ覚えておくべきだ。彼らは裕福な人たちと何ら変わるところはない。たまたま違う家族のもとに彼らは生まれてきただけなのだ。2006年に，ユヌスの功績とこの銀行自体が認められ，両者はノーベル平和賞を授与された。

問１＜適語句選択＞(1)この非常時に必要なのは理論や教科書ではなく，実際に現地に行って実情を知ることだ，という文脈を読み取る。　put away「～を片づける，～をしまう」　(2)‘allow＋人＋to ～’は「〈人〉に～することを許す〔可能にする〕」という意味。ユヌスの融資の返済金利が低かったことで，生活するのに十分なお金を得られるようになったのである。enough の後に money を補うとわかりやすい。enough (money)が to live on の目的語となる to不定詞の形容詞的用法。live on は「～に頼って暮らす」という意味。　(3)‘encourage＋人＋to ～’は「〈人〉に～することを促す」という意味。グループのメンバーに迷惑をかけまいとすることで，on time「期日どおり」に返済するようになるのである。　(4)so far で「これまでのところ」という意味。現在完了の has loaned の間に挿入された形。

問２＜英問英答―要旨把握＞［１］「筆者が最も言いたいことは何か」―⑤「ユヌス教授は信頼の力を信じている」　第５段落最終文および第８段落最終文参照。ユヌスの銀行は人を信頼することに基づいており，それこそが成功の源であることが読み取れる。　［２］「貧しい人たちにお金を貸すことについて，正しくないものは次のうちどれか」―①「地元の業者は貧しい人たちにお金を貸すことをいとわない」　このような記述はない。　be willing to ～「～するのを嫌がらない，いとわない」　［３］「グラミン銀行が対象とする顧客は誰か」―②「貧困に苦しんでいる人々」　第６段落第３文参照。　［４］「グラミン銀行の借り手の90パーセント以上が女性である。これはなぜか」―②「自分の子どもの世話をするためにお金を使うのは女性たちだから」　第９段落参照。　［５］「従来の銀行とグラミン銀行の間の違いは何か」―③「従来の銀行は利益を出すことを目的とし，グラミン銀行は貧しい人を助けることを目的としている」　第10段落最終文参照。profit「利益」

問３＜総合問題＞

［１］＜語句解釈＞下線部は「彼の仲間の同郷の男女」という意味で，これはつまり，③「バングラ

デシュの人々」のこと。

［2］<指示語>下線部のthese peopleは，前の段落で説明された，担保がないために銀行から融資を受けられず，高利貸しからお金を借りて返済に苦しむ貧困層の人々のこと。この意味を表すのは，④「貧困に苦しんでいる村人たち」。

［3］<英文解釈>下線部は「グラミン銀行はそれを損失として受け入れる」という意味。itは，前にあるunpaid loanを指す。返済されなかった分を自分たちの損失とするということは，③「グラミン銀行は借り手に返済を強要しない」ということである。 'force＋人＋to ～'「〈人〉に～することを強要する」

［4］<語句解釈>下線部は「従来型の銀行の古いやり方」という意味。その具体的なやり方は第4段落に書かれている。ここで述べられているのは，従来型の銀行は担保を用意できない貧困層に対しては返済が見込めず信用できないとして融資を行わないこと。この内容に最も近いのは，②「従来型の銀行が貧しい人々を全く信用しないという方針」。

［5］<整序結合>語群と前後の内容から，「教授たちはソフィアという女性に会った」といった意味になると推測できるので，まずmet a woman named Sophiaとまとめる(namedは形容詞的用法の過去分詞)。残りはwhoを主格の関係代名詞として使えば，who made small bamboo seats (for a living)「(生活のために)小さな竹の椅子をつくっている」という関係代名詞節ができる。 ... the professor and his students met a woman named Sophia who made small bamboo seats for a living.

［6］<適所選択>脱落文は，融資を受けるための条件が厳しくないことを示す内容なので，ユヌスのグラミン銀行について述べている箇所に入るとわかる。第7段落でその仕組みについての説明があり，空所ivに入れるとその具体的な説明の導入文となって，Thenで始まる次のさらなる説明につながる。

［7］<単語の発音>

①	flooding［ʌ］	poor［u］	bamboo［uː］
②	reveal［iː］	great［ei］	mean［iː］
③	start［ɑːr］	award［ɔːr］	carry［er］
④	world［əːr］	work［əːr］	worth［əːr］
⑤	trust［ʌ］	number［ʌ］	crucially［uː］

［8］<和文英訳>happen to ～で「たまたま〔偶然〕～する」なので，They just happened to ～「(彼らは)たまたま～しただけなのです」で始める。「違う家族のもとに生まれてきた」は，be born into ～「～(の家庭)に生まれる」を用いて表せる。

Ⅲ〔長文読解総合―対話文〕

≪全訳≫❶アリ(A)：ちょっと，ジェン！　炭酸水の缶はそこに捨てちゃだめだよ。❷ジェン(J)：Aどうしてだめなの，アリ？❸A：それはリサイクル容器に入れるものだから。❹J：しまった。ごめんね，忘れてた。❺A：まったく，気をつけてよ！　「サスティナブル・デイブ」に君のことを言っちゃうぞ。❻J：えっ，サスティナブル・デイブ？　(例)聞いたことがないわ。❼A：インターネットでその人について読んだんだよ。彼はね，実験として1年間自分の出したゴミを全て保管してるんだ。自分が実際にどのくらいの量のゴミを出しているかを知りたいんだって。彼はあらゆる物を取っておくんだよ，ビンも，新聞紙も，ビニール袋も，バナナの皮も，使用済みのティーバッグも，全部。唯一の例外は，肉類と乳製品なんだって。8 J：だけど1年間でしょ？ B まさか！ その人はそのゴミを全部どうしてるの？ 9 A：自分の家の下にある地下室に入れてるんだ。10 J：地下室に！ その中はめちゃくちゃなんだろうね。11 A：C それがそうでもないんだ。ほら，これがそのウェブサイトだよ。これらの写真からは，けっこうちゃんと整頓されてるのがわかるよ。それにデイブによれば，このプロジェクト全体のおかげで彼は常に使う物の量が減ってきてるんだって。コーヒーを1杯買いに行くときに，自分のカップとスプーンを持って出かけるようなことさえしてるんだってさ。そうやって，紙コップやプラスチックのスプーンを使わないようにしてるんだよ。12 J：わかった，プラスチックとかガラスとか，そういう物についての考えは理解できるよ，でも食べ物って！ 自分の家の地下室にどうやって食品ゴミをためておけるの？ そんなの健康に有害だよ。あらゆる種類の問題を引き起こしかねないわよ！気持ち悪い！13 A：そこが一番興味深いところなんだよ。彼はミミズコンポスター，またはワームファームっていうのを持ってるんだ。食品ゴミや使用済みのティーバッグやコーヒーフィルターをその中に入れると，ミミズがそのゴミを食べるんだ。この過程でコンポストっていうものがつくられる。彼はそれを自分の庭で利用してるんだ。大きなカボチャがそこで育ってるのが見えるよね。つまりね，彼は全てのことについて考えてるんだよ。14 J：でもにおいがひどいんじゃないの？ 15 A：そうだね，僕は実際に見たわけじゃないけど，彼が言うには肉類や乳製品をそこに入れないかぎり，におわないそうだよ。16 J：うーん。彼はこういったこと全てをちょっとやりすぎだと思うな，だけどいずれにせよ，その1年が終わったら，この集めた全ての物を彼はどうするつもりなの？ 17 A：まず，そのゴミ全部の重さを量って，それぞれの種類のゴミがどのくらいあるか計算するんだって。1年間で実際どれだけ捨てたのか，ウェブサイト用に報告書を書くだろうね。それが済んだら，ゴミの大半はリサイクルセンターに持っていくんだよ。D 残りはどうするかって？ 僕にはわからない。地元のゴミ処理場に持っていくか，あるいはたぶんインターネットで売るつもりじゃないかな。18 J：うん，きっとそうだね！

問1＜英問英答—文脈把握＞〔1〕「アリは『唯一の例外は肉類と乳製品』だと言っている。それはなぜか」—③「肉類と乳製品はコンポストを嫌なにおいにするから」 第15段落参照。 as long as ～「～するかぎりは」 〔2〕「ジェンは『Yuck！』と言っている。ジェンはどんな気分なのか」—⑤「不快」 直前の内容から，Jen は生ゴミを地下室にためておくことに嫌悪感を抱いていることがわかる。yuck は「げえっ，おえっ」といった不快感を表す語。 〔3〕「アリは『彼はそれを自分の庭で使う』と言っている。サスティナブル・デイブが『それ』を自分の庭で使うのに最もありうる理由は何か」—②「それは彼の庭の土をより豊かにできるから」 it が指すのは compost「コンポスト，堆肥」。直後で大きく育っているカボチャについて言及していることに注目。土がいいから植物もよく育つのである。生ゴミをミミズが分解してできるものという説明からも想像できる。

問2＜総合問題＞

〔1〕＜適文選択＞A．直後のアリの発言は，空き缶をそこに捨ててはいけない理由になっている。このWhy not？は，Why don't I throw this soda can in there？から，notを除く重複部分を省略したもの。not は省略できない。 B．1年間もゴミをためておくことに信じられない

気持ちを表していると考えられる。　No way!「まさか！」　　C. 1年分のゴミを地下室にためておいたらさぞ散らかることだろうというジェンの予想に対して，アリはこの後ウェブサイト上の写真を見せて比較的整理されていることを示していることから判断できる。　Not really.「それほどでもない」　　D. 直前で most of it(＝trash)「ほとんどのゴミ」の行き場について述べ，この後で別の処分の仕方を示していることから，「その残り」について説明したのだと考えられる。

［2］＜語句解釈＞Watch it!は「気をつけて！」と相手に注意を促す定型表現。ゴミの分別ができていないジェンをアリは注意したのである。

［3］＜適所選択＞脱落文の意味から，「最も興味深い」と考えられる内容を探す。ivの後でアリがミミズを使った生ゴミ処理の方法を説明しているが，これは，生ゴミの問題を解決する興味深い方法だと考えられる。

［4］＜適語句選択＞直後の文の even「～さえ」に着目し，コーヒーを買うときに自分の容器を持っていくというこの文の内容が，空所を含む文の内容を補完していることを読み取る。自分の容器を持っていくということは，(使い捨ての)物を以前より使わなくなっているということである。

［5］＜英文解釈＞take ～ too far で「～をやりすぎる」という意味。第8，12段落の発言から，ジェンはサスティナブル・デイブが1年間も生ゴミまで取っておくのはやりすぎではないかと考えていることが読み取れる。この内容に最も近いのは，④「彼はこのことについて，すべきことより少し多くやりすぎていると思う」。

問3＜適語補充＞サスティナブル・デイブが取り組んだ，1年間自分の出したゴミをためることでどれだけのゴミを出したかを計量，分析することは1つの experiment「実験」といえる。

問4＜適語補充＞do with ～で「～を扱う，処理する」（1つ目と3つ目の空所）。2つ目の空所は，'bring＋物＋with＋人'「〈物〉を(〈人〉が身につけて)持ってくる」の形。

問5＜適語句補充＞直後の文の That が指す内容を考える。「食品ゴミ」を地下に1年間も置いておけば腐敗や異臭で健康被害が生じると考えられる。

問6＜条件作文＞アリから「サスティナブル・デイブ」という一風変わった名前を聞いたジェンの発言。ジェンはそれが誰だか知らないので，その人のことは知らない〔聞いたことがない〕といった内容や，それが誰だか尋ねる文に(必ず4～6語で)するとよいだろう。　(別解例) Who on earth is that?「それはいったい誰？」　on earth は「いったい」という意味で，疑問詞を強調する表現。

問7＜和文英訳＞「彼は報告書を書くでしょう」→He will write a report. が文の骨組み。「実際どれだけ捨てたのか(について)」は，前置詞 on〔about〕の後に疑問詞で始まる名詞節をつくるが，第7段落第3文の how much trash he's really producing が参考になる。「捨てる」は throw away。「1年間で」は in〔during〕 a year。

数学解答

1 問1 $\frac{1}{6}$
問2 $(\sqrt{3}x+y+9)(\sqrt{3}x+y-2)$
問3 $\frac{1}{12}$　問4 54°

2 問1 761　問2 10
問3 (58, 7)

3 問1 2　問2 $\frac{\sqrt{2}}{2}$
問3 $T=W$

4 問1 $\left(\frac{t}{2}, \frac{\sqrt{3}t}{6}\right)$
問2 $\frac{2\sqrt{3}}{3}\pi-\frac{\pi t^3}{36}$
問3 $6\pi-\frac{\pi t^2}{3}$

(声の教育社　編集部)

1〔独立小問集合題〕

問1＜数の計算＞$\sqrt{2}(\sqrt{8}+2)=\sqrt{2}(2\sqrt{2}+2)=2\sqrt{2}(\sqrt{2}+1)$より，与式$=\frac{(\sqrt{2}+\sqrt{3}-\sqrt{5})^2}{(\sqrt{18})^2(\sqrt{2}-1)^2}\div\frac{(2\sqrt{2})^2(\sqrt{2}+1)^2}{(\sqrt{2}+\sqrt{3}+\sqrt{5})^2}=\frac{(\sqrt{2}+\sqrt{3}-\sqrt{5})^2}{18(\sqrt{2}-1)^2}\times\frac{(\sqrt{2}+\sqrt{3}+\sqrt{5})^2}{8(\sqrt{2}+1)^2}=\frac{\{(\sqrt{2}+\sqrt{3})-\sqrt{5}\}^2\{(\sqrt{2}+\sqrt{3})+\sqrt{5}\}^2}{18\times8\times\{(\sqrt{2}-1)(\sqrt{2}+1)\}^2}=\frac{\{(\sqrt{2}+\sqrt{3})^2-(\sqrt{5})^2\}^2}{144\{(\sqrt{2})^2-1^2\}^2}=\frac{(2+2\sqrt{6}+3-5)^2}{144(2-1)^2}=\frac{(2\sqrt{6})^2}{144\times1^2}=\frac{24}{144}=\frac{1}{6}$となる。

問2＜式の計算―因数分解＞与式$=(3x^2+2\sqrt{3}xy+y^2)+(7\sqrt{3}x+7y)-18=\{(\sqrt{3}x)^2+2\times\sqrt{3}x\times y+y^2\}+7(\sqrt{3}x+y)-18=(\sqrt{3}x+y)^2+7(\sqrt{3}x+y)-18$として，$\sqrt{3}x+y=X$とすると，与式$=X^2+7X-18=(X+9)(X-2)$となる。$X$をもとに戻して，与式$=(\sqrt{3}x+y+9)(\sqrt{3}x+y-2)$である。

問3＜確率―さいころ＞s，tはさいころの目の数なので，s，tの組は全部で$6\times6=36$(通り)あり，$2+s$，$4+t$の組も36通りある。s，tはともに1以上6以下の自然数だから，$3\leqq2+s\leqq8$，$5\leqq4+t\leqq10$となる。よって，座標が$(2+s, 4+t)$となる36個の点Pは右図1の斜線部分にある。△ABCと△ABPの底辺を共有するABと見ると，△ABC＝△ABPとなるとき，高さが等しいから，AB∥CPである。A(1, 1)，B(3, 2)より，直線ABの傾きは$\frac{2-1}{3-1}=\frac{1}{2}$なので，直線CPの傾きも$\frac{1}{2}$であり，その式を$y=\frac{1}{2}x+b$として，点Cの座標から$x=2$，$y=4$を代入すると，$4=\frac{1}{2}\times2+b$，$b=3$となる。よって，直線CPの式は$y=\frac{1}{2}x+3$となり，点Pはこの直線上にあるから，$x=4$，6，8のとき$y$は整数となり，条件を満たす点Pの座標は(4, 5)，(6, 6)，(8, 7)である。このとき，$(s, t)=(2, 1)$，(4, 2)，(6, 3)である。また，直線ABは傾きが$\frac{1}{2}$なので，その式を$y=\frac{1}{2}x+c$として，点Aの座標から$x=1$，$y=1$を代入すると，$1=\frac{1}{2}\times1+c$，$c=\frac{1}{2}$となる。これより，その式は$y=\frac{1}{2}x+\frac{1}{2}$で，$x=8$のとき$y=\frac{1}{2}\times8+\frac{1}{2}=\frac{9}{2}$だから，直線ABより下側には条件を満たす点Pはない。よって，求める確率は$\frac{3}{36}=\frac{1}{12}$である。

図1

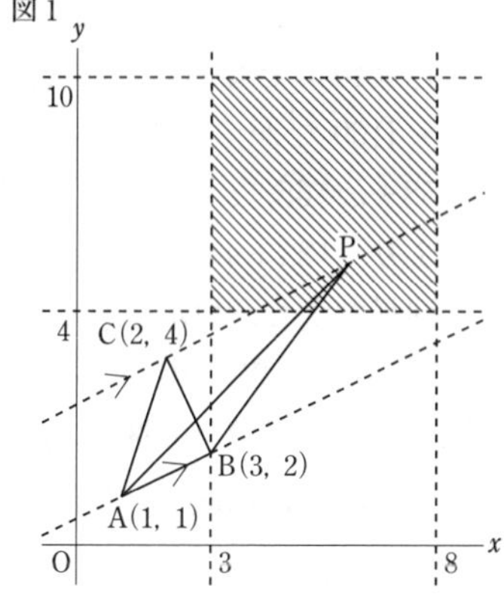

問4＜平面図形―角度＞DE・DFはDE×DFのことである。よって，$BD^2=DE\times DF$の両辺をBD×DEでわると，$\frac{BD}{DE}=\frac{DF}{BD}$より，BD：DE＝DF：BDが成り立つ。これより，次ページの図2の

△BDFと△EDBにおいて，BD：ED＝FD：BDであり，∠BDF＝∠EDBより，2組の辺の比とその間の角がそれぞれ等しいので，△BDF∽△EDBとなる。相似な三角形では，対応する角の大きさは等しいので，∠DBF＝∠DEBであり，∠EFB＝∠CFD＝63°より，∠DEB＝180°－(∠EBF＋∠EFB)＝180°－(90°＋63°)＝27°だから，∠DBF＝∠DEB＝27°となる。また，△BDFで内角と外角の関係から，∠BDF＝∠CFD－∠DBF＝63°－27°＝36°となるので，∠ADB＝∠ADE－∠BDF＝90°－36°＝54°である。

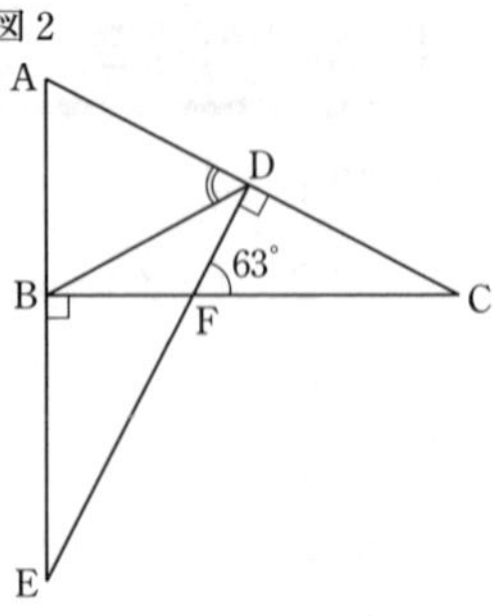

2〔数と式―二次方程式の応用―約束記号〕

問1＜数の計算＞$h(27,\ 2)=\frac{1}{2}(27+2)(27+2-1)-27+1=\frac{1}{2}\times29\times28-27+1=406-27+1=380$，$h(26,\ 3)=\frac{1}{2}(26+3)(26+3-1)-26+1=\frac{1}{2}\times29\times28-26+1=406-26+1=381$より，$h(27,\ 1)+h(26,\ 3)=380+381=761$である。

問2＜二次方程式の応用＞$h(3m,\ 3m+4)=\frac{1}{2}\{3m+(3m+4)\}\{3m+(3m+4)-1\}-3m+1=\frac{1}{2}(6m+4)(6m+3)-3m+1=\frac{1}{2}(36m^2+42m+12)-3m+1=18m^2+21m+6-3m+1=18m^2+18m+7$となる。よって，$18m^2+18m+7=1987$が成り立ち，これを解くと，$18m^2+18m-1980=0$より，$m^2+m-110=0$，$(m+11)(m-10)=0$　$\therefore m=-11,\ 10$　mは正の整数なので，$m=10$である。

問3＜式の利用＞$\frac{1}{2}(m+n)(m+n-1)-m+1=2023$より，$\frac{1}{2}(m+n)(m+n-1)=m+2022$，$(m+n)(m+n-1)=2(m+2022)$である。$m+n=A$とすると，$A(A-1)=2(m+2022)$となり，$m$，$n$は正の整数だから，$A\geqq2$である。$m\geqq1$より，$m+2022\geqq2023$となるので，$A(A-1)\geqq2\times2023$，$A(A-1)\geqq4046$となる。ここで，$A(A-1)$は連続する2つの正の整数の積であり，$64\times63=4032$，$65\times64=4160$だから，$A\geqq65$となる。$A=65$のとき，$4160=2(m+2022)$，$2080=m+2022$，$m=58$より，$58+n=65$，$n=65-58=7$となる。$A=66$のとき，$66\times65=2(m+2022)$，$2145=m+2022$，$m=123$より，$123+n=66$，$n=66-123=-57$となるが，$n$は正の整数だから，適さない。$A\geqq67$のときも同様だから，$h(m,\ n)=2023$を満たす正の整数の組$(m,\ n)$は$(58,\ 7)$である。

3〔関数―関数と図形〕

問1＜比例定数＞右図で，点Aのx座標はt，点Dのx座標は$\sqrt{2}t$であり，点Aは曲線$y=\frac{a}{x}$上，点Dは曲線$y=\frac{a+2}{x}$上にあるので，点A，Dのy座標はそれぞれ$\frac{a}{t}$，$\frac{a+2}{\sqrt{2}t}$となり，$\mathrm{A}\left(t,\ \frac{a}{t}\right)$，$\mathrm{D}\left(\sqrt{2}t,\ \frac{a+2}{\sqrt{2}t}\right)$である。3点O，A，Dが一直線上にあるとき，直線OAと直線ODの傾きは等しくなるから，$\frac{a}{t}\div t=\frac{a+2}{\sqrt{2}t}\div\sqrt{2}t$が成り立つ。これを解くと，$\frac{a}{t^2}=\frac{a+2}{2t^2}$，$2a=a+2$より，$a=2$となる。

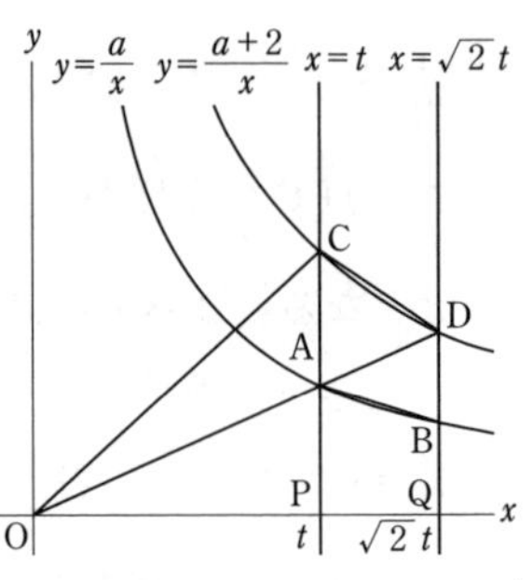

問2＜面積＞右上図で，問1より，曲線$y=\frac{a}{x}$の式は$y=\frac{2}{x}$，曲線$y=\frac{a+2}{x}$の式は$y=\frac{4}{x}$となり，$\mathrm{A}\left(t,\ \frac{2}{t}\right)$，$\mathrm{D}\left(\sqrt{2}t,\ \frac{4}{\sqrt{2}t}\right)$，$\mathrm{B}\left(\sqrt{2}t,\ \frac{2}{\sqrt{2}t}\right)$，$\mathrm{C}\left(t,\ \frac{4}{t}\right)$である。直線$x=t$と直線$x=\sqrt{2}t$は平行なので，四角形ABDCは台形であり，面積$S$は$\frac{1}{2}\times(\mathrm{AC}+\mathrm{BD})\times\mathrm{PQ}$で求められる。よって，$\mathrm{AC}=\frac{4}{t}-\frac{2}{t}=\frac{2}{t}$，$\mathrm{BD}=\frac{4}{\sqrt{2}t}-\frac{2}{\sqrt{2}t}=\frac{2}{\sqrt{2}t}$であり，$\mathrm{PQ}=\sqrt{2}t-t=t(\sqrt{2}-1)$だから，$S=\frac{1}{2}\times\left(\frac{2}{t}+\frac{2}{\sqrt{2}t}\right)\times$

$t(\sqrt{2}-1)=\frac{t}{2}\left(\frac{2}{t}+\frac{2}{\sqrt{2}t}\right)(\sqrt{2}-1)=\left(1+\frac{1}{\sqrt{2}}\right)(\sqrt{2}-1)=\sqrt{2}-1+1-\frac{1}{\sqrt{2}}=\frac{\sqrt{2}}{2}$となる。

問３＜面積＞前ページの図で，$T=W-$〔台形APQD〕＋△OACとなる。〔台形APQD〕$=\frac{1}{2}\times(\mathrm{AP}+\mathrm{DQ})\times\mathrm{PQ}=\frac{1}{2}\times\left(\frac{2}{t}+\frac{4}{\sqrt{2}t}\right)\times t(\sqrt{2}-1)=\left(1+\frac{2}{\sqrt{2}}\right)(\sqrt{2}-1)=\sqrt{2}-1+2-\frac{2}{\sqrt{2}}=1$，△OAC$=\frac{1}{2}\times\mathrm{AC}\times\mathrm{OP}=\frac{1}{2}\times\left(\frac{4}{t}-\frac{2}{t}\right)\times t=1$だから，$T=W-1+1$より，$T=W$である。

4 〔関数―座標平面と図形〕

≪基本方針の決定≫問２　立体Mを合同な２つの立体に分け，片方の体積を考える。

問１＜座標＞右図１で，OA$=\sqrt{3}$，AB$=1$より，△OABはAB：OB：OA$=1:2:\sqrt{3}$の直角三角形だから，∠BOA$=30°$である。また，PQ$=t-(t-\sqrt{3})=\sqrt{3}$，RQ$=1$より，△PQRもQR：PR：PQ$=1:2:\sqrt{3}$の直角三角形であり，∠RPQ$=30°$となる。よって，∠COP$=$∠CPO$=30°$より，△COPはOC$=$PCの二等辺三角形であるから，頂点Cから底辺OPに垂線CHを引くと，点Hは底辺OPの中点となる。これより，OH$=\frac{1}{2}$OP$=\frac{1}{2}\times t=\frac{t}{2}$であり，△OHCでHC：OC：OH$=1:2:\sqrt{3}$だから，HC$=\frac{1}{\sqrt{3}}OH=\frac{1}{\sqrt{3}}\times\frac{t}{2}=\frac{t}{2\sqrt{3}}=\frac{\sqrt{3}t}{6}$となる。したがって，$\mathrm{C}\left(\frac{t}{2},\ \frac{\sqrt{3}t}{6}\right)$である。

図１

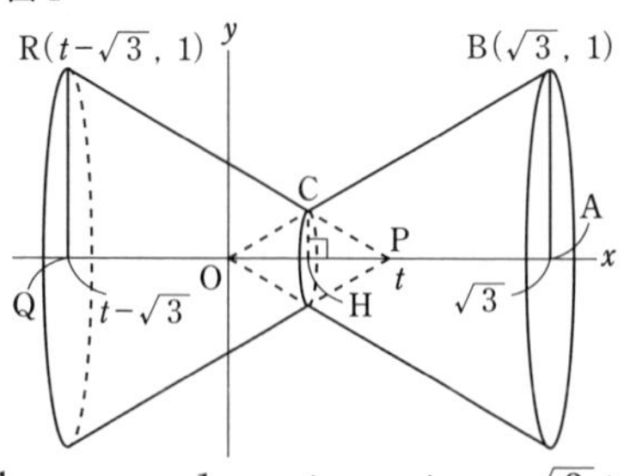

問２＜体積＞立体Mは，右上図１のようになり，△OABを回転させてできた円錐から△OHCを回転させてできた円錐を除いた立体と，△PQRを回転させてできた円錐から△PHCを回転させてできた円錐を除いた立体を合わせたものである。△OAB，△PQRはともに３辺の比が$1:2:\sqrt{3}$の直角三角形でAB$=$QRだから，△OAB≡△PQR，△OHC≡△PHCだから，求める体積Vは△OABを回転させてできた円錐から△OHCを回転させてできた円錐を除いた立体の体積の２倍となる。△OABを回転させてできた円錐の体積は$\frac{1}{3}\pi\times\mathrm{AB}^2\times\mathrm{OA}=\frac{1}{3}\pi\times1^2\times\sqrt{3}=\frac{\sqrt{3}}{3}\pi$，△OHCを回転させてできた円錐の体積は$\frac{1}{3}\pi\times\mathrm{HC}^2\times\mathrm{OH}=\frac{1}{3}\pi\times\left(\frac{\sqrt{3}t}{6}\right)^2\times\frac{t}{2}=\frac{\pi t^3}{72}$となる。よって，$V=2\times\left(\frac{\sqrt{3}}{3}\pi-\frac{\pi t^3}{72}\right)=\frac{2\sqrt{3}}{3}\pi-\frac{\pi t^3}{36}$である。

問３＜面積＞右上図１で，OB$=2$AB$=2\times1=2$である。△OABを回転させてできた円錐の側面の弧の長さは，線分ABを半径とする底面の円周の長さの$2\pi\times1=2\pi$と等しい。線分OBを半径とする円の円周は$2\pi\times2=4\pi$より，側面の展開図となるおうぎ形の中心角は$360°\times\frac{2\pi}{4\pi}=180°$となる。図１で，問１より，HC$=\frac{\sqrt{3}t}{6}$だから，OC$=2HC=2\times\frac{\sqrt{3}t}{6}=\frac{\sqrt{3}t}{3}$である。以上より，線分BCが回転してできる側面の展開図は，右図２のようになり，その面積は，$\pi\times\mathrm{OB}^2\times\frac{180°}{360°}-\pi\times\mathrm{OC}^2\times\frac{180°}{360°}=\pi\times2^2\times\frac{1}{2}-\pi\times\left(\frac{\sqrt{3}t}{3}\right)^2\times\frac{1}{2}=2\pi-\frac{\pi t^2}{6}$となる。したがって，線分RCが回転してできる側面の面積も$2\pi-\frac{\pi t^2}{6}$であり，半径AB，QRの円の面積はともに$\pi\times1^2=\pi$だから，立体Mの表面積Sは，$S=2\left(2\pi-\frac{\pi t^2}{6}\right)+2\times\pi=6\pi-\frac{\pi t^2}{3}$である。

図２

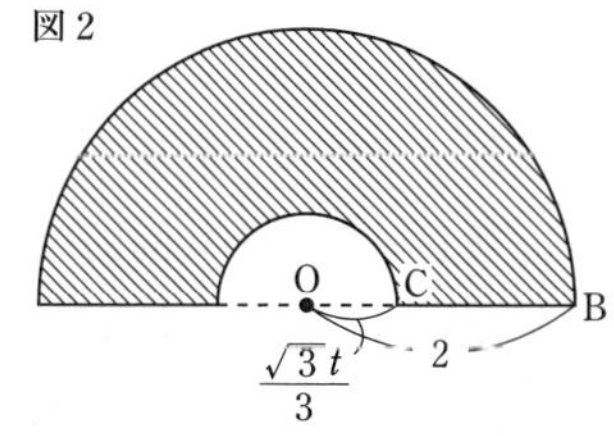

国語解答

一　問1　A…エ　B…ウ　C…イ　D…ア
問2　内向しうる自己や内面を全く信じず，自己そのものが「関係」でしかないという視点を明確に持っていること。(50字)
問3　主題性～ところ
問4　(1)　a　芥川　b　ノーベル文学　(2)…ウ
問5　イ　　問6　イ
問7　今日の自足的な時代の風潮
問8　①　はな　②　けつじょ　③　けんかい　④　おっくう　⑤　らいさん

二　問1　僕自身が次～がしてくる
問2　そうするた　　問3　ア
問4　エ
問5　荷物の中で僕の形の隙間になろうとすることによってつくった隙間が，僕を量産し，膝を抱えた僕がびっしり積み重なった状態で幸福でいるということ。(69字)
問6　イ
問7　①　窮屈　②　肩幅　③　狙　④　蹴　⑤　出没

(声の教育社　編集部)

一〔随筆の読解―芸術・文学・言語学的分野―文学〕出典；柄谷行人「漠たる哀愁」(『終焉をめぐって』所収)。

≪本文の概要≫阿部昭と初めて会ったのは，一九七〇年，「内向の世代」の作家を中心に集まる例会においてだった。彼らは，政治的現実から背を向けて「内向」する作家たちと見なされていたが，私はそういう評価に反対だった。古井由吉や後藤明生は，内向しうるような自己や内面を全く信じず，自己そのものが「関係」でしかないという視点を明確に持っていたし，中上健次も，ここから出発したのである。阿部昭は，この意味では「内向の世代」として際立つような特徴を持っていなかったが，インテリの内面性を否定し，大江健三郎が代表する戦後的な価値に対する異和に固執して戦後文学の流れに対抗しようとした，非政治的というよりは反動的な作家であった。私が阿部と親しくなったのは，彼がますます狷介さを発揮して文壇に背を向けるようになってからである。阿部の『短編小説礼讃』というエッセイは意外に広く読まれたが，彼はあくまで反動的であることを貫いた。阿部が死んで，私は彼が書いていた「この人生の漠たる哀愁」に打ちのめされている。

問1<接続語>A.「一九七〇年当時は，『全共闘』の華やかなころで，高橋和巳などがベストセラーになっていた」ので，「そのころの文学雑誌で『内向の世代』が中心的であったことは，今から見れば奇妙に」見える。　B.「日本の近代文学史は，新人が出て来るとき，前世代を否定すべき新しい主張を共同的に掲げて登場する」とはいうものの，「『内向の世代』に新しいスローガンなどなかった」し，「内向の世代」は「積極的に結集した」のでもなかった。　C.「彼ら」は，「ほぼ大江と同世代」であり，「同世代に大江がいたために，その文学的出発を遅らされ，一旦作家たることを諦めた人たち」だった。　D. 阿部昭は，「『内向の世代』として際立つような特徴を持っていなかった」けれども，「インテリの内面性を否定するという意味で，彼が最も『内向の世代』というべきものだった」かもしれない。

問２＜文章内容＞「内向の世代」の作家たちは，「政治的現実から背を向けて『内向』する作家たち」として否定的に位置づけられていた。しかし，「私」から見ると，「内向の世代」の作家である古井由吉や後藤明生は「内向しうるような自己や内面をまったく信じていなかった」のであり，「自己そのものが『関係』でしかないという視点」を非常に明確に持っていた。「私」は，彼らに急進的といえる，「政治的なラディカリズム」とは違ったものがあると見ていたのである。

問３＜文章内容＞「内向の世代」の作家たちは，「主題性やアクチュアリティを拒否するところ」から始めたという点で共通していた。彼らは，この点で「前世代を否定」して「新しい主張を共同的に掲げて登場」した「第三の新人」の人たちと似ている。

問４＜文学史＞⑴大江健三郎は，一九五八年，当時としては最年少の二十三歳で芥川賞を受賞し(…ａ)，一九九四年には，ノーベル文学賞を受賞した(…ｂ)。　⑵日本人初のノーベル文学賞受賞者は，川端康成である。

問５＜表現＞阿部昭は「旧軍人の一家に育ち，大江が代表する戦後的な価値に対する異和に固執」した。阿部は，「非政治的」な作家であったというよりもむしろ，戦後文学の流れに逆行する作家であったといえる(…前)。阿部が「もう西洋の文学に追いつこうとかそれを規範にするということはいらない」と主張したのは，「時代潮流に敏感だった」からではなく，単に阿部が文壇に背を向けて文学の流れに逆行する作家であったからである(…後)。

問６＜文章内容＞阿部昭は，古井由吉や後藤明生らとともに「内向の世代」として一くくりにされていた。しかし，「古井由吉や後藤明生の方法的姿勢や志向は大江健三郎と共通するものだが，阿部にはそれがなかった」し，むしろ，「彼は最もそれを斥ぞけて」いた。阿部にしてみれば，自分が古井や後藤と同じグループにくくられて同じ会合に出席しているのは不本意なことであった。

問７＜指示語＞阿部が「もう西洋の文学に追いつこうとかそれを規範にするということはいらない」と主張したのは，「外部的なもの，他者的なもの」への緊張が失われた「今日の自足的な時代の風潮」に「敏感だった」わけではないし，その「時代潮流」に「迎合した」わけでもない。

問８＜漢字＞①音読みは「中華」などの「カ」。　②「欠如」は，欠けていること。　③「狷介」は，自分の意志を貫いて，他人と妥協しないこと。　④「億劫」は，面倒に感じて気が進まないこと。　⑤「礼讃」は，ほめたたえること。

二〔小説の読解〕出典；舞城王太郎『クローゼットの中』(『深夜百太郎　出口』所収)。

問１＜文章内容＞「狭くて暗いところ」ではない場所としては「学校」や「家のリヴィング」があるが，「僕」は，「学校に行ったり家のリヴィングにいたりする」と「僕自身が次第にほどけてバラバラになってしまうんじゃないかって気がしてくる」のである。

問２＜文章内容＞押し入れの中に入るとき，「僕」は「布団の畳み方を変えてソファにしたりベッドにしたりしてギュウギュウ」にしたいと思っているが，そこで「ものを食べたり飲んだりしていると必ず汚してしまうしそれが必ず親に見つかる」ので，布団は諦めた。しかし，「布団の入ってない押し入れ」は，「僕」には「凄くわざとらしい空間」と感じられた。なぜなら，「そうするためのところではない場所に潜り込んでる感覚がなくなってしまう」からである。

問３＜表現＞姉のクローゼットの中は，ステンレス製のバーには「端から端までぎっちり」服が掛かっており，その下には「キャビネットと衣装ケースをところ狭しと積んで」あり，「それでも僅かな隙間があるとそこにはバッグ類が突っ込んで」あった。物がきっちりと，全く隙間もなく詰め込まれていたのである。それは，石が全く隙間なくきっちり並べられ，積みあげられている「城の石垣」を想起させた。

問４<文章内容>「僕」は，「キュッと音をたてて隙間に収まるようにして暗いクローゼットの中で他の物たちと過ごしている」と「本当に落ち着く」し，「頭の芯が溶けてくるような感覚があって，それもいい」と感じた。また，身体も姉の服の数々と「一体」になったようで，「自分というものが自分という形を保ったまま，あるいは隙間というものに形を整えられて，その曖昧な空間に存在しているような気持ち」になった。クローゼットの中には物がたくさんあるが，「そこに置いてある何かに触れて動かしちゃったりしたら僕の潜り込みの意味がなくなる」のであり，「僕」はあくまで「元々あった隙間に入り込みたい」と思っていた。「僕」は，「クローゼットの中で僕という形の無，言い換えれば隙間そのものになりたい」と思っていたのである。

問５<表現>「暗いクローゼットの隅っこ」で膝を抱えていた「僕」は，「荷物の中で僕の形の隙間になろうとして」いた。すると，「そうやって作った僕の形の隙間が，僕をもう一つ」つくり，「僕という隙間は僕を量産して」いた。そして，「みるみるうちに膝を抱えた僕が積み重なって，クローゼットを埋めて」いったので，クローゼットの中で量産された「僕」がびっしりといくつも積み重なることになった。その重なりの中で，「僕」は落ち着き，幸福を感じたのである。

問６<要旨>「僕」が「父親が寝室にしている和室の押し入れの半分を自分の部屋として過ごす」のを父親は嫌がり，父親は「僕が元々使っていたほうの部屋で寝る」ようになったが，その後，「僕」が父親の和室の押し入れから出たことで，父親は「元の和室に寝室を」戻した(イ…○)。「僕」は，初めは父親が寝室としていた和室の押し入れの半分を自分の部屋にしていたが，姉の部屋のクローゼットへ移り，姉は，自分の部屋のクローゼットと引きかえに「押し入れと元の僕の部屋」を手に入れて，その後，「元の僕の部屋のほうを正式な寝室とし，自分の部屋のほうを予備」とした(ア・エ…×)。「僕」は，父親の使っていた和室の押し入れから姉の部屋のクローゼットに移ったが，姉に「月千円で押し入れ内の小部屋を借りてそこで勉強して寝る」ことにし，「それ以外の時間を姉のクローゼットの中で過ごす」ことにした(ウ…×)。

問７<漢字>①「窮屈」は，空間が狭くて思うように身動きができないさま。　②「肩幅」は，両肩の端から端までの幅のこと。　③音読みは「狙撃」などの「ソ」。　④音読みは「一蹴」などの「シュウ」。　⑤「出没」は，現れたり隠れたりすること。

Memo

Memo

2022年度 早稲田大学本庄高等学院

【英　語】（50分）〈満点：100点〉

I　次の［1］～［10］の（　）に入る最も適切なものをそれぞれ選びなさい。

［1］The car shop around the corner gave up (　　) cars last year.　It only does repairs now.
(a) for selling　(b) sales　(c) selling　(d) sold　(e) to sell

［2］It is sad that the little boy was caught (　　) bread from the bakery.
(a) stealing　(b) stole　(c) stolen　(d) to be stolen　(e) to steal

［3］You may eat snacks if you (　　) your homework.
(a) are finished　(b) are finishing　(c) finished
(d) have finished　(e) will have finished

［4］Last winter I went to London, (　　) as cold as I had expected.
(a) that it wasn't　(b) what it wasn't　(c) where it wasn't
(d) where wasn't　(e) which it wasn't

［5］You'll see soon that the old man seldom speaks unless (　　) to.
(a) speaking　(b) speaks　(c) spoke　(d) spoken　(e) to speak

［6］I've heard so (　　) news about the singer's scandal that I'm sick and tired of it.
(a) a few　(b) few　(c) little　(d) many　(e) much

［7］(　　) all foreign people living in Japan for more than 10 years can read and write Japanese.
(a) Any　(b) Every　(c) No　(d) None　(e) Not

［8］Do you practice English every day, Toru？　You're (　　) a lot of progress now.
(a) developing　(b) going　(c) making　(d) moving　(e) needing

［9］These two plants are different in almost every way.　The only feature they have (　　) is their need for dry soil.
(a) by chance　(b) by nature　(c) in common　(d) in contrast　(e) in turn

［10］The three colors of the French national flag (　　) "liberty, equality and fraternity."
(a) give off　(b) look at　(c) show off　(d) stand for　(e) take on

II　次の英文を読み，設問に答えなさい。

Paul Miller describes his first 24 hours away from the Internet.

I just spent 24 hours without the Internet for the first time I can remember in my adult life.　I think there are two kinds of people who live with technology constantly in their face : people who feel bad when they're made to turn off their devices or connectivity, as if their arm has been cut off, and people who feel really good as if they've been let out of prison.　I've spoken to many of both kinds (　1　) I've prepared for leaving the Internet, and thankfully I fall in the latter group.

I've lost my smartphone for weeks at a time before, and let it run out of charge many times, and I always feel at peace knowing (　2　) can call me and demand anything of me.　I know it's really frustrating for people who do want to reach me, and I'm always in danger of missing out on a party, but overall, I feel like it's a positive.　---[　i　]---

The moment I reached down and disconnected the Internet from my computer, I felt like school was out for the summer. I stood up, and I realized that I'd been looking forward to ア this moment for ages, but for some reason, I hadn't made any plans. I stood up again, stretched, and then played local-multiplayer video games in the office for a couple of hours.

[自宅にあるパソコンを取りに，私はタクシーに乗車した。] One of our video producers was following me with a camera, recording this very important evening, when my taxi driver asked me what we were recording.

I said, "[X]"

"Why ?" he asked.

It was a good question, but our conversation ended there. ---[ii]---

At home, I listened to music with my roommate and the peaceful time continued. ---[iii]--- I found myself really engaging in the moment, asking questions and listening closely, even more than if I'd just closed my computer or locked my phone, because I knew (3) those things could demand anything of me. ---[iv]---

My first major challenge came the next morning, when I pulled out my tablet. I had forgotten to turn my tablet's Wi-Fi (4) for about five minutes after midnight. I knew there were post-disconnect tweets cached on there. イ They would be about me. I was very curious, but I deleted the application. In fact, I've been keeping my Internet-reliant applications in a folder on my tablet, so I deleted all of those. ---[v]---

After having breakfast, I went into the office, and watched the news, but I didn't stay long. I'll check ウ the secondhand information some other day. I heard something about a brand-new electronic appliance and something about a brand-new car that エ I plan on searching for in the next issue of my daily paper. I spent much of the day {a friend / catching / from / of / out / town / up / with}. He's a man who doesn't use his phone. He doesn't text, and his phone is often off. While I was with him, he really didn't touch his phone at all. He made me feel at ease.

The whole day was really refreshing. All my Internet-based lifestyle the day before had been about how what I was doing was "brave" or "insane" or "inspirational" or "a waste of everyone's time," as if I was planning to go base-jumping off the Empire State Building. But オ I haven't settled into a rhythm yet.

In fact, I haven't even made a new schedule for myself. I've done a little writing, a little reading, and a lot of relaxing. I don't really know what the next days and weeks are going to be like. All I know is that so far, I'm loving it.

(注) base-jumping : a dangerous sport in which people jump off buildings with a parachute

問1 文中の(1)～(4)に入る最も適切なものをそれぞれ選びなさい。

(1)	(a) as	(b) if	(c) so	(d) though	(e) yet
(2)	(a) anybody	(b) everyone	(c) nobody	(d) people	(e) someone
(3)	(a) both of	(b) either	(c) either of	(d) neither	(e) neither of
(4)	(a) in	(b) off	(c) on	(d) out	(e) to

問2 それぞれの問に対し，本文の内容に合う最も適切な答えを選びなさい。

[1] How did the writer feel after spending the day without the Internet connection ?

(a) The writer could not stay disconnected from the Internet for the whole day.

(b) The writer felt comfortable with the Internet disconnected.

(c) The writer felt unhappy.

(d) The writer had no strong feelings.
(e) The writer was eager to contact people.

[2] What do you find out about the writer ?
(a) The writer is a journalist and writing about his feelings.
(b) The writer is a university student enjoying his summer vacation.
(c) The writer is an office worker who needs help with his Internet addiction.
(d) The writer is participating in an online community, and sharing his feelings with friends.
(e) The writer is taking part in an experiment for 24 hours at his office.

[3] What is the main message of this passage ?
(a) Keeping away from the Internet is good for you.
(b) Making a schedule is important for your life.
(c) Recording a diary may be useful for a future decision.
(d) Switching off all electric devices is a lot of fun.
(e) Using the Internet keeps you happy forever.

問3 次の問に答えなさい。

[1] 文中の下線部アが指す内容として，最も適切なものを選びなさい。
(a) connecting to the Internet
(b) enjoying the summer
(c) missing out on a party
(d) playing video games
(e) stopping the use of the Internet

[2] 文中の下線部イが指す内容として，最も適切なものを選びなさい。
(a) the applications on the writer's tablet
(b) the Internet-reliant applications
(c) the pictures posted on SNS
(d) the recent messages shown on the device
(e) the writer's friends

[3] 文中の下線部ウを言い換えた場合，最も適切なものを選びなさい。
(a) brand-new information broadcast directly from a media source
(b) information received from others, rather than personally watched or heard
(c) interesting information from other media sources
(d) popular information shared by reporters
(e) wrong information arranged by a media source

[4] 文中の下線部エはどのような意味か。最も近いものを選びなさい。
(a) the writer is considering an article for the following issue
(b) the writer is using a search engine for the next article
(c) the writer is writing an article about brand-new appliances and cars
(d) the writer plans to report some issues about using the Internet in his article
(e) the writer plans to publish an article for the Internet issues

[5] 文中の下線部オを言い換えた場合，最も適切なものを選びなさい。
(a) I have not become familiar with a new style yet.
(b) I have not fixed my schedule yet.

(c) I have not made myself perfectly cheerful yet.

(d) I have not prepared for my Internet-based lifestyle yet.

(e) I have not trained for base-jumping yet.

[6] 文中の{ }内の語句を並べかえて意味の通る文にしたい。最も適切なものを選びなさい。

I spent much of the day {1 a friend 2 catching 3 from 4 of 5 out 6 town 7 up 8 with}.

(a) 2－7－8－1－3－5－4－6 (b) 3－5－4－6－2－7－8－1

(c) 5－4－6－8－1－3－2－7 (d) 7－8－1－3－2－4－6－5

(e) 8－1－3－5－7－2－4－6

[7] 以下の英文を文中の---[i]---から---[v]---までのどこか1か所に入れる場合，最も適切な場所を選びなさい。

I'll miss you most of all.

(a) ---[i]--- (b) ---[ii]--- (c) ---[iii]--- (d) ---[iv]--- (e) ---[v]---

[8] 下線部の発音が全て異なる組を1つ選びなさい。

(a) beat ease really

(b) locked pulled watched

(c) frustrate jump study

(d) anything demand major

(e) close office spoken

[9] 文中の日本語を英語に直しなさい。

[10] もしあなたが筆者の立場だったら，文中 X では何と言いますか。適切な英文を1つ書きなさい。ただし，5語から8語で表現し，文末はピリオドで終えること。ピリオドは語数に含めない。

Ⅲ 次の会話文を読み，設問に答えなさい。

Mr. Smith is being interviewed for a job by Ms. Jones.

Ms. Jones : Thank you for coming here today, Mr. Smith. I have your CV here, but to begin with, why don't you tell me a little about yourself ?

Mr. Smith : Sure. I've always been interested in teaching on a language course like this. I graduated (1) university with a degree in English and psychology eight years ago.

Ms. Jones : Oh, really. (A)

Mr. Smith : Yes, and then I started my first job overseas in Japan.

Ms. Jones : (B) What did you do there ?

Mr. Smith : Well, I worked full-time for a private language school in Tokyo for the first two years, and then I found a job at a community college.

Ms. Jones : I see. So, what exactly did you do in your work there ?

Mr. Smith : I taught English and culinary arts.

Ms. Jones : You taught cooking classes ?

Mr. Smith : Yes. I know ア<u>it</u> sounds like an unusual combination, but I completed a course in culinary arts before I got my English and psychology degree.

Ms. Jones : (C) You must like to keep busy. So, how did you teach and what exactly did you do ?

Mr. Smith : Well, many of my students wanted to become chefs in restaurants, or they wanted to start their own restaurants, and in our area there were many tourist spots. A lot of tourists came to that particular area, and so with English, they would be able to communicate not only with suppliers, to get things that they need for the restaurant, but also with their customers, and so I taught them English and cooking at the same time.

Ms. Jones : That's an interesting and very tasty idea! So, when did you return to the UK?

Mr. Smith : About a year ago.

Ms. Jones : Okay. And (D)

Mr. Smith : Well, one of my former students opened a sushi restaurant in town, and he asked me to work with him.

Ms. Jones : Really? What's the name of the restaurant?

Mr. Smith : It's called 'Flying Sushi'. Have you ever heard of it?

Ms. Jones : Yes, I've been there. Their food is top-notch. However, it is often crowded and I always have trouble reserving a table.

Mr. Smith : I know. I work there on Friday and Saturday nights.

Ms. Jones : And you're still working there?

Mr. Smith : Right, but I want to return to teaching. I've also been working as a therapist at a treatment centre (イ) teenagers who have problems with mental health.

Ms. Jones : That sounds like a really tough (2) rewarding job.

Mr. Smith : It is, it is. I often feel stressed, but I really enjoy it.

Ms. Jones : Well, Mr. Smith, you certainly have a wide range of experience. You know, to be honest, we have fifteen people who are applying (イ) this position. You've got quite a background, but [あなたがこの仕事にふさわしいと思う理由を教えてください].

Mr. Smith : Well, first of all, I understand that different students have different learning styles, and (イ) that reason, I have used tablets, videos, music, cooking, drama, role plays and games to reach out to every student. Second, I have a background in academic and psychological counselling and advising skills that are often needed in working with international students.

Ms. Jones : Yes, ウ<u>that</u> could be really useful.

Mr. Smith : As you know, many of them struggle with emotional problems, homesickness and so on.

Ms. Jones : Indeed. Getting used to a new environment can be extremely (3). What would be a third reason?

Mr. Smith : I speak four different languages.

Ms. Jones : Four? Wow! [Y]

Mr. Smith : I can speak Arabic at an intermediate level, Japanese at a near-native level and I'm taking a Spanish class for beginners. And, of course, English is my mother tongue. In addition, I'll start learning Portuguese next month.

Ms. Jones : You have an impressive CV, Mr. Smith. I can see you have lots of experience and skills that are necessary for this job.

Mr. Smith : Thank you.

Ms. Jones : As you know, this is just the first round of interviews. There will be four rounds of interviews in total. We will contact you on Friday and let you know whether or not you've been successful today.

Mr. Smith : Okay. Thank you very much.

Ms. Jones : It's been really nice meeting you, Mr. Smith. Thank you very much indeed for your (4). I can see you have a very busy life.

問1 文中の(1)～(4)に入る最も適切なものをそれぞれ選びなさい。

(1) (a) after (b) at (c) from (d) in (e) to

(2) (a) besides (b) except (c) for (d) since (e) yet

(3) (a) boring (b) difficult (c) exciting (d) simple (e) useful

(4) (a) experience (b) help (c) ideas (d) questions (e) time

問2 それぞれの問に対し，本文の内容に合う最も適切な答えを選びなさい。

[1] Why did Mr. Smith teach his students English and cooking at the same time?

(a) Because a lot of tourists need to remember the names of dishes in English.

(b) Because chefs need to explain about their dishes in English to suppliers.

(c) Because he has a degree in English and culinary arts.

(d) Because his students come to enjoy the local food.

(e) Because his students need both skills to manage a restaurant.

[2] Which fact about the restaurant 'Flying Sushi' is NOT true?

(a) It is difficult to book a table at the restaurant.

(b) Mr. Smith used to work at the restaurant two nights a week.

(c) The manager of the restaurant used to learn English with Mr. Smith.

(d) The quality of the food at the restaurant is very good.

(e) The restaurant is often full of customers.

[3] What is a CV?

(a) A job where you combine multiple skills together.

(b) A written record of a person's life history.

(c) A qualification in teaching foreign languages.

(d) A skill which you use during a job interview.

(e) An experience that is necessary to succeed in a job interview.

[4] To be successful in getting the job, how many more interviews must Mr. Smith pass?

(a) One. (b) Two. (c) Three. (d) Four. (e) None.

問3 次の問に答えなさい。

[1] 文中の(A)～(D)に以下の1～4を入れる場合，最も適切な組み合わせを選びなさい。ただし，文頭にくる語も小文字にしてある。

1 that's pretty impressive. 2 you've done a lot.

3 both? 4 what brought you back?

(a) A：1 B：2 C：3 D：4

(b) A：1 B：3 C：4 D：2

(c) A：3 B：1 C：2 D：4

(d) A：3 B：4 C：1 D：2

(e) A：4 B：3 C：2 D：1

[2] 文中の下線部アが指すものはどれか。最も適切なものを選びなさい。

(a) learning English and psychology

(b) taking a course in culinary arts at a community college

(c) teaching at a private language school and a community college
(d) teaching English and cooking skills
(e) working and studying full-time

［3］ 文中の(イ)に共通して入る語を1つ選びなさい。
(a) by　(b) for　(c) in　(d) to　(e) with

［4］ 文中の下線部ウが指すものはどれか。最も適切なものを選びなさい。
(a) having a wide range of enjoyment
(b) having counselling and advising skills
(c) teaching using different language styles
(d) using tablets during lessons
(e) working with students from overseas

［5］ 本文の内容に合うように以下の文を完成させたい。最も適切な組み合わせを選びなさい。
Mr. Smith can speak (A) better than (B).
(a) A：Arabic　B：English
(b) A：English　B：Japanese
(c) A：Portuguese　B：Spanish
(d) A：Spanish　B：Arabic
(e) A：Spanish　B：Japanese

問4 もしあなたがMs. Jonesだったら，文中［Y］では何と言いますか。適切な英文を1つ書きなさい。文の語数は4語から6語とし，必要に応じて句読点等(.,?!など)をつけること。ただし，句読点等は語数に含めない。

問5 文中の日本語を英語に直しなさい。ただし，pleaseで文を始め，personを使うこと。

【数　学】（50分）〈満点：100点〉

（注意）1．解答欄に「計算」とある問については，計算の過程(式の変形や考え方)もわかりやすく簡潔に書くこと。

2．答えに根号を含む場合は，根号の中の数はできるだけ小さな自然数にして答えること。分数の場合は，それ以上約分できない形で答えること。また，分母に根号がない形で答えること。

1 次の各問に答えよ。

問1．$(x+y)xy-(y+z)yz$ を因数分解せよ。

問2．下図の三角形ABCにおいて，∠BAC＝90°，AB＝4，BC＝5，CA＝3である。点Eは辺AB上に，点D，Fは辺BC上にある。∠ADC＝∠DEA＝∠EFD＝90°であるとき，線分EFの長さを求めよ。

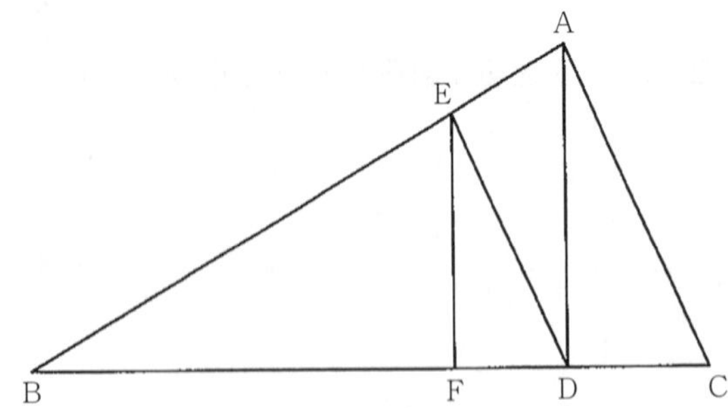

問3．座標平面上に，2点A(0, 4)，B(2, 0)がある。点C(a, b)を三角形ABCが正三角形になるようにとるとき，定数a，bの値をそれぞれ求めよ。ただし，$a>0$，$b>0$とする。

2 下図のように，点Oを原点とする座標平面上に放物線 $y=x^2$ と，原点を中心とする半径が $\sqrt{2}$ の円 C_1 と，原点を中心とする半径が $2\sqrt{3}$ の円 C_2 がある。放物線と円 C_1 との交点をA，放物線と円 C_2 の交点をB，円 C_1 と x 軸との交点をC，円 C_2 と x 軸との交点をD，半直線OAと円 C_2 との交点をEとする。

後の各問に答えよ。ただし，円周率はπを用いよ。

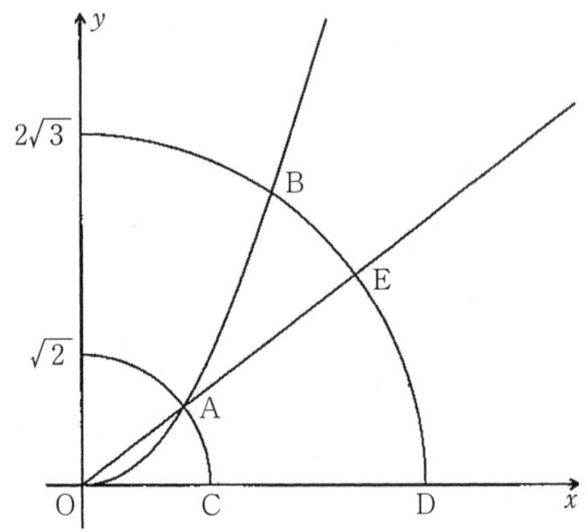

問1．点Bの座標を求めよ。

問2．扇形OEBの面積Sを求めよ。

問3．三角形OBDに内接する円の中心をIとする。点Iと円 C_1 上の点との距離dの最小値を求めよ。

3　下図は，AB=3，AD=6，AE=6 の直方体 ABCD-EFGH である。辺 BF，辺 DH 上にそれぞれ点 I，J を 4 点 A，I，G，J が同じ平面上にあるようにとる。

後の各問に答えよ。

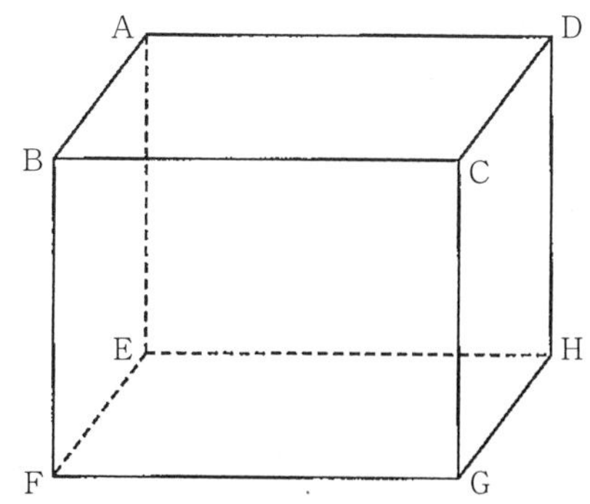

問1．線分 BI の長さを a とするとき，線分 DJ の長さを a を用いて表せ。

問2．BI=3 のとき，四角形 AIGJ の面積 S を求めよ。

問3．辺 FG，辺 GH の中点をそれぞれ K，L とする。この直方体を 4 点 A，I，G，J を通る平面で切り，さらに底面 EFGH に垂直で 2 点 K，L を通る平面で切って 4 つの立体に分ける。BI=3 のとき，頂点 E を含む立体の体積 V を求めよ。

4　1 つのさいころを 3 回投げ，出た目を順に a，b，c とする。数 X，Y を次のように定める。

$b=1$ のとき $X=a$　　$c=1$ のとき $Y=a$

$b=2$ のとき $X=\dfrac{1}{a}$　　$c=2$ のとき $Y=\dfrac{1}{a}$

$b=3$ のとき $X=a+1$　　$c=3$ のとき $Y=a+1$

$b=4$ のとき $X=\dfrac{1}{a+1}$　　$c=4$ のとき $Y=\dfrac{1}{a+1}$

$b=5$ のとき $X=\dfrac{a+1}{a}$　　$c=5$ のとき $Y=\dfrac{a+1}{a}$

$b=6$ のとき $X=\dfrac{a}{a+1}$　　$c=6$ のとき $Y=\dfrac{a}{a+1}$

次の各問に答えよ。

問1．X が整数になる確率を求めよ。

問2．$\sqrt{X}$ が有理数になる確率を求めよ。

問3．$X=Y$ となる確率を求めよ。

い、その附近をさまよい歩いている情景を眼に浮べた」について、次の⑴・⑵の問いに答えなさい。

⑴ この「情景」に対して「私」が抱いた心情の説明として最も適切なものを次の中から選んで記号で答えなさい。

ア 丘陵の中腹から裾に点在している人家の茂りが見られない太古の時代に、荒涼たる原野が広がっている中、気弱な表情で仕方なく棄てておくれと言ってくる空想の中の「母」の姿に対して、可笑しいと感じた。

イ 空想の中の「母」は「母」らしい性格が滲んでいて、例の棄老伝説とは違って自ら棄てられたいと望んでおり、「私」が背負っている「母」を持て余して丘陵地帯をさまよい歩いていることに対して、可笑しいと感じた。

ウ 生来の自尊心や負けん気を持っている現実の「母」と同じように、空想の中の「母」にも生れ付きの妥協のなさやわが儘がはっきりと滲み出ていることに対して、自分の親ながらも哀れだと感じた。

エ 空想の中の「母」は、体が弱っていながらもその声は若く気持が確りしていたが、七十を過ぎて体全体が小さくなり、体重が心細いほど軽くなっていることに対して、自分の親ながらも哀れだと感じた。

⑵ この「情景」はどのように想像されたものなのか。それを述べている一文を本文中から探し、始めの五字を抜き出して答えなさい。

問3 空欄［I］～［IV］に入るべき言葉をそれぞれ次の中から選んで記号で答えなさい。

ア またみんなと一緒になるなんてまっぴらですよ

イ どうせ気には入らないが、でも、仕方がない

ウ 他人のことだと思って、不親切ね、貴方は

エ 棄てられるというのに何がわが儘です

問4 傍線部3「こんどはそこに佇んでいる私の体に、月光が刺すように痛く沁み込んで来る」とあるが、どのような様子を言い表しているのか。その説明として最も適切なものを次の中から選んで記号で答えなさい。

ア 万頃一碧の広野に照り渡る月の眺めの壮観さが、「私」の心に自然と深く印象づけられる様子。

イ 満洲の荒涼たる原野の月と同じような姿の姨捨山の月が、「私」の体を青白く照らし出す様子。

ウ 絵本の挿絵のように辺り一面に青く降る月の光で、「私」と「母」の心に黒い影が差している様子。

エ 信濃の清澄な空気を透して照り渡る月の光によって、「私」の心と体が冷え冷えと感じられる様子。

問5 次の中から井上靖の作品でないものを一つ選んで記号で答えなさい。

ア『沈黙』　イ『あすなろ物語』

ウ『天平の甍』　エ『しろばんば』

問6 傍線部①～⑤の漢字の読みをひらがなで答えなさい。

と思います。当ってみた家だけでも十軒はありますよ」
「でも、わたしにはどこも気に入らないんですもの。大体、住めそうな家が一軒でもありましたか」
「だから家を借りるのは諦めて、気に入る場所を探し、そこへ私が小屋を建ててあげようと言っているでしょう。それを、どこへ行っても文句ばかり言って」
「文句だって言いますよ、老人ですもの。――ああ、ほんとに何処（どこ）か一人きりで静かに住める場所はないものかしら。もっと親身になって探しておくれよ。――ああ、腰が痛いわ。もっと軽くふんわりと背負っておくれ。おお、寒くなった。月の光がちくちくと肌を刺すような気がする」
「暴れないで静かにしていて下さいよ。私も疲れているんです。お母さんは背負われているからいいが、私の方は背負っているんですからね。お願いです。やはり、家へ帰ることにして下さい。みんなもどんなに安心するでしょう」
「厭！」
　またしてもぴしゃりと母は言う。
「厭でも知りません。こんなところを一晩中うろついていられますか。本当に私は帰りますよ」
　すると、母は急に打って変った弱々しい声を張り上げる。
「堪忍しておくれ。それだけは堪忍しておくれ。どうか家へだけは連れ戻さないでおくれ。もうなんにも言いません。どんなところでも結構です。棄てておくれ。わが儘は言いません。あそこに小屋が見える。あそこでもいい。あそこへ棄てておくれ」
「あの小屋は先刻見た時隙間風が冷たいとおっしゃったじゃありませんか。それに雨漏りもする！」
「［　Ⅳ　］。もう辛抱します。一軒家だから、その点は静かにのんびりと住めるでしょう」
「だが、あそこはやはりひどいですよ。子供として母親をあそこには棄てられません」
「ひどくても構わない。さ、早く、あそこへ棄てて行っておくれ」
　そう母は言う。3こんどはそこに佇（たたず）んでいる私の体に、月光が刺すように痛く沁（し）み込んで来る。
　――私の眼に浮かんで来たのは、こうした私と母との一幕である。私と私の背に負われている母との会話は自然にすらすらと私の脳裡（のうり）に流れ出て来たものである。母はわが儘であるが、その表情には真剣なものがある。棄てておくれ、棄てておくれと言っている母のせがみ方には、ある実感が滲（にじ）み出ている。
　私はわれに返ると、空想の中の母に、いかにも自然に母らしい性格が滲み出ていることが可笑（おか）しかった。姨捨を舞台とした私の空想の一幕物は、例の棄老説話の持つ主題とはかなり遠く隔たっていた。私の場合は母自らが棄てられることを望んでいるからである。棄てられたいと言い張って諾（き）かないのである。私はそんな背の母を持て余して、姨捨の丘陵地帯をさまよい歩いているのであった。しかし、その可笑しさとは別に、自分の心のどこかに氷の小さい固塊（かたまり）のようなものが置かれてあるのを私は感じた。可笑しさが消えると、それに代って、冷んやりした思いが次第に心の全面に拡（ひろ）がって来そうであった。
　私は自分が棄てられたいとせがんでいる母を想像したことが厭であった。⑤寧ろ自分が母を棄てようとしている場面を想像する方が、まだしも気はらくであるかも知れなかった。
　それにしても、私はどうしてそんな母を想像したのであろうか。私は長い間そのことを考えていた。そして私は私の背の上に、母に代って自分を置いてみた。私が老人になったら、今空想した母のように或（あ）いは自分はなるかも知れないと思った。

（井上　靖「姨捨」による）

問1　傍線部1「自分の老齢を意識し、それに反抗しようとした」とあるが、「母」はどのような気持ちからそうしたと「私」は考えているのか。本文中の語句を用いて八十字以内で説明しなさい。

問2　傍線部2「ある時私は姨捨（おばすて）駅を通過する時、自分が母を背負子供の絵本に描かれてあった老婆のように、母親は髪こそ白いが、艶々した肌と皺一つない若々しい顔を持っていた。私は③暫く言葉もなく、その母の顔を見守っていた。生来老人嫌いの母であったが、今や彼女自身年齢から言えばれっきとした老人であった。私は、1自分の老齢を意識し、それに反抗しようとした、そんな母が哀れに思われた。

信濃の姨捨というところが、私に妙に気になり出したのはそれからのことである。

――中略――

勿論、私は観月の場所としての姨捨には殆ど関心らしい関心は持っていなかった。信濃の清澄な空気を透して、千曲川、犀川を包含した、万頃一碧の広野に照り渡る月の眺めはなるほど壮観ではあろうと思ったが、戦時中満洲の荒涼たる原野に照る月を眺めた私には、姨捨の月がそれに勝るものであろうとは思われなかった。

私が姨捨附近を通過する時、例外なく私を襲って来る感慨は、必ずその中に老いた母が坐っていた。2ある時私は姨捨駅を通過する時、自分が母を背負い、その附近をさまよい歩いている情景を眼に浮べた。

勿論時代は太古である。丘陵の中腹から④裾に点在している現在の人家の茂りは見られず、荒涼たる原野が広がっている。しかも夜で月光が絵本『おばすて山』の挿絵のように辺り一面に青く降り、私と母の影だけが黒い。

「一体、わたしをどこへ棄てようというの？」

と、母は言う。七十を過ぎて体全体が小さくなり、その体重は心細いほど軽いが、私はともかく一人の人間を背負って方々歩き廻った果てなのでひどく疲れている。一足歩く度に足許がふらつく。

「ここらにしますか。この辺に小さい小屋を建てたら――？」

私が言うと、

「厭、こんな場所！」

母の声は若い。体は弱っているが、気持は確りしていて、生れ付きの妥協のなさは、自分が棄てられるこのような場合にも、いささかの衰えを見せていない。

「崖の傍では、雨の時山崩れでもしたら危ないじゃあありませんか！　もっと気の利いたところはないものかしら」

「それがないんです。大体、お母さんの望みは贅沢ですよ。やはり、先刻見た寺の離れを借りることにしたらどうですか」

「おお、いや、厭！」

母は背中で、わが儘な子供のように手足をばたつかせる。

「あそこは夏には藪蚊が多いと思うの。それに建物も古いし、部屋も暗くて陰気じゃあありませんか。［Ⅰ］」

私は途方に暮れてしまう。

「それなら、やはりいっそのこと家へ戻りましょう。こんなところに住むより、家へ帰って、みんなと一緒に賑やかに暮した方がどんなにいいか判らない」

「また、そんなことを言い出して！　折角家を出て来た以上、わたしは、家へだけはどんなことがあっても帰りません。［Ⅱ］。家の者も厭、村の人も厭、もうわたしは老い先短いんだから、気のすむように一人で気随気儘に住まわせておくれ」

「わが儘ですよ、お母さんは！」

「わが儘ですとも。わが儘は生れ付きだから仕方ありませんよ。それにしても、わたしの顔さえ見れば、貴方はわが儘だ、わが儘だと言う。［Ⅲ］」

「困ったな！」

「いくら困ったって、わたしは家へなんか帰らないから。早く棄ておくれ」

「棄てたくても、適当な場所が見当らないじゃないですか」

「見当らないのは探し方が悪いからです。一人の母のために、棄てる場所ぐらい探してくれたって罰は当りますまい」

「先刻から足を棒にして探しているじゃあありませんか。私はふらふらしていることは知っているでしょう。一体、どのくらい歩いたげかけて来る暁光だといってもよいであろう。

（吉野源三郎『人間を信じる』による）

問1　空欄 Ⅰ ～ Ⅲ に入るべき語句をそれぞれ次の中から選んで記号で答えなさい。

ア　遊戯的　　イ　巨視的　　ウ　悲観的　　エ　根源的

問2　傍線部1「個人とは社会あっての個人であって、本来、社会の中に生まれ、社会の中に育ち、社会の中で個人となっている」とあるが、「理想」は「個人」や「社会」とどのような関係にあると述べているのか。本文中の語句を用いて四十字以内で答えなさい。

問3　空欄 A ～ C に入るべき語句をそれぞれ次の中から選んで記号で答えなさい。

ア　だから　　イ　まして　　ウ　ここで　　エ　しかし

問4　傍線部2「ユートピストたち」について、次の(1)・(2)の問いに答えなさい。

(1)　「ユートピストたち」の考えた「ユートピア」が空想であるとされているのはなぜか。その理由を含んでいる一文を本文中から探し、始めの五字を抜き出して答えなさい。

(2)　「ユートピストたち」の思想が私たちに教えるのはどのようなことか。最も適切なものを次の中から選んで記号で答えなさい。

ア　理想とは現実との関係の中で生まれてくるものであるということ。

イ　理想とは現実からかけはなれたものであるということ。

ウ　現実の中の痛みをあらわすのが理想であるということ。

エ　現実の外で求めに応じて生じるのが理想であるということ。

問5　傍線部3「そのこと」とは何を指しているのか。最も適切なものを次の中から選んで記号で答えなさい。

ア　自分が理想と考えたものが真の理想ではなかったこと。

イ　自分が理想と思ったものが現実に対して無力であったこと。

ウ　真に理想と呼ぶに値する理想が私たちを突き動かすものとならなかったこと。

エ　理想とは単なる観念や空想やひ弱い欲求の表現に過ぎず、無力であったこと。

問6　傍線部①～⑤のカタカナを漢字に直しなさい。

二　次の文章を読み、あとの問いに答えなさい。

私は実際には長いこと篠井線の姨捨駅も、その附近も知らなかった。この地方に旅行することはあったが、いつも夜にぶつかることが多く、昼間の場合は気が付かないうちに姨捨駅を通過していて、姨捨山という土地には縁がないままに過ぎていた。

その後、姨捨の棄老伝説が私の頭に蘇って来る機縁を作ってくれたのは母であった。

母は何かの①拍子にふと、

「姨捨山って月の名所だというから、老人はそこへ棄てられても、案外悦んでいたかも知れませんよ。今でも老人が捨てられるというお触れがあるなら、私は悦んで出掛けて行きますよ。一人で住めるだけでもいい。それに棄てられたと思えば、諦めもいいしね」

そう言ったことがある。母は七十歳だった。母の言葉はそれを聞く家人の耳には一様に皮肉に響いた。その座には私の②弟妹たちも居たが、みなはっとして衝かれたような表情を取った。戦後の何かと物の足らぬ時でもあり、家族制度への一般の考え方もヒステリックな変り方を見せている時で、老人夫婦と若い者たちとの間に起る小問着は、私の家庭でも決して例外ではなかったが、しかし表だってこれと言って母親に家庭脱出を考えさせるような何の問題もあるわけではなかった。おそらく母は、自分が姨捨の説話の世界では、丁度山に棄てられる七十歳になっていることに気付き、生来の自尊心の強さと負けん気から、その説話にと言うより、それに何か似通って来ている戦後の時代の雰囲気というものに瞬間挑戦する気になったのではないかと思われた。

でいたのである。彼らが、理想的な国や政治や社会制度を構想力によって描き出したのは、けっして［Ⅱ］な空想としてではなかった。眼の前に見ている多くの不正、大衆の悲惨、眼にあまる不平等を、捨てておけない問題と考えたからこそ、彼らは理想的な社会生活に思いを馳(は)せたのである。彼らが、空想的にしか、この理想を描くことができなかったのは、当時まだ社会に関する科学が発達していなかったためだといわれる。

このことは、私たちに何を教えるであろうか。――理想とは、現実の社会の外から天降(あまくだ)りに出て来る空想ではない、ということである。自分の周囲に現実に存在しているさまざまな不合理や、不正や、悲惨に出あうとき、私たちの心の中には、それに対して「否」と叫ぶものがある。私たちの心は、痛みを感じながら、この現実をそのまま受け入れることを拒否する。そして、こういう経験を通じて私たちは、自分が人間として何を求めているか、何を求めずにはいられないかを知ってくるのである。それは、やがて、人間の関係がどのようなものでなければならないか、を私たちに教えてくれるであろう。人間がたがいに分ちがたい関係をもって一体となって生活している社会生活についても、それが人間の人間らしいつながりであるためには、どういう社会でなければならないか、どういう制度をもたねばならないか、どういう不合理を除去しなければならないか、――私たちはそれを考えざるをえなくなるであろう。私たちが理想と呼ぶものは、このようにして、私たちの心にめざめてくるのである。

してみれば、理想とは――生きた理想とは――、現実と無縁なものであるどころか、むしろ、現実の中から、現実との関係で生まれてくるものなのだ、といえるであろう。それは、現実に社会の中にいる現実の人間の胸に、人間の［Ⅲ］な要求の表現となって、自分をあらわすのである。また、だからこそ私たちは、現実によって理想がはばまれることを、苦痛として感じるのである。それは、人間の最も本質的な要求の否定であり、人間の人間であることの否定にひとしいからである。理想は、けっして現実からかけはなれた根なし草ではない。

現実に対して理想が無力であるとか、ないとか、と論じるにあたって、私たちは、以上のことをはっきりと知っておかねばならない。そして、自分自身について、自分が理想と思ったものが、果して真に理想であったのか、どうか、それを吟味してみなければならない。単なる観念は理想ではないのである。真に理想と呼ぶに値する理想ならば、その観念は私たちの胸の中でみずみずしい価値観と結びつき、私たちを突き動かすものとなっていなければならない。そうでなかったとすれば、それは単なる観念か、単なる空想か、たかだか、ひ弱い欲求の表現に過ぎなかったのである。それが無力であったとしても、3そのことは、理想が無力だという実例にはならないであろう。

考えてみると、個人は社会の中の個人であって、社会を離れては存在することができない。その個人が社会との関係で、どうしてもある理想を抱かずにはいられないとすれば、その理想もまた、社会の生み出したものといっていい。いいかえれば、ある人の胸に新しい理想が生まれて来たということは、それだけですでに、社会の④イチグウに、どんなにかすかであろうとも一つの新しいことが起っている、ということなのである。まして、その理想が千人、万人の胸に火を点じてゆくとすれば、たとえ、まだ、それによって社会全体の変化は生じなくとも、すでに古い現実の中に新しい現実が生まれ来ているのだ、といっていい。新しい現実が生まれはじめたからこそ、新しい理想も生まれて来たのである。

――中略――

だから理想とは、単に私たちの未来にかかげられている幻影のような⑤ヒョウシキではない。生きた理想とは、古い現実の中から生まれ出ようとしている新しい現実の、生き生きとした前触れなのである。それは、近づきつつある明日の現実が、地平線の向うから投

二〇二二年度 早稲田大学本庄高等学院

【国語】〈五〇分〉〈満点：一〇〇点〉

一 次の文章を読み、あとの問いに答えなさい。

歴史は、①フドウの現実などというものが存在しないことを教えている。目前の事物にとらわれずに、これを大きな視界の中に入れて見直すと――それが［　Ｉ　］に見るということであるが――現実は、現在どんなに動かしがたく見えようとも、やがては変るべきもの、変らずにはいないものとして存在しているのである。してみれば、一人の青年が現実にぶつかって、その強い抵抗を経験し、理想を求めることなどは夢のようなものだ、と考えるのは、個人の力の限界を知ったという意味では正しいけれど、現実に対して理想は全然無力であり、現実は動かしがたいものだと考える点ではまちがっている。理想と現実との関係は、もう一歩つっこんで考えてみなければならない。

もともと社会は、個人が集って相談して作ったものではない。人間は社会的存在だといわれるように、原始のころから集団として生活し、集団として成長して来た。1個人とは社会あっての個人であって、本来、社会の中に生まれ、社会の中に育ち、社会の中で個人となっているのである。同様に、社会の制度やしきたりというものも、何もないところに誰かが②コウアンして生み出したものではなく、それぞれ、その時代の社会の必要に促され、また、その社会の構造から歴史的に規定されてできあがっているのである。［　Ａ　］、この社会的現実が、個人の思いつきや、個人的希望や、個人の注文などでは動かされず、③レイコクにそれをはねつけるとしても、それはあたりまえと考えなければならないであろう。その限り、個人が社会に対してつくづく無力だと自ら感じるのも、これもまた当然のことである。［　Ｂ　］、そのことは、そのまま理想というものの無力を証明しているのだろうか。そういい切れるだろうか。

そこで私たちは、理想と空想とのちがいを、はっきりさせる必要がある。――昔から、現実の国家や社会生活の欠陥に気がついて、その欠陥をとりのぞいた理想の国や、理想の社会生活を構想した思想家は、たくさんいる。代表的なのはトマス・モアで、彼の描いた理想的な国がユートピアと呼ばれたので、一般に、こういう理想国や理想的社会をユートピアと呼んでいる。これは、たしかに空想の産物である。多くの場合、それは、どうしてそのような理想的な社会に到達できるのか、また、どうして現在の欠陥に満ちた社会をそのように改造できるのか、という現実の問題には答えていないし、いまの社会や国家がいまのようなものとならざるを得なかった事情――その歴史的条件というもの――も十分に考慮されていないのである。それで、今日ではユートピアといえば、ふつうは夢想の国という意味に解されているのである。しかしユートピアは、このように、たしかに空想によって描き出されているとはいえ、けっして単なる空想だけに終ってはいないのである。その空想の底に、強烈な現実的意味がある。そして、この現実的な意味によって、空想と区別された理想というものが、はっきりと取り出されるのである。

［　Ｃ　］、ユートピアを書いたトマス・モアのことや、オーウェンとかフーリエなどという有名なユートピア思想家のことをお話しできないのは残念だが、これらの典型的な2ユートピストたちは、いずれも、彼ら自身の生きていた時代の政治や社会に対して、ひとなみ以上の強い関心をもっていた。当時の社会の大きな欠陥をはっきりと認めて、その欠陥のために苦しんでいる人々の運命について、深く心を痛めていた。そして、その問題の解決に役立とうとして、彼らは、そのような欠陥の取りのぞかれた社会をいきいきと心に描き、そうなればどれほど人々がしあわせな人間らしい生活を送ることができるかを、世の中に訴えたのであった。だから、それは単なる夢物語ではなく、現実に対する痛烈な批判や、深刻な諷刺(ふうし)を含ん

英語解答

I [1] (c)　[2] (a)　[3] (d)
[4] (c)　[5] (d)　[6] (e)
[7] (e)　[8] (c)　[9] (c)
[10] (d)

II 問1 (1)…(a) (2)…(c) (3)…(e) (4)…(b)
問2 [1]…(b) [2]…(a) [3]…(a)
問3 [1]…(e) [2]…(d) [3]…(b)
[4]…解なし [5]…(a)
[6]…(a) [7]…(e) [8]…(d)
[9] (例)I took a taxi to get my PC at home.
[10] (例)We're recording life without the Internet.

III 問1 (1)…(c) (2)…(e) (3)…(b) (4)…(e)
問2 [1]…(e) [2]…(b) [3]…(b)
[4]…(c)
問3 [1]…(c) [2]…(d) [3]…(b)
[4]…(b) [5]…(b)
問4 (例)What languages do you speak?
問5 (例)please tell me the reason (why) you think (that) you are a right〔suitable〕 person for this job

(声の教育社　編集部)

I 〔適語(句)選択・語形変化〕

[1]give up「～をやめる，諦める」は「～すること」という意味の目的語としてto不定詞ではなく～ing(動名詞)をとる。　「そこの角にある自動車販売店は昨年車の販売をやめた。今は修理だけ行っている」

[2] 'catch＋目的語＋～ing'「…が～しているところを見つける〔捕まえる〕」の受け身形。　「その少年がパン屋でパンを盗んでいるところを捕まったのは哀れなことだ」

[3]主節の動詞がmay eatなので仮定法ではない。現在または未来についてありえる'条件'を表す副詞節では，未来のことでも現在(完了)形で表す。文の意味から'have/has＋過去分詞'の現在完了の(d)が適切。　「宿題を終えたら，おやつを食べてもいいよ」

[4]空所以下はLondonを説明する非制限用法の関係詞節。関係副詞のwhereの後にit wasn't as cold as I had expected「予想していたほど寒くなかった」という完全な文が続く(c)が適切。　「去年の冬に私はロンドンに行ったが，そこは私が予想していたほど寒くはなかった」

[5]副詞節中では繰り返しとなる'主語＋be動詞'は省略されることが多い。ここではthe old man is spoken toのthe old man isが省略されている。　unless「～しなければ，しないかぎりは」speak－spoke－spoken　「その老人は話しかけられないかぎりめったに口を利かないということがすぐにわかるだろう」

[6]news「ニュース」は'数えられない名詞'。sick and tired of ～は「～に飽き飽きして」という意味なので，「たくさん聞いた」とする。　「その歌手のスキャンダルに関するニュースをあまりにたくさん聞いたので，それにはうんざりしている」

[7]not all ～で「全ての～が(…)というわけではない」という部分否定を表す。　「10年以上日本に住んでいる外国人が皆，日本語の読み書きができるわけではない」

[8]make progressで「進歩する」。　「君は毎日英語を練習しているの，トオル？　君は今ではずいぶん進歩しているね」

[9]have 〜 in common で「〜を共通に持つ」という意味を表す。ここでは'〜'の部分が先行詞となって前に出ている。　「これら2つの植物はほぼ全ての点で異なっている。唯一それらに共通する特徴は，乾いた土を必要とするという点である」

[10]stand for 〜で「〜を表す，〜を象徴する」。　「フランスの国旗の3つの色は，『自由，平等，友愛』を表している」

Ⅱ〔長文読解総合―エッセー〕

≪全訳≫❶ポール・ミラーはインターネットから離れた最初の24時間について述べている。❷自分が大人になってからの人生で覚えているかぎり初めて，私はインターネットなしで24時間を過ごしたところだ。思うに，目の前に絶え間なくテクノロジーがある状態で暮らしている人々は2つのタイプ――自分のデバイスやインターネット接続を切断させられると，まるで自分の腕を切り落とされたかのようにがっかりする人たちと，まるでろう獄から釈放されたかのようにとてもいい気分になる人たち――に分けられる。私はインターネットから離れる準備をしていたとき，両方のタイプの多くの人たちと話してきたが，ありがたいことに私は後者のグループに分類されるようだ。❸以前に数週間スマートフォンをなくしてしまっていたことや，何度も充電切れのままにしておいたことはあったが，誰も私に電話をかけたり何かを私に要求したりできないとわかると私はいつも心の安らぎを覚える。私と連絡を取りたい人たちにとっては非常にいらだたしいことだろうし，自分がパーティーに参加できなくなる可能性が常につきまとうこともわかってはいるが，全体としては，それはいいことだという気がしている。❹手を伸ばして自分のパソコンのインターネット接続を切断した瞬間，学校が終わって夏休みになったような気分だった。立ち上がると，自分はこの瞬間を何年間も待ち望んでいたというのに，どういうわけか，プランというものは何も立てていなかったことに気がついた。再び立ち上がり，伸びをして，それからオフィスにあったオフラインのマルチプレイヤービデオゲームで2時間ほど遊んだ。❺自宅にあるパソコンを取りに，私はタクシーに乗車した。私たちの動画プロデューサーの1人がカメラを持って私に同行し，このきわめて重要な夜の様子を録画していたところ，タクシーの運転手が何を録画しているのかと私に尋ねた。❻「(例)<u>インターネットのない生活を撮っているんです</u>」と私は言った。❼「どうして？」と彼は尋ねた。❽それはいい質問だったが，私たちの会話はそこで終了した。❾自宅では，私はルームメイトとともに音楽を聴き，平穏なひとときが続いた。気がつくと私はそのひとときに没頭し，熱心に質問したり耳を傾けたりしていたが，それはパソコンを閉じただけ，あるいはスマホをロックしただけの場合よりもはるかに集中できており，それはなぜならパソコンもスマホも私に何も要求できないことがわかっていたからである。❿最初の大きな関門は翌朝――タブレットを取り出したとき――にやってきた。私は午前0時を過ぎて5分ほどの間，タブレットのWi-Fiをオフにし忘れていたのだ。電源を切った後のツイートがそこにあるのはわかっていた。それらのツイートはきっと私に関するものだ。私は見たくてたまらなかったが，そのアプリを削除した。実際，自分のタブレットのフォルダ内にインターネットを使ったアプリを保存していたので，それらを全て削除した。ⅴ<u>これからそのほとんどが恋しくなるだろう。</u>⓫朝食後，私はオフィスに行き，ニュースを見たが，そこに長くはいなかった。人づての間接的な情報は別の日にチェックすることにしよう。最新の電子機器や最新の車についても耳にしたが，それらは購読している新聞の次号で探すつもりだ。私はその日の大半を，<u>町の外から来た友人と会って話をして</u>過ごした。彼は電話を使わない人間だった。メールもしないし，電話はしょっちゅう電源が切れていた。彼と一緒にいる間，彼は実際，全く電話に触らなかった。彼は私を安心させてくれた。⓬その日は一日中，全く気分爽快だった。前日の私のインターネットを軸にしたライフスタイルの全ては，自分のしていたことが「勇敢」，あるいは「正気ではない」，または「刺激的」，はたまた「みんなの時間の無駄」だったかを物語っており，それはあたかもエンパイアステートビルからベースジャンプをしにいこうと計画しているようなものだった。しかし，私はまだリズムに慣れたとはいえない。⓭それどころか，自分の新しいスケジュールを立ててさえいない。少しの執筆と少しの読書をし，たっぷりとくつろいだ。これからの数日間，また数週間がどんなふうになるのか，見当がつかない。唯一わかっているのは，今のところはこの生活が大変気に入っているということだ。

問１＜適語(句)選択＞(1)インターネット断ちをする準備をしている「とき」，２つのタイプの人たちと何度も話をしたという文脈。接続詞 as には多様な意味があるのでまとめておくとよい。　(2)スマホをなくしたり充電が切れたりすれば，誰も連絡できない。　'demand ～ of …'「～を…に求める」　(3)直後の those things は my computer と my phone を受けている。インターネット接続を切断しているため，パソコンもスマホも自分に何も要求することはできない。those things につながるのは neither of ～「～のどちらも…ない」の形。　(4)最初の５分ほど Wi-Fi 接続を切るのを忘れていたために，その５分分のツイートが保存されていたのである。　turn ～ off〔turn off ～〕「(電源，スイッチなど)を切る，オフにする」

問２＜英問英答―要旨把握・主題＞［1］「インターネット接続なしでその日を過ごした後，筆者はどう感じたか」―(b)「インターネットに接続していなくて快適に感じた」　第２段落第２，３文など参照。インターネットのない生活に解放感を感じている。　［2］「この筆者に関してわかることは何か」―(a)「筆者はジャーナリストで，自分の感情について書いている」　インターネットのない生活を始めた筆者がどう感じているかを述べた文章である。また，第５段落の our video producers や第13段落第２文の I've done a little writing といった表現から，何らかのメディアに属するライターなどだと考えられる。　［3］「この文章が主に伝えたいことは何か」―(a)「インターネットから離れることはあなたにとっていいことだ」　文章全体から，筆者がインターネットのない生活から解放感を感じていることが読み取れる。

問３＜総合問題＞

［1］＜指示語＞２文前に The moment I reached down and disconnected the Internet … とある。この内容を表すのは，(e)「インターネットの使用をやめること」。

［2］＜指示語＞They なので前に出ている複数名詞を探す。前に出ている複数名詞でここに当てはめて意味が通るのは post-disconnect tweets。これと同様の内容は，(d)「デバイス上に表示された最新のメッセージ」。Wi-Fi をオフにし忘れていた間に受信したツイートは，おそらく自分に関するものだから気になっているという文脈である。

［3］＜語句解釈＞secondhand は「中古の」，または「間接的な，また聞きの」という意味。secondhand information とは，自分が直接体験したのではなく，メディアなどを通じて間接的に得た情報のこと。この意味を表すのは，(b)「自分自身が見たり聞いたりしたのではなく，他者からもらった情報」。

［4］＜英文解釈＞解なし。〔編集部注：plan on ～ing は「～するつもりである」という意味。search for ～「～を探す」の目的語が２つの先行詞 something となって前に出た形で，文全体としては a brand-new electronic appliance や a brand-new car に関することは(今は放っておいて後日)自分で探すつもりだという意味になる。探す場所を示しているのが in 以下で，ここでの issue は「発行物，号」，my daily paper は「私が毎日購読している新聞」という意味。つ

まり，筆者は，最新の機器や車に関するsecondhandの情報は次号の新聞で探すことにし，この日は町の外から来た友人と直接(first-hand)話をすることに多くの時間を使ったということ。この内容を表す選択肢はない。〕

［5］＜英文解釈＞settle into ～は「～に慣れる」という意味。インターネットから離れる生活に爽快感を感じているが，まだその生活リズムには慣れていないという文脈である。この内容を表すのは，(a)「私は新しいスタイルにまだ慣れていない」。 become familiar with ～「～に慣れる」

［6］＜整序結合＞語群のうち，catching up withがまずまとまる。catch up with ～は「～に追いつく」のほかに「～に会って話をする」という意味がある。その目的語としてa friendを置き，残りは，out of town「町の外」の前にfromを置いてfrom out of town「町の外から来た」とまとめて，a friendを後ろから修飾する。このようにfromは，前置詞句や副詞を目的語にとることがある。 （類例）from behind「後ろから」

［7］＜適所選択＞このmissは「～がいなくて寂しく思う」の意味。それらがなくて今後寂しく思うだろうという文意。第10段落の後半で筆者は，ツイッターなどのインターネット経由のSNSアプリを名残惜しくも全て削除していることから，you most of allは空所v直前の文にあるmy Internet-reliant applicationsを受けていると考えられる。なお，このyouは愛着のあったアプリを擬人化して表したものだと考えられる。

［8］＜単語の発音＞

(a) beat［iː］　ease［iː］　really［iːə］
(b) locked［t］　pulled［d］　watched［t］
(c) frustrate［ʌ］　jump［ʌ］　study［ʌ］
(d) anything［e］　demand［æ］　major［ei］
(e) close［ou］　office［ɔː］　spoken［ou］

［9］＜和文英訳＞「自宅にあるパソコンを取りに」は‘目的’を表す副詞的用法のto不定詞を用いて表せばよい。「タクシーに乗車した」は「タクシーを利用した」と読み換えて「(乗り物)を利用する」という意味のtakeを用いるとよい。

［10］＜適文補充＞何を録画しているのかというタクシーの運転手の質問に対する返答。ここで筆者たちが録画しているのは，recording this very important eveningとあるとおり，インターネットから離れた生活の初日である。前文の間接疑問を受けてWe are recordingの形が最も答えやすいだろう。また，直後のWhy？とのつながりを考えれば，I have decided to live without the Internet.／I'm leaving the Internet for a while.など，インターネットを使う生活をやめることを伝える文にしてもよいだろう。

Ⅲ〔長文読解総合―対話文〕

≪全訳≫❶スミス氏はジョーンズさんによる就職面接を受けている。❷ジョーンズさん(J)：今日はこちらにお越しいただきありがとうございます，スミスさん。あなたの履歴書はこちらにあるのですが，まずはあなたご自身について少しお話いただけますか？❸スミス氏(S)：承知しました。私はこのような語学コースで教えることにずっと関心がありました。私は8年前に大学を卒業し，英語学と心理学の学位を持っております。❹J：まあ，そうですか。A両方ともですか？❺S：はい，それから最初の仕事を日本で始めました。❻J：Bそれはすばらしいですね。そこで何をされたんですか？❼S：ええ，最初の２年間は東京にある私立の語学学校で正職員として働き，その後，コミュニティーカレッジで職を得ました。**8** J：なるほど。それで，そこの職場では具体的に何をされていたんですか？**9** S：英語と，調理法を教えていました。**10** J：調理のクラスを教えていたんですか？**11** S：はい。変わった組み合わせに聞こえるのは承知しておりますが，英語学と心理学の学位を取得する前に，調理法の教育課程も修了しておりまして。**12** J：C いろいろなことをされてきたんですね。お忙しくされているのがお好きなんですね。それでは，どんなふうに教え，具体的にはどんなことをされていたんですか？**13** S：そうですね，私の生徒の多くはレストランのシェフになりたがっていました，つまり自分のレストランを開店したがっていたんです。そして私のいた地域には観光スポットがたくさんありました。大勢の観光客がその地域にやってくるので，英語が使えれば，レストランでの必要な物を入手するために納品業者とやり取りするだけでなく，お客様ともコミュニケーションをとることができます。それで私は彼らに英語と調理を同時に教えていたんです。**14** J：それは興味深くて大変魅力的なアイデアですね！　では，イギリスに戻られたのはいつですか？**15** S：約１年前です。**16** J：そうですか。で，D なぜ帰国されたんですか？**17** S：実は，私の教え子の１人がこの町ですし店を開きまして，一緒に働いてくれないかと彼から頼まれたのです。**18** J：そうなんですか？　そのおすし屋さんの名前は何というんですか？**19** S：「フライング・スシ」といいます。聞いたことありますか？**20** J：ええ，行ったことありますよ。あそこの料理は最高ですね。でもたいてい混んでいて，席を予約するのにいつも苦労するんです。**21** S：そうですよね。私は金曜日と土曜日の夜にそこで働いているんです。**22** J：それで，今もそこにお勤めですか？**23** S：はい，でも教える仕事に戻りたくて。それに私はメンタルヘルスに問題を抱えるティーンエイジャーのための治療施設でセラピストとしても働いているんです。**24** J：それはとても大変そうですがやりがいのあるお仕事なんでしょうね。**25** S：全くそのとおりです。ストレスを感じることも多々ありますが，その仕事は本当に楽しいです。**26** J：スミスさん，あなたは確かに幅広い経験をお持ちのようですね。ところで，正直に申し上げますが，この職への応募者は15人います。あなたはすばらしい経歴をお持ちですが，ご自分がこの仕事にふさわしいと思う理由を教えてください。**27** S：そうですね，第一に，私は生徒によって異なる学習スタイルがあるということを理解しておりますし，そのために，全ての生徒に手が届くように，これまでタブレットや動画，音楽，料理，演劇，ロールプレイ，ゲームなどを利用してきました。第二に，私は学術的で心理学的なカウンセリングとアドバイスのスキルに関するキャリアを持っておりまして，それは留学生と関わる際にしばしば必要となります。**28** J：そうですね，それはとても有用だと思います。**29** S：ご存じのとおり，留学生の中には感情的な問題やホームシックなどで苦しんでいる方が大勢います。**30** J：確かにそうです。新たな環境に慣れることは，きわめて困難な場合がありますね。第三の理由は何でしょうか？**31** S：４か国語を話せることです。**32** J：４か国語ですか？　すごいですね！　Y（例）何語を話せるんですか？**33** S：アラビア語は中級レベル，日本語はネイティブに近いレベルで話せますし，スペイン語の初心者クラスを現在受講中です。そしてもちろん，英語は私の母語です。加えて，来月ポルトガル語の学習も始めるつもりです。**34** J：あなたの履歴書はすばらしいですね，スミスさん。この仕事に必要な経験とスキルをふんだんにお持ちだということがわかります。**35** S：ありがとうございます。**36** J：ご存じのとおり，これは一次面接にすぎません。全体で四次面接まであります。金曜日にご連絡を差し上げて，今日の面接の合否についてお知らせします。**37** S：わかりました。どうもありがとうございました。**38** J：お会いできてとてもよかったです，スミスさん。大変お忙しい生活を送られている中，お時間を頂戴いたしまして誠にありがとうございました。

問１＜適語選択＞(1) graduate from ～で「～を卒業する」。　(2) tough（　）rewarding が，次の feel stressed, but ～ enjoy に対応していることを読み取る。yet には「けれども，しかし」という接続詞としての用法がある。　(3)多くの留学生が心の問題を抱えているということは，新たな環境に慣れることは「難しい」といえる。　(4)面接を通してスミス氏が非常に多忙な人物だとわかったので，彼の貴重な「時間」を割いてくれたことに感謝しているのである。

問２＜英問英答―要旨把握＞［１］「なぜスミス氏は生徒たちに英語と調理を同時に教えたのか」―(e)「彼の生徒たちはレストランを経営するために両方のスキルが必要だから」　第13段落参照。［２］「『フライング・スシ』について正しくない事実はどれか」―(b)「スミス氏は以前，週に２回，夜にそのレストランで働いていた」　第21～23段落参照。今も働いている。　used to ～「(以前は)～していた」　［３］「CV とは何か」―(b)「ある人の経歴を書面に記録したもの」　CV「履歴書」は curriculum vitae というラテン語に由来する言葉。　［４］「この仕事を得るためには，スミス氏はあと何回面接に合格する必要があるか」―(c)「３回」　第36段落参照。これが１回目の面接で，全部で４回ある。

問３＜総合問題＞

［１］＜適文選択＞A．英語学と心理学の学位を持っていると聞いてジョーンズさんは，驚き，そのことを確認したのである。　B．イギリス人のスミス氏が日本で最初の仕事を始めたと聞いて，ジョーンズさんは感銘を受けたのである。　impressive「印象的な，すばらしい」　C．英語学と心理学に加えて調理法の課程も修めたと聞いた後の発言であることから判断できる。　D．この後，スミス氏は帰国した理由を答えている。「何があなたを連れ戻したのか」→「なぜあなたは戻ってきたのか」ということ。

［２］＜指示語＞‘sound like＋名詞’で「～のように聞こえる」。この前で説明されている内容で an unusual combination と考えられるものを探せばよい。その内容となるのは，(d)「英語と調理のスキルを教えること」。

［３］＜適語選択＞１つ目は，「～のための」という意味の前置詞。２つ目は，apply for ～「～に申し込む，志願する」，３つ目は for that reason「そういうわけで，そのため」という表現。

［４］＜指示語＞前に出ている内容でここに当てはめて意味が通る部分を探す。その内容に当てはまるのは，(b)「カウンセリングとアドバイスのスキルを持っていること」。

［５］＜内容一致＞「スミス氏は$_B$日本語よりも$_A$英語の方がうまく話せる」　第33段落参照。英語＞日本語＞アラビア語＞スペイン語＞ポルトガル語の順になる。

問４＜条件作文＞４か国語を話せると聞いたジョーンズさんの発言。この後スミス氏が話せる言語について説明していることから，何語を話すのかを尋ねる文にすればよい。４か国語が前提になっているので What languages「何語」と複数形にすること。

問５＜和文英訳＞please の後に，‘tell＋人＋物事’「〈人〉に〈物事〉を教える」の形の命令文をつくればよい。please tell me の後に続く‘物事’にあたる「あなたがこの仕事にふさわしいと思う理由」は，「理由」を the reason で表して，関係副詞 why で始まる節を続ければよい(why は省略可)。また，「なぜあなたはこの仕事にふさわしいと思うのか」と読み換えて，‘疑問詞＋主語＋動詞...’の語順の間接疑問で please tell me why you think you are ～と表すこともできる。「あなたがこの仕事にふさわしい」は，person が指定されているので，the right〔suitable〕person for this job とする。

数学解答

1 問1　$y(x-z)(x+y+z)$
問2　$\frac{192}{125}$
問3　$a=1+2\sqrt{3}$，$b=2+\sqrt{3}$

2 問1　$(\sqrt{3},\ 3)$　　問2　$\frac{1}{2}\pi$
問3　$2-\sqrt{2}$

3 問1　$6-a$　　問2　27
問3　$\frac{207}{4}$

4 問1　$\frac{7}{18}$　　問2　$\frac{1}{6}$　　問3　$\frac{7}{36}$

（声の教育社　編集部）

1〔独立小問集合題〕

問1＜式の計算―因数分解＞与式$=x^2y+xy^2-y^2z-yz^2=y(x^2+xy-yz-z^2)=y(x^2-z^2+xy-yz)=y\{(x+z)(x-z)+y(x-z)\}$として，$x-z=A$とおくと，与式$=y\{(x+z)A+yA\}=yA(x+z+y)=y(x-z)(x+y+z)$である。

問2＜平面図形―長さ＞右図1で，$\angle ADC=\angle BAC=90°$，$\angle DCA=\angle ACB$より，$\triangle DAC \backsim \triangle ABC$だから，$DA:AB=AC:BC=3:5$となり，$DA=\frac{3}{5}AB=\frac{3}{5}\times4=\frac{12}{5}$となる。また，$\angle DEA=\angle BAC=90°$より，$ED /\!/ AC$である。これより，$\angle EDA=\angle DAC$であり，$\angle DEA=\angle ADC$だから，$\triangle EDA \backsim \triangle DAC$となる。よって，$ED:DA=DA:AC=\frac{12}{5}:3=4:5$となり，$ED=\frac{4}{5}DA=\frac{4}{5}\times\frac{12}{5}=\frac{48}{25}$となる。同様に，$EF /\!/ AD$となるから，$\triangle FED \backsim \triangle EDA$であり，$EF:DE=ED:DA=4:5$より，$EF=\frac{4}{5}DE=\frac{4}{5}\times\frac{48}{25}=\frac{192}{125}$となる。

図1
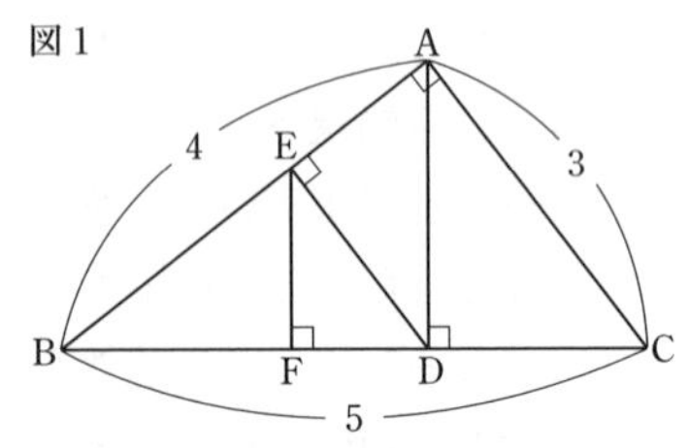

問3＜関数―座標＞右図2で，$\triangle ABC$が正三角形より，辺ABの中点をMとすると，直線CMは線分ABの垂直二等分線となる。また，点Mのx座標は$\frac{0+2}{2}=1$，y座標は$\frac{4+0}{2}=2$だから，M(1, 2)である。直線CMとx軸の交点をNとし，点Mからx軸に垂線MM′を引く。$\angle NM'M=\angle MM'B=90°$，$\angle MNM'=\angle BMM'=90°-\angle NMM'$より，$\triangle NM'M \backsim \triangle MM'B$だから，$NM':MM'=MM':BM'=2:(2-1)=2:1$となる。よって，直線MNの傾きは$\frac{MM'}{NM'}=\frac{1}{2}$である。M(1, 2)，C$(a,\ b)$より，直線MNの傾きは$\frac{b-2}{a-1}$と表せるから，$\frac{b-2}{a-1}=\frac{1}{2}$が成り立ち，$a-1=2(b-2)$，$a=2b-3$……①となる。次に，点Cから$x$軸に垂線CC′を引く。$\triangle CBC'$で三平方の定理より，$BC'^2+CC'^2=BC^2$であり，$BC'=a-2$，$CC'=b$である。また，$\triangle AOB$で三平方の定理より，$AB^2=OA^2+OB^2=4^2+2^2=20$である。BC＝ABより，$BC^2=AB^2=20$となるので，$(a-2)^2+b^2=20$……②が成り立つ。①を②に代入すると，$(2b-3-2)^2+b^2=20$，$4b^2-20b+25+b^2=20$，$b^2-4b+1=0$より，$b=\frac{-(-4)\pm\sqrt{(-4)^2-4\times1\times1}}{2\times1}=\frac{4\pm\sqrt{12}}{2}=\frac{4\pm2\sqrt{3}}{2}=2\pm\sqrt{3}$となる。$b=2-\sqrt{3}$のとき，$a=2(2-\sqrt{3})-3=1-2\sqrt{3}$より，$a>0$とならないので，適さない。$b=2+\sqrt{3}$のとき，$a=2(2+\sqrt{3})-3=1+2\sqrt{3}$となり，適する。よって，$a=1+2\sqrt{3}$，$b=2+\sqrt{3}$である。

図2
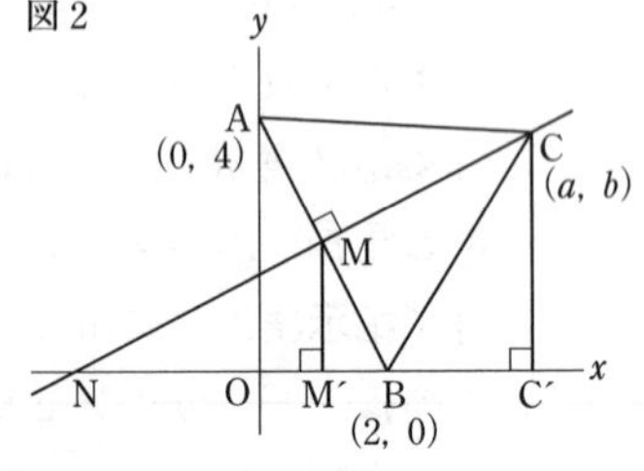

2〔関数―関数 $y=x^2$ と一次関数のグラフ〕

≪基本方針の決定≫問1　$OB=2\sqrt{3}$が斜辺となる直角三角形を考える。

問１＜座標＞右図１のように，点Bからx軸に垂線BFを引くと，△OBFで三平方の定理より，$OF^2+BF^2=OB^2$である。点Bは放物線$y=x^2$上にあるので，$B(t,\ t^2)$とおけ，$OF=t$，$BF=t^2$となる。また，円C_2の半径より，$OB=2\sqrt{3}$である。よって，$t^2+(t^2)^2=(2\sqrt{3})^2$が成り立つ。$t^2=T$とおくと，$T+T^2=(2\sqrt{3})^2$，$T^2+T-12=0$，$(T+4)(T-3)=0$より，$T=-4$，3となる。$t^2>0$より，$T>0$だから，$T=3$であり，$t^2=3$，$t=\pm\sqrt{3}$となる。$t>0$より，Bの$x$座標は$t=\sqrt{3}$であり，$B(\sqrt{3},\ 3)$となる。

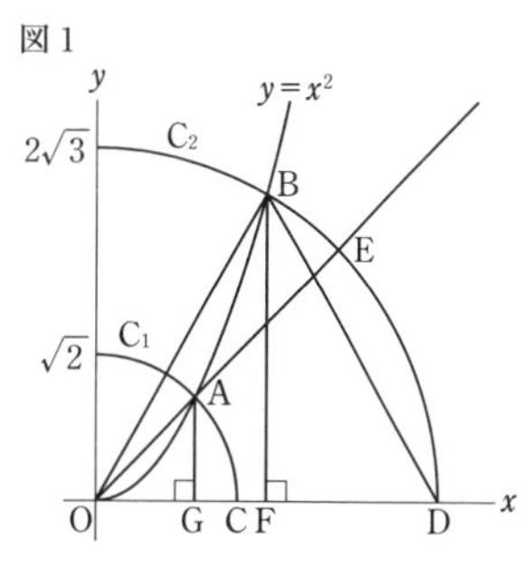

問２＜面積＞右上図１で，問１より，△OBFの３辺の比は$OF:OB:BF=\sqrt{3}:2\sqrt{3}:3=1:2:\sqrt{3}$だから，∠BOF＝60°となる。また，点Aは放物線$y=x^2$上にあるので，$A(u,\ u^2)$とおけ，点Aからx軸に垂線AGを引くと，問１の△OBFのときと同様にして，△OAGで，$u^2+(u^2)^2=(\sqrt{2})^2$が成り立つ。$u^2=U$とおくと，$U+U^2=(\sqrt{2})^2$，$U^2+U-2=0$，$(U+2)(U-1)=0$より，$U=-2$，1となる。$U>0$より，$U=1$だから，$u^2=1$，$u=\pm1$となる。よって，$u=1$だから，A(1，1)である。これより，OG＝AG＝1だから，△OAGは直角二等辺三角形であり，∠AOG＝45°となる。したがって，∠BOE＝∠BOF－∠AOG＝60°－45°＝15°より，おうぎ形OEBの面積は$S=\pi\times(2\sqrt{3})^2\times\frac{15^\circ}{360^\circ}=\frac{1}{2}\pi$である。

問３＜長さ＞右上図１で，∠BOF＝60°，OB＝ODだから，△OBDは正三角形である。右図２で，円C_1上の点をPとすると，線分IPの長さが最小になるのは，OIと円C_1の交点がPとなるときである。また，△OBDが正三角形より，△OBDに内接する円の中心Iは線分BF上にある。円Iと辺OBの接点をJとすると，△OIJ≡△OIFとなり，$\angle IOJ=\angle IOF=\frac{1}{2}\angle BOD=\frac{1}{2}\times60^\circ=30^\circ$となる。これより，△OIFは３辺の比が$1:2:\sqrt{3}$の直角三角形である。$OF=\frac{1}{2}OD=\frac{1}{2}\times2\sqrt{3}=\sqrt{3}$だから，$OI=\frac{2}{\sqrt{3}}OF=\frac{2}{\sqrt{3}}\times\sqrt{3}=2$となり，求める距離$d$の最小値は$d=PI=OI-OP=2-\sqrt{2}$である。

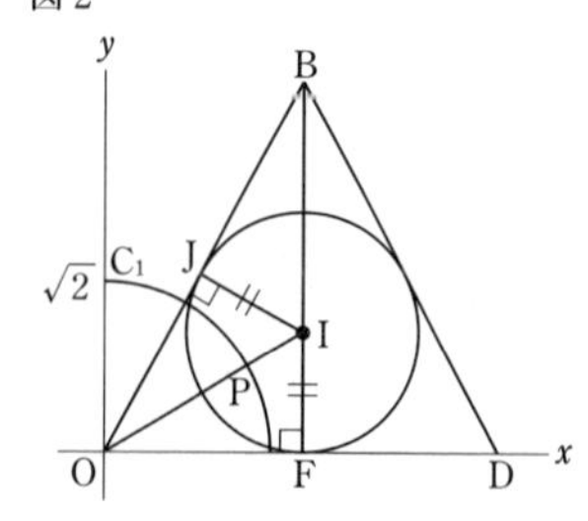

3〔空間図形―直方体〕

≪基本方針の決定≫問２　AJ＝IJであることに気づきたい。

問１＜長さ＞右図１で，〔面ABFE〕//〔面DCGH〕，〔面ADHE〕//〔面BCGF〕だから，４点A，I，G，Jが同じ平面上にあるとき，AI//JG，AJ//IGとなり，四角形AIGJは平行四辺形となる。これより，AI＝GJである。よって，AI＝GJ，AB＝GH，∠ABI＝∠GHJ＝90°より，△ABI≡△GHJだから，HJ＝BI＝aとなり，DJ＝DH－HJ＝6－aとなる。

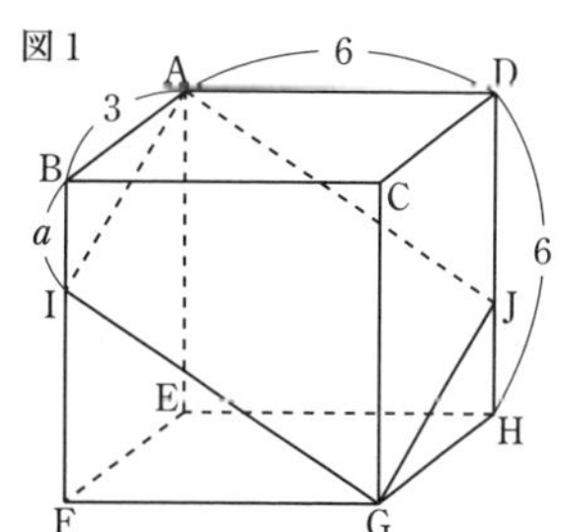

問２＜面積＞次ページの図２で，BI＝3のとき，問１より，a＝BI＝3だから，DJ＝6－a＝6－3＝3となる。FI＝BF－BI＝6－3＝3，HJ＝BI＝3より，BI＝FI，DJ＝HJとなり，２点I，Jはそれぞれ辺BF，辺DHの中点となる。AB＝BIより，△ABIは直角二等辺三角形だから，$AI=\sqrt{2}AB=\sqrt{2}\times3=3\sqrt{2}$であり，△ADJで三平方の定理より，$AJ=\sqrt{AD^2+DJ^2}=\sqrt{6^2+3^2}=\sqrt{45}=3\sqrt{5}$となる。AD＝DA，AB＝DJ，∠DAB＝∠ADJ＝90°より，△DAB≡△ADJだから，$DB=AJ=3\sqrt{5}$である。よって，$IJ=DB=3\sqrt{5}$だから，△AIJはAJ＝IJの二等辺三角形で

ある。これより，▱AIGJ は右下図3のようになり，点 J から辺 AI に垂線 JP を引くと，$AP=\frac{1}{2}AI=\frac{1}{2}\times3\sqrt{2}=\frac{3\sqrt{2}}{2}$となるから，△APJ で三平方の定理より，$JP=\sqrt{AJ^2-AP^2}=\sqrt{(3\sqrt{5})^2-\left(\frac{3\sqrt{2}}{2}\right)^2}=\sqrt{\frac{162}{4}}=\frac{9\sqrt{2}}{2}$となる。したがって，四角形 AIGJ の面積は，$S=$▱$AIGJ=AI\times JP=3\sqrt{2}\times\frac{9\sqrt{2}}{2}=27$ である。

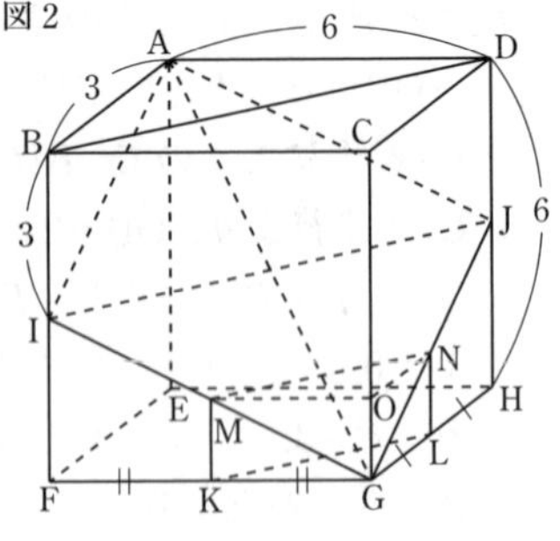

問3＜体積＞右図2で，4点 A，I，G，J は，直方体 ABCD-EFGH の対角線 AG を含んでいるので，直方体 ABCD-EFGH は，この平面によって体積が2等分される。よって，立体 AIGJEFH の体積は$(3\times6\times6)\times\frac{1}{2}=54$となる。面 EFGH に垂直で2点 K，L を通る平面と辺 IG，辺 GJ との交点をそれぞれ M，N とすると，求める頂点 E を含む立体は，立体 AIGJEFH から四角錐 G-MKLN を除いた立体となる。2点 M，N を通り面 EFGH に平行な平面と辺 CG との交点を O とすると，四角錐 G-MKLN は，三角柱 MON-KGL から三角錐 G-MON を除いた立体となる。△IFG∽△MKG より，FI：KM＝FG：KG＝2：1だから，$GO=KM=\frac{1}{2}FI=\frac{1}{2}\times3=\frac{3}{2}$となる。また，$MO=KG=\frac{1}{2}FG=\frac{1}{2}\times6=3$，$ON=GL=\frac{1}{2}GH=\frac{1}{2}\times3=\frac{3}{2}$なので，〔三角柱 MON-KGL〕$=\left(\frac{1}{2}\times3\times\frac{3}{2}\right)\times\frac{3}{2}=\frac{27}{8}$，〔三角錐 G-MON〕$=\frac{1}{3}\times\left(\frac{1}{2}\times3\times\frac{3}{2}\right)\times\frac{3}{2}=\frac{9}{8}$となり，〔四角錐 G-MKLN〕$=\frac{27}{8}-\frac{9}{8}=\frac{9}{4}$となる。よって，求める立体の体積は$54-\frac{9}{4}=\frac{207}{4}$である。

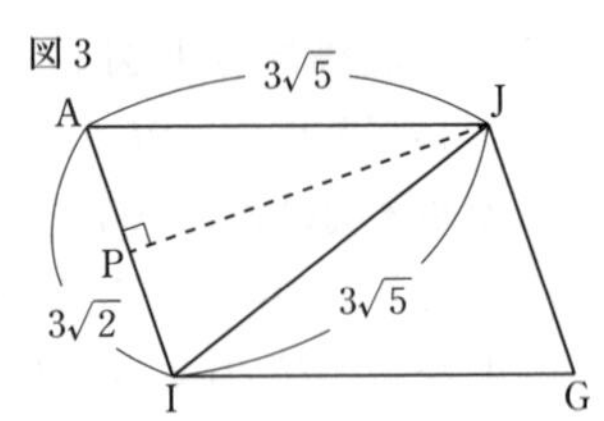

4 〔データの活用―確率―さいころ〕

問1＜確率＞1つのさいころを3回投げるが，Xの値は2回目までのさいころの出た目で決まるので，さいころを2回投げたときで考える。さいころを2回投げるとき，目の出方は全部で$6\times6=36$(通り)あるので，a，bの組は36通りある。このうち，Xが整数となるのは，$b=1$のとき，$X=a$だから，$a=1$，2，3，4，5，6の6通りある。$b=2$のとき，$X=\frac{1}{a}$だから，$a=1$の1通りある。$b=3$のとき，$X=a+1$だから，$a=1$，2，3，4，5，6の6通りある。$b=4$のとき，$X=\frac{1}{a+1}$だから，Xが整数となるaはない。$b=5$のとき，$X=\frac{a+1}{a}$だから，$a=1$の1通りある。$b=6$のとき，$X=\frac{a}{a+1}$だから，Xが整数となるaはない。以上より，Xが整数となるa，bの組は$6+1+6+1=14$(通り)あるから，求める確率は$\frac{14}{36}=\frac{7}{18}$となる。

問2＜確率＞問1と同様に，さいころを2回投げたときで考える。a，bの組は全部で36通りある。このうち，$\sqrt{X}$が有理数となるのは，$b=1$のとき，$X=1$，4より，$a=1$，4の2通りある。$b=2$のとき，$X=\frac{1}{a}=1$，$\frac{1}{4}$より，$a=1$，4の2通りある。$b=3$のとき，$X=a+1=4$より，$a=3$の1通りある。$b=4$のとき，$X=\frac{1}{a+1}=\frac{1}{4}$より，$a=3$の1通りある。$b=5$のとき，$\sqrt{X}$が有理数となる$a$はない。$b=6$のときもない。よって，$\sqrt{X}$が有理数となる$a$，$b$の組は$2+2+1+1=6$(通り)だから，求める確率は$\frac{6}{36}=\frac{1}{6}$となる。

問3＜確率＞1つのさいころを3回投げるとき，目の出方は全部で$6\times6\times6=216$(通り)あるから，a，

b，cの組は216通りある。$b=1$，2，3，4，5，6のときのXの値は，それぞれ$c=1$，2，3，4，5，6のときのYの値と等しいから，$b=c$のとき，$X=Y$となる。このような場合は，1回目，2回目が6通りあり，3回目は2回目と同じ目となる1通りだから，a，b，cの組は$6\times6\times1=36$(通り)ある。次に，bとcが等しくない場合を考える。$a=1$のとき，X，Yの値は，1，$\frac{1}{1}=1$，$1+1=2$，$\frac{1}{1+1}=\frac{1}{2}$，$\frac{1+1}{1}=2$，$\frac{1}{1+1}=\frac{1}{2}$だから，$X=Y$となる$b$，$c$の組は，$(b,\ c)=(1,\ 2)$，$(2,\ 1)$，$(3,\ 5)$，$(5,\ 3)$，$(4,\ 6)$，$(6,\ 4)$の6通りある。$a=2$のとき，$X$，$Y$の値は，2，$\frac{1}{2}$，$2+1=3$，$\frac{1}{2+1}=\frac{1}{3}$，$\frac{2+1}{2}=\frac{3}{2}$，$\frac{2}{2+1}=\frac{2}{3}$だから，$X=Y$となる$b$，$c$の組はない。同様に，$a=3$，4，5，6のときを調べても，$X=Y$となる$b$，$c$の組はない。よって，$b$と$c$が等しくない場合に$X=Y$となる$a$，$b$，$c$の組は6通りとなる。以上より，$X=Y$となる$a$，$b$，$c$の組は$36+6=42$(通り)あるから，求める確率は$\frac{42}{216}=\frac{7}{36}$となる。

═読者へのメッセージ═

[2]では，座標平面上で，原点を中心とする円を扱いました。これらの円も，x，yの式で表すことができます。円C_1は$x^2+y^2=2$，円C_2は$x^2+y^2=12$となります。一般的に，原点を中心とする半径rの円は，$x^2+y^2=r^2$と表すことができます。高校で学習します。

国語解答

一 問1 Ⅰ…イ Ⅱ…ア Ⅲ…エ

問2 理想は，個人が社会との関係の中で抱くものであり，社会が生み出したものである。(38字)

問3 A…ア B…エ C…ウ

問4 (1) 多くの場合 (2)…ア

問5 イ

問6 ① 不動 ② 考案 ③ 冷酷 ④ 一隅 ⑤ 標識

二 問1 姨捨説話であれば棄てられる年だと気づき，生来の自尊心の強さと負けん気から，家族制度への考え方が変わり説話に何か似てきた時代の雰囲気に，瞬間的に挑戦する気持ち。(79字)

問2 (1)…イ (2) 私と私の背

問3 Ⅰ…ウ Ⅱ…ア Ⅲ…エ Ⅳ…イ

問4 エ 問5 ア

問6 ① ひょうし ② ていまい ③ しばら ④ すそ ⑤ むし

(声の教育社 編集部)

一〔論説文の読解─哲学的分野─哲学〕出典；吉野源三郎『人間を信じる』「理想と現実──若い労働者のために」。

≪本文の概要≫個人とは社会あっての個人であり，社会の制度やしきたりも，その社会で歴史的に規定されてできあがっている。だから，社会的現実が個人の思いつきや希望や注文などでは動かされないのも，個人が社会に対して無力だと感じるのも，当然である。しかし，そのことは，理想の無力を証明するわけではない。昔から，多くの思想家が構想してきたユートピアは，決して単なる空想ではなく，現実に対する痛烈な批判や深刻な諷刺を含んでいた。このことは私たちに，理想とは現実の中から，現実との関係で生まれてくるものであることを教える。個人が社会との関係で抱く理想は，社会の生み出したものといってよい。言い換えれば，ある人の胸に新しい理想が生まれてきたということは，社会の一隅に一つの新しいことが起こっているということである。新しい現実が生まれ始めたからこそ，新しい理想も生まれてきたのである。だから理想とは，古い現実の中から生まれ出ようとしている現実の前触れであり，明日の現実が投げかけてくる暁光だといってよい。

問1＜表現＞Ⅰ．「大きな視界の中に入れて見直す」さま，つまり，全体を大きくつかんで見渡すさまを，「巨視的」という。　Ⅱ．「ユートピストたち」によって描かれたものは，「現実に対する痛烈な批判や，深刻な諷刺を含んでいた」のであり，彼らはたわむれに空想の社会を描いたわけではなかった。　Ⅲ．理想とは，「現実の中から，現実との関係で生まれてくるもの」であり，「現実に社会の中にいる現実の人間の胸」に，人間の根本的な欲求表現となって現れるものである。

問2＜文章内容＞「個人は社会の中の個人であって，社会を離れては存在することができない」以上，その「個人」が「社会との関係」で，ある「理想」を抱く場合，その「理想」も「社会の生み出したもの」といってよい。

問3．A＜接続語＞「個人」は「本来，社会の中に生まれ，社会の中に育ち，社会の中で個人となっている」し，「社会の制度やしきたり」も「それぞれ，その時代の社会の必要に促され，また，その社会の構造から歴史的に規定されてできあがっている」のであるから，「この社会的現実が，個人の思いつきや，個人的希望や，個人の注文などでは動かされず，冷酷にそれをはねつける」のは，「あたりまえ」と考えなければならない。　B＜接続語＞「個人が社会に対してつくづく無力だと自ら感じる」のも「当然のこと」であるけれども，そのことが，「そのまま理想というものの無力を証明している」かは疑問である。　C＜表現＞今この場で，有名なユートピア思想家のことを話せないのは残念である。

問４＜文章内容＞(1)「ユートピストたち」が考えたユートピアは，多くの場合，「どうしてそのような理想的な社会に到達できるのか，また，どうして現在の欠陥に満ちた社会をそのように改造できるのか，という現実の問題には答えていないし，いまの社会や国家がいまのようなものとならざるを得なかった事情――その歴史的条件というもの――も十分に考慮されていない」ために，「空想の産物」と見なされる。　(2)「ユートピストたち」は「当時の社会の大きな欠陥」の解決に役立とうとして，欠陥の取り除かれた「理想的な社会生活」を思い描いた。その理想社会は「現実に対する痛烈な批判や，深刻な諷刺を含んでいた」のであり，そのことは，私たちに，「理想とは，現実の社会の外から天降りに出て来る空想ではない」ということを教える。そこから，「理想」とは「現実の中から，現実との関係で生まれてくるもの」だということができる。

問５＜指示語＞「現実に対して理想が無力であるとか，ないとか，と論じる」にあたって，私たちは，「理想」が「けっして現実からかけはなれた根なし草ではない」ことを知っておかなければならない。そして，「自分自身について，自分が理想と思ったものが，果して真に理想であったのか，どうか」を吟味してみなければならない。もし，その「自分が理想と思ったもの」が「真に理想と呼ぶに値する理想」ではなかったのなら，それは「ひ弱い欲求の表現」でしかなかったのであり，その「自分が理想と思ったもの」が「無力であった」ことは，世の中の理想というもの全てが「無力だという実例にはならない」だろう。

問６＜漢字＞①「不動」は，動かないこと。　②「考案」は，考えだすこと。　③「冷酷」は，むごく，思いやりがないこと。　④「一隅」は，片隅のこと。　⑤「標識」は，目印のこと。

二〔小説の読解〕出典；井上靖『姨捨』。

問１＜文章内容＞「戦後の何かと物の足らぬ時でもあり，家族制度への一般の考え方もヒステリックな変り方を見せている時」で，「私の家庭」でも，「老人夫婦と若い者たちとの間」に「小悶着」は起こっていた。しかし，「表だってこれと言って母親に家庭脱出を考えさせる」ような問題があったわけではない。それにもかかわらず母が「棄てられても」いいと言い出したのは，「自分が姨捨の説話の世界では，丁度山に棄てられる七十歳になっていること」に気づき，「生来の自尊心の強さと負けん気から，その説話にと言うより，それに何か似通って来ている戦後の時代の雰囲気というものに瞬間挑戦する気になった」ということではないかと，「私」は考えた。

問２＜文章内容＞(1)「私」は，我に返ると，「空想の中の母に，いかにも自然に母らしい性格が滲み出ていることが可笑しかった」し，「棄てられたいと言い張って諾かない」母を「持て余して，姨捨の丘陵地帯をさまよい歩いている」こともおかしいと感じた。　(2)「私」の「空想」について，「私」は，「私と私の背に負われている母との会話は自然にすらすらと私の脳裡に流れ出て来た」と感じた。

問３＜文脈＞Ⅰ．「私」が「先刻見た寺の離れを借りることにしたらどうですか」と提案したのに対し，母は，そこは「夏には藪蚊が多いと思う」し「建物も古いし，部屋も暗くて陰気」だと言って嫌がり，「私」のことを「他人のことだと思って，不親切ね」ととがめた。　Ⅱ．母は，「折角家を出て来た以上，わたしは，家へだけはどんなことがあっても帰りません」と言って帰宅を拒否し，「またみんなと一緒になるなんてまっぴら」だとだめ押しした。　Ⅲ．「私」が母のことを「わが儘」だと言うと，母は「わが儘は生れ付きだから仕方ありませんよ」と開き直り，逆に「わたしの顔さえ見れば，貴方はわが儘だ，わが儘だと言う」と「私」を非難して，「棄てられるというのに何がわが儘です」と言った。　Ⅳ．母は急に「どんなところでも結構です」と言い出し，「あそこに小屋が見える。あそこでもいい。あそこへ棄てておくれ」と言うので，「私」が「あの小屋は先刻見た時隙間風が冷たいとおっしゃったじゃありませんか」と言うと，母は「どうせ気には入らない」けれども「仕方がない」から「辛抱します」と答えた。

問４＜表現＞「私」に背負われた母は，「文句」ばかり言い，さらに「おお，寒くなった。月の光がちくちくと肌を刺すような気がする」と言っていた。しかし，その後一転して，「どんなところでも結構です。棄てておくれ」と言い出した。「ひどくても構わない。さ，早く，あそこへ棄てて行っておくれ」とせかされた「私」は，ちょうど前に母が感じたように「私の体に，月光が刺すように痛く沁み込んで来る」のを感じた。母と同じように，月光を受けながら「寒くなった」のであろうが，その寒さは，体が冷気で冷えただけでなく，親を棄てるということについて感じる精神的なものでもあったと考えられる。

問５＜文学史＞『沈黙』は，昭和41(1966)年に発表された遠藤周作の小説。

問６＜漢字＞①「拍子」は，はずみのこと。　②「弟妹」は，弟と妹のこと。　③音読みは「暫定」などの「ザン」。　④「裾」は，ここでは山のふもとのこと。　⑤音読みは「丁寧」などの「ネイ」。

＝読者へのメッセージ＝

「姨捨の棄老伝説」とは，長野県千曲市の冠着(かむりき)山(やま)(姨捨山)にまつわる伝説で，貧しい暮らしの中で，口減らしのため，制度として老人を山へ棄てなければならないことになっていた，というものです。伝説の内容は何通りかありますが，多くは，年老いた母親を棄てに山に入った若者が，思い直して母を家に連れて帰るという内容になっています。この話は古くからあり，『大和物語』や『枕草子』，『今昔物語集』にも出てきます。

Memo

Memo

2021年度 早稲田大学本庄高等学院

【英　語】（50分）〈満点：100点〉

I　次の［1］～［10］の（　）に入る最も適切なものをそれぞれ選びなさい。

［1］ The newest smart phones (　　) at the store are popular among high school students.
(a) are sold　(b) sell　(c) selling　(d) sells　(e) sold

［2］ I was late for the party, and when I got there, there was no food (　　).
(a) ate　(b) eating　(c) leaving　(d) left　(e) serving

［3］ I (　　) baseball when I was in junior high school.
(a) used to be playing　(b) used to play　(c) used to playing
(d) was used to play　(e) would be playing

［4］ I was so surprised because someone patted me (　　) from behind in the dark.
(a) by my shoulder　(b) his shoulder　(c) my shoulder
(d) on the shoulder　(e) the shoulder

［5］ I don't agree with them on the topic.　My opinion is completely different from (　　).
(a) their　(b) theirs　(c) them　(d) themselves　(e) they

［6］ Can you tell me anyone (　　) has more knowledge of Shakespeare than Bob ?
(a) to whom you know　(b) whose you know　(c) who you know
(d) you know whom　(e) you know whose

［7］ A : Can you tell me which attractions are best for (　　) kids ?
B : I think the waterslide would be perfect.
(a) five-year-old　(b) five-year-olds　(c) five years old
(d) five-years-old　(e) five-years old

［8］ Susan read the book (　　) to finish her homework.
(a) as carefully as she can　(b) as carefully as she could　(c) as she can as carefully
(d) as she could carefully　(e) she could carefully

［9］ I have two dogs ; one is black and (　　) is white.
(a) another　(b) other　(c) others　(d) the one　(e) the other

［10］ This morning, my mother said to me, "Don't forget (　　) this letter on your way to school."
(a) mailing　(b) to be mailed　(c) to be mailing　(d) to mail　(e) to mailing

II　次の英文を読み，設問に答えなさい。

No other city in India or in any country has a system like this.　The men who make it work are called dabbawallas.　…[　i　]…　In Hindi, dabba means box and walla is a person who holds or carries something.　The 5,000 dabbawallas carry lunch boxes—about 175,000 per day—to offices around the city.

Dabbawallas are almost all men.　They come from poor families in villages outside Mumbai, and most of them have not had much (　1　).　Many cannot read or write at all.　But their system works almost perfectly, thanks to good timing, strong teamwork, and a special code with numbers and colors.　Business schools in England and the United States have studied the system.　According to these studies, それぞれの弁当箱は間違いなく適切な場所に届けられる. The system was started in the late 19th century by a man named Mahadeo Havaji Bachche. He noticed that lunch was often a problem for workers in government offices in Mumbai. ---[ii]--- It took too long for them to go home for lunch, but there were few good, inexpensive restaurants. In any case, ア<u>most Indians preferred a home-cooked meal to a restaurant meal</u>. So Mahadeo hired 100 young men and started a lunch delivery service. ---[iii]---

(2) then, it has grown and is continuing to grow. One reason is that it costs very little, only 300 rupees or $7.00 per month. The other reason is that most Indians still prefer a home-cooked lunch. They cannot bring it themselves because they often have a long trip to work and leave very early in the morning before lunch can be prepared.

How does イ<u>it</u> work? Each lunch box is usually handled by four different dabbawallas. The first one picks up 30-40 lunch boxes, mostly from homes, though occasionally these days, they are ordered from hotels or restaurants.

One by one, the dabbawalla picks up the lunch boxes and hangs them on his bicycle. Each of the round metal boxes has a long handle ウ<u>for this purpose</u>. The bicycle is a very important piece of equipment for the job. It must be a good strong bicycle, since each lunch box can weigh two to three pounds. In fact, to start the job, a dabbawalla must have two bicycles — in case of mechanical problems — as well as the traditional white uniform (clothes for work). The total cost of the equipment is about 5,000 rupees, or $120. That is about what the dabbawalla will earn in a month, {in / villages / earn / more / they / much / could / than / their}.

By 9:00 a.m., the lunch boxes must all be at the nearest train station. Time management is an important part of the system. A worker who cannot be perfectly on time will not last long in this job. At the train station, a second dabbawalla sorts through all the lunch boxes. ---[iv]--- They are put into large wooden boxes and then (3) trains that will bring them to the station nearest the customer's office. On each train, a third dabbawalla travels with the エ<u>crates</u>.

A fourth dabbawalla picks up the lunch boxes when they arrive and delivers them to the offices, by bicycle or with a cart. ---[v]--- By 12:30 each person (4) received their home-cooked meal. In the afternoon, the empty lunch boxes are brought back to the homes the same way. オ<u>Each dabbawalla gets to know his area and his part of the system very well</u>, and the service goes on even in severe weather such as [カ].

問1 文中の(1)～(4)に入る最も適切なものをそれぞれ選びなさい。

(1)	(a) education	(b) equipment	(c) fun	(d) space	(e) time
(2)	(a) Before	(b) But	(c) By	(d) Since	(e) Till
(3)	(a) at	(b) by	(c) for	(d) onto	(e) to
(4)	(a) has	(b) has been	(c) have	(d) have been	(e) having

問2 それぞれの問に対し，本文の内容に合う最も適切な答えを選びなさい。

[1] What is the key to becoming a successful dabbawalla?

(a) Deciding things quickly
(b) Knowing the train schedule well
(c) Never being late
(d) Taking good care of the bicycle
(e) Writing addresses clearly

［2］ Why can't most Indians take their own lunch to work ?

(a) Because the food goes bad easily due to the heat inside the train.
(b) Because their lunch boxes are too large for them to carry.
(c) Because they have no time to prepare lunch before they leave for work.
(d) Because they have to bring heavy bags to work.
(e) Because they need a lot of time to get ready for work.

［3］ About how much is a dabbawalla paid each day ?

(a) 40 rupees (b) 81 rupees (c) 140 rupees (d) 170 rupees (e) 300 rupees

［4］ Each dabbawalla has a different role. Which one brings the lunch boxes to the customers' offices ?

(a) The first dabbawalla
(b) The second dabbawalla
(c) The third dabbawalla
(d) The fourth dabbawalla
(e) None of them

［5］ What is NOT true about the passage ?

(a) An address is written on each lunch box.
(b) Customers can use the service at a low cost.
(c) Some business schools have researched the unique system.
(d) The dabbawalas only exist in India.
(e) The lunch boxes are returned home later that day.

問3 次の問に答えなさい。

［1］ 文中の下線部アを言い換えた場合，最も適切なものを選びなさい。

(a) A restaurant meal used to be better than a home-cooked meal for most Indians.
(b) A restaurant meal was as good as a home-cooked meal for most Indians.
(c) Most Indians chose a restaurant meal rather than a home-cooked meal.
(d) Most Indians liked both a restaurant meal and a home-cooked meal.
(e) Most Indians wanted to have a home-cooked meal instead of a restaurant meal.

［2］ 文中の下線部イが指す内容として最も適切なものを選びなさい。

(a) A dabbawalla's home-cooked lunch
(b) A lunch box delivered by dabbawallas
(c) A lunch delivery service by dabbawallas
(d) A lunch prepared by a hotel or a restaurant
(e) An Indian system of cooking lunch

［3］ 文中の下線部ウはどのような意味か。最も近いものを選びなさい。

(a) To get strong bicycles
(b) To have dabbawallas work hard
(c) To hang the lunch boxes on bicycles
(d) To store the lunch boxes in trains
(e) To receive the lunch boxes on time

［4］ 文中の下線部エを言い換えた場合，最も適切なものを選びなさい。

(a) friendly passengers (b) large bags

(c) office workers (d) strong bicycles

(e) wooden boxes

[5] 文中の下線部オはどのような意味か。最も近いものを選びなさい。

(a) Each dabbawalla becomes an expert on his role.

(b) Each dabbawalla has to help the other dabbawallas.

(c) Each dabbawalla needs to practice his duties hard.

(d) Each dabbawalla needs to know the other areas too.

(e) Each dabbawalla should study hard to understand the system.

[6] 文中の{ }内の語句を並べ替えて意味の通る文にしたい。最も適切なものを選びなさい。

{ 1 in 2 villages 3 earn 4 more 5 they 6 much 7 could 8 than 9 their}.

(a) 1－6－4－8－5－7－3－9－2 (b) 4－6－8－9－2－5－7－3－1

(c) 4－8－9－2－5－7－3－6－1 (d) 5－7－3－6－4－8－1－9－2

(e) 6－4－8－5－7－3－1－9－2

[7] 以下の英文を文中の---[i]---から---[v]---までのどこか1か所に入れる場合，最も適切な場所を選びなさい。

Each has a code with colored numbers painted on the top.

(a) ---[i]--- (b) ---[ii]--- (c) ---[iii]--- (d) ---[iv]--- (e) ---[v]---

[8] 英文の題名として，最も適切なものを選びなさい。

(a) Delivering Lunches in Mumbai

(b) Enjoying Lunchtime in Mumbai

(c) Establishing a New Social Business in Mumbai

(d) Making Easy Money in India

(e) Preparing Special Meals in India

[9] 下線部の発音がすべて異なる組を1つ選びなさい。

(a) bullet wooden wool

(b) busy prefer village

(c) calendar carry mechanical

(d) earn start war

(e) evil leave region

[10] 文中の日本語を英語に直しなさい。

[11] もしあなたが筆者の立場だったら，[カ]では英語で何と言いますか。4語から6語でandを用いて表現しなさい。なおandも語数に含める。

III 次の会話文を読み，設問に答えなさい。

James : While we're on the subject . . . I'll never forget something that happened to me when I went hitch-hiking one summer. I'd just left high school and I thought I'd travel round Europe for a bit.

Sue : [i]

James : No, I was with a friend called Tony. Anyway, we had been down to Greece and were making our way back, and had almost run out of money, when someone picked us up in Germany and took us all the way to the middle of France. He even put us (1) for the night.

Alan　:　That was lucky.

James :　Yeah, the trouble was, though, that he lived in a village in the middle of nowhere.　After breakfast he dropped us off at the main road and we said goodbye.　(　2　), there were hardly any cars on the road.

Alan　:　Oh no.

James :　Anyway, finally a gorgeous car stopped, and the driver, a Dutch guy, said that he was heading north right past the channel ports to Holland.

Sue　:　[　ii　]

James :　We couldn't believe it . . . but it turned out to be a big mistake. . . .　At first we enjoyed travelling in luxury and the driver was really chatty.　But by the evening 彼はほとんど目を開けていることができなかった.

Alan　:　Really.　(　3　)?

James :　Well, apparently, he had been driving all through the night and had picked us up for someone to (　4　).

Sue　:　He must have been tired.

James :　Tired?　He was exhausted.

Sue　:　So 　X　?

James :　Oh no, he just kept going on and on.　I had run out of subjects of conversation and was busy watching the road.

Alan　:　So what did you do?

James :　Well, nothing!　I didn't want to show I was scared.　Anyway, about ten o'clock that evening the expected happened; we were coming up to a busy road and he 　Y　 just for a second . . . we hit a truck!

Sue　:　(　5　)!　You must have been really scared.

James :　Scared?　I was absolutely terrified!　And when I looked around for Tony, he wasn't in the car . . .

Sue　:　Was he hurt?

James :　. . . but then we heard laughter and there he was, on the floor between the seats; he was covered in coats and sleeping bags.

Alan　:　And was he OK?

James :　Yeah, he even thought it was a huge joke.　It's put me off hitch-hiking for ever, though . . .

Sue　:　[　iii　]　You know, this reminds me (　6　) something similar that happened to me last month . . .

問１　文中の（１）～（６）に入る最も適切なものをそれぞれ選びなさい。

(1)　(a) aside　(b) down　(c) off　(d) on　(e) up

(2)　(a) Luckily　(b) Occasionally　(c) Otherwise　(d) Unfortunately　(e) Usually

(3)　(a) By when　(b) For what　(c) How come　(d) How much　(e) What's up

(4)　(a) speak　(b) speak about　(c) talk　(d) talk to　(e) tell

(5)　(a) Don't be afraid　(b) How awful　(c) That's amazing　(d) You're right　(e) What a pity

(6)　(a) of　(b) on　(c) out　(d) to　(e) with

問2　本文の内容に合うように，それぞれの(　)に入る最も適切なものを選びなさい。

(1) James and Tony had an accident when they (　　　　　).

(a) had little money
(b) visited someone who lived in the middle of nowhere
(c) were driving a gorgeous car
(d) were heading for Greece
(e) were on a main road in Holland

(2) James (　　　　　).

(a) never wants to go hitch-hiking again
(b) thought the driver knew he was scared
(c) tried to find the driver after the accident
(d) was scared soon after getting in the gorgeous car
(e) was tired of talking with Tony

(3) In James's story, (　　　　　).

(a) James and Tony couldn't reach Holland because of the accident
(b) James and Tony got a lift all the way from Germany to the middle of France
(c) the French driver played a joke on James and Tony
(d) the French driver was very talkative and cheerful in his car
(e) Tony was badly hurt in the accident

問3　次の問に答えなさい。

[1]　文中の[i]～[iii]に以下の1～3を入れる場合，最も適切な組み合わせを選びなさい。

1　I'm not surprised.　　2　That was a bit of luck.　　3　What, on your own?

	(a)	(b)	(c)	(d)	(e)
i	1	2	2	3	3
ii	2	1	3	1	2
iii	3	3	1	2	1

[2]　文中の Y に当てはまらないものを1つ選びなさい。

(a) closed his eyes　(b) fell asleep　(c) fell silent
(d) kept time　(e) looked away

[3]　文中の日本語を英語に直しなさい。ただし keep を用いること。

[4]　文中の X に当てはまる適当な質問文を英語で書きなさい。3語から5語で表現しなさい。

【数　学】 （50分）〈満点：100点〉

（注意）　1．解答欄に「計算」とある問については，計算の過程（式の変形や考え方）もわかりやすく簡潔に書くこと。

2．答えに根号を含む場合は，根号の中の数はできるだけ小さな自然数にして答えること。分数の場合は，それ以上約分できない形で答えること。また，分母に根号がない形で答えること。

1　次の各問に答えよ。

問１．$4(x^2+2xy+y^2)-(2x+y+1)^2$ を因数分解せよ。

問２．$\{(\sqrt{2}-\sqrt{3})^2(5+2\sqrt{6})\}^{2021}-\left\{\dfrac{(\sqrt{2}-1)^2}{2\sqrt{2}-3}\right\}^{2021}$ を計算せよ。

問３．ある高校の男子生徒の数と女子生徒の数の比は $m:n$ である。男子生徒の15％と女子生徒の８％が通学に自転車を利用している。自転車を利用している生徒のうち，女子の割合は $\dfrac{16}{61}$ であった。このとき，$\dfrac{m}{n}$ の値を求めよ。

問４．下図のように，AB＝ACの二等辺三角形ABCがあり，辺BC上に点Dをとる。線分BD，AD，DCの長さをそれぞれ a，b，c とするとき，辺ABを１辺とする正方形の面積 S を a，b，c を用いて表せ。ただし，$a<c$ とする。

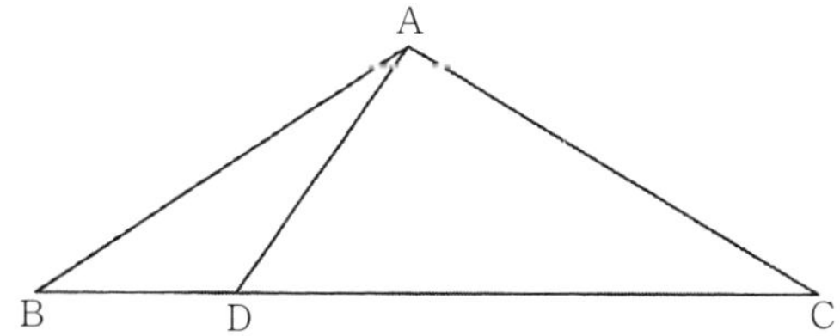

2　右図のように，原点をOとする座標平面上に放物線 $y=x^2$ と２つの直線 $y=k$ と $y=k-1$ があり，放物線 $y=x^2$ と直線 $y=k$ の交点をA，Dとし，放物線 $y=x^2$ と直線 $y=k-1$ の交点をB，Cとする。ただし，$k>1$ とする。

次の各問に答えよ。

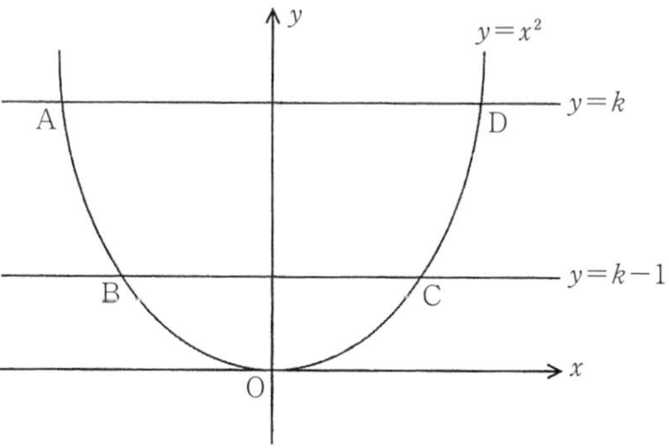

問１．直線BDと y 軸との交点の y 座標が $\sqrt{7}$ であるとき，k の値を求めよ。

問２．∠ADC＝60°のとき，台形ABCDの面積 S を求めよ。

問３．三角形ABDの面積と四角形BOCDの面積が等しいとき，k の値を求めよ。

3 点Oを原点とする座標平面上において，点$(a,\ b)$を点$(\sqrt{3}a-b,\ a+\sqrt{3}b)$に移す【操作】を考える。

次の各問に答えよ。

問１．点Pがこの【操作】によって点$(-\sqrt{2},\ \sqrt{2})$に移るとき，点Pを座標を求めよ。

問２．x軸上の点で，この【操作】によって，関数$y=\dfrac{2\sqrt{3}}{x}$のグラフ上の点に移るすべての点の座標を求めよ。

問３．$a>0$とする。この【操作】によって２点R，Sが，それぞれ点$A(0,\ a)$，$B(2a,\ 0)$に移った。三角形ORSの面積が$\dfrac{5}{16}$となるとき，aの値を求めよ。

4 下図は，１辺の長さがともにaの正三角形と正六角形からなる立体の展開図である。

次の各問に答えよ。

問１．この立体の体積Vをaを用いて表せ。

問２．この立体のすべての正三角形の面に接する球の半径rをaを用いて表せ。

問３．この立体のすべての頂点を通る球の半径Rをaを用いて表せ。

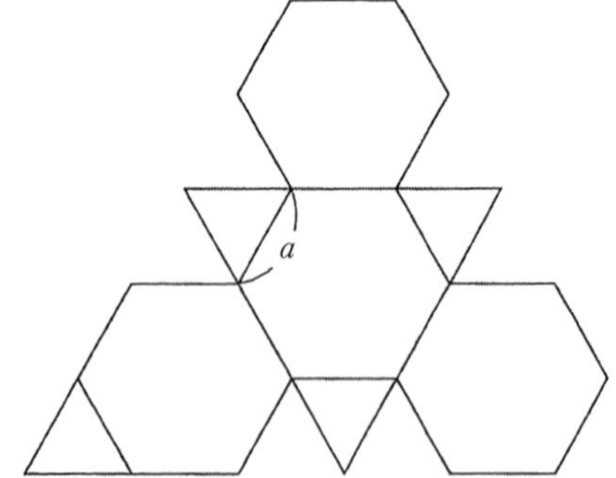

ことを伝えようとし、タプンは赤ん坊を□□□□□□□□□□□□□□□□□□□□□ということに気づいた。

問6　空欄 B に入るべき五字の語句を本文中から抜き出して答えなさい。

問7　傍線部①〜⑤のカタカナを漢字に直しなさい。

でいる身なんだぞ」

テンジン・タシ翁の言葉はタプンの耳に⑤カネのように響いた。この一言で自分の収入がいかほどなのか、そして自分の家の状況がどんなだったか思い出させられた。いやそれどころではない。さっきごみの中から拾いあげたこの命をまたごみの中に戻したら、罪を犯すことになるではないか。タプンはようやく、みなが立ち去るときのやるせない表情が腑に落ちた。今日なんの因果か見つけてしまったこのごみは単なるごみではなかったのだ。

世界で一番人びとに近いというラサの太陽は、いまだこの細長い谷に留まっている。チベット高原に鎮座している太陽はいつもと同じようにラサの谷にしつこく居座っている。赤いおくるみは陽光のもとではなんと目にしみるものだろう。陽光があまりに強いので、汗まみれの身体はどんどん乾いていく。タプンはヒマラヤの向こうからくる涼風が、今こそ吹いてくれたらいいのにと思っていた。

（ツェワン・ナムジャ　星泉訳「ごみ」による）

問1　空欄 A に入るべき語句を次の中から選んで記号で答えなさい。

ア　堪え性　　イ　生まれ性　　ウ　凝り性　　エ　習い性

問2　傍線部1「ラサという都会」は本文中ではどのような自然環境にある「都会」として描かれているのか。最も適切なものを次の中から選んで記号で答えなさい。

ア　細長い谷に挟まれた空気の薄い高原の、風に恵まれない乾燥した環境にある「都会」。

イ　ヒマラヤ山脈によって風が遮られる上に、強い太陽光に晒された環境にある「都会」。

ウ　世界で一番人びとと太陽との距離が近く、灼熱の大気に覆われた環境にある「都会」。

エ　強い太陽光が射す一方で、ヒマラヤ山脈とは別方向から風が吹く環境にある「都会」。

問3　傍線部2「逆に周りのごみ拾いの連中は、連中が集めたごみと同等の価値しかないとも思っている」とはどのようなことを述べているのか。その説明として最も適切なものを次の中から選んで記号で答えなさい。

ア　タプンは、「周りのごみ拾いの連中」が拾っているのはごみとしか言いようのないごみに過ぎないが、自分は最初からごみではないごみを探し出そうとしているので、そもそもの価値観が異なると考えている、ということ。

イ　タプンは、四川から来た背の低い漢人が求める値段のごみを見つけられる自分と、そうした価値がごみにあることを理解できない「周りのごみ拾いの連中」とを区別して、彼らに対する軽蔑の念を抱いている、ということ。

ウ　タプンは、「周りのごみ拾いの連中」はそれなりの価値のごみしか見つけられないが、自分は特別に値打ちのあるごみを探し出すことができるので、彼らのことを自分よりも劣ったものとして見下している、ということ。

エ　タプンはいつも、このようなごみ拾いの境遇からどのようにしたら抜け出せるのかを考えているが、そうした考えを持たない「周りのごみ拾いの連中」は、結局ごみ拾いをして一生を終えるのだと嘲っている、ということ。

問4　傍線部3「少なくとも自分にはそんじょそこらのドルマとは似ても似つかないドルマがいる」とあるが、「そんじょそこらのドルマ」とはどのようなことを述べているのか。本文中の語句を用いて四十字以内で答えなさい。

問5　傍線部4「タプン、その子はとっくに死んじまってる」とあるが、この言葉によってテンジン・タシ翁の伝えようとしたことと、タプンの気づいたことを述べた次の文章を満たすように本文中から適切な箇所をそれぞれ十八字と二十一字で抜き出して答えなさい。

テンジン・タシ翁は、自分たちは［　　　　　　　　］であるので赤ん坊は育てられないというンはこう言ってテンジン・タシ翁にちょっかいを出す。すると翁さまと周りの連中は、しばしごみを拾う手を止めてタプンの方を見上げ、どっと笑う。

　ドルマもタプンを見つめる。タプンのいう「ヒマラヤの涼風」は、ドルマが彼にインテリを感じるところだ。こんな言葉遣いをする人間はドルマの周りでは彼だけだ。

——中略——

　ほどなくしてタプンは大きくて質のいいビニール袋に入ったごみを見つけた。袋の中には紙皿にビールの空き缶、煙草の空き箱など、同じものばかりどっさり入っていたので、こいつは怠け者の独身男だろうなとあたりをつけた。ごみを袋に放り込んでいると、街の若者たちの暮らしも自分と大差ないじゃないかと思えてきた。3少なくとも自分にはそんじょそこらのドルマとは似ても似つかないドルマがいる。そう思った瞬間、心の底から笑いがこみ上げてきて、思わず吹き出してしまった。周りのごみ拾いの連中は一斉にタプンの方を見た。

　しかしタプンは周りの連中のことなど意に介さず、一心にごみを拾い続けた。あの連中はちんけなごみしか見たことがないから、たいしたことのないものでもよく見えたりしてしまうんだ。タプンはそんなふうに思ってごみを拾っていた。ふと前を見やると、赤い布団のようなものがある。よく見るとどうやら新品だ。テンジン・タシ翁が見つけてしまう前に何としても自分のものにしなくては。急いで手を伸ばし、手元にたぐり寄せてみると、中には何か重たいものが入っている。

　タプンは慌てた。この重たいものは一体何だろう。中を覗き込んだ彼は、ヒマラヤ山脈から吹きつけてくる冷たい風で凍りついてしまったかのように、身動きできなかった。

　なんと、布団にくるまっていたのは赤ん坊だったのだ。

　タプンは赤いおくるみにくるまった赤ん坊を抱き上げた。二十年間というものごみを拾ってきたが、こんなごみは見たことがない。それにこれをごみと呼ぶのは似つかわしくないと思ったので、ここに子どもがいるぞと叫んだ。

　周りのごみ拾いの連中が一人、二人と集まってきた。赤ん坊の顔や頭についた埃はタプンが手できれいに拭ってやった。おくるみを開けると、皺くちゃの赤ん坊が現れた。

　この世にやってきたばかりで早くもごみの仲間入りをすることになった新しい命。体じゅう埃まみれの彼らは、それを目の当たりにして茫然と立ちつくすしかなかった。みなタプンと同じように何年もごみ拾いをしているが、こんなごみは見たことがなかったからだろうか。あるいは新しい命を目の前にして、あらゆる言葉を失ってしまったのだろうか。

「それに女の子なんだよ」

　タプンが再び大声を上げると、周りの連中はようやく一息ついて、ある者は笑みを浮かべ、ある者は一言二言かわしたものの、それ以上の動きは何一つなかった。タプンは自分と赤ん坊を取り囲む面々に視線を走らせてみたが、誰もが絵に描かれた人物みたいにさっきと同じ表情のまま固まっている。ようやくテンジン・タシ翁が声を張り上げて言った。「4タプン、その子はとっくに死んじまってる」

　タプンがすぐさま顔を覗き込むと、赤ん坊は周りの動きを感じ取ったかのように薄く目を開け、手足を曲げたり伸ばしたりしたかと思うと、大声で泣き出した。ほら、生きてるじゃないか。なのにテンジン・タシ翁はどうしてあんなことを言うんだろう。訝しく思いながら翁さまの方を見ると、生涯ずっと高原の太陽に晒されて黒く日焼けした顔に、何とも言えない切ない表情を浮かべていた。そして長いため息をついたかと思うと首を横にふった。

　周りのごみ拾いの連中もうなだれて、それぞれの持ち場に戻っていった。そのさまは、まるで何か過ちでも犯したか、はたまた悪事でも働いたかのようだった。タプンは彼らが静かに立ち去っていく姿に、後悔の念か、あるいは［　B　］思いを感じ取っていた。

「タプン、よく考えろよ。俺たちはごみ拾いでなんとか食いつない

二　次の文章を読み、あとの問いに答えなさい。

どこからともなく風が吹きつけてきて、拾ったばかりの大きなビニール袋がバタバタいいはじめる。タプンは今日もまたこの高いごみの山のてっぺんにやって来たんだなあと実感する。さっきまで体じゅうの穴という穴から噴き出していた汗がみるみる冷たくなって乾いていく。そのきりりとした冷たい風がヒマラヤの向こう側から吹いてくることをタプンは知っている。

ヒマラヤ山脈とそれに連なるチョモランマといった山々が、ラサへの幾多の風の到来を阻む壁となっている。もしヒマラヤ山脈がなければ、この街も、ラサのおばあさんたちみたいにこんなに皺(しわ)だらけで白茶けているはずがない。それはタプンが表紙の取れてしまった本から学んだ地理の知識だった。その本もこのうず高いごみの山から見つけたものだ。向こうの街からごみとして捨てられる物の中にはまだまだ探し出す値打ちのあるものがたくさんある。タプンはそう思っている。

タプンはこの高いごみの山のてっぺんに立つと喜びがこみ上げてくる。テンジン・タシ翁が登ってこられないからでもあるし、ラサという名の高原の大都会を一望できるからでもある。彼はごみの山のてっぺんから遠くを見渡すのが大好きだ。もはや［　A　］といってもいいだろう。

見渡すたびに、1ラサという都会と高いごみの山の間の、決して①チヂめることのできない隔たりを思い知らされる。タプンはそのたびに、自分も足元のごみと同じように向こうの都会から誰かに打ち捨てられてきたんじゃないかと思うのだった。

でも、こうも思うのだ。自分とごみが都会に捨てられたのではなくて、向こうの都会こそ、自分とごみによって打ち捨てられた残骸なのだと。

今はちょうど、ラサというこの細長い谷が一日のうちで一番暑くなる時間帯だ。世界で一番人びととの距離が近いことで知られるラサの太陽は、正午を回って少し②カタムいてきている。しかしごみ拾いの連中はまだ、このうず高いごみの山の③サンプクから麓にいたるまでのあらゆる場所で、タプンに言わせれば決してごみではないごみを探し回っている。

彼らが一日かけて集めた紙屑(かみくず)やビニール袋、缶、電化製品、割れたガラス、ボロ布、鉄屑、他にも④クツや冬用の綿入れ、うまくすれば壊れたテレビ、背もたれつきの椅子、食器セットなど、古くなったもの、壊れてしまったもの、擦り切れてしまったもの、つまりは不用品となったものを集めて、ごみの主と呼ばれている四川(しせん)から来た背の低い漢人に売るのだ。タプンたちごみ拾いは、そこで初めて一日分の収入を得る。タプンに言わせれば、然(しか)るべきごみの値打ちを見出したということだ。彼は自分の集めたごみの値打ちは人の顔が印刷されたこんな紙切れじゃ計れないもんだと思っている。2逆に周りのごみ拾いの連中は、連中が集めたごみと同等の価値しかないとも思っている。

でも、ドルマだけは違う。絶対に違う。

タプンはごみの山のてっぺんに立って、ドルマの姿を目でこっそり追っていた。こうやってごみ拾いをしながらドルマを目で追うのは彼の大好きなひと時だ。実はこれこそタプンがごみの山の頂に登る真の目的といっていいかもしれない。ともかくタプンは、ドルマはそんじょそこらのドルマとは違うと信じている。チベットにはターラー菩薩(ぼさつ)を意味するドルマという名を持つ娘は多いけれど、彼の目の前でごみを集めているこのドルマこそが、本物のドルマだ。このごみ拾いのドルマと比べたら、あっちの街中にごまんといるドルマはみんなごみに見えてくる。でも、ドルマがいざこっちを見ようものなら、落ち着かなくなって目をそらしてしまうか、つい何か適当なおしゃべりを始めてしまう。

「テンタ爺(じい)さん〔テンジン・タシ翁の愛称〕、こっちへおいでよ。このあたりはいいごみがたくさんあるし、ヒマラヤの涼風に吹かれるのも気持ちいいよ」

ラサを囲む山々の間からひんやりとした風が吹いてくると、タプ質的な環境の変化こそが近代国家をもたらした。ハイデガー的ない い方をすれば、まさにテクネーの変容が暴力の体制を根本的に組み替えたのである。あるいはマルクス主義的な⑤語彙をつかうなら、下部構造の変化こそが上部構造を変えた、ということになるだろう。

このことは暴力と道徳の関係を考えるうえで、けっして見落としてはならない認識を提供する。

私たちは通常、両者の関係を考えるさい、道徳を基礎にして暴力を論じようとする。たとえば「なぜ人を殺してはいけないのか」という問題にはちゃんと道徳的な理由がある(はず)だと考えるように。あるいは、犯罪を減らすには道徳的な教育をもっとすべきだと多くの人が考えるように。つまり、道徳のあり方が暴力のあり方を左右すると、一般には考えられているのである。

しかし、近代国家成立のプロセスを考察することで理解されるのは、5それとは逆の関係である。すなわち暴力の体制こそが道徳を左右する。暴力をめぐる社会的環境を変化させた力の布置のあり方こそが、私たちの行為規範を規定するのである。

（萱野稔人『暴力と富と資本主義』による）

問1 傍線部1「人びとの暴力行使を禁止し、そのことによって人びとに安全を保障するような共通権力がどのように成立したのかについて、ホッブズは『各人対各人の信約によって』であると述べている」とあるが、このようにして「成立」する「共通権力」のあり方を「ホッブズ」は何と呼んでいるか。それを述べている十五字以内の箇所を本文中から抜き出して答えなさい。

問2 空欄［A］～［D］に入るべき語を次の中から選んで記号で答えなさい。

ア　しかし　イ　つまり　ウ　だから　エ　たしかに

問3 傍線部2「ノルベルト・エリアスの議論を参照しよう」とあるが、「ノルベルト・エリアスの議論」は何のために「参照」されているのか。最も適切なものを次の中から選んで記号で答えなさい。

ア　ホッブズの社会契約説が持つ決定的な弱点を明らかにするため。

イ　国家がなぜ近代になってはじめて成立したのかを考察するため。

ウ　近代国家が合法的に成立していくメカニズムを説明するため。

エ　国王の存在が近代国家の成立には不可欠であると述べるため。

問4 傍線部3「分権化をうながすモーター」とはどのようなことを述べているのか。その説明として最も適切なものを次の中から選んで記号で答えなさい。

ア　土地を分与された戦士貴族たちによって王への暴力が加速するということ。

イ　土地の分与が政治的・経済的に王からの自立を促進するということ。

ウ　土地の委託管理を可能とする自給自足的な経済圏が確立するということ。

エ　土地から貨幣への依拠へと経済的なベクトルが逆転するということ。

問5 傍線部4「力の布置の変化」をもたらしたものは何か。それを具体的に述べている十五字の箇所を本文中から抜き出して答えなさい。

問6 空欄［I］に入るべき表現を次の中から選んで記号で答えなさい。

ア　自己の裁量で暴力を行使する権利

イ　暴力の合法化を破棄する権利

ウ　共通権力の暴力を容認する権利

エ　暴力の行使を自発的に制限する権利

問7 傍線部5「それとは逆の関係」とはどのような「関係」か。本文中の語句を用いて五十字以内で答えなさい。

問8 傍線部①～⑤の漢字の読みをひらがなで答えなさい。

——3分権化をうながすモーターにほかならない。貨幣経済はその分権化のベクトルを逆向きに、すなわち集権化のベクトルに変えたのである。

また、火器（銃）の発達は兵力のあり方を根本的に変えた。それまでは③鎧をまとって馬に乗った重騎兵部隊が兵力の中心だった。重騎兵たちは、みずからの武術と馬術という個人的な技量にもとづいて戦うため、王に対しても部隊に対しても相対的に自立的な存在となる。これに対し火器の発達は、重騎兵部隊による個々人のパフォーマンスよりも、火器をもった歩兵部隊の組織力のほうを有利にした。その結果、火器を調達し歩兵部隊を組織する王の力の優位性が高まる。火器の発達は、王に軍事力が集中することを可能にし、同時に重騎兵である戦士貴族たちの自立性を奪っていったのである。

要するに、貨幣経済の発達も火器の発達も、それまでの分権的な封建社会のあり方を転換し、王への集権化をもたらしたのである。それは軍事的な集権化であると同時に、封土として分割されていた土地を一つの領土（国土）として統合していくような経済的な集権化でもあった。

このようにして集権化された力こそが近代国家を成立させる基盤となったとエリアスは論じている。その集権化された力によって、国王は封建諸侯たる戦士貴族たちの自立性を制限していったからである。

自立性を制限する、とは、他者たちの自由な暴力行使を制限・禁止することでみずからの決定が貫徹される領域を広げる、ということにほかならない。その結果、合法的な暴力行使の源泉が国王のもとに一元化されていく。集権化と暴力行使の制限・禁止は、まさに近代国家の成立の過程で並行して進んでいったのである。

それでは、以上のような近代国家成立のプロセスは私たちに何を示唆しているだろうか。

まずいえるのは、近代国家が成立したのは人びとが〈暴力への自由〉をみずから放棄したからではない、ということだ。そうではなく、まず人びとに暴力行使を禁止することができるだけの力を集中させた統治権力ができて、その統治権力が強制的に暴力行使を禁止することで、近代国家は成立した。4力の布置の変化がまずあって、それが人びとの行動様式に変更を迫ったのである。

社会契約説は人びとが自然状態から脱するために自然権（つまり　Ⅰ　）を自発的に放棄したと説明する。しかし自発的に自然権が放棄されるなどということはありえない。自然権の放棄によって共通権力が打ち立てられたのではない。逆に、共通権力をなりたたせる力の集中があったからこそ、自然権が④否応なく制限されていったのである。

じつは、この点にかんしてはホッブズも、人びとが自発的に信約（契約）を結んだのとは異なる社会契約のモデルを考えている。つまり、強者が内側もしくは外側からあらわれてきて無理やり暴力行使の禁止を人びとに迫ることで共通権力が打ち立てられる、というモデルだ。それをホッブズは「獲得によるコモン-ウェルス」と呼ぶ。これに対し、人びとが自発的に信約をするモデルは「設立によるコモン-ウェルス」と呼ばれる。

二つのモデルのうち、歴史的な現実に即しているのはもちろん「獲得によるコモン-ウェルス」のほうだ。ホッブズ自身こう述べている。「あるコモン-ウェルスのはじまりが、良心において正当化されうることは、世界にめったにないのである」、と。

ホッブズの社会契約説といえば「設立によるコモン-ウェルス」のほうばかりが取り上げられる。しかし、実際にはホッブズの社会契約説はそれにはとどまらない歴史的リアリティをもっているのだ。

もう一つ、近代国家成立のプロセスから導きだされる重要な論点がある。それは、私たちは自由意志によって近代国家を設立したのではない、という論点だ。

人間の意志ではなく、軍事技術の発達や貨幣経済の発達という物

二〇二一年度 早稲田大学本庄高等学院

【国語】（五〇分）〈満点：一〇〇点〉

一 次の文章を読み、あとの問いに答えなさい。

1人びとの暴力行使を禁止し、そのことによって人びとに安全を保障するような共通権力がどのように成立したのかについて、ホッブズは「各人対各人の信約によって」であると述べている。すなわち、各人は暴力を勝手にもちいないことを互いに信約（契約）し、また、みずからの力を特定の人間もしくは合議体に①委ね、平和と安全にかんする事柄についてはその人間もしくは合議体の意志にみずからの意志を従わせることを互いに信約（契約）する、こうした手続きによって共通権力が打ち立てられた、ということである。

社会契約説はこのように、近代国家を成立させたのは人びとの意志的な契約だと説明する。

では、なぜ人びとは暴力を今後は勝手に行使しないという契約を意志的に結ぶのだろうか。

ホッブズによればその理由は、自然状態では人びとはつねに他者の暴力がもたらす恐怖と危険にさらされてしまう、という点にある。自然状態ではたしかに各人はみずからの安全と利益のために自由に暴力を行使することができる。しかしそれがかえってみずからの安全を脅かし、利益を不安定化させてしまう。［A］人びとは自発的に契約の締結に向かうのである、と。

とはいえ、こうした社会契約説の説明に対してはこれまでにも大きな疑問がだされてきた。［B］、なぜ人びとは相手がいつ契約を破るかわからないのにみずからの力を他者に委ねるようになるのか、と。ホッブズ自身こう述べている、「相互信頼による信約は、いずれかの側に不履行についてのおそれがあれば無効である」、と。

［C］、契約によって共通権力がいったん打ち立てられれば、それが各人に暴力の使用を禁止することで契約は実効的なものとなるだろう。［D］契約の「結果として」確立されるものによって契約そのものを確実なものにすることは、論理的にはやはりおかしい。

――中略――

もう一つ、社会契約説には決定的な弱点がある。それは、なぜ近代になってはじめて国家――合法的な暴力行使の源泉となるような国家――が成立したのかを説明できない、という弱点だ。

もし意志的に人びとが契約をして共通権力を打ち立てたのなら、近代以前の時代にも現代のような国家が存在してもよかったはずだ。しかし現実の歴史はそうではなかった。なぜ近代なのか、という時期の問題を、人間の意志に根拠をもとめる社会契約説は説明できないのである。

この時期の問題はとても重要だ。なぜならそれを説明することこそが結局は近代国家の成立のメカニズムを説明することになるからである。

ここでは2ノルベルト・エリアスの議論を参照しよう。彼は『文明化の過程』（赤井慧爾（あかいけいじ）・波田節夫（はたせつお）他訳、②叢書・ウニベルシタス）のなかで、貨幣経済の発達と火器の発達という二つの要因が近代国家の成立をもたらしたと論じている。

どういうことか。

まず、貨幣経済の発達は、都市とそのあいだの交易路を押さえていた王に富を集中させると同時に、臣下への俸禄（ほうろく）を土地の分与から貨幣による俸給に変えた。貨幣経済との結びつきを強めた王は、その富によって火器を調達し軍事力を増強していくとともに、動員した兵士たちには土地ではなく貨幣を俸給として与えたのである。

この時代、土地とは自給自足を可能にする最大の経済基盤であった。つまり土地を分与された戦士貴族たちはそれだけ政治的にも経済的にも自立した存在となる。土地の分与とは――たとえそれが名目上は上級の領主からの土地の委託管理にすぎなかったとしても

英語解答

I [1] (e)　[2] (d)　[3] (b)
[4] (d)　[5] (b)　[6] (c)
[7] (a)　[8] (b)　[9] (e)
[10] (d)

II 問1 (1)…(a)　(2)…(d)　(3)…(d)　(4)…(a)
問2 [1]…(c)　[2]…(c)　[3]…(d)
[4]…(d)　[5]…(a)
問3 [1]…(e)　[2]…(c)　[3]…(c)
[4]…(e)　[5]…(a)　[6]…(e)
[7]…(d)　[8]…(a)　[9]…(d)
[10] (例)Each lunch box is delivered to the right place without fail
[11] (例)heavy rain and strong wind

III 問1 (1)…(e)　(2)…(d)　(3)…(c)　(4)…(d)
(5)…(b)　(6)…(a)
問2 (1)…(a)　(2)…(a)　(3)…(b)
問3 [1]…(e)　[2]…(d)
[3] (例)He could hardly keep his eyes open
[4] (例)did he take a rest〔break〕

(声の教育社　編集部)

I 〔適語(句)選択・語形変化〕

[1]( ) at the store は smart phones を修飾する部分。スマートフォンは「売られている」ものなので「～される」の意味を表す過去分詞を選ぶ(過去分詞の形容詞的用法)。 sell－sold－sold 「その店で売られている最新のスマートフォンは，高校生の間で人気だ」

[2]パーティーに遅刻したとあることから，食べ物が残っていなかったという文意になると考えられる。過去分詞 left を選んで「食べ物は残されていなかった」とする。 leave－left－left 「パーティーに遅刻して，そこに着いたときには食べ物は何も残っていなかった」

[3]used to ～は「かつては～したものだ」と‘過去の習慣’を表す。‘～’の部分には動詞の原形がくるが，進行形にはならないので(a)は不適切。また，would も‘過去の習慣的動作’を表せるが，こちらも後ろに進行形は続かない。be used to ～は「～に慣れている」という意味で，この to は前置詞なので後ろに動詞の原形はこない。 「中学生の頃はよく野球をしたものだった」

[4]‘pat〔tap〕＋人＋on the＋体の一部分’で「〈人〉の〈体の一部分〉を軽くたたく」。 「暗闇の中で，誰かが背後から私の肩を軽くたたいたので，私はひどく驚いた」

[5]彼らに賛成しないということは，自分の意見が彼らの意見とは違うということ。「彼らのもの」を意味する所有代名詞 theirs を選ぶ。 「この話題に関しては彼らに賛成しない。私の意見は彼らの意見とは完全に違う」

[6]空所以下は anyone を先行詞とする関係代名詞節。空所後の has more knowledge of ～ Bob「ボブよりも～の知識を多く持っている」の主語は先行詞の anyone なので，関係代名詞は主格 who。この who の後に，you know が挿入された形になる(c)が適切。この‘関係代名詞＋主語＋know〔think, believe など〕＋動詞...’の形は連鎖関係詞節と呼ばれる形。You know ★ has more knowledge of ... の★の部分が先行詞 anyone として前に出た形と考えるとわかりやすい。 「あなたが知っている中で，シェイクスピアについてボブよりも知識が豊富な人を教えてくれますか」

[7]A：どのアトラクションが5歳の子どもに最適なのか教えてもらえますか？／B：ウォータース

ライドならぴったりだと思いますよ。／kidsという名詞を修飾する部分なので形容詞を選ぶ。名詞をハイフンでつなぐことで形容詞として用いることができるが，このとき，数詞の後の単位には複数形のsをつけない。

[8] 'as 〜 as＋主語＋can〔could〕' で「できるだけ〜」。動詞のreadが過去形なので(主語が3人称単数なので現在形であればreadsとなる)couldを用いた(b)が適切。　「宿題を終わらせるために，スーザンはできるだけ注意深くその本を読んだ」

[9] 2つのもののうち，「1つ」に対する「もう片方」を表すのはthe other。　「私は犬を2匹飼っている。1匹は黒で，もう1匹は白だ」

[10] forget to 〜で「〜するのを忘れる」。'forget＋動名詞(〜ing)'「〜したことを忘れる」との違いに注意。　「今朝，母が私にこう言った。『学校へ行く途中でこの手紙を忘れずに投函(とうかん)してね』」

Ⅱ〔長文読解総合―説明文〕

≪全訳≫❶インドには，あるいはどんな国にも，このようなシステムを有する都市は他にない。そのシステムを機能させている人はダッバーワーラーと呼ばれる。ヒンズー語で，ダッバーは箱という意味で，ワーラーは何かを持ったり運んだりする人のことである。5000人のダッバーワーラーが1日に約17万5000個の弁当箱をこの街中にあるオフィスに配達しているのだ。❷ダッバーワーラーはほぼ全員が男性である。彼らはムンバイの外れにある村の貧しい家庭の出身で，大半の人はあまり教育を受けていない。読み書きが全くできない人も大勢いる。だが彼らのシステムはほぼ完璧に機能しており，それはタイミングのよさ，強力なチームワーク，そして数字と色を使った特別な記号のおかげである。イギリスやアメリカにあるビジネススクールはこのシステムについて研究してきた。それらの研究によると，それぞれの弁当箱は間違いなく適切な場所に届けられる。このシステムは19世紀末にマハデオ・ハヴァジ・バッチェという名の人物によって始められた。彼は，ムンバイの官公庁で働く人たちにとって昼食がしばしば問題となっていることに気がついた。時間がかかりすぎるので昼食をとりに帰宅するわけにはいかないが，おいしくて値段の手頃なレストランがほとんどなかった。いずれにせよ，ほとんどのインド人は，レストランの食事よりも家庭で調理した食事の方を好んだ。そこでマハデオは100人の若者を雇い，昼食の配達サービスを始めた。❸それ以来，このシステムは成長を遂げ，現在も拡大し続けている。理由の1つは，費用がほとんどかからず，1か月に300ルピー(7ドル)しかかからない点である。もう1つの理由は，ほとんどのインド人が今でも家庭で調理された昼食を好むことである。職場まで長距離を移動するため，昼食の用意ができる前に，非常に朝早く出発する場合が多いので，自分で弁当を持ってくることができないのだ。❹このシステムはどのように機能しているのだろうか。それぞれの弁当箱はたいてい，4人の異なるダッバーワーラーの手を経由することになる。1人目が30から40の弁当箱を集めて回り，その大半は家庭からであるが，最近ではホテルやレストランから注文を受ける場合もある。❺1つずつ，ダッバーワーラーは弁当箱を預かり，それを自転車にぶら下げる。金属製の丸い箱にはそれぞれ，この目的のために長い取っ手がついている。自転車はこの仕事にとって非常に重要な商売道具である。弁当箱1つにつき2，3ポンドの重さがあるため，しっかりとした丈夫な自転車でなければいけない。実際，この仕事を始めるにあたって，ダッバーワーラーは伝統的な白い制服(仕事着)に加えて，機械の故障に備えて2台の自転車を用意しなければならない。道具をそろえるのにかかる全費用は約5000ルピー(120ドル)である。これはダッバーワーラーが1か月で稼ぐのとほぼ同額であるが，自分の村で稼げるよりもはるかに多い金額である。❻午前9時までに，弁当箱は全て最寄りの鉄道駅に到着していなければならない。時間の管理はこのシステムの重要な部分である。完璧に時間どおりにできない人はこの仕事では長続きしないのだ。鉄道駅で，２人目のダッバーワーラーが全ての弁当箱の仕分けを行う。iv それぞれの弁当箱には色づけされた数字の記号が上部に書かれている。それらの弁当箱は大きな木製の箱に入れられ，それから顧客のオフィスの最寄り駅まで運んでいく電車に積み込まれる。それぞれの電車では，３人目のダッバーワーラーが木箱につき添って移動する。7弁当箱が到着すると，４人目のダッバーワーラーがそれを受け取って，自転車，または手押し車でオフィスまで配達する。12時30分までには，それぞれの人が家庭で調理した食事を受け取れる。午後になると，同じ方法で空になった弁当箱が家庭に返却される。それぞれのダッバーワーラーは自分の担当する地域や，このシステムの中で自分が果たす役割のことがわかるようになり，このサービスはカ(例)大雨や強風などの厳しい天候の中でも行われているのだ。

問１＜適語(句)選択＞(1)空所の後に，「読み書きが全くできない人も大勢いる」とあることから判断できる。　equipment「設備，備品，装備」　(2)後ろがhas grownという現在完了になっていることに着目。現在完了とともに用いられ「～以来」という意味を表すsinceが適切。Since thenで「そのとき以来」。　(3)弁当箱が大きな木製の箱に入れられた後，「電車に」載せられる，という意味だと考えられる。その意味を表せるのはonto「～の上へ」。'put *A* onto *B*'で「*A*を*B*に載せる，積み込む」。　(4)主語はeach personで，each ～は単数扱いなのでhaveではなくhasを選ぶ。また，「受け取る」という意味の部分なので受け身形にする必要はない。

問２＜総合問題＞

［１］＜英問英答＞「ダッバーワーラーとして成功するための鍵は何か」―(c)「決して遅れないこと」　第６段落第２，３文参照。　on time「時間どおりに」

［２］＜英問英答＞「ほとんどのインド人が自分の昼食を職場へ持っていけないのはなぜか」―(c)「仕事に出かける前に昼食を準備する時間がないから」　第３段落最終文参照。

［３］＜英問英答＞「ダッバーワーラーは１日にどのくらいの給料を支払われるか」―(d)「170ルピー」　第５段落終わりの２文参照。月収約5000ルピーで，これを30日で割ると5000÷30＝166.66...となる。

［４］＜英問英答＞「ダッバーワーラーにはそれぞれ違った役割がある。弁当箱を顧客のオフィスまで運んでくるのはどのダッバーワーラーか」―(d)「４番目のダッバーワーラー」　第７段落第１文参照。

［５］＜内容真偽＞「この文章に関して正しくないものはどれか」　(a)「それぞれの弁当箱には住所が書かれている」…×　第６段落第５文(空所ivに入る文)参照。弁当箱には数字を使った記号が書かれている。　(b)「顧客は安い費用でこのサービスを利用できる」…○　第３段落第２文に一致する。　(c)「いくつかのビジネススクールはこのユニークなシステムについて調査してきた」…○　第２段落第５文に一致する。　(d)「ダッバーワーラーはインドにしか存在しない」…○　第１段落第１文に一致する。　(e)「弁当箱は後でその日のうちに返却される」…○　第７段落第３文に一致する。

問３＜総合問題＞

［１］＜英文解釈＞'prefer *A* to *B*'で「*B*より*A*を好む」の意味なので，下線部は「ほとんどのインド人はレストランの食事よりも家庭で調理した食事を好んだ」という意味。これに最も近いの

は，(e)「ほとんどのインド人はレストランの食事ではなく家庭で調理した食事を食べたいと思った」。 instead of ～「～ではなく，～の代わりに」

[2]＜指示語＞前の第2，3段落で，ダッバーワーラーという配達員が家庭でつくられた弁当をオフィスに配達するシステムが始まった経緯などが述べられている。そして下線部で「それはどのようにして機能するのか」と話題を提起した後，そのシステムについて説明が続いている。よってこの it は，(c)「ダッバーワーラーによる弁当配達サービス」のことだとわかる。

[3]＜語句解釈＞「この目的のために」弁当箱には長い取っ手がついているとあり，その前の文にはダッバーワーラーが各家庭から預かった弁当箱を自転車にぶら下げて運んでいることが述べられている。よって「この目的」とは(c)「弁当箱を自転車にぶら下げるため」ということだとわかる。

[4]＜語句解釈＞crate(s)とは「木の枠がついた箱」のこと。この意味を知らなくても，弁当箱が大きな木の箱に入れられ，電車に積み込まれ，最寄り駅まで運ばれた後，車内では3人目のダッバーワーラーがこの crates と一緒に移動するという話の流れから判断できる。

[5]＜英文解釈＞get to know は「知るようになる，わかってくる」，part はここでは「役割」という意味。以上より，下線部は「それぞれのダッバーワーラーは自分の担当する地域や，このシステムの中で自分が果たす役割のことがわかるようになる」となる。つまり仕事に慣れるにつれ，担当する地域や役割について熟知するようになるということ。これを最もよく言い換えているのは，(a)「それぞれのダッバーワーラーは自分の役割のエキスパートになる」。

[6]＜整序結合＞空所の前に，ダッバーワーラーの仕事を始めるのに必要経費として約5000ルピーかかるが，それは1か月で稼げる額とあることから，地元の村で働くよりもずっと高額な収入が得られるという内容になると推測できる。much more than ～「～よりはるかに多くのもの(＝お金)」がまずまとまる。比べる対象として they could earn in their villages「彼らが自分の村で稼ぐことができる」という文をつくり，than の後に置く。直前のカンマは，後に続く内容が前の内容の説明であることを示す‘同格’のカンマ。5000ルピーはダッバーワーラーが1か月で稼ぐ金額であり，それは彼らが自分の村で稼げるよりずっと多くの金額に相当する，ということ。

[7]＜適所選択＞脱落文の each は，上部に色分けした数字の記号が書かれたものであり，これはダッバーワーラーが配達する弁当箱のことだと推測できる。前で弁当箱のことが述べられている空所はiv，vだが，ivの前では2番目のダッバーワーラーが弁当箱を行き先別に仕分けするとあり，箱の上部につけられた番号はその作業の際に役立つものと考えられるので，ivが適切。sort through ～「～を仕分けする」

[8]＜表題選択＞本文はインドのムンバイという都市で行われているユニークな弁当配達システムについて，その発祥や利点，具体的な配達方法について説明した文章である。この内容を最もよくまとめているのは，(a)「ムンバイにおける弁当配達」。

[9]＜単語の発音＞

(a) bullet[u]　wooden[u]　wool[u]

(b) busy[i]　prefer[i]　village[i]

(c) calendar[æ]　carry[e/æ]　mechanical[æ]

(d)　earn[əːr]　　start[ɑːr]　　war[ɔːr]
(e)　evil[iː]　　leave[iː]　　region[iː]

[10]＜和文英訳＞主語はEach lunch box「それぞれの弁当箱は」，動詞の「届けられる」は‘be動詞＋過去分詞’の受け身形でis deliveredと表せる。eachは単数扱いなのでbe動詞はisとすること。「適切な場所に」の「適切な」は「正しい」といった意味なので，to the right placeと表せばよい。「間違いなく」はwithout fail。

[11]＜適語句補充＞such as ～は「～などの」と具体例を挙げるときの表現。直前のsevere weather「厳しい天候」の具体例を2つ，andでつないで挙げればよい。heavy rain「大雨」やstrong wind「強風」のほか，a storm「嵐」，intense heat「酷暑」などが考えられる。

Ⅲ〔長文読解総合―会話文〕

≪全訳≫❶ジェームズ(J)：この話題で思い出したけど…ある夏，ヒッチハイクしたときに起きた出来事は決して忘れられないな。ちょうど高校を卒業したばかりで，ちょっとヨーロッパ中を旅行しようと思ってたんだ。❷スー(S)：i何それ，1人旅だったの？❸J：いや，トニーっていう友達と一緒だったよ。ともかくさ，ギリシャまで南下して，戻ってくるところで所持金がほとんど底をついちゃってね，そのときにある人がドイツで車に乗せてくれて，フランス中部まではるばる連れていってくれたんだ。その晩は家に泊めてくれさえしたんだよ。❹アラン(A)：それはラッキーだったね。❺J：そうだね，でも困ったことに，彼はひどく辺鄙(へんぴ)なところにある村に住んでたんだ。朝食の後，彼は僕らを幹線道路で降ろしてくれて，それでお別れしたんだ。残念なことに，その道にはほとんど車が通ってなかったんだけどね。❻A：そりゃ大変だ。❼J：ともかく，最終的には1台の立派な車がとまってくれて，その運転手が，オランダ人だったんだけど，自分は北に向かっていて，港をいくつか通過してオランダに行くところだって言うんだよ。❽S：iiそれは運がよかったわね。❾J：ちょっと信じられなかったよ…でもね，それが大きな間違いだったんだ。最初のうちは，僕らはぜいたくな旅を楽しんだんだ，その運転手はものすごく話し好きでね。ところが夕方になる頃には，彼はほとんど目を開けていられなくなっちゃったんだ。❿A：本当？　どうして？⓫J：それがね，どうやら彼はずっと夜通し運転してて，話し相手が欲しくて僕らを乗せたみたいなんだ。⓬S：その人，きっと疲れてたんだろうね。⓭J：疲れてただって？　それどころかへとへとだったよ。⓮S：じゃあX(例)その人は休憩したの？⓯J：いやいや，ひたすら運転し続けたよ。僕の方は会話の話題が尽きちゃって，道路をじっと見張ってるのに必死だったよ。⓰A：それで君はどうしたの？⓱J：いや，何もしないよ！　自分が怖がっているところを見せたくなかったからね。ともかく，その夜10時頃になって，予想してたことが起きたんだ。車通りの激しい道に近づいていたとき，ほんの一瞬彼がY目を閉じた〔眠りに落ちた／黙り込んだ／よそ見をした〕んだ…そしてトラックにぶつかったんだよ！⓲S：なんて恐ろしい！　ほんとに怖かったでしょうね。⓳J：怖かっただって？　全くぞっとしたよ！　それでトニーはどこかと思って見回したら，車の中にいなくてさ…⓴S：ケガしてたとか？㉑J：…ところがそのとき笑い声が聞こえたと思ったら，トニーがそこにいてさ，座席の間の床に。コートと寝袋に埋もれていたんだ。㉒A：それで彼は大丈夫だったの？㉓J：うん，彼はひどい冗談だと思ってすらいたみたいだね。だけどその出来事のせいで，僕はそれ以来ヒッチハイクしようとは思わなくなったよ。㉔S：iiiそうでしょうね。そういえば，その話を聞いて私にも先月似たようなことが起きたのを思い出したよ…

問1＜適語(句)選択＞(1)‘put＋人＋up’で「〈人〉を泊める」という意味を表せる。　(2)降ろしてもらった道に車がほとんど通っていなかったことは，ヒッチハイクをしている彼らにとってUnfortunately「不運にも，残念ながら」といえる。　(3)この後，ジェームズはオランダ人運転手が夜通し運転していたことを説明していることから，アランは運転手が目を開けていられなかった理由を尋ねたのだと考えられる。　How come?「なぜ，どうして」　(4) someone to talk to で「話をするための誰か」→「話し相手」という意味になる(to 以下は someone を修飾する to不定詞の形容詞的用法)。to不定詞の形容詞的用法で最後に前置詞が置かれる形は次のように考える。someone to talk to「話しかけるための誰か」←talk to someone「誰かに話しかける」／a pen to write with「書くペン」←write with a pen「ペンで書く」／paper to write on「書く紙」←write on paper「紙の上に書く」　(5)居眠り運転のせいでトラックと衝突したという話を聞いたときの反応として適切なのはHow awful!「なんと恐ろしいことだ」。　What a pity!「実に残念〔かわいそう〕だ」　(6) 'remind＋人＋of＋物事' で「〈人〉に〈物事〉のことを思い出させる」。

問２＜内容一致＞(1)「ジェームズとトニーは(　　)ときに事故に遭った」―(a)「お金をほとんど持っていなかった」　第３段落第２文参照。　run out of ～「～を使い果たす，切らす」　(2)「ジェームズは(　　)」―(a)「またヒッチハイクをしたいとは決して思わない」　第23段落参照。'put＋人＋off＋～ing'「〈人〉に～するのを嫌にさせる」　(3)「ジェームズの話では，(　　)」―(b)「ジェームズとトニーはドイツからフランス中部までずっと車に乗せてもらった」　第３段落第２文参照。

問３＜総合問題＞

[１]＜適文選択＞ⅰ．この後ジェームズがNoと否定して友人と一緒だったと言っているので，「１人だったのか」と尋ねたのだとわかる。　on ～'s own「１人で」　ⅱ．車がほとんど通らない道路で最終的に乗せてくれる車が見つかったことを聞いたときの応答として適切なのは，「幸運だったね」と述べた２。　ⅲ．ヒッチハイクでの苦い経験から，それ以来ヒッチハイクはしたくないと言ったジェームズに対する応答として適切なのは，「それを聞いても驚きはしない」→「それはそうだろう」という１。

[２]＜適語句選択＞徹夜明けで，他人としゃべりとおすことで眠気をこらえて運転していた人が，ほんの一瞬あることをしたとたんにトラックに衝突した，という文脈。(a)「目を閉じた」，(b)「眠りに落ちた」，(c)「黙り込んだ」，(e)「よそ見をした」は衝突につながる行為なので全て当てはまるが，(d)「拍子を合わせる」は意味が通らない。

[３]＜和文英訳＞「彼はほとんど～できなかった」は副詞 hardly「ほとんど～ない」を用いて He could hardly ～と表せる。「目を開けている」は，'keep＋目的語＋形容詞'「～を…(の状態)に保つ，しておく」の形で keep his eyes open とする。

[４]＜適文補充＞運転手の男性が疲れきっていたということを聞いた後のスーの質問。この質問に対してジェームズは no と否定し，彼はずっと進み続けたと答えている。この返答から導かれる質問の内容としては，「運転手は休憩を取ったのか」。「休憩する」は take a rest〔break〕などで表せる。

数学解答

1 問１ $(4x+3y+1)(y-1)$
問２ 2　問３ $\dfrac{3}{2}$
問４ $S=b^2+ac$

2 問１ $\dfrac{1+\sqrt{29}}{2}$　問２ $\sqrt{3}$
問３ $\dfrac{1+\sqrt{5}}{2}$

3 問１ $\left(\dfrac{\sqrt{2}-\sqrt{6}}{4},\ \dfrac{\sqrt{2}+\sqrt{6}}{4}\right)$
問２ $(\sqrt{2},\ 0)$，$(-\sqrt{2},\ 0)$
問３ $\dfrac{\sqrt{5}}{2}$

4 問１ $V=\dfrac{23\sqrt{2}}{12}a^3$　問２ $r=\dfrac{5\sqrt{6}}{12}a$
問３ $R=\dfrac{\sqrt{22}}{4}a$

（声の教育社　編集部）

1〔独立小問集合題〕

問１＜因数分解＞与式$=4(x+y)^2-(2x+y+1)^2=\{2(x+y)\}^2-(2x+y+1)^2$として，$2(x+y)=A$，$2x+y+1=B$とおくと，与式$=A^2-B^2=(A+B)(A-B)$となる。$A$，$B$をもとに戻して，与式$=\{2(x+y)+(2x+y+1)\}\{2(x+y)-(2x+y+1)\}=(2x+2y+2x+y+1)(2x+2y-2x-y-1)=(4x+3y+1)(y-1)$である。

問２＜平方根の計算＞$(\sqrt{2}-\sqrt{3})^2(5+2\sqrt{6})=(2-2\sqrt{6}+3)(5+2\sqrt{6})=(5-2\sqrt{6})(5+2\sqrt{6})=25-24=1$，$\dfrac{(\sqrt{2}-1)^2}{2\sqrt{2}-3}=\dfrac{2-2\sqrt{2}+1}{2\sqrt{2}-3}=\dfrac{-2\sqrt{2}+3}{2\sqrt{2}-3}=\dfrac{-(2\sqrt{2}-3)}{2\sqrt{2}-3}=-1$だから，与式$=1^{2021}-(-1)^{2021}=1-(-1)=1+1=2$となる。

問３＜式の利用＞男子生徒の数と女子生徒の数の比が$m:n$より，男子生徒の数はmx人，女子生徒の数はnx人とおける。男子生徒の15%，女子生徒の8%が通学に自転車を利用しているので，自転車を利用している生徒は，男子が$mx\times\dfrac{15}{100}=\dfrac{15}{100}mx$（人），女子が$nx\times\dfrac{8}{100}=\dfrac{8}{100}nx$（人）である。これより，自転車を利用している生徒は$\dfrac{15}{100}mx+\dfrac{8}{100}nx$人となり，この$\dfrac{16}{61}$が自転車を利用している女子生徒なので，$\left(\dfrac{15}{100}mx+\dfrac{8}{100}nx\right)\times\dfrac{16}{61}=\dfrac{8}{100}nx$が成り立つ。両辺を$x$でわって，両辺に100をかけると，$(15m+8n)\times\dfrac{16}{61}=8n$となり，$(15m+8n)\times16=8n\times61$，$(15m+8n)\times2=n\times61$，$30m+16n=61n$，$30m=45n$，$\dfrac{m}{n}=\dfrac{3}{2}$となる。

問４＜図形―面積―三平方の定理＞右図のように，点Aから辺BCに垂線AMを引くと，△ABMで三平方の定理より，$\mathrm{AB}^2=\mathrm{BM}^2+\mathrm{AM}^2$となる。辺ABを１辺とする正方形の面積$S$は$S=\mathrm{AB}^2$と表せるから，$S=\mathrm{BM}^2+\mathrm{AM}^2$となる。△ABCはAB＝ACの二等辺三角形なので，$\mathrm{BM}=\mathrm{CM}=\dfrac{1}{2}\mathrm{BC}=\dfrac{1}{2}\times(a+c)=\dfrac{a+c}{2}$となる。また，$\mathrm{DM}=\mathrm{DC}-\mathrm{CM}=c-\dfrac{a+c}{2}=\dfrac{c-a}{2}$となるので，△ADMで三平方の定理より，$\mathrm{AM}^2=\mathrm{AD}^2-\mathrm{DM}^2=b^2-\left(\dfrac{c-a}{2}\right)^2$となる。よって，$\mathrm{BM}^2+\mathrm{AM}^2=\left(\dfrac{a+c}{2}\right)^2+b^2-\left(\dfrac{c-a}{2}\right)^2=\dfrac{a^2+2ac+c^2}{4}+b^2-\dfrac{c^2-2ac+a^2}{4}=b^2+ac$となるから，$S=b^2+ac$である。

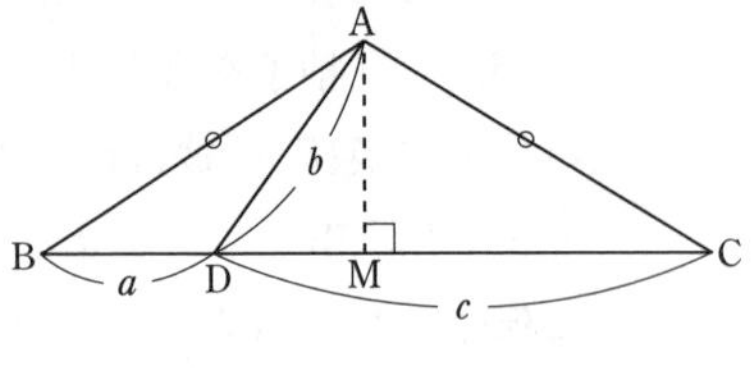

2〔関数―関数 $y=ax^2$ と直線〕

≪基本方針の決定≫問１　直線BDの式をkを用いて表す。　問３　△ABD，四角形BOCDの面

積を k を用いて表す。

問1＜$\boldsymbol{k}$ の値＞右図1で，2点A，Dは放物線 $y=x^2$ と直線 $y=k$ の交点なので，$x^2=k$ より，$x=\pm\sqrt{k}$ となり，$\mathrm{A}(-\sqrt{k},\ k)$，$\mathrm{D}(\sqrt{k},\ k)$ である。2点B，Cは放物線 $y=x^2$ と直線 $y=k-1$ の交点なので，$x^2=k-1$ より，$x=\pm\sqrt{k-1}$ となり，$\mathrm{B}(-\sqrt{k-1},\ k-1)$，$\mathrm{C}(\sqrt{k-1},\ k-1)$ となる。直線BDは，傾きが $\dfrac{k-(k-1)}{\sqrt{k}-(-\sqrt{k-1})}=\dfrac{1}{\sqrt{k}+\sqrt{k-1}}=\dfrac{1\times(\sqrt{k}-\sqrt{k-1})}{(\sqrt{k}+\sqrt{k-1})(\sqrt{k}-\sqrt{k-1})}=\dfrac{\sqrt{k}-\sqrt{k-1}}{k-(k-1)}$ $=\sqrt{k}-\sqrt{k-1}$，切片が $\sqrt{7}$ なので，直線BDの式は $y=(\sqrt{k}-\sqrt{k-1})x+\sqrt{7}$ となる。点Dを通るから，$k=(\sqrt{k}-\sqrt{k-1})\times\sqrt{k}+\sqrt{7}$ が成り立ち，$k=k-\sqrt{k(k-1)}+\sqrt{7}$，$\sqrt{k(k-1)}=\sqrt{7}$，$k(k-1)=7$，$k^2-k-7=0$ となる。これを解くと，$k=\dfrac{-(-1)\pm\sqrt{(-1)^2-4\times1\times(-7)}}{2\times1}=\dfrac{1\pm\sqrt{29}}{2}$ となる。$k>1$ より，$k=\dfrac{1+\sqrt{29}}{2}$ である。

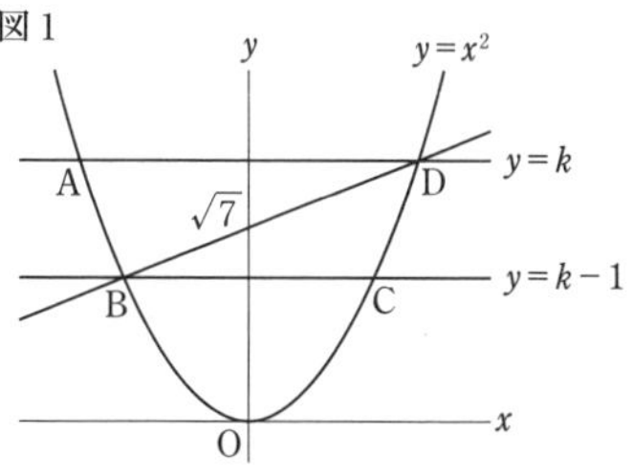

問2＜面積―特別な直角三角形＞右図2で，点Dから直線 $y=k-1$ に垂線DEを引くと，$\angle\mathrm{ADC}=60^\circ$ のとき，AD∥BCより，$\angle\mathrm{DCE}=\angle\mathrm{ADC}=60^\circ$ となり，△CDEは $\mathrm{CE}:\mathrm{CD}:\mathrm{DE}=1:2:\sqrt{3}$ の直角三角形である。$\mathrm{DE}=k-(k-1)=1$ より，$\mathrm{CE}=\dfrac{1}{\sqrt{3}}\mathrm{DE}=\dfrac{1}{\sqrt{3}}\times1=\dfrac{\sqrt{3}}{3}$ となる。また，問1より，$\mathrm{C}(\sqrt{k-1},\ k-1)$，$\mathrm{D}(\sqrt{k},\ k)$ なので，$\mathrm{CE}=\sqrt{k}-\sqrt{k-1}$ となる。よって，$\sqrt{k}-\sqrt{k-1}=\dfrac{\sqrt{3}}{3}$ が成り立ち，両辺を2乗して，$(\sqrt{k}-\sqrt{k-1})^2=\left(\dfrac{\sqrt{3}}{3}\right)^2$，$k-2\sqrt{k(k-1)}+k-1=\dfrac{1}{3}$，$2\sqrt{k(k-1)}=2k-\dfrac{4}{3}$，$\sqrt{k(k-1)}=k-\dfrac{2}{3}$ となる。さらに両辺を2乗して，$k(k-1)=\left(k-\dfrac{2}{3}\right)^2$，$k^2-k=k^2-\dfrac{4}{3}k+\dfrac{4}{9}$，$\dfrac{1}{3}k=\dfrac{4}{9}$，$k=\dfrac{4}{3}$ となる。したがって，$\mathrm{AD}=2\sqrt{k}=2\sqrt{\dfrac{4}{3}}=\dfrac{4\sqrt{3}}{3}$，$\mathrm{BC}=2\sqrt{k-1}=2\sqrt{\dfrac{4}{3}-1}=\dfrac{2\sqrt{3}}{3}$ だから，$S=$〔台形ABCD〕$=\dfrac{1}{2}\times(\mathrm{AD}+\mathrm{BC})\times\mathrm{DE}=\dfrac{1}{2}\times\left(\dfrac{4\sqrt{3}}{3}+\dfrac{2\sqrt{3}}{3}\right)\times1=\sqrt{3}$ となる。

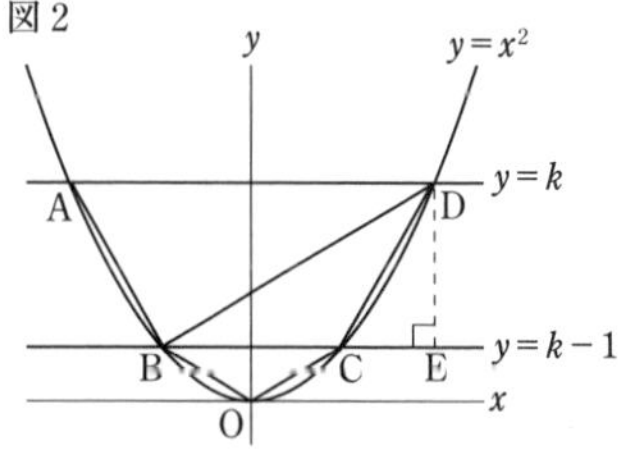

問3＜直線の式―面積＞右上図2で，$\mathrm{AD}=2\sqrt{k}$，$\mathrm{BC}=2\sqrt{k-1}$ である。△ABD，△BCDは，底辺をそれぞれAD，BCとすると，高さは $\mathrm{DE}=1$ であり，△BCOは，底辺をBCとすると，高さは $k-1$ となる。よって，$\triangle\mathrm{ABD}=\dfrac{1}{2}\times2\sqrt{k}\times1=\sqrt{k}$ であり，$\triangle\mathrm{BCD}=\dfrac{1}{2}\times2\sqrt{k-1}\times1=\sqrt{k-1}$，$\triangle\mathrm{BCO}=\dfrac{1}{2}\times2\sqrt{k-1}\times(k-1)=\sqrt{k-1}(k-1)$ より，〔四角形BOCD〕$=\triangle\mathrm{BCD}+\triangle\mathrm{BCO}=\sqrt{k-1}+\sqrt{k-1}(k-1)=k\sqrt{k-1}$ である。△ABD＝〔四角形BOCD〕だから，$\sqrt{k}=k\sqrt{k-1}$ が成り立ち，$k=k^2(k-1)$ となる。両辺を k でわって，$1=k(k-1)$，$k^2-k-1=0$ より，$k=\dfrac{-(-1)\pm\sqrt{(-1)^2-4\times1\times(-1)}}{2\times1}$ $=\dfrac{1\pm\sqrt{5}}{2}$ となる。$k>1$ だから，$k=\dfrac{1+\sqrt{5}}{2}$ である。

3 〔関数〕

問1＜座標＞$\mathrm{P}(a,\ b)$ とすると，【操作】によって点Pは点 $(\sqrt{3}a-b,\ a+\sqrt{3}b)$ に移る。この点が $(-\sqrt{2},\ \sqrt{2})$ となるから，$\sqrt{3}a-b=-\sqrt{2}$ ……①，$a+\sqrt{3}b=\sqrt{2}$ ……②が成り立つ。①，②を連立方程式として解くと，①×$\sqrt{3}$＋②より，$3a+a=-\sqrt{6}+\sqrt{2}$，$4a=\sqrt{2}-\sqrt{6}$，$a=\dfrac{\sqrt{2}-\sqrt{6}}{4}$ となり，②×$\sqrt{3}$－①より，$3b-(-b)=\sqrt{6}-(-\sqrt{2})$，$4b=\sqrt{2}+\sqrt{6}$，$b=\dfrac{\sqrt{2}+\sqrt{6}}{4}$ となる。した

がって，$P\left(\dfrac{\sqrt{2}-\sqrt{6}}{4},\ \dfrac{\sqrt{2}+\sqrt{6}}{4}\right)$である。

問２＜座標＞x軸上の点を$(c,\ 0)$とすると，$\sqrt{3}c-0=\sqrt{3}c$，$c+\sqrt{3}\times 0=c$より，【操作】によって点$(c,\ 0)$は，点$(\sqrt{3}c,\ c)$に移る。点$(\sqrt{3}c,\ c)$が関数$y=\dfrac{2\sqrt{3}}{x}$のグラフ上にあることから，$c=\dfrac{2\sqrt{3}}{\sqrt{3}c}$より，$c^2=2$，$c=\pm\sqrt{2}$となる。よって，求める$x$軸上の点は$(\sqrt{2},\ 0)$，$(-\sqrt{2},\ 0)$である。

問３＜座標―面積＞$R(s,\ t)$，$S(u,\ v)$とする。【操作】によって点RはA$(0,\ a)$に，点SはB$(2a,\ 0)$に移るから，$\sqrt{3}s-t=0$……③，$s+\sqrt{3}t=a$……④，$\sqrt{3}u-v=2a$……⑤，$u+\sqrt{3}v=0$……⑥が成り立つ。③，④を連立方程式として解くと，③$\times\sqrt{3}$＋④より，$4s=a$，$s=\dfrac{1}{4}a$となり，これを③に代入して，$\sqrt{3}\times\dfrac{1}{4}a-t=0$，$t=\dfrac{\sqrt{3}}{4}a$となるので，$R\left(\dfrac{1}{4}a,\ \dfrac{\sqrt{3}}{4}a\right)$となる。同様にして，⑤，⑥を連立方程式として解くと，$u=\dfrac{\sqrt{3}}{2}a$，$v=-\dfrac{1}{2}a$となるから，$S\left(\dfrac{\sqrt{3}}{2}a,\ -\dfrac{1}{2}a\right)$となる。$a>0$だから，△ORSは右図のようになる。２点R，Sからy軸に垂線RR′，SS′を引くと，$RR'=\dfrac{1}{4}a$，$SS'=\dfrac{\sqrt{3}}{2}a$，$OR'=\dfrac{\sqrt{3}}{4}a$，$OS'=\dfrac{1}{2}a$，$R'S'=\dfrac{\sqrt{3}}{4}a+\dfrac{1}{2}a=\dfrac{2+\sqrt{3}}{4}a$となる。よって，〔台形RR′S′S〕$=\dfrac{1}{2}\times\left(\dfrac{1}{4}a+\dfrac{\sqrt{3}}{2}a\right)\times\dfrac{2+\sqrt{3}}{4}a=\dfrac{1}{2}\times\dfrac{1+2\sqrt{3}}{4}a\times\dfrac{2+\sqrt{3}}{4}a=\dfrac{8+5\sqrt{3}}{32}a^2$，$\triangle ORR'=\dfrac{1}{2}\times\dfrac{1}{4}a\times\dfrac{\sqrt{3}}{4}a=\dfrac{\sqrt{3}}{32}a^2$，$\triangle OSS'=\dfrac{1}{2}\times\dfrac{\sqrt{3}}{2}a\times\dfrac{1}{2}a=\dfrac{\sqrt{3}}{8}a^2$となるから，△ORS＝〔台形RR′S′S〕$-\triangle ORR'-\triangle OSS'=\dfrac{8+5\sqrt{3}}{32}a^2-\dfrac{\sqrt{3}}{32}a^2-\dfrac{\sqrt{3}}{8}a^2=\dfrac{1}{4}a^2$である。$\triangle ORS=\dfrac{5}{16}$より，$\dfrac{1}{4}a^2=\dfrac{5}{16}$が成り立ち，$a^2=\dfrac{5}{4}$，$a=\pm\dfrac{\sqrt{5}}{2}$となる。$a>0$だから，$a=\dfrac{\sqrt{5}}{2}$である。

≪別解≫右上図で，$RR':OR'=\dfrac{1}{4}a:\dfrac{\sqrt{3}}{4}a=1:\sqrt{3}$だから，$\angle ROR'=30^\circ$である。$OS':SS'=\dfrac{1}{2}a:\dfrac{\sqrt{3}}{2}a=1:\sqrt{3}$だから，$\angle SOS'=60^\circ$となる。よって，$\angle ROS=180^\circ-30^\circ-60^\circ=90^\circ$である。$OR=2RR'=2\times\dfrac{1}{4}a=\dfrac{1}{2}a$，$OS=2OS'=2\times\dfrac{1}{2}a=a$だから，$\triangle ORS=\dfrac{1}{2}\times\dfrac{1}{2}a\times a=\dfrac{1}{4}a^2$となる。よって，$\dfrac{1}{4}a^2=\dfrac{5}{16}$より，$a=\pm\dfrac{\sqrt{5}}{2}$となり，$a>0$だから，$a=\dfrac{\sqrt{5}}{2}$である。

4 〔空間図形―八面体〕

問１＜体積＞右図１のように，正六角形の辺を延長し，交点をA，B，C，Dとすると，四面体ABCDができる。図１のように，４点E，F，G，Hを定めると，正六角形の外角より，$\angle AEF=\angle AFE=360^\circ\div 6=60^\circ$だから，△AEFは正三角形となり，$AE=EF=a$である。同様に，$BG=a$となるので，$AB=3a$となる。他の線分についても同様なので，四面体ABCDは１辺が$3a$の正四面体，四面体AEFHは１辺がaの正四面体となる。よって，組み立ててできる立体は，１辺が$3a$の正四面体ABCDから，１辺がaの正四面体AEFHと合同な正四面体４個を取り除いた立体と見ることができる。点Aから面BCDに垂線AIを引く。△ABIと△ACIと△ADIは合同になるから，$BI=CI=DI$となる。さらに，△IBCと△ICDと△IDBも合同な二等辺三角形となるから，$\angle CBI=\angle DBI$

図１

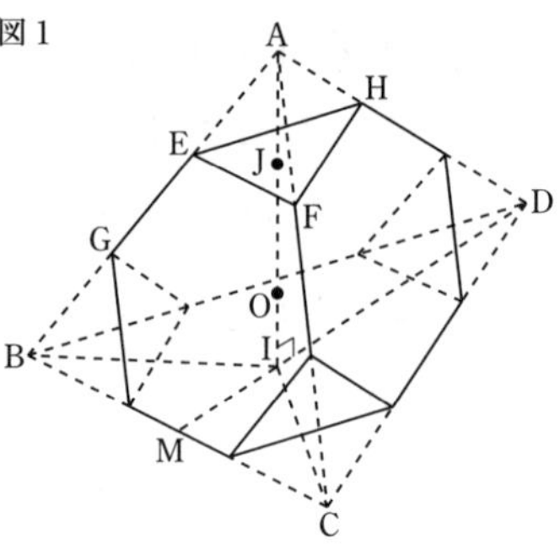

$=\dfrac{1}{2}\angle\mathrm{CBD}=\dfrac{1}{2}\times60^\circ=30^\circ$となる。線分DIの延長と線分BCの交点をMとすると，DM⊥BCとなるから，△IBMは3辺の比が$1:2:\sqrt{3}$の直角三角形となる。$\mathrm{BM}=\mathrm{CM}=\dfrac{1}{2}\mathrm{BC}=\dfrac{1}{2}\times3a=\dfrac{3}{2}a$だから，$\mathrm{BI}=\dfrac{2}{\sqrt{3}}\mathrm{BM}=\dfrac{2}{\sqrt{3}}\times\dfrac{3}{2}a=\sqrt{3}a$となり，△ABIで三平方の定理より，$\mathrm{AI}=\sqrt{\mathrm{AB}^2-\mathrm{BI}^2}=\sqrt{(3a)^2-(\sqrt{3}a)^2}=\sqrt{6a^2}=\sqrt{6}a$となる。また，△BDMも3辺の比が$1:2:\sqrt{3}$の直角三角形だから，$\mathrm{DM}=\sqrt{3}\mathrm{BM}=\sqrt{3}\times\dfrac{3}{2}a=\dfrac{3\sqrt{3}}{2}a$となる。したがって，〔正四面体ABCD〕$=\dfrac{1}{3}\times\triangle\mathrm{BCD}\times\mathrm{AI}=\dfrac{1}{3}\times\left(\dfrac{1}{2}\times3a\times\dfrac{3\sqrt{3}}{2}a\right)\times\sqrt{6}a=\dfrac{9\sqrt{2}}{4}a^3$となる。正四面体AEFHと正四面体ABCDは相似であり，相似比は$a:3a=1:3$だから，体積比は$1^3:3^3=1:27$となり，〔正四面体AEFH〕$=\dfrac{1}{27}$〔正四面体ABCD〕$=\dfrac{1}{27}\times\dfrac{9\sqrt{2}}{4}a^3=\dfrac{\sqrt{2}}{12}a^3$である。以上より，求める立体の体積は，〔正四面体ABCD〕-4〔正四面体AEFH〕$=\dfrac{9\sqrt{2}}{4}a^3-4\times\dfrac{\sqrt{2}}{12}a^3=\dfrac{23\sqrt{2}}{12}a^3$となるので，$V=\dfrac{23\sqrt{2}}{12}a^3$である。

問2＜長さ―相似＞前ページの図1で，全ての正三角形の面に接する球の中心をOとすると，図形の対称性から，点Oは線分AI上にある。また，〔面EFH〕∥〔面BCD〕なので，AI⊥〔面EFH〕となる。よって，線分AIと面EFHとの交点をJとすると，$\mathrm{OJ}=r$となる。正四面体ABCDを3点A，D，Mを通る平面で切断すると，切り口は右図2のようになる。OA＝ODだから，点Oから辺ADに垂線ONを引くと，$\mathrm{AN}=\dfrac{1}{2}\mathrm{AD}=\dfrac{1}{2}\times3a=\dfrac{3}{2}a$となる。また，∠OAN＝∠DAI，∠ONA＝∠DIA＝90°より，△AON∽△ADIだから，AN：AI＝AO：ADである。問1より，$\mathrm{AI}=\sqrt{6}a$だから，$\dfrac{3}{2}a:\sqrt{6}a=\mathrm{AO}:3a$が成り立つ。これより，$\sqrt{6}a\times\mathrm{AO}=\dfrac{3}{2}a\times3a$，$\mathrm{AO}=\dfrac{3\sqrt{6}}{4}a$となる。さらに，AH：AD＝1：3より，AJ：AI＝AH：AD＝1：3なので，$\mathrm{AJ}=\dfrac{1}{3}\mathrm{AI}=\dfrac{1}{3}\times\sqrt{6}a=\dfrac{\sqrt{6}}{3}a$となる。以上より，$\mathrm{OJ}=\mathrm{AO}-\mathrm{AJ}=\dfrac{3\sqrt{6}}{4}a-\dfrac{\sqrt{6}}{3}a=\dfrac{5\sqrt{6}}{12}a$となるから，$r=\dfrac{5\sqrt{6}}{12}a$である。

図2
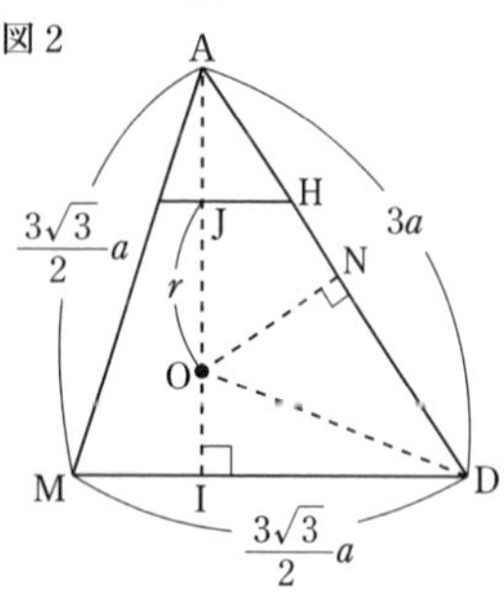

問3＜長さ―三平方の定理＞前ページの図1で，点Oと3点E，F，Hの距離は等しいから，立体の全ての頂点を通る球の中心は，点Oと一致する。右図3のように，2点P，Qを定めると，線分OPの長さが求める球の半径Rとなる。$\mathrm{BP}=\mathrm{PQ}=\mathrm{QC}=a$，$\mathrm{BM}=\dfrac{3}{2}a$だから，$\mathrm{PM}=\mathrm{BM}-\mathrm{BP}=\dfrac{3}{2}a-a=\dfrac{1}{2}a$となる。$\mathrm{IM}=\dfrac{1}{2}\mathrm{BI}=\dfrac{1}{2}\times\sqrt{3}a=\dfrac{\sqrt{3}}{2}a$だから，△IPMで三平方の定理より，$\mathrm{IP}^2=\mathrm{PM}^2+\mathrm{IM}^2=\left(\dfrac{1}{2}a\right)^2+\left(\dfrac{\sqrt{3}}{2}a\right)^2=a^2$となる。$\mathrm{OI}=\mathrm{AI}-\mathrm{AO}=\sqrt{6}a-\dfrac{3\sqrt{6}}{4}a=\dfrac{\sqrt{6}}{4}a$となるから，△OPIで三平方の定理より，$\mathrm{OP}=\sqrt{\mathrm{IP}^2+\mathrm{OI}^2}=\sqrt{a^2+\left(\dfrac{\sqrt{6}}{4}a\right)^2}=\sqrt{\dfrac{22}{16}a^2}=\dfrac{\sqrt{22}}{4}a$となり，$R=\dfrac{\sqrt{22}}{4}a$である。

図3
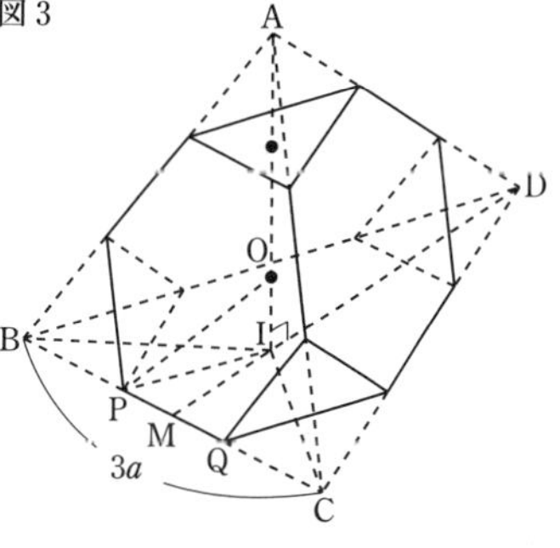

国語解答

一 問1 設立によるコモン－ウェルス

問2 A…ウ B…イ C…エ D…ア

問3 イ 問4 イ

問5 軍事技術の発達や貨幣経済の発達

問6 ア

問7 暴力をめぐる社会的環境を変化させた力の布置のあり方が，私たちの行為規範としての道徳を左右する関係。(49字)

問8 ① ゆだ ② そうしょ ③ よろい ④ いやおう ⑤ ごい

二 問1 エ 問2 イ 問3 ウ

問4 ラサに多くいるターラー菩薩を意味する名前の，タプンにはごみのように見える娘たち。(40字)

問5 [テンジン・タシ翁は，自分たちは]ごみ拾いでなんとか食いつないでいる身[であるので赤ん坊は育てられないということを伝えようとし，タプンは赤ん坊を]またごみの中に戻したら，罪を犯すことになる[ということに気づいた。]

問6 やるせない

問7 ① 縮 ② 傾 ③ 山腹 ④ 靴 ⑤ 鐘

(声の教育社 編集部)

一〔論説文の読解―哲学的分野―哲学〕出典；萱野稔人『暴力と富と資本主義―なぜ国家はグローバル化が進んでも消滅しないのか』「暴力の生態学的考察にむけて」。

≪本文の概要≫ホッブズの社会契約説では，人々の暴力行使を禁止し，それによって人々に安全を保障するような共通権力は，人々の自発的な「各人対各人の信約によって」成立したとされる。しかし，契約の「結果として」確立される共通権力が契約そのものを確実にするというのは，論理的におかしい。さらに，なぜ近代になって初めて合法的な暴力行使の源泉となるような国家が成立したのかを，社会契約説では説明できない。この点について，エリアスは，貨幣経済の発達と火器の発達が，それまでの分権的な封建社会を王への集権化へと転換させ，合法的な暴力行使の源泉が国王のもとに一元化されたと論じている。この近代国家成立のプロセスから，近代国家が成立したのは，人々が〈暴力への自由〉を自ら放棄したからではなく，まず集権化した統治権力ができて，その権力が暴力行使を禁止したからであることがわかる。また，もう一つ重要な論点は，近代国家は，人間の自由意志によってではなく，軍事技術の発達や貨幣経済の発達という物質的な環境の変化によってもたらされたということである。このことは，暴力と道徳の関係を考えるうえで，重要な認識を提供する。道徳と暴力の関係について，一般には，道徳のあり方が暴力のあり方を左右すると考えられているが，近代国家成立のプロセスの考察からは，暴力の体制こそが道徳を左右することがわかるのである。

問1＜文章内容＞ホッブズの「社会契約説」では，人々が「各人対各人の信約」によって自発的に「自然権」を放棄したことで「共通権力」が打ち立てられたとされる。この人々が「自発的に信約をする」モデルは，「強者が内側もしくは外側からあらわれてきて無理やり暴力行使の禁止を人びとに迫ることで共通権力が打ち立てられる」という「獲得によるコモン－ウェルス」に対して，「設立によるコモン－ウェルス」と呼ばれる。

問２．Ａ＜接続語＞自然状態で，各人が「みずからの安全と利益のために自由に暴力を行使することができる」ことが，「かえってみずからの安全を脅かし，利益を不安定化させてしまう」ので，「人びとは自発的に契約の締結に向かう」のである。　Ｂ＜接続語＞社会契約説の説明に対してこれまでに出されてきた「大きな疑問」とは，要するに，「なぜ人びとは相手がいつ契約を破るかわからないのにみずからの力を他者に委ねるようになるのか」という疑問である。　Ｃ＜表現＞「契約によって共通権力がいったん打ち立てられれば，それが各人に暴力の使用を禁止することで契約は実効的なものとなる」ということは，そのとおりである。　Ｄ＜接続語＞共通権力が一度確立されれば「契約は実効的なものとなる」だろうが，「契約の『結果として』確立されるものによって契約そのものを確実なものにする」ということは，論理的にはおかしい。

問３＜文章内容＞「社会契約説」では，「なぜ近代になってはじめて国家――合法的な暴力行使の源泉となるような国家――が成立したのか」を説明できない。そこで，「近代国家の成立のメカニズム」を説明するうえで有効な議論として，ノルベルト・エリアスの議論が参照されている。

問４＜文章内容＞近代以前の時代では，「土地を分与された戦士貴族たち」は，分与された土地で「自給自足」ができるようになり，「政治的にも経済的にも自立した存在」となった。そのようにして，「土地の分与」が，「分権化」を推し進めたのである。

問５＜文章内容＞近代国家成立へのプロセスでまずあった「力の布置の変化」とは，「分権化」から「集権化」へという変化である。この変化を促したのは，臣下への俸禄を，自立をもたらす土地ではなく貨幣に変えた「貨幣経済の発達」と，戦士貴族たちの重騎兵を兵力の中心から退けた「火器の発達」である。それは，言い換えれば，「軍事技術の発達や貨幣経済の発達」である。

問６＜文章内容＞「自然状態」では，各人は「みずからの安全と利益のために自由に暴力を行使すること」ができる。社会契約説では，自分の判断で暴力を用いる権利が，かえって自らの安全と利益を脅かすため，人々は自発的にその権利を放棄し，信約を結んだとしている。

問７＜文章内容＞一般には，道徳教育によって犯罪を減らせると考えるように，「道徳のあり方が暴力のあり方を左右する」とされている。しかし，「近代国家成立のプロセスを考察する」と，軍事的・経済的な集権化が，人々に〈暴力への自由〉を放棄させたことが理解される。「暴力の体制こそが道徳を左右する」，すなわち「暴力をめぐる社会的環境を変化させた力の布置のあり方こそが，私たちの行為規範を規定する」のである。

問８＜漢字＞①音読みは「委員」などの「イ」。　②「叢書」は，ある定まった形式に従って続いて刊行される出版物のこと。　③「鎧」は，戦いの際に身体を保護するために身につける武具のこと。　④「否応」は，承知と不承知のこと。「否応なし」は，承知・不承知に関係なく，有無を言わせないさま。　⑤「語彙」は，特定の範囲で使われる単語の総体のこと。ボキャブラリー。

二〔小説の読解〕出典；ツェワン・ナムジャ／星泉訳『ごみ』。

問１＜文章内容＞タプンは，「ごみの山のてっぺんから遠くを見渡すのが大好き」である。そのように思えるのは，これまでにもう何度もこのごみの山のてっぺんに来ているからである。ごみの山に来ることは，もう習慣的な行動になっているのである。

問２＜情景＞ラサは，「細長い谷」にある「高原の大都会」で，「ヒマラヤ山脈とそれに連なるチョモランマといった山々が，ラサへの幾多の風の到来を阻む壁となっている」ため，ラサの街は「皺だらけで白茶けて」いる。また，「ラサの太陽」は，「世界で一番人びととの距離が近い」ことで知られており，「陽光があまりに強いので，汗まみれの身体はどんどん乾いていく」ほど，高温で乾燥した地である。

問3<文章内容>タプンは，ごみの中から「値打ちのあるもの」を見つけ出して売り，「然るべきごみの値打ちを見出した」ということで収入を得ている。そして，「自分の集めたごみの値打ちは人の顔が印刷されたこんな紙切れじゃ計れないもんだ」と思うほど，タプンは，自分のごみ探しの能力に自信を持っている。一方，「周りのごみ拾いの連中」のことは，「連中が集めたごみと同等」の低い価値しかないと思って見下している。

問4<文章内容>チベットには，「ターラー菩薩を意味するドルマという名を持つ娘」は多い。しかし，タプンは，「彼の目の前でごみを集めているこのドルマこそが，本物のドルマ」で，「このごみ拾いのドルマと比べたら，あっちの街中にごまんといるドルマはみんなごみに見えてくる」と思っている。タプンにとっては，「ごみ拾いのドルマ」だけが特別に魅力的で，それ以外の「そんじょそこらのドルマ」は，何も魅力が感じられない娘たちなのである。

問5<文章内容>タプンが見つけた赤ん坊を見て，皆が「茫然と立ちつくす」中で，タプンは，「それに女の子なんだよ」と言って，赤ん坊にこだわりを見せている。そんなタプンに対するテンジン・タシ翁の「その子はとっくに死んじまってる」という言葉は，死んだ子どもを育てることは誰にもできないということであり，その子を育てることはできないことを伝えるものだといえる。テンジン・タシ翁がそう言うのは，自分たちは「ごみ拾いでなんとか食いつないでいる身」で，ごみの中から見つけた赤ん坊を育てる余裕などないからである。それを聞いたタプンは，「自分の収入がいかほどなのか，そして自分の家の状況がどんなだったか思い出させられた」だけでなく，「さっきごみの中から拾いあげたこの命をまたごみの中に戻したら，罪を犯すことになる」と気づいた。

問6<文章内容>タプンは，ごみの中から拾いあげた赤ん坊を，育てることができないだけでなく，その子をごみの中に戻したら罪を犯すことになることに気づき，ようやく「みなが立ち去るとき」の「悪事でも働いたかのよう」な「やるせない表情」が腑に落ちた。

問7<漢字>①音読みは「縮小」などの「シュク」。　②音読みは「傾斜」などの「ケイ」。　③「山腹」は，山の麓と頂上の中間の部分のこと。　④「靴」は，元来は革でつくった履き物のこと。　⑤音読みは「鐘楼」などの「ショウ」。

═読者へのメッセージ═

トマス・ホッブズ(1588～1679年)は，イングランドの哲学者で，“自然状態では人間は互いに戦うが，お互いの「契約」によって国家をつくり，皆がそれに従うことで平和が確立される”と考えました。この「社会契約説」は，『リヴァイアサン』に記されています。

2020年度 早稲田大学本庄高等学院

【英　語】（50分）〈満点：100点〉

I　次の［1］～［10］の（　）に入る最も適切なものをそれぞれ選びなさい。

［1］ An expert smartphone user like you already (　　) how to use this app, so I won't explain again.
(a) know　(b) knowing　(c) knows　(d) to know　(e) will know

［2］ A : I haven't been in touch with Tim for a long time. How is he these days ?
B : I am not sure how he is now, but no news (　　) good news.
(a) are　(b) being　(c) do　(d) is　(e) to be

［3］ Ben goes to a local school in the town now, but because of his parents' business, he (　　) a different school next month.
(a) has gone to　(b) is going　(c) shall go
(d) will be going to　(e) will have gone to

［4］ On (　　) at the airport, he made a phone call to his friend.
(a) arrive　(b) arrived　(c) arrives
(d) arriving　(e) having arrived

［5］ (　　) difficult to find the causes of those accidents.
(a) Here is　(b) It is　(c) That is
(d) What is　(e) Which is

［6］ I think you (　　) hurry and pay for that dress right now. We have lunch reservations.
(a) can　(b) do　(c) may　(d) should　(e) will

［7］ The theory that the earth turns around the sun was not (　　) at first.
(a) accept　(b) acceptance　(c) accepted
(d) accepting　(e) to accept

［8］ Mark and Tom wanted to cook something healthy, so they looked for a recipe from their country (　　) uses vegetables.
(a) what　(b) where　(c) which　(d) who　(e) why

［9］ Although there is (　　) top secret information in this PC, all the workers are required to input their passwords when they use it.
(a) a lot　(b) few　(c) little　(d) many　(e) much

［10］ Today, the student council will hold an important meeting after school. Either you or Tom (　　) to attend.
(a) has　(b) have　(c) having　(d) to have　(e) to have had

II　次の英文を読み，設問に答えなさい。

Suppose some motor company decides to produce the perfect car. It sets up a meeting of experts from various fields : it hires the best engineers and designers, brings together the finest scientists and economists, and even asks advice of several people who know well about human social behaviors and the human mind.

アJust in case, they ask a Nobel prize winner or two, an Oscar-winning actress and some world-famous artists to join the team. After five years of study and development, they make the perfect car known to the world. Millions of cars are produced, and sent to car dealerships across the world. Yet nobody buys the car. Does イ it mean that the customers are making a mistake, and that they don't know what's good for them? No. ウ In a free market the customer is always right. If customers don't want it, it means that the car is no good. It doesn't matter if all the university professors and experts cry out that this is a wonderful car — if the customers decide not to buy it, it's a bad car. Nobody has {**customers / wrong / the authority / to / that / they / are / tell**}, and even a government cannot try to make its people buy a certain car against their will.

車について当てはまることは他の全ての製品についても当てはまる。 Listen, for example, to Professor Leif Andersson from the University of Uppsala. ---[i]--- He studies how to create faster-growing farm animals such as pigs, cows that produce more milk, and chickens with extra meat on their bones. In an interview with a newspaper, a reporter met with Andersson. She said that creating エ such animals might cause much pain to them. Already today dairy cows created in a new way have such heavy udders that they cannot walk well, while 'upgraded' chickens cannot even stand up. Professor Andersson had this answer: 'Everything comes (1) the individual customer and to the question of how much the customer is willing to pay for meat. We must remember that it will be impossible to keep today's levels of global meat consumption without the modern chicken. If customers ask us only (2) the cheapest meat possible, that's what the customers will get. Customers need to decide what is most important to them: price, or something else.'

Professor Andersson believes in what he does in his study. ---[ii]--- The fact that customers are buying his newly-created animal products shows that he is meeting their needs and desires and is doing good. For this reason, if some multinational company wants to know whether its products are selling well, it needs only to take a look at オ its bottom line. If it makes plenty of money, it means that millions of people like its products, and it means that it is good for everyone. If someone objects and says that people might make the wrong choices, he will quickly understand that the customer is always right and that human feelings are the source of all meaning and authority. ---[iii]--- If millions of people freely choose to buy the company's products, カ who are you to tell them that they are wrong?

Finally, the rise of humanist ideas has changed the education systems, too. ---[iv]--- For this reason, education focused on teaching pupils to do what they are told to do, memorizing holy books and studying old traditions. Teachers presented pupils with a question, and the pupils had to remember how such historical persons as Gandhi, Shakespeare and Leonardo da Vinci answered it.

In contrast, modern humanist education believes in teaching students to think for themselves. It is good to know what Gandhi, Shakespeare and Leonardo da Vinci thought about politics, art and economics; yet since the source of meaning and authority is (3) ourselves, it is far more important to know what you think about these things. ---[v]--- Ask a teacher — whether in kindergarten, school or college — what she is trying to teach. 'Well,' she will answer, 'I teach the kids history, or math, or art . . . but above all I try to teach them [キ].' It may not always succeed, but that is what humanist education wants to do.

(注) expert：専門家　economist：経済学者　development：開発　dealership：販売店
customer：顧客　authority：権威，権限　government：政府　individual：個々の
consumption：消費　humanist：人間主義の

問1　文中の(1)〜(3)に入る最も適切なものをそれぞれ選びなさい。

(1)　(a) around to　(b) away with　(c) back to　(d) down with　(e) in with

(2)　(a) by　(b) for　(c) of　(d) out　(e) to

(3)　(a) beside　(b) by　(c) out of　(d) within　(e) without

問2　それぞれの問に対し，本文の内容に合う最も適切な答えを選びなさい。

[1]　According to the writer, why doesn't the motor company's perfect car sell at all?

(a) Because it doesn't make the customers feel like buying it.

(b) Because it doesn't run well enough to make the customers want it.

(c) Because the company spent a lot of money to produce the car and the customers don't like it.

(d) Because the customers don't like the way the company made the car.

(e) Because the way the company produced the car makes the customers feel bad.

[2]　Why does Professor Andersson think that he is doing the right thing by creating faster-growing farm animals or chickens with more meat?

(a) Because global meat consumption is increasing and customers want more meat at a low price.

(b) Because he believes that customers want to eat more meat than other food products.

(c) Because he believes that he can make a lot of money by increasing global meat consumption.

(d) Because he believes that meat is the most important food product.

(e) Because pigs, cows and chickens are customers' favorite farm animals.

[3]　Why can you say that people don't make the wrong choices when they buy some products?

(a) Because people believe in their feelings and freely choose what they want to buy.

(b) Because people follow the latest trends.

(c) Because people know well that some products are good enough to make money.

(d) Because people often think that those companies that make a lot of money are good.

(e) Because people want to take part in the global market that sells a lot of products and makes plenty of money.

[4]　What is the big difference between today's education system and the old education system?

(a) A long time ago, pupils had to learn a lot of subjects but today they don't have to.

(b) A long time ago, the teacher made her pupils learn what they didn't want to learn.

(c) Today, pupils are taught to think on their own when they learn at school.

(d) Today, pupils can choose what they want to learn at school.

(e) Today, pupils need only learn what they want to at school.

[5]　What is the main message of the passage?

(a) People's free will is more respected today than ever before.

(b) The customer controls the price of products in a free market.

(c) We have to create faster-growing farm animals much more than ever.

(d) We have to think about increasing global meat consumption.

(e) What is most important in life is to learn about people.

問3　次の問に答えなさい。

[1]　文中の下線部アを言い換えた場合，最も適切なものを選びなさい。

(a) To be honest　(b) To be on the safe side

(c) To make it look more fashionable　(d) To make it more interesting

(e) To think in a different way

［2］ 文中の下線部イが指す内容として，最も適切なものを選びなさい。

(a) Millions of cars are produced.
(b) Nobody buys the car.
(c) The customers are making a mistake.
(d) The study and development takes them five years.
(e) They don't know what's good for them.

［3］ 文中の下線部ウはどのような意味か。最も近いものを選びなさい。

(a) The customer can control the future of a free market but not tell whether a product sells well or not.
(b) The customer has the right to decide if a company can make money.
(c) The customer is smarter than university professors and experts in choosing a product.
(d) The customer plays the most important role in deciding whether a product is good or not.
(e) What the customer says about a product is as important as what professors and experts say.

［4］ 文中の｛ ｝内の語句を並べかえて意味の通る文にしたい。最も適切なものを選びなさい。

Nobody has｛1 **customers** / 2 **wrong** / 3 **the authority** / 4 **to** / 5 **that** / 6 **they** / 7 **are** / 8 **tell**｝.

(a) 1－4－8－3－5－6－7－2　(b) 3－4－8－1－5－6－7－2
(c) 4－8－1－5－6－7－2－3　(d) 4－8－3－1－5－6－7－2
(e) 4－8－3－5－6－7－2－1

［5］ 文中の下線部エを言い換えた場合，最も適切なものを選びなさい。

(a) chickens that can provide more meat
(b) cows that can provide dairy farmers with more milk
(c) farm animals that can provide people with much cheaper meat and milk
(d) faster-growing farm animals that may hurt people
(e) pigs that grow faster on the farm

［6］ 文中の下線部オはどのような意味か。最も近いものを選びなさい。

(a) the amount of money that the company makes
(b) the best thing that the company produces
(c) the cheapest thing that the company sells
(d) the part of something that is not usually seen
(e) the worst thing that you have to think of

［7］ 文中の下線部カを言い換えた場合，最も適切なものを選びなさい。

(a) no one can tell them that they are wrong.
(b) no one knows they are wrong.
(c) someone can say that they are wrong.
(d) someone has to tell them that they are wrong.
(e) you can say that they are wrong.

［8］ 以下の英文を文中の---[i]---から---[v]---までのどこか1か所に入れる場合，最も適切な場所を選びなさい。

A long time ago, people believed that outside authority was more important than themselves.

(a) ---[i]---　(b) ---[ii]---　(c) ---[iii]---
(d) ---[iv]---　(e) ---[v]---

［9］ 下線部の発音が全て異なる組を1つ選びなさい。

(a) feeling field meaning
(b) like price right
(c) cheap create heavy
(d) bone bottom product
(e) cow global only

［10］ 文中の日本語を英語に直しなさい。ただし，What ではじめ，文中に true を使うこと。

［11］ もしあなたが文中の “a teacher” の立場だったら，［キ］では何と言いますか。3語から5語で表現しなさい。

Ⅲ 次の会話文を読み，設問に答えなさい。

Three students are preparing for a history examination.

Anne : Oh, dear! We have a lot of questions to review for our history exam.

Bill : Yes, we do, but we're almost finished. We only have two questions (1).

Chris : Only two more questions? ［ i ］ Let's get going on them, and we'll be finished preparing for this exam soon. Now, what's the next question on the study list?

Anne : The next question on the study list asks about famous historical places on the Outer Banks.

Chris : The Outer Banks? Where are the Outer Banks?

Bill : Look at the map in the book. The Outer Banks are a series of islands stretching along the coast of North Carolina.

Anne : Now, the question asks about famous historical places on the Outer Banks. ［ ii ］

Bill : Let's see. There's the Lost Colony on Roanoke. Can you see Roanoke Island on the map? That was where the Lost Colony was located. And . . .

Chris : ［ ア ］ The Lost Colony? What was the Lost Colony?

Bill : Well, the Lost Colony was the group of settlers from England that landed on Roanoke Island in 1587. When a supply ship returned there three years later, the colonists had disappeared. To this day, ［彼らに何が起こったのかは，誰もわからない］.

Anne : Okay, I think Roanoke Island is one good answer to a question about famous historical places on the Outer Banks. Now, how about Ocracoke Island? Isn't Ocracoke Island famous for something?

Chris : (2) I know about Ocracoke Island is that it's where Blackbeard had his hideout.

Bill : Blackbeard, the pirate?

Chris : Yes. Blackbeard had his hideout on Ocracoke Island, early in the eighteenth century. He (3) up and down the coast from his hideout on Ocracoke and attack ships and steal their goods.

Anne : Okay, so we've got historical places on Roanoke Island and Ocracoke Island for answers to the question. Can you come up with any other historical places on the Outer Banks?

Bill : (4) the Wright brothers? Didn't they make their flights on the Outer Banks?

Chris : Yes, it was at Kill Devil Hill, outside of Kitty Hawk, that the Wright brothers made their flights.

Bill : On December 17, 1903, they managed to get a power-driven plane in the air, for just a short time. But the plane was flying.

Chris : Their first flight was only 12 seconds long. They tried four flights on the same day, and by the end of the day, they got the plane to stay up for fifty-nine seconds, (5) a full minute.

Anne : Okay. I think we have enough information to answer that question. We've got historical places on Roanoke Island, Ocracoke Island, and Kitty Hawk.

Bill : [iii] Why don't we leave the question on the Outer Banks and move on to another question ?

Chris : That's great! There's only one more question on our study list. After we finish that question, we'll be done (6) the list.

問1 本文の内容に合うように，それぞれの(　)に入る最も適切なものを選びなさい。

1. The three students (　　　　).
 (a) are learning about the Outer Banks on the list of historic places
 (b) are studying the Lost Colony, Blackbeard, and the Wright brothers for a discussion
 (c) will draw maps of Roanoke Island, Ocracoke Island, and Kill Devil Hill for an examination
 (d) will learn about many things other than the Outer Banks
 (e) will learn about some other places on the Outer Banks after talking about the Wright brothers

2. The people of the Lost Colony (　　　　).
 (a) came a long way from Europe
 (b) disappeared a century after their arrival
 (c) helped Blackbeard hide on Ocracoke Island
 (d) used their ship to attack other ships and steal from them
 (e) were finally found in England

3. The Wright brothers (　　　　).
 (a) didn't make their flights
 (b) got a power-driven plane in the air and flew for a few minutes
 (c) grew up at Kill Devil Hill on the Outer Banks
 (d) succeeded a few times in flying their plane on December 17, 1903
 (e) were the first to fly to North Carolina

問2 文中の(1)～(6)に入る最も適切なものをそれぞれ選びなさい。

(1) (a) coming (b) going (c) gone (d) to come (e) to go
(2) (a) All (b) And (c) But (d) Every (e) If
(3) (a) used moving (b) used to move (c) used to moving (d) was used to move (e) was used to moving
(4) (a) If not (b) If only (c) What about (d) What if (e) Why not
(5) (a) a few seconds under (b) almost (c) exactly (d) hardly (e) only
(6) (a) at (b) for (c) in (d) on (e) with

問3 次の[1]，[2]について，最も適切な組み合わせをそれぞれ選びなさい。

[1] ア. Kitty Hawk イ. Ocracoke Island ウ. Roanoke Island
 1. Blackbeard 2. Lost Colonists 3. Wright Brothers

	(a)	(b)	(c)	(d)	(e)
ア	1	2	2	3	3
イ	2	1	3	1	2
ウ	3	3	1	2	1

［2］ ア．sixteenth century　イ．eighteenth century　ウ．twentieth century
1．Blackbeard　2．Lost Colonists　3．Wright Brothers

(a)	(b)	(c)	(d)	(e)
ア：1	ア：2	ア：2	ア：3	ア：3
イ：3	イ：1	イ：3	イ：1	イ：2
ウ：2	ウ：3	ウ：1	ウ：2	ウ：1

問4　文中の［ i ］～［ iii ］に以下の1～3を入れる場合，最も適切な組み合わせを選びなさい。

1　Can you come up with any?　2　I agree.　3．That's great.

(a)	(b)	(c)	(d)	(e)
i：1	i：2	i：2	i：3	i：3
ii：3	ii：1	ii：3	ii：1	ii：2
iii：2	iii：3	iii：1	iii：2	iii：1

問5　もしあなたがChrisだったら，文中［ ア ］では何と言いますか。適切な文を1つ書きなさい。文の語数は2語または3語とし，必要に応じて句読点等(．,?!など)をつけること。ただし，句読点等は語数に含めない。

問6　文中の日本語を英語に直しなさい。

【数　学】（50分）〈満点：100点〉

（注意）1．解答欄に「計算」とある問については，計算の過程(式の変形や考え方)もわかりやすく簡潔に書くこと。

2．答えに根号を含む場合は，根号の中の数はできるだけ小さな自然数にして答えること。分数の場合は，それ以上約分できない形で答えること。また，分母に根号がない形で答えること。

1 次の各問に答えよ。

問1．次の連立方程式を解け。

$$\begin{cases} 0.2x+\dfrac{3}{5}y=\dfrac{9}{70} \\ \dfrac{1}{3}(0.5x-0.3y)-0.1=\dfrac{5}{28} \end{cases}$$

問2．下図のように，放物線 $y=x^2$ 上の点 $P(a,\ a^2)$ を中心とする半径1の円が直線 $y=3$ と2点で交わっていて，その交点がA，Bである。AB=1 であるときの点Pの y 座標をすべて求めよ。ただし，$a \geqq 0$ とする。

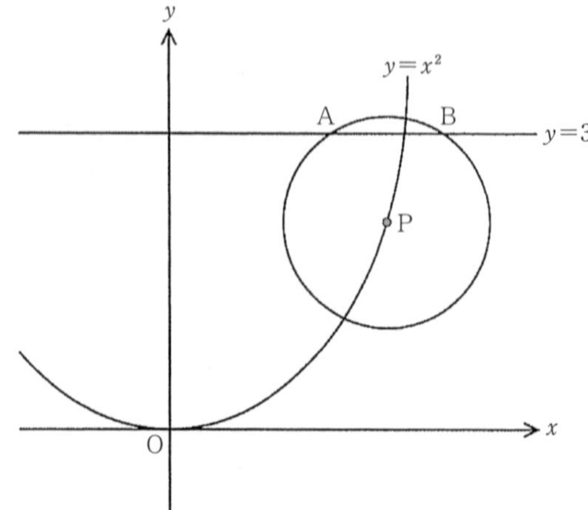

問3．$a=\dfrac{2-\sqrt{2}}{\sqrt{2}}+\dfrac{3-\sqrt{6}}{\sqrt{3}}+\dfrac{4-\sqrt{12}}{\sqrt{4}}+\dfrac{5-\sqrt{20}}{\sqrt{5}}+\dfrac{6-\sqrt{30}}{\sqrt{6}}+\dfrac{7-\sqrt{42}}{\sqrt{7}}$ とするとき，次の各問に答えよ。

(1) $(a+1)^2$ の値を求めよ。

(2) $(2a+1)\left(\dfrac{1}{2}a-2\right)$ の値に最も近い整数を求めよ。

2 下図のような半径2の円Oに外接する正方形ABCDがある。円Oと3辺AB，BC，DAとの接点をそれぞれE，F，Gとおく。四角形OEBFを，点Oを中心に時計回りに30°回転させた四角形をOPQRとする。また，線分RQと線分ABの交点をSとし，線分PQと線分ABの交点をTとする。

次の各問に答えよ。

問1．線分RSの長さを求めよ。

問2．五角形OPTSRの面積S_1を求めよ。

問3．線分AG，AT，PTおよび弧GPで囲まれた斜線部の面積S_2を求めよ。

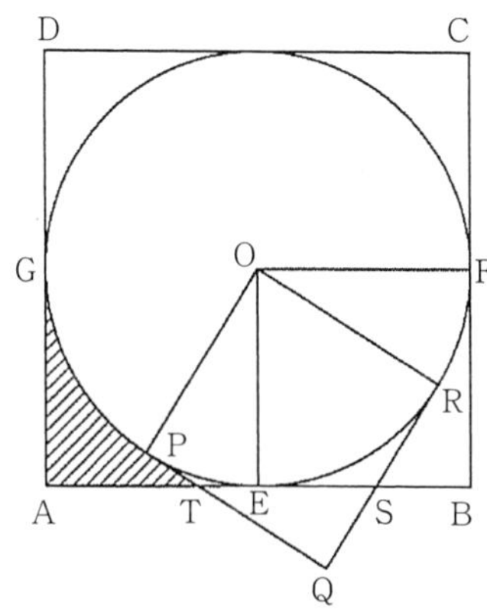

3 数aに対して，$D(a)$を次のように定める。

$a \geqq 0$のとき$D(a)=a$

$a<0$のとき$D(a)=-a$

たとえば，$D(-\sqrt{2})=\sqrt{2}$，$D(3)=3$である。

次の各問に答えよ。

問1．$D(4\sqrt{3}-7)$の値を求めよ。

問2．$D(4x-3)=1$をみたすxの値をすべて求めよ。

問3．$D(4x-3)=x^2$をみたすxの値をすべて求めよ。

4 1つのさいころを5回続けて投げ，出た目の数を順にx_1，x_2，x_3，x_4，x_5とする。

次の各問に答えよ。

問1．$x_1-x_2+x_3-x_4+x_5=0$かつ$x_2+x_4=5$となる目の出方は何通りあるか求めよ。

問2．$x_1-x_2+x_3-x_4+x_5=-7$となる目の出方は何通りあるか求めよ。

問3．座標平面上に点P$(x_1-x_2,\ x_3-x_4+x_5)$をとったとき，線分OPの長さが1となる目の出方は何通りあるか求めよ。ただし，点Oは原点とする。

（井波律子「幸田文と身体感覚」による）

※一部仮名遣い等を改めた。

問1　傍線部1「幸田露伴」の作品を次の中から選んで記号で答えなさい。

ア　『金色夜叉』　　イ　『浮雲』　　ウ　『五重塔』　　エ　『舞姫』

問2　傍線部2「無意識のうちに「文章修行」を積んだ」とはどのようなことを述べているのか。本文中の語句を用いて五十字以内で答えなさい。

問3　傍線部3「作家としてみた場合、露伴の身体感覚の原形質のまわりには、書物から得たおびただしい知識が鬱蒼（うっそう）とからまっているけれども、幸田文の場合はその感覚が原形質のまま、すっきり磨きぬかれて突出しているようにみえる」とあるが、これと同様に「露伴」と「幸田文」の作家としての特質を対比的に述べている一文を探し、その始めの五字を抜き出して答えなさい。

問4　空欄［Ⅰ］～［Ⅳ］に入るべき語句を次の中から選んで記号で答えなさい。

ア　よくもあしくも　　イ　しかも
ウ　あっけらかんと　　エ　もっとも

問5　空欄［A］（三箇所）に入るべき語を次の中から選んで記号で答えなさい。

ア　勁（つよ）さ　　イ　柔らかさ　　ウ　賢さ　　エ　煌（きら）びやかさ

問6　「幸田文」の作品の特徴は彼女のどのような態度から生じていると筆者は述べているか。「～態度」に続くように、本文中の二十五字以内の箇所を抜き出して答えなさい。

問7　傍線部①～⑤の漢字の読みをひらがなで答えなさい。

ふとった胴体の癖に軽快なこなしであった。

（「水」『あとみよそわか』所収）

この動作の間合いやリズムは、まさしく露伴の文体そのものである。幸田文は、こうして露伴の身体感覚を鋭く感受し、習練を重ねることによって、2無意識のうちに「文章修行」を積んだように思われるのだ。ただ、3作家としてみた場合、露伴の身体感覚の原形質のまわりには、書物から得たおびただしい知識が鬱蒼とからまっているけれども、幸田文の場合はその感覚が原形質のまま、すっきり磨きぬかれて突出しているようにみえる。

たとえば、露伴も幸田文も樹木が好きだ。［Ⅱ］露伴は「望樹記」にみえるとおり、馬鹿っ木と呼ばれる「とねりこ」に魅かれ、幸田文は檜になれない役立たずの「アテ」に魅かれる（「ひのき」『木』所収）というふうに、いずれも可哀想な③半端物に執着する。こうして志向はぴったり一致しているのに、露伴はあくまで樹木を「樹」と書き、幸田文は断固として「木」と書きつづける。「樹」という字面から鬱蒼とした雰囲気が立ちのぼるのに対し、「木」には、もやもやした一切を潔癖にそぎおとして屹立するイメージがある。

父のもっとも原形的な身体感覚をきっぱり受けとめ「木」を愛する娘は、「樹」を愛する大いなる父と緊迫感をもって対峙しつづけ、その終焉を見届けた。露伴という人は、［Ⅲ］生粋の東京者で、とめどなく気難しく底意地がわるくなったかと思うと、次の瞬間には嘘みたいに［Ⅳ］やさしくなる。無限に意地悪く無限にやさしい父幸田露伴は、気迫をもってそんな父と張り合いながら「献身」しつづけた娘にこう別れを告げる。

仰臥し、左の掌を上にして④額に当て、右手は私の裸の右腕にかけ、「いいかい」と云った。つめたい手であった。よく理解できなくて黙っていると、重ねて、「おまえはいいかい」と訊かれた。「はい、よろしゅうございます」と答えた。あの時から私に父の一部分は移され、整えられてあったように思う。うそでなく、よしという心はすでにもっていた。手の平と一緒にうなずいて、「じゃあおれはもう死んじゃうよ」と何の表情もない、穏かな目であった。私にも特別な感動も涙も無かった。別れだと知った。「はい」と一ト言。別れすらが終ったのであった。

（「終焉」）

「木（娘）」が大いなる成長を遂げ、ゆるがぬ［A］をもったことを確信した「樹（父）」は穏やかにすべてをゆだねて去って行く。なんというみごとな父娘のけりのつけ方だろう。

考えてみると、幸田文は血縁の死と向き合いつづけてきた人である。六歳のときに母と死別、その二年後、露伴が愛してやまなかった姉歌子が死に、二十二歳のとき、弟成豊が結核で死んだ。幸田文は父の再婚相手を「はは」と記し「母」とは記さない。露伴はこの「はは」と不仲でありイザコザが絶えなかった。「二人ともに思考する人間特有の冷淡さははっきり有ってい、かりそめの争いにもその冷淡さだけは子供にさえよく伝わって理解された」（「かたな」『みそっかす』所収）と、幸田文にはその⑤収拾不能の葛藤の構図を、愛憎を越え、しーんとした冷静さで見ぬく［A］があった。しかし弟の成豊にはその［A］はさらになく、やがて心身ともに蝕まれ深く病んでゆく。幸田文はこうして死に至る病に冒された弟を、ひたすら看病しぬいたのだった。

幸田文は、弟の死に立ち会い父の終焉を見届ける役割を担い、看病という具体的行為を通して、人の死の裸形の貌をまざまざと見た。彼女は人の死すら、身体感覚によって受けとめたのである。露伴の死後、書く人となった幸田文の作品にみられる、独特のくっきりとした具体性、感受性の異様な鋭さは、こうしてすべての事象を直接的な身体性を通して、受けとめるところから来ている。露伴が意識的に頭脳宇宙と身体宇宙の一致をめざしたとすれば、幸田文にとって無意識のうちに身体宇宙がすなわち頭脳宇宙なのである。露伴は、未成の作家幸田文に雑巾がけや料理から重病人の看護まで、ありとあらゆる身体感覚の鍛錬をほどこした。その意味で、作家幸田文は、露伴最大の傑作にほかならないといえよう。

問4　空欄[A]・[B]に入るべき語句の組み合わせとして適切なものを次の中から選んで記号で答えなさい。

ア　A＝恣意　B＝不可避　イ　A＝本能　B＝良心
ウ　A＝相対　B＝必然　エ　A＝根源　B＝短絡

問5　傍線部4「文学研究が「文化研究」や「歴史主義」へと向かった」のはどのような考えによるのか。それを述べている六十五字以内の箇所を本文中から探し、その始めと終わりの五字を抜き出して答えなさい。

問6　傍線部5「秘儀」の内容として最も適切なものを次の中から選んで記号で答えなさい。

ア　作家・作品の価値を「えらいものはえらいのだ」という権威的な同語反復によって見積もること。
イ　七〇年代のメタフィクション、八〇年代の多文化主義などの新しい思想を取り入れて文学を研究すること。
ウ　「ポリティカル・コレクトネス」・「キャノン（正典）の見直し」といった概念で研究を再燃させること。
エ　アメリカ本国の研究者たちが、もはや文学史を一人で書くことなどあり得ないといった態度をとっていること。

問7　傍線部①〜⑤のカタカナを漢字に直しなさい。

二

次の文章を読み、あとの問いに答えなさい。

1幸田露伴は儒家の古典から西洋の釣りの解説書まで、万巻の書を読破した博学多識の「大文豪」だが、けっして頭脳宇宙に自足していた人ではない。釣りや山歩きを好んだのはいわずもがな、新しい物にも目がなく、明治三十年代末にすでに自転車に乗りカメラを手にする、とびきりの「ハイカラ実践派」でもあった。露伴は何事につけ自分の身体を動かし、実際にやってみないと気がすまないのだ。

初期の随筆集『折々草』に収められた「わが失敗」には、そんな露伴の姿が鮮明に映し出されている。病みあがりのある日、ふと木工細工がしたくなる。文箱・文机・煙草盆等々、りっぱに仕上がった自分の作品が目に浮かぶ。それにはまず道具だ。ところが準備万端取り揃え、いざ鉋をかける段になると、なんとぜんぜん動かない。これから露伴の鉋との格闘が始まる。鉋の刃を砥にあてて磨くうち、砥じたいの歪みに気づき、今度はこれを直すことに精根傾ける。物事のプロセスを重視して、けっして手抜きはしないのである。

木工は強情な鉋がなかなか言うことをきいてくれず、うまくいかなかったけれども、なにしろアイディアマンだから、めずらしいアルコール飲料を作ったこともある。脱脂乳に砂糖と少量のイーストをまぜ発酵させた「クミス」という飲料で、これを飲むと病弱者は元気になり、健康な者にとっても「慰藉的或いはレフレッシユメントに適する」（「炉辺漫談」）と、露伴は大満悦であった。こんなところは、露伴が大いに好んだ宋代の大詩人蘇東坡によく似ている。蘇東坡は多才多芸の人で酒造りもした。[I]蘇東坡の酒造りは失敗に終わり、飲んだ人ははげしい下痢に悩まされたのだが。後年、露伴は酒問屋に①嫁いだ幸田文にも自慢の「クミス」の製造販売を勧めたが、実現はしなかったらしい。

つまるところ露伴は、読書をしたり原稿を書いたりするときに頭をはたらかせるのと同じ比重を、日常生活における身体の動きに置いた。露伴にとって頭脳宇宙と身体宇宙がピッタリ重なることが理想だったのである。周知のごとく、幸田文は十五、六のときから露伴に徹底的に家事を仕込まれた。たとえば拭き掃除。露伴はまず娘に②雑巾がけをさせたあと、自分でやって見せ、彼女に自らの未熟さを実感させる。その情景を幸田文はこう書いている。

白い指はやや短く、ずんぐりしていたが、静かな神経が漲ってい、すこしも畳の縁に触れること無しに細い戸道障子道をすうっと走って、柱に届く紙一ト重の手前をぐっと止る。その力は、硬い爪の下に薄くれないの血の流れを見せる。規則正しく前後に移行して行く運動にはリズムがあって整然としてい、ひらいて突いた膝ときちんとあわせて起てた踵は上半身を自由にし、私が研究者になろうと思ったのは、そんな時代だった。大学に入ったのは一九九〇年で、まだ牧歌的な空気が漂っていたと思うのだが、これは私がいささか呑気（のんき）だっただけかもしれない――大学院に進んでみると、「ポリティカル・コレクトネス」とか「キャノン（正典）の見直し」といった言葉を頻繁に耳にして④トマドうことになったのだから。研究者の卵にとってとりわけ「問題」だったのは、多文化主義を背景とした八〇年代の「キャノン戦争」の結果、「アメリカ文学史」に属するとされる作家たちのラインナップが不鮮明になったことである。研究者としてのトレーニングを積むために「えらい」作家たちの作品をいよいよ本格的に読まねばと思っていたところで、2何が「えらい」のかわからなくなってしまったのだ。

いまになってわかるのは、「アメリカ文学研究」という学問⑤リョウイキが、この時期に危機を迎えたということである。そして3その危機は今日に至るまで続いている。強調しておけば、「アメリカ文学研究者」を名乗る人間は現在も大勢いるし、個々のアメリカ作家の研究は精緻化し、総体としては質量ともに、四半世紀前と比べて明らかに充実しているといっていい。だが、この「精緻化」は、何が「えらい」のかを問わないことによってもたらされた「蛸（たこ）壺（つぼ）化」でもある。

アメリカ文学研究の精緻化／蛸壺化の流れは、アメリカ本国の研究者たちが、もはや文学史を一人で書くことなどあり得ないといった態度をとっていることにわかりやすくうかがえるところだが、ここで想起したいのは、八〇年代以降の研究者が「文化研究」と「歴史主義」に向かったという事実である。「文学」の内側にとどまっていても、何が「えらい」のかはっきりしない。ならば、はっきりした参照枠を「文学」の外部に求めよう――というわけだ。これは「真理」を目指す「研究者」としては、ほとんど［ A ］的な、あるいは［ B ］的とさえ見なし得るスタンスであるだろうし、それによって「研究」が深まったことは間違いない。ある「文化」や「歴史」を調べ、それを作品と照らし合わせればそれなりのことがわかるのだから、労力さえつぎ込めば誰にでもできる。皮肉抜きにいって、このように「誰にでもできる」ようになってはじめて、ある学問分野が成熟したということになるはずだ。

だが、その「成熟した学問分野」とは何なのか。極端な話、現在ではフォークナーを（あるいはナサニエル・ホーソーンやヘンリー・ジェイムズやトマス・ピンチョンを）まともに読んだことがなくても「アメリカ文学研究者」を名乗ることができる。しかし、フォークナーを読まなくてもアメリカ文学研究者になれるというとき、「アメリカ文学研究」という学問リョウイキがどうして存在しなくてはならないのか、という問いに答えるのは難しいだろう。そしてその問いに答えられないのなら、そもそも「文学」自体がどうして存在しなくてはならないのか、という問いにも研究者は答えられなくなる。「研究」という名の下に、何が「えらい」のかを問わずにいると、「文学」自体の「えらさ」が見失われてしまうのだ。4文学研究が「文化研究」や「歴史主義」へと向かったことが、文学研究を5秘儀から解放し、その社会的意義をアピールせねばならないという意識と連動していたことは疑いないが、それはいわゆる「文学離れ」に歯止めをかけるどころか、むしろそれを追認することになりかねないのである。

（諏訪部浩一「フォークナーはえらい」による）

問1 傍線部1「えらい」という判断が可能なのはなぜか。本文中の語句を用いて六十字以内で答えなさい。

問2 傍線部2「何が「えらい」のかわからなくなってしまったのだ」とあるが、従来はどのような立場から「えらい」とされてきたのか。それを端的に述べている箇所を本文中から探し、十字以内で抜き出して答えなさい。

問3 傍線部3「その危機は今日に至るまで続いている」とあるが、「危機」とはどのようなことを指しているのか。「～こと」に続くように、本文中の二十五字以内の箇所を抜き出して答えなさい。

二〇二〇年度 早稲田大学本庄高等学院

【国　語】（五〇分）〈満点：一〇〇点〉

一　次の文章を読み、あとの問いに答えなさい。

他の国の文学を専攻している方々の場合がどうであるのかはわからないのだが、日本におけるアメリカ文学研究者の――少なくとも、その一部の――会話においては、作家や作品を指す表現として、「1えらい」という言葉が使われることが（まだ）ある。例えば「アメリカ文学でいちばん「えらい」のはハーマン・メルヴィルだといってもいいけど、フォークナーは二〇世紀作家だし、同列に考えるわけにはいかないよね」とか、「きみは『響きと怒り』と『アブサロム、アブサロム！』ではどっちが「えらい」と思っているの？」というように。

これらの例にもあらわれているように、「えらい」という言葉は、ある作家や作品に対する評価が「比較」に基づいているという事実を、露出させがちであると思う。アメリカ小説について語る際に「えらい」という言葉が口にされやすいとすれば、それはおそらく、アメリカ文学の歴史があまり長くないため、文学史の全体に目を配ることが比較的容易にできてしまうためなのだろう（同じ「英語文学」の専門家でも、長い歴史を持つイギリス文学の研究者は、『カンタベリー物語』と『ユリシーズ』のどちらが「えらい」のか、考えようともしないのではないだろうか）。事実、というべきか、アメリカの作家には、同世代のライバルたちはもとより、自国文学の「伝統」を意識する傾向が強いように思われる。フォークナーにしても、生前のインタヴューにおいては、メルヴィルやマーク・トウェインといった「えらい」①センダツの名をしばしば口にしていたものである。

しかしながら、今日的な観点からすれば、「えらさ」をうんぬんするというのは、なかなか問題含みの姿勢である。作家や作品に関して「AとBではどちらが「えらい」のか」といった形で語ってしまうことについては、個性を尊ぶこのご時世、いかがなものかと思う向きが多いだろう。また、そもそも「えらさ」というものを客観的に見積もることが難しい。「えらいものはえらいのだ」という権威的な同語反復が大手を振ってまかり通っていたのは、せいぜいフォークナーが世を去る頃までの話なのだ。

状況証拠として、アメリカの文壇で長らく流通していた「偉大なアメリカ小説」というフレーズをめぐる歴史を簡単に振り返ってみよう。この言葉は、十九世紀後半、アメリカが南北戦争を経てようやく国家として安定した頃に使われるようになった。経済的な成長を急速に遂げたアメリカは、それゆえに文化的劣等感を抱き、それを②コクフクせねばならぬと思ったのである。「偉大なアメリカ小説」を求める声は、フォークナーが全盛期を迎える一九三〇年代頃まではしきりとあげられていたが、その後は沈静化し、短いながらもそれなりの「文学史」ができあがった六〇年代にはほとんど完全に消えてしまう。南北戦争から一世紀を経て、アメリカ文学・文化も一応の成熟を③ハたしたということで、大声を出す必要がなくなったわけである。

もっとも、この文学的・文化的な「成熟」は、「偉大なアメリカ小説」概念の衰退を説明する一要素にすぎない。より大きな文脈としては、公民権運動や対抗文化の高まりといった時代の変化をあげるべきだろう。それまで認められていた「えらさ」とは、結局は体制側、つまり白人男性中心主義の観点から見た「えらさ」にすぎないのではないかという自己批判が起こったのである。そうなると、そもそも「えらさ」を口にすること自体がおかしいということになり、さらには小説家の方も、自分の作品の「えらさ」をあからさまに脱構築するような作品を書いていくことになる。かくしてポストモダンの時代、七〇年代にはいわゆるメタフィクションが流行し、八〇年代には多文化主義が主流になった――日本は一〇年ほど遅れて、そうした傾向に追随していくことになる。

英語解答

I ［1］ (c)　［2］ (d)　［3］ (d)
［4］ (d)　［5］ (b)　［6］ (d)
［7］ (c)　［8］ (c)　［9］ (c)
［10］ (a)

II 問1 (1)…(c)　(2)…(b)　(3)…(d)
問2 ［1］…(a)　［2］…(a)　［3］…(a)
［4］…(c)　［5］…(a)
問3 ［1］…(b)　［2］…(b)　［3］…(d)
［4］…(b)　［5］…(c)　［6］…(a)
［7］…(a)　［8］…(d)　［9］…(c)
［10］ What is true of〔for〕 cars is also true of〔for〕 all the other products.
［11］ (例)(how) to think for themselves

III 問1 1…(d)　2…(a)　3…(d)
問2 (1)…(e)　(2)…(a)　(3)…(b)　(4)…(c)
(5)…(b)　(6)…(e)
問3 ［1］…(d)　［2］…(b)
問4 (d)
問5 (例)Wait a minute〔moment〕!
問6 Nobody knows what happened to them.

（声の教育社　編集部）

I 〔適語(句)選択〕

［1］already「すでに」とあるので，‘現在の状態’を表す現在形を選ぶ。文の主語はAn expert smartphone userなので3人称単数。　「あなたのような専門的な知識のあるスマートフォン利用者であればこのアプリの使い方はすでにご存じでしょうから，もう一度説明するつもりはありません」

［2］A：長いことティムと連絡をとってないな。彼は最近どうしているんだろう？／B：彼が今どうしているかよくわからないけど，便りがないのは良い便り，って言うからね。∥主語のnews「知らせ，便り」は‘数えられない名詞’で単数扱い。

［3］goは自動詞なので，「～へ行く」というときには前置詞としてtoが必要。また，next month「来月」から未来の文とわかる。will be ～ingの未来進行形は，「～することになるだろう」と‘確定的な未来の予定’を表せる。　「ベンは，今はこの町の地元の学校に通っているが，両親の仕事の都合で，来月には違う学校に通うことになるだろう」

［4］on ～ingで「～するとすぐに」。完了形にする必要はない。　「空港に着くとすぐに，彼は友人に電話をかけた」

［5］‘It is ～ to …’「…するのは～だ」の形式主語構文。　「あれらの事故の原因を見つけるのは困難だ」

［6］食事の予約をしているとあるので，急いだ方がよいとせかしていることがわかる。「～すべきだ，した方がいい」の意味を持つshouldが適切。　「急いで今すぐそのドレスのお会計をした方がいいと思うよ。私たちはランチの予約をしてるんだから」

［7］主語はThe theory「理論」なので，「受け入れられなかった」と受け身にする。theoryの後のthatは「～という」の意味で前の名詞の内容を説明する‘同格’の接続詞。　「地球が太陽の周りを回っているという理論は，最初のうちは受け入れられなかった」

［8］空所以下はrecipe「レシピ，調理法」にかかる関係詞節。‘物’を先行詞とする主格の関係代名詞を選ぶ。　「マークとトムは健康にいいものを調理したかったので，野菜を使った自分たちの国のレシピを探した」

[9] 文脈から「ほとんどない」という意味の単語が入るとわかる。information「情報」は‘数えられない名詞’なので，「(量が)ほとんどない」を表す little が適切。few は「(数が)ほとんどない」という意味。　「このパソコンには最重要機密といえるような情報はほとんど入っていないが，これを使う際には従業員は全員，自分のパスワードを入力する必要がある」

[10] ‘either *A* or *B*’「*A*か*B*かどちらか」を主語とする場合には，動詞は*B*に合わせる。　「本日，放課後に生徒会が重要な会議を開く。あなたかトムのどちらかが出席しなければならない」

Ⅱ〔長文読解総合─説明文〕

≪全訳≫❶ある自動車会社が完璧な車をつくることにしたとしよう。その企業はさまざまな分野の専門家を集めて会議を開く──最高のエンジニアとデザイナーを雇い，最も優秀な科学者と経済学者を集め，さらに人間の社会行動や人間の心理に詳しい人たちにアドバイスを求める。❷念のため，ノーベル賞受賞者を１人か２人，アカデミー賞をとった女優を１人，そして世界的に有名なアーティスト数名にもその開発チームに参加してくれるよう要請する。５年にわたる研究開発の後，世界に知られる完璧な自動車をつくりあげる。数百万台の車が生産され，世界中の自動車販売店に送り届けられる。ところが，誰もこの車を買おうとしない。これはつまり，顧客が間違っていて，自分たちにとって何が有益なのかわかっていないということなのだろうか。そうではない。自由市場においては，顧客は常に正しいのだ。顧客がそれを欲しくないというのであれば，それはすなわちその車には何の価値もないということなのだ。大学教授や専門家たちが皆，声を大にしてこれはすばらしい車だと主張しても，それは重要なことではない──顧客がそれを買わないと決めたのであれば，それは悪い車なのだ。顧客に対して彼らが間違っていると言う権利は誰にもないし，政府でさえ国民に自らの意思に反して特定の車を買わせようとすることなどできはしないのである。❸車について当てはまることは，他の全ての製品についても当てはまる。例えば，ウプサラ大学のリーフ・アンデション教授の意見を聞いてみよう。彼は従来よりも早く成長するブタなどの家畜動物や，従来よりもたくさんのミルクを出すウシや，骨に余分に多くの肉がついたニワトリをつくり出す方法を研究している。新聞のインタビューで，あるリポーターがアンデションと面会した。彼女は，そのような動物をつくり出すことは動物たちに多大な苦痛を及ぼすのではないかと言った。すでに今日，新たな方法でつくり出された乳牛は，ひどく重たい乳房を抱えているせいでうまく歩くことができず，一方，「アップグレードされた」ニワトリは立ち上がることすらできないと。アンデション教授はこんな回答をした。「全ては個々の顧客に，そしてその顧客が食肉に対していくらなら払うかという問題に帰結するのです。現代のニワトリなくしては，世界の食肉の消費量を今日のレベルに維持することは不可能だということを覚えておかねばなりません。もし顧客が我々に可能なかぎり安価な肉だけを求めるというのなら，それこそが顧客が手にする物なのです。顧客は自分たちにとって何が最も重要なのかを決めなければなりません──値段か，あるいは何か他の物なのかをね」❹アンデション教授は自分が研究で行っていることの価値を信じている。顧客が彼の新たにつくり出した動物製品を購入しているという事実が，彼が顧客のニーズと要望に応えており，彼が善行をなしていることを証明しているというわけだ。そのため，どこかの多国籍企業が自社製品の売れ行きが好調かどうかを知りたい場合には，自社の最終収益額を見るだけでよい。その会社が多額のお金を稼いでいるのであれば，それはつまり何百万人もの人々がその会社の製品を気に入っているということであり，すなわちその会社は皆のためになっているということになる。もし誰かが異議を唱えて，人間は間違った選択をする可能性もあると言うとしても，顧客は常に正しく，そして人間の感情こそが価値と権威の源であるということをすぐさま理解するだろう。何百万人もの人々が自由意志に基づいて選択してその会社の製品を購入しているのならば，彼らは間違っているとその人たちに対して言うことなど誰にできようか。❺最後に，人間中心主義の理念の隆盛により，教育システムもまた変化してきた。昔は，外の権威こそが自分自身よりも重要であると信じられていた。そのため，教育が重視したのは，しろと命じられたことをするように生徒たちに教え込むことや，聖典を暗記することや，古き伝統を学ぶことであった。教師が生徒に質問を提示し，生徒はガンジーやシェイクスピア，レオナルド・ダ・ヴィンチなどの歴史的人物がその質問に対してどう答えたかを思い出さねばならなかった。❻それとは対照的に，現代の人間中心主義的な教育は，自分の力で考えることを生徒に教えることの価値を信じている。ガンジーやシェイクスピア，レオナルド・ダ・ヴィンチが政治や芸術，経済についてどう考えていたかを知るのはいいことではある――だが，価値と権威の源は自分自身の内部にあるため，これらの事柄について自分がどう考えるかを知ることの方がはるかに重要なのである。教師にきいてみるといい――幼稚園でも，小中学校，高校でも，大学でもいい――その人が何を教えようとしているのかを。「そうですね」と彼女は答えるだろう。「私は子どもたちに歴史や数学や美術などを教えています…でも，何よりもまず，私が彼らに教えようとしているのは，(例)自分の力で考えることなのです」　それは常に成功するとはかぎらないが，それこそが人間中心主義的な教育が行おうとしているものなのである。

問1＜適語(句)選択＞(1)空所の後にand to the question of ～とあることから，前置詞toを含む表現が入ると判断できる(comes (　) to the individual customer and (comes (　)) to the question … という形)。アンデション教授はこの後，価格をはじめ最も重要なことを決めるのは顧客だ，と言っていることから，「全ては個々の顧客と顧客が食肉にいくらなら払うかという問題に戻る」，つまり，顧客のニーズに応えることの重要性を強調しているのだと考えられる。　(2)'ask＋人＋for＋物'で「〈人〉に〈物〉を求める，要求する」。　(3)第5，6段落では，昔と現在の教育手法について対比的に書かれている。外部の権威が重要だった昔との対比なので，現在の自分の力で考えることが重視されている教育では，価値と権威の源は「自分自身の中にある」のである。第4段落後ろから2文目に「人間の感情こそが価値と権威の源である」とあるのも大きな手がかりとなる。

問2＜英問英答＞[1]「筆者によれば，この自動車会社の完璧な車が全く売れないのはなぜか」―(a)「その車を見ても顧客はそれを買いたいという気分にならないから」　第2段落後半参照。[2]「なぜアンデション教授は，より早く成長する家畜動物やより多く肉のついたニワトリをつくり出すことによって，自分が正しいことをしていると考えているのか」―(a)「世界の肉の消費量は増加しており，顧客は低価格でより多くの肉を求めているから」　第4段落第1，2文参照。[3]「人々がある製品を買う場合に，その人たちは誤った選択をしていないと言えるのはなぜか」―(a)「人々は自分の感情を正しいと信じており，自分たちの買いたいものを自由に選んでいるから」　第4段落終わりの2文参照。　[4]「今日の教育システムと昔の教育システムの間の大きな違いは何か」―(c)「今日では，生徒たちは学校で学ぶとき，自分で考えるよう教わっている」第6段落第1文参照。　[5]「この文章の主題は何か」―(a)「今日，人々の自由意志はかつてないほど尊重されている」　第1～4段落では経済的側面から，第5，6段落では教育的側面から，物事の価値を決めるのは外的要因ではなく，人々に内在する自由意志であるということが述べられている。

問3＜総合問題＞

[1]＜語句解釈＞just in case「念のため」≒to be on the safe side「大事をとって」

[2]＜指示語＞前後の内容から，このitはnobody buys the carという直前の文の内容を受けていると判断できる。このようにitは名詞だけでなく，文の内容を受けることもできる。

[3]＜英文解釈＞下線部は「自由市場においては，顧客は常に正しい」という意味。商品が売れるかどうかは，物の本質的な価値に関係なく顧客がそれを好むか否かによって決まるという内容が続くことから，最も意味が近いのは，(d)「ある製品が良いかどうかを決定するにあたっては顧客が最も重要な役割を果たす」。

[4]＜整序結合＞Nobodyで始まる文と，even a governmentで始まる文がandでつながれているので，この2つの文は似た内容になると考えられる。authorityには「権限」という意味がある(the authority to ～で「～する権限」という意味になる)ので，hasの後にthe authority toを置いてNobody has the authority to ～「誰にも～する権限はない」とする。toの後は'tell＋人＋that＋主語＋動詞...'「〈人〉に～であると言う」の形でtell customers that they are wrongとまとめる。

[5]＜語句解釈＞such animals「そのような動物たち」は，2文前に挙げられたfaster-growing farm animals such as pigs, cows that produce more milk, chickens with extra meat on their bonesという3種類の動物を指す。これらはより効率的に食用部分を入手できるよう改良された動物の例である。この内容を最もよく表すのは，(c)「人々に，はるかに安く肉とミルクを供給できる家畜動物」。　'provide *A* with *B*'「*A*に*B*を提供する」

[6]＜語句解釈＞bottom lineとは，「(会社の)最終的な収益(または損失)額」のことだが，この意味を知らなくても，この後に続く「利益が上がっていれば，多くの人がその商品を気に入っているといえる」という内容から，会社がもうかっているかどうかを表すものだと推測できる。最も近い意味を表しているのは，(a)「会社が稼いだお金の総額」。

[7]＜英文解釈＞下線部を直訳すると「彼らが間違っていると彼らに言うとは，あなたはいったい誰なのか」となるが，これは「そんなことが誰にできようか，いや誰にもできない」という疑問詞を用いた反語表現である。これと最も近い意味を表すのは，(a)「誰も彼らに彼らが間違っていると言うことはできない」。

[8]＜適所選択＞補う文は「昔は自分自身よりも外部の権威の方が重視されていた」という意味で，これは昔と現在の教育理念の違いを対比した第5，6段落の内容と関係が深いと考えられる。第6段落が「対照的に，現代の教育では～」と始まることから，昔のことについて述べた第5段落のivに補うと，この文がivの直後にある「こういう理由で，教育が重視したのは～」のthis reasonが指す内容となり，話がつながる。

[9]＜単語の発音＞

(a) feeling[iː]　field[iː]　meaning[iː]
(b) like[ai]　price[ai]　right[ai]
(c) cheap[iː]　create[iei]　heavy[e]
(d) bone[ou]　bottom[ɑː]　product[ɑː]
(e) cow[au]　global[ou]　only[ou]

[10]＜和文英訳―完全記述＞文頭にくるWhatを先行詞を含む関係代名詞のwhat「～なこと，物」として用いる。be true of〔for〕～で「～に当てはまる」という意味なので，主語となる「車について当てはまること」はWhat is true of carsと表せる。この後にこの主語を受ける動詞句としてもう一度is true of〔for〕を続けるが，今度は「～についても当てはまる」なので，alsoをbe動詞isの前に置く。「他の全ての製品」は，自動車を除く他の全ての製品，ということなので，the other ～「(ある物に対して)残り全部の，その他全ての～」を用いてall the other

products とする。

[11]<適語句補充>外部にある権威に従うことを重視した昔の教育と違い，現代では個々人の意見や意志を尊重すると述べた段落のまとめとなる。この段落の第１文に現代の人間中心主義の教育は to think for themselves「自ら考えること」を生徒に学ばせることを重視しているとある。この部分をそのまま補って‘teach＋人＋to ～’「〈人〉に～することを教える」の形にするか，または how を加えて‘teach＋人＋how to ～’「～の仕方を教える」としてもよい。

Ⅲ〔長文読解総合―会話文〕

≪全訳≫❶３人の学生が歴史の試験のための準備をしている。❷アン(Ａ)：ああ，大変！　歴史の試験のために復習しなきゃいけない問題がこんなにあるなんて。❸ビル(Ｂ)：そうだね，でももうほとんど終わってるよ。あと２問残ってるだけだからね。❹クリス(Ｃ)：あと２問だけ？　ⅰそれはいいね。それらに取りかかろう，そうすればすぐにこの試験の準備は終わるよ。さて，学習リストに載ってる次の問題は何？❺Ａ：学習リストの次の問題はね，アウターバンクスにある有名な史跡について尋ねているわ。❻Ｃ：アウターバンクス？　アウターバンクスってどこにあるの？❼Ｂ：この本にある地図を見て。アウターバンクスはノースカロライナの海岸沿いに広がっている諸島だよ。❽Ａ：それでね，この問題はアウターバンクスにある有名な史跡についてきいてるの。ⅱあなたたちは何か思いつく？❾Ｂ：そうだなあ。ロアノークには「失われた植民地」があるよね。この地図にロアノーク島があるのがわかる？　そこが「失われた植民地」のあった場所だよ。それから…❿Ｃ：(例)ちょっと待って！　「失われた植民地」だって？　「失われた植民地」って何のこと？⓫Ｂ：えっとね，「失われた植民地」っていうのは1587年にロアノーク島に上陸したイングランドから来た入植者の一団のことだよ。物資の補給船が３年後にそこに戻ってきたときには，植民地の人たちは姿を消していたんだ。今日に至るまで，彼らに何が起こったのかは誰にもわかっていないんだよ。⓬Ａ：いいわね，ロアノーク島はアウターバンクスにある有名な史跡について問う問題に対する立派な答えの１つだと思うわ。じゃあさ，オクラコーク島についてはどう？　オクラコーク島は何かで有名じゃないのかな？⓭Ｃ：僕がオクラコーク島について知ってることといったら，黒ひげが隠れ家を持っていた場所だってことくらいかな。⓮Ｂ：黒ひげって，海賊の？⓯Ｃ：そうだよ。黒ひげは自分の隠れ家をオクラコーク島に持ってたんだ，18世紀初頭のことだね。彼は昔，オクラコークにある自分の隠れ家を拠点として海岸線をうろつき，船を襲っては品物を強奪していたんだ。⓰Ａ：わかったわ，じゃあロアノーク島とオクラコーク島にある歴史的な名所がこの質問に対する答えになるわね。アウターバンクスにある史跡を他に何か思いつける？⓱Ｂ：ライト兄弟はどうかな？　彼らはアウターバンクスで飛行機を飛ばしたんじゃなかったっけ？⓲Ｃ：そうだ，キティーホークの外れにあるキルデビルヒルだよ，ライト兄弟が飛行機を飛ばしたのは。⓳Ｂ：1903年の12月17日，彼らは動力飛行機をなんとか空中に浮かせることに成功したんだ，ほんの短い時間だけね。それでもその飛行機は飛んでたんだよ。⓴Ｃ：彼らの初飛行はたった12秒間だった。同日中に４回のフライトにチャレンジして，その日を終えるまでにはその飛行機を59秒間，つまりほぼ丸１分間，滞空させることができたんだよ。㉑Ａ：いいわね。この質問に答えるには十分な情報が集まったと思うな。これでロアノーク島とオクラコーク島とキティーホークに史跡があることがわかったから。㉒Ｂ：ⅲそうだね。アウターバンクスに関する問題はもうこれくらいにして，別の問題に進もうよ。㉓Ｃ：やったね！　学習リストにあるのはあと１問だけになったぞ。その問題を終えれば，そのリストは全部終了だね。

問１<内容一致>１.「３人の生徒たちは(　　)」―(d)「アウターバンクス以外のさまざまなことについて学ぶだろう」　第22段落参照。アウターバンクスについての学習が済んで，最後の問題に取りかかろうとしている。質問はあと１つだが，それについてさまざまな事柄を学ぶと考えられる。
２．「『失われた植民地』の人々は(　　)」―(a)「ヨーロッパからはるばるやってきた」　第11段落参照。　３．「ライト兄弟は(　　)」―(d)「1903年12月17日に自分たちの飛行機を数回飛ばすのに成功した」　第19，20段落参照。

問２＜適語(句)選択＞(1) to go には「残りの」という意味がある。two questions to go で「残りあと２問」という意味。　(2)文の動詞は is なので，空所の後の I know about Ocracoke Island は空所を修飾する関係代名詞節。よって空所には名詞が入る。‘All＋(that＋)主語＋動詞... is ～’「―が…する全ては～，―が…するのは～だけだ」の形。　(3)‘used to＋動詞の原形’で「かつては～したものだ」。この後，and attack ships ... と動詞の原形が and で結ばれているのが手がかりとなる(used to move up and down ... and (used to) attack ships ... という構造)。 *cf.* be used to ～ing「～することに慣れている」　(4) What〔How〕 about ～？は「～はどうですか」と‘提案’を表す表現。　(5)「59秒間」は「ほぼ丸１分」である。　(6) be done with ～で「～を終える，済ます」。

問３＜要旨把握＞［1］ア．第18段落参照。「キティーホーク」は「ライト兄弟」がテスト飛行を行った場所。　イ．第13段落参照。「オクラコーク島」は「黒ひげ」と呼ばれる海賊の隠れ家があった場所。　ウ．第９段落参照。「ロアノーク島」は「失われた植民地」があった場所。　［2］ア．第11段落参照。1587年，つまり「16世紀」に後に「失われた植民地」と呼ばれる植民地が形成され，その３年後に消滅した。　イ．第15段落参照。「18世紀」に「黒ひげ」が海賊行為をしていた。ウ．第19段落参照。1903年，つまり「20世紀」に「ライト兄弟」がテスト飛行を行った。

問４＜適文選択＞ⅰ．復習すべき問題があと２問とわかって，クリスは喜んでいるのである。　ⅱ．この後ビルが答えの１つとなる候補を挙げているので，「何か思いつきますか？」と意見を募ったのだとわかる。 come up with ～「～を思いつく」　ⅲ．アンは今取り組んでいる問題については十分に答えが集まったと言っており，この後ビルは次の問題に進もうと提案しているので，アンの意見に同意したのだと考えられる。

問５＜適文補充＞ビルが「失われた植民地」の説明を続ける中，クリスが「失われた植民地とは何か」と尋ねている場面。自分の知らないことについて誰もが知っていて当然のようにビルが話し続けるので，クリスはいったん話を遮ってそれが何なのか確認しようとしているのである。よって，「ちょっと待って！」といった相手の発言や行動をいったん止める表現を入れればよい。「ちょっと待って！」は，Wait a minute〔second〕!，Hold on! などで表せる。この後「失われた植民地っていったい何だい？」と全くわかっていない様子なので，文末はピリオドではなく「！」にした方があわてた雰囲気が出る。

問６＜和文英訳―完全記述＞「誰もわからない」は Nobody〔No one〕 knows と表せる。knows の目的語となる「彼らに何が起こったのか」は‘疑問詞＋主語＋動詞...’の間接疑問で表せるが，ここでは疑問詞となる what「何が」が主語のはたらきをしているので，‘疑問詞(主語)＋動詞...’の形で what の後に動詞の happened「起こった」を続ける。「彼らに」は to them。

2020年度／早稲田大学本庄高等学院

数学解答

1 問1　$x=\frac{3}{2}$，$y=-\frac{2}{7}$

問2　$3+\frac{\sqrt{3}}{2}$，$3-\frac{\sqrt{3}}{2}$

問3　(1)　7　(2)　−5

2 問1　$\frac{2\sqrt{3}}{3}$　　問2　$8-\frac{8\sqrt{3}}{3}$

問3　$4\sqrt{3}-\frac{2}{3}\pi-4$

3 問1　$-4\sqrt{3}+7$　　問2　1，$\frac{1}{2}$

問3　1，3，$-2\pm\sqrt{7}$

4 問1　24通り　　問2　15通り

問3　336通り

（声の教育社　編集部）

1〔独立小問集合題〕

問1＜連立方程式＞$0.2x+\frac{3}{5}y=\frac{9}{70}$……①，$\frac{1}{3}(0.5x-0.3y)-0.1=\frac{5}{28}$……②とする。①×70より，$14x+42y=9$……①′　②×420より，$140(0.5x-0.3y)-42=75$，$70x-42y=117$……②′　①′+②′より，$14x+70x=9+117$，$84x=126$　$\therefore x=\frac{3}{2}$　これを①′に代入して，$14\times\frac{3}{2}+42y=9$，$42y=-12$　$\therefore y=-\frac{2}{7}$

問2＜関数―座標＞右図で，PA＝PB＝AB＝1より，△PABは正三角形である。点Pから直線$y=3$に垂線PHを引くと，△APHは3辺の比が$1:2:\sqrt{3}$の直角三角形だから，$PH=\frac{\sqrt{3}}{2}PA=\frac{\sqrt{3}}{2}\times1=\frac{\sqrt{3}}{2}$となる。よって，AB＝1となるのは，点Pと直線$y=3$との距離が$\frac{\sqrt{3}}{2}$のときだから，点Pが直線$y=3$より上側にあるときと下側にあるときが考えられ，点Pのy座標は$3+\frac{\sqrt{3}}{2}$と$3-\frac{\sqrt{3}}{2}$である。

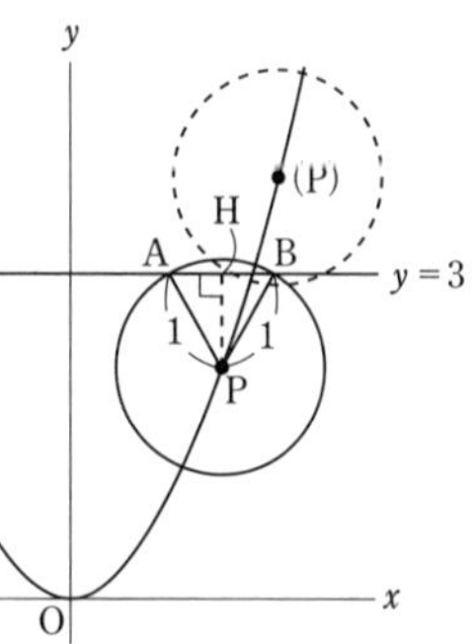

問3＜式の値，数の性質＞(1) $a=\left(\frac{2}{\sqrt{2}}-\frac{\sqrt{2}}{\sqrt{2}}\right)+\left(\frac{3}{\sqrt{3}}-\frac{\sqrt{6}}{\sqrt{3}}\right)+\left(\frac{4}{\sqrt{4}}-\frac{\sqrt{12}}{\sqrt{4}}\right)+\left(\frac{5}{\sqrt{5}}-\frac{\sqrt{20}}{\sqrt{5}}\right)+\left(\frac{6}{\sqrt{6}}-\frac{\sqrt{30}}{\sqrt{6}}\right)+\left(\frac{7}{\sqrt{7}}-\frac{\sqrt{42}}{\sqrt{7}}\right)=(\sqrt{2}-1)+(\sqrt{3}-\sqrt{2})+(\sqrt{4}-\sqrt{3})+(\sqrt{5}-\sqrt{4})+(\sqrt{6}-\sqrt{5})+(\sqrt{7}-\sqrt{6})=\sqrt{2}-1+\sqrt{3}-\sqrt{2}+\sqrt{4}-\sqrt{3}+\sqrt{5}-\sqrt{4}+\sqrt{6}-\sqrt{5}+\sqrt{7}-\sqrt{6}=-1+\sqrt{7}$となるから，$(a+1)^2=(-1+\sqrt{7}+1)^2=(\sqrt{7})^2=7$である。　(2) $(2a+1)\left(\frac{1}{2}a-2\right)=\{2(-1+\sqrt{7})+1\}\left\{\frac{1}{2}(-1+\sqrt{7})-2\right\}=(-2+2\sqrt{7}+1)\left(-\frac{1}{2}+\frac{\sqrt{7}}{2}-2\right)=(-1+2\sqrt{7})\left(-\frac{5}{2}+\frac{\sqrt{7}}{2}\right)=\frac{5}{2}-\frac{\sqrt{7}}{2}-5\sqrt{7}+7=\frac{19-11\sqrt{7}}{2}$となる。$-11\sqrt{7}=-\sqrt{11^2\times7}=-\sqrt{847}$であり，$-29=-\sqrt{841}$，$-30=-\sqrt{900}$だから，$-\sqrt{900}<-\sqrt{847}<-\sqrt{841}$より，$-30<-11\sqrt{7}<-29$である。これより，$19-30<19-11\sqrt{7}<19-29$，$-11<19-11\sqrt{7}<-10$，$-\frac{11}{2}<\frac{19-11\sqrt{7}}{2}<-5$となるから，求める最も近い整数は−5である。

2〔平面図形―正方形〕

≪基本方針の決定≫問2　S_1＝〔正方形OPQR〕−△TQSである。　問3　S_2＝〔正方形OGAE〕−〔おうぎ形OGP〕−〔四角形OPTE〕と考える。

問1＜長さ―特別な直角三角形＞次ページの図で，∠OEB＝∠EBF＝∠OFB＝90°，OE＝OF＝2より，四角形OEBFは正方形だから，四角形OPQRも正方形となる。点Oと点Sを結ぶと，OR＝OE＝2，∠ORS＝∠OES＝90°，OS＝OSより，△ROS≡△EOSだから，∠ROS＝∠EOSである。∠EOR＝

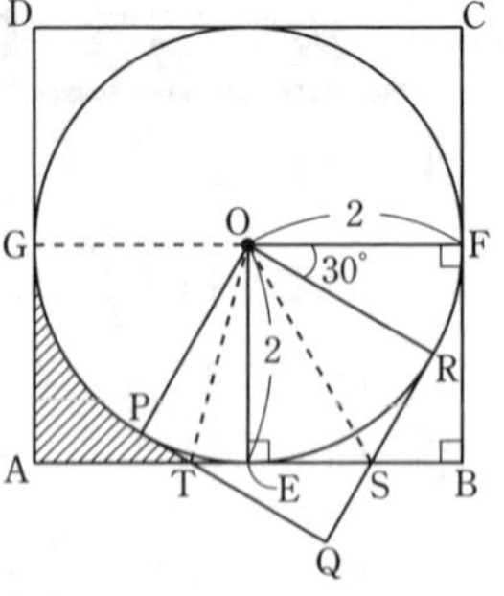

$\angle$EOF－$\angle$ROF＝90°－30°＝60°だから，$\angle$ROS＝$\angle$EOS＝$\frac{1}{2}\angle$EOR＝$\frac{1}{2}\times 60°$＝30°となり，△ROSは3辺の比が$1:2:\sqrt{3}$の直角三角形である。よって，RS＝$\frac{1}{\sqrt{3}}$OR＝$\frac{1}{\sqrt{3}}\times 2=\frac{2\sqrt{3}}{3}$となる。

問2＜面積―特別な直角三角形＞右図で，QR＝OR＝2だから，問1より，QS＝QR－RS＝$2-\frac{2\sqrt{3}}{3}$である。また，$\angle$ESR＝2$\angle$OSR＝2×60°＝120°より，$\angle$TSQ＝180°－$\angle$ESR＝180°－120°＝60°なので，△TQSは3辺の比が$1:2:\sqrt{3}$の直角三角形となる。よって，TQ＝$\sqrt{3}$QS＝$\sqrt{3}\times\left(2-\frac{2\sqrt{3}}{3}\right)=2\sqrt{3}-2$であり，△TQS＝$\frac{1}{2}$×TQ×QS＝$\frac{1}{2}\times(2\sqrt{3}-2)\times\left(2-\frac{2\sqrt{3}}{3}\right)=\frac{8\sqrt{3}}{3}-4$となる。〔正方形OPQR〕＝2×2＝4だから，$S_1$＝〔五角形OPTSR〕＝〔正方形OPQR〕－△TQS＝$4-\left(\frac{8\sqrt{3}}{3}-4\right)=8-\frac{8\sqrt{3}}{3}$となる。

≪別解≫右上図で，点Oと点Tを結ぶ。△EOT≡△POT，△EOS≡△ROSだから，S_1＝〔五角形OPTSR〕＝〔四角形OPTE〕＋〔四角形OESR〕＝2△EOT＋2△EOS＝2(△EOT＋△EOS)＝2△OTSである。△TQSで，TS＝2QS＝$2\left(2-\frac{2\sqrt{3}}{3}\right)=4-\frac{4\sqrt{3}}{3}$だから，$S_1=2\times\frac{1}{2}\times\left(4-\frac{4\sqrt{3}}{3}\right)\times 2=8-\frac{8\sqrt{3}}{3}$となる。

問3＜面積＞右上図で，四角形OGAEは正方形となるので，その面積は2×2＝4である。また，$\angle$GOP＝$\angle$GOE－$\angle$POE＝90°－30°＝60°より，〔おうぎ形OGP〕＝$\pi\times 2^2\times\frac{60°}{360°}=\frac{2}{3}\pi$となる。点Oと点Tを結ぶと，PT＝PQ－TQ＝$2-(2\sqrt{3}-2)=4-2\sqrt{3}$より，△POT＝$\frac{1}{2}$×PT×OP＝$\frac{1}{2}\times(4-2\sqrt{3})\times 2=4-2\sqrt{3}$となる。△EOT≡△POTだから，〔四角形OPTE〕＝2△POT＝$2(4-2\sqrt{3})=8-4\sqrt{3}$となる。よって，$S_2$＝〔正方形OGAE〕－〔おうぎ形OGP〕－〔四角形OPTE〕＝$4-\frac{2}{3}\pi-(8-4\sqrt{3})=4\sqrt{3}-\frac{2}{3}\pi-4$である。

3〔特殊・新傾向問題〕

問1＜式の値＞$4\sqrt{3}-7=\sqrt{48}-\sqrt{49}$であり，$\sqrt{48}-\sqrt{49}<0$だから，$4\sqrt{3}-7<0$である。よって，$D(4\sqrt{3}-7)=-(4\sqrt{3}-7)=-4\sqrt{3}+7$となる。

問2＜一次方程式の応用＞$4x-3\geqq 0$のとき，$D(4x-3)=4x-3$だから，$D(4x-3)=1$より，$4x-3=1$が成り立つ。これを解くと，$x=1$となる。このとき，$4x-3=4\times1-3=1$であり，$4x-3\geqq 0$となるから，適する。また，$4x-3<0$のとき，$D(4x-3)=-(4x-3)=-4x+3$だから，$D(4x-3)=1$より，$-4x+3=1$が成り立つ。これを解くと，$x=\frac{1}{2}$となる。このとき，$4x-3=4\times\frac{1}{2}-3=-1$であり，$4x-3<0$となるから，適する。以上より，$x=1,\ \frac{1}{2}$である。

問3＜二次方程式の応用＞問2と同様に考えると，$D(4x-3)=x^2$より，$4x-3\geqq 0$のとき，$4x-3=x^2$……①が成り立ち，$4x-3<0$のとき，$-4x+3=x^2$……②が成り立つ。①を解くと，$x^2-4x+3=0$，$(x-1)(x-3)=0$より，$x=1,\ 3$となる。$x=1$のとき$4x-3=4\times1-3=1$，$x=3$のとき$4x-3=4\times3-3=9$となり，どちらも$4x-3\geqq 0$となるから，適する。②を解くと，$x^2+4x-3=0$より，$x=\frac{-4\pm\sqrt{4^2-4\times1\times(-3)}}{2\times1}=\frac{-4\pm\sqrt{28}}{2}=\frac{-4\pm2\sqrt{7}}{2}=-2\pm\sqrt{7}$となる。$x=-2+\sqrt{7}$のとき$4x-3=4(-2+\sqrt{7})-3=-11+4\sqrt{7}=-\sqrt{121}+\sqrt{112}$，$x=-2-\sqrt{7}$のとき$4x-3=4(-2-\sqrt{7})-3=$

$-11-4\sqrt{7}$ だから，どちらも $4x-3<0$ となり，適する。以上より，$x=1$，3，$-2\pm\sqrt{7}$ である。

4〔場合の数―さいころ〕

問1＜場合の数＞$x_1-x_2+x_3-x_4+x_5=0$ より，$x_1+x_3+x_5-(x_2+x_4)=0$ であり，$x_2+x_4=5$ だから，$x_1+x_3+x_5-5=0$，$x_1+x_3+x_5=5$ となる。よって，$x_1+x_3+x_5=5$，$x_2+x_4=5$ となる場合を考えればよい。$x_1+x_3+x_5=5$ となる x_1，x_3，x_5 の組は $(x_1, x_3, x_5)=(1, 1, 3)$，$(1, 2, 2)$，$(1, 3, 1)$，$(2, 1, 2)$，$(2, 2, 1)$，$(3, 1, 1)$ の6通り，$x_2+x_4=5$ となる x_2，x_4 の組は $(x_2, x_4)=(1, 4)$，$(2, 3)$，$(3, 2)$，$(4, 1)$ の4通りだから，さいころの目の出方は $6\times4=24$（通り）ある。

問2＜場合の数＞$x_1-x_2+x_3-x_4+x_5=-7$ より，$(x_1+x_3+x_5)-(x_2+x_4)=-7$ である。$x_1+x_3+x_5$ は最小で $1+1+1=3$，x_2+x_4 は最大で $6+6=12$ だから，$(x_1+x_3+x_5, x_2+x_4)=(3, 10)$，$(4, 11)$，$(5, 12)$ である。$(x_1+x_3+x_5, x_2+x_4)=(3, 10)$ のとき，$(x_1, x_3, x_5)=(1, 1, 1)$ の1通り，$(x_2, x_4)=(4, 6)$，$(5, 5)$，$(6, 4)$ の3通りより，目の出方は $1\times3=3$（通り）ある。$(x_1+x_3+x_5, x_2+x_4)=(4, 11)$ のとき，$(x_1, x_3, x_5)=(1, 1, 2)$，$(1, 2, 1)$，$(2, 1, 1)$ の3通り，$(x_2, x_4)=(5, 6)$，$(6, 5)$ の2通りより，目の出方は $3\times2=6$（通り）ある。$(x_1+x_3+x_5, x_2+x_4)=(5, 12)$ のとき，問1より x_1，x_3，x_5 の組は6通り，$(x_2, x_4)=(6, 6)$ の1通りだから，目の出方は $6\times1=6$（通り）ある。よって，求めるさいころの目の出方は，$3+6+6=15$（通り）ある。

問3＜場合の数＞$P(x_1-x_2, x_3-x_4+x_5)$ より，点Pの x 座標，y 座標はともに整数なので，$OP=1$ となるとき，点Pの座標は $(1, 0)$，$(0, 1)$，$(-1, 0)$，$(0, -1)$ の場合がある。$P(1, 0)$ の場合，$x_1-x_2=1$，$x_3-x_4+x_5=0$ である。$x_1-x_2=1$ となる x_1，x_2 の組は $(x_1, x_2)=(2, 1)$，$(3, 2)$，$(4, 3)$，$(5, 4)$，$(6, 5)$ の5通りある。$x_3-x_4+x_5=0$ となる x_3，x_4，x_5 の組は，$x_4=1$ のときはなく，$x_4=2$ のとき $(x_3, x_5)=(1, 1)$ の1通り，$x_4=3$ のとき $(x_3, x_5)=(1, 2)$，$(2, 1)$ の2通り，$x_4=4$ のとき $(x_3, x_5)=(1, 3)$，$(2, 2)$，$(3, 1)$ の3通り，$x_4=5$ のとき $(x_3, x_5)=(1, 4)$，$(2, 3)$，$(3, 2)$，$(4, 1)$ の4通り，$x_4=6$ のとき $(x_3, x_5)=(1, 5)$，$(2, 4)$，$(3, 3)$，$(4, 2)$，$(5, 1)$ の5通りあるから，$1+2+3+4+5=15$（通り）ある。よって，$P(1, 0)$ の場合は，$5\times15=75$（通り）ある。$P(0, 1)$ の場合，$x_1-x_2=0$，$x_3-x_4+x_5=1$ である。$x_1-x_2=0$ となる x_1，x_2 の組は $(x_1, x_2)=(1, 1)$，$(2, 2)$，$(3, 3)$，$(4, 4)$，$(5, 5)$，$(6, 6)$ の6通りある。$x_3-x_4+x_5=1$ となる x_3，x_4，x_5 の組は，$x_4=1$ のとき $(x_3, x_5)=(1, 1)$ の1通り，$x_4=2$ のとき $(x_3, x_5)=(1, 2)$，$(2, 1)$ の2通り，$x_4=3$ のとき $(x_3, x_5)=(1, 3)$，$(2, 2)$，$(3, 1)$ の3通り，$x_4=4$ のとき $(x_3, x_5)=(1, 4)$，$(2, 3)$，$(3, 2)$，$(4, 1)$ の4通り，$x_4=5$ のとき $(x_3, x_5)=(1, 5)$，$(2, 4)$，$(3, 3)$，$(4, 2)$，$(5, 1)$ の5通り，$x_4=6$ のとき $(x_3, x_5)=(1, 6)$，$(2, 5)$，$(3, 4)$，$(4, 3)$，$(5, 2)$，$(6, 1)$ の6通りあるから，$1+2+3+4+5+6=21$（通り）ある。よって，$P(0, 1)$ の場合は，$6\times21=126$（通り）ある。以下同様にして，$P(-1, 0)$ の場合は，$x_1-x_2=-1$ となる x_1，x_2 の組が5通り，$x_3-x_4+x_5=0$ となる x_3，x_4，x_5 の組が15通りより，$5\times15=75$（通り）ある。$P(0, -1)$ の場合は，$x_1-x_2=0$ となる x_1，x_2 の組が6通り，$x_3-x_4+x_5=-1$ となる x_3，x_4，x_5 の組が10通りより，$6\times10=60$（通り）ある。以上より，求めるさいころの目の出方は，$75+126+75+60=336$（通り）ある。

国語解答

一 問1 「えらい」は比較に基づく評価であり，アメリカ文学は歴史があまり長くないため，文学史全体に目を配ることが容易にできるから。(60字)

問2 白人男性中心主義

問3 「文学」自体の「えらさ」が見失われてしまう(21字)［こと］

問4 イ

問5 「文学」の～に求めよう

問6 ア

問7 ① 先達 ② 克服 ③ 果
④ 戸惑 ⑤ 領域

二 問1 ウ

問2 露伴の身体感覚を鋭く感受し，習練を重ねることによって，自然と露伴の文体を身につけていた，ということ。(50字)

問3 露伴が意識

問4 Ⅰ…エ Ⅱ…イ Ⅲ…ア Ⅳ…ウ

問5 ア

問6 すべての事象を直接的な身体性を通して，受けとめる(24字)［態度］

問7 ① とつ ② ぞうきん
③ はんぱ ④ ひたい
⑤ しゅうしゅう

(声の教育社 編集部)

一〔論説文の読解―芸術・文学・言語学的分野―文学〕出典；諏訪部浩一「フォークナーはえらい」(「図書」2017年3月号掲載)。

≪本文の概要≫アメリカ文学研究者の間で作家や作品を指す表現として，「えらい」という言葉が使われることがある。だが，「えらさ」を客観的に見積もることは難しく，「えらいものはえらいのだ」という権威的な同語反復が通用したのは，せいぜいフォークナーが世を去る頃までの話である。「偉大なアメリカ小説」を求める声は，一九三〇年代頃まではしきりにあがっていたが，その後は鎮静化し，アメリカ文学・文化も一応の成熟を果たした六〇年代には，ほとんど消える。公民権運動や対抗文化の高まりもあって，「えらさ」があからさまに語られることはなくなり，八〇年代には多文化主義が主流になった。八〇年代以降のアメリカ文学研究者は，「文学」の内側にとどまっていても何が「えらい」のかはっきりしないため，「文化研究」と「歴史主義」に向かった。こうなって初めて，文学は学問分野として成熟したことになるが，「研究」という名のもとに何が「えらい」のかを問わずにいると，「文学」自体の「えらさ」が見失われ，「文学離れ」を追認することになりかねない。

問1＜文章内容＞「『えらい』という言葉」は，「ある作家や作品に対する評価が『比較』に基づいているという事実を，露出させがち」である。「アメリカ小説について語る際」にその「『えらい』という言葉が口にされやすい」とすれば，それはおそらく「アメリカ文学の歴史があまり長くないため，文学史の全体に目を配ることが比較的容易にできてしまうため」だろうと思われる。

問2＜文章内容＞「偉大なアメリカ小説」を求める声が，一九六〇年代にはほとんど完全に消えてしまった背景には，「公民権運動や対抗文化の高まりといった時代の変化」があった。その変化の中で，「それまで認められていた『えらさ』とは，結局は体制側，つまり白人男性中心主義の観点から見た『えらさ』にすぎないのではないかという自己批判が起こった」のである。

問3＜文章内容＞「アメリカ文学研究」という学問領域の危機は，「多文化主義を背景とした八〇年代の『キャノン戦争』の結果，『アメリカ文学史』に属するとされる作家たちのラインナップが不鮮明になったこと」でもたらされた。これを境に，「アメリカ文学研究」は，「何が『えらい』のかを問わない」ことで「精緻化」したが，「『研究』という名の下に，何が『えらい』のかを問わずにいる」のでは，「『文学』自体の『えらさ』が見失われてしまう」ことになるのである。

問４＜表現＞アメリカ文学研究者は，「『文学』の内側にとどまっていても，何が『えらい』のかはっきりしない」ために，従来のような文学研究はできなくなった。そこで，「『真理』を目指す」のが研究者の仕事である以上，研究者は，研究者という職の本来的な性質から，あるいは研究者として誠実であろうとして，明確な基準となる「参照枠を『文学』の外部に求めよう」とした。

問５＜文章内容＞「八〇年代以降の研究者」が「『文化研究』と『歴史主義』」に向かったのは，「『文学』の内側にとどまっていても，何が『えらい』のかはっきりしない。ならば，はっきりした参照枠を『文学』の外部に求めよう」と考えたからである。

問６＜文章内容＞以前のアメリカ文学研究では，「『えらいものはえらいのだ』という権威的な同語反復が大手を振ってまかり通って」いた。しかし，その「えらさ」に対し自己批判が起こった結果，「何が『えらい』のかはっきり」しなくなったため，八〇年代以降の研究者は，「文化研究」と「歴史主義」に向かい，「『えらさ』というものを客観的に見積もる」ことをしなくなった。

問７＜漢字＞①その分野の先輩のこと。　②困難に打ち勝つこと。　③音読みは「成果」などの「カ」。　④「惑」の音読みは「困惑」などの「ワク」。　⑤分野のこと。

二〔論説文の読解―芸術・文学・言語学的分野―文学〕出典；井波律子「幸田文と身体感覚」（『書物の愉しみ　井波律子書評集』所収）。

問１＜文学史＞『金色夜叉』は，明治35(1902)年に発表された尾崎紅葉の小説。『浮雲』は，明治20(1887)年に発表された二葉亭四迷の小説。『舞姫』は，明治23(1890)年に発表された森鷗外の小説。

問２＜文章内容＞幸田文は，「十五，六のときから露伴に徹底的に家事を仕込まれた」が，そのとき露伴がやって見せた雑巾がけの「動作の間合いやリズム」は，「まさしく露伴の文体そのもの」であった。そういう露伴の動作を見ながら，文は「露伴の身体感覚を鋭く感受し，習練を重ねる」ことによって，露伴の文体もいつのまにか身につけていったと考えられる。

問３＜文章内容＞幸田文は，露伴の身体感覚を感受した。しかし，露伴の身体感覚が「意識的に頭脳宇宙と身体宇宙の一致をめざした」とすれば，文にとっての「身体宇宙」は，「無意識」のうちに「頭脳宇宙」となった。

問４＜表現＞Ⅰ．露伴がアルコール飲料をつくったことは，蘇東坡に似ているとはいえ，蘇東坡の酒づくりは失敗に終わった。　Ⅱ．幸田露伴も幸田文も樹木が好きで，加えて，露伴も文も「可哀想な半端物に執着」した。　Ⅲ．「露伴という人」は，良い意味でも良くない意味でも「生粋の東京者」だった。　Ⅳ．露伴は，「とめどなく気難しく底意地がわるくなったかと思うと，次の瞬間には噓みたいに」けろりとして「やさしくなる」人だった。

問５＜文章内容＞幸田露伴は，「おまえはいいかい」という問いかけに幸田文が「はい，よろしゅうございます」と答えたのを聞いて，文がゆるがない強い心を持ったことを確信した。文には，父と再婚相手の「収拾不能の葛藤の構図を，愛憎を越え，しーんとした冷静さで見ぬく」ような強い心があったが，そのような強い心は，弟の成豊には全くなかった。

問６＜文章内容＞幸田文の作品には，「独特のくっきりとした具体性，感受性の異様な鋭さ」がある。それは，「すべての事象を直接的な身体性を通して，受けとめる」ところから来ている。

問７＜漢字＞①音読みは「転嫁」などの「カ」。　②「巾」は，布切れのこと。　③全部そろっていないこと，不十分であること。　④音読みは「金額」などの「ガク」。　⑤混乱などをととのえておさめること。

Memo

Memo

Memo

2019年度 早稲田大学本庄高等学院

【英　語】(50分)〈満点：100点〉

I　次の[1]～[10]の(　)に入る最も適切なものをそれぞれ選びなさい。

[1] As the computer uses batteries, I can use it (　　) I want.
(a) however　(b) whatever　(c) wherever　(d) whichever　(e) whoever

[2] Some scientists say that you (　　) your smartphone before going to bed.
(a) had better not to use　(b) had better not use　(c) had better not using
(d) had not better to use　(e) had not better use

[3] My father always makes me (　　) my homework before I go out.
(a) do　(b) doing　(c) done　(d) to be done　(e) to do

[4] When you see the sign "(　　) RENT" at an apartment, it means you can move into it.
(a) AT　(b) BY　(c) FOR　(d) IN　(e) ON

[5] Someone damaged the back of my car, and (　　) a lot of money to repair it.
(a) I cost it　(b) I paid it　(c) it cost me
(d) it paid me　(e) that paid me

[6] A helmet keeps you (　　) your head.
(a) away hurting　(b) beyond hurting　(c) from hurting
(d) hurting　(e) to hurt

[7] In the science class, students will enjoy (　　) the results of experiments.
(a) be guessing　(b) guess　(c) guesses　(d) guessing　(e) to guess

[8] I cannot help (　　) when I hear that song.
(a) but crying　(b) cry　(c) crying　(d) on crying　(e) to cry

[9] This is the (　　) expensive guitar in this shop.
(a) far　(b) least　(c) much　(d) no　(e) so

[10] Can I change my seat? The man (　　) behind me is too noisy.
(a) is sitting　(b) sit　(c) sits　(d) sitting　(e) who

II　次の英文を読み，設問に答えなさい。

Jack saw the old man many years ago. ア<u>College, girls, career and life itself got in the way.</u> Jack moved across the country (1) his dreams. He started an architectural design office the previous year, and in the rush of his busy life, he had little time to think about the past and often no time to spend with his wife and son. He was busy working (2) his future.

(3) the phone, his mother told him, "Mr. Belser died last night. The funeral is tomorrow."

"It's been so long since I thought of him. I thought he died years ago," Jack said.

"Well, he didn't (4) you," his Mom told him. "Every time he saw me he'd asked how you were doing. He'd tell me about イ<u>all the days you spent over 'his side of the fence' as he put it.</u>"

Memories flashed through Jack's mind as he remembered his childhood days. "He's the one who taught me carpentry," he said. "I wouldn't be in this business if it weren't for him. [ウ]"

"You know, Jack, after your father died, Mr. Belser stepped in to make sure you had a man's, influence in your life," she said.

エJack told his mother that he would be there for the funeral the next day.

オAs busy as Jack was, he kept his word. Mr. Belser's funeral was small and uneventful. He had no children of his own, and most of his relatives were gone.

The night before Jack had to return home, {next door / stopped by / he and his Mom / the old house / to see / one more} time.

Stepping into the house, Jack felt like he was stepping (5). The house was exactly as he remembered, and every step held memories. Every picture, every piece of furniture. . . . Jack stopped suddenly.

"What's wrong, Jack ?" his Mom asked.

"The box is gone," he said.

"What box ?" she asked.

"あの人が鍵をかけたままにした金の小箱が机の上にあったんだ. I probably asked him a thousand times (6) was inside. All he would ever tell me was, 'The thing I value most,'" Jack said.

It was gone. Everything about the house was exactly (7) Jack remembered it, except for the box. He figured someone from the Belser family had taken it.

Two weeks later, returning home from work, Jack discovered a note in his mailbox. "Signature required on a package. Please stop by the main post office (8) the next three days," the note read.

The next day Jack collected the package. It was (9) and looked like it had been mailed a hundred years ago. But カthe sender's name caught his attention. "Harold Belser," it read.

Jack took the package out to his car and opened it. There inside was the gold box and an envelope. Jack's hands shook as he read the note inside.

"Upon my death, please forward this to Jack Bennett. It's the thing I valued most in my life." A small key was taped to the letter. His heart racing, Jack opened the box. There inside he found a beautiful gold pocket watch.

He carefully opened its cover, (10) had these words on the inside : "Jack, thanks for your time !—Harold Belser."

"The thing he valued most was . . . (11)."

Jack held the watch for a few minutes, then called his office and cleared his appointments for the next two days. "Why ?" his assistant, Janet, asked.

"I need to spend some time with my son," he said. "Oh, and Janet . . . thanks for your time !"

問１　文中の（１）～(11)に入る最も適切なものをそれぞれ選びなさい。

（１）(a) follow　(b) followed　(c) follower　(d) following　(e) follows

（２）(a) at　(b) by　(c) in　(d) on　(e) to

（３）(a) By　(b) Over　(c) Through　(d) To　(e) With

（４）(a) forget　(b) hate　(c) need　(d) talk about　(e) think about

（５）(a) back in time　(b) back to the future
(c) into the future　(d) out of the past
(e) out on time

（６）(a) how　(b) what　(c) when　(d) where　(e) why

（７）(a) how　(b) what　(c) when　(d) where　(e) why

（８）(a) by　(b) from　(c) on　(d) to　(e) within

(9)	(a) modern	(b) old	(c) right	(d) unknown	(e) updated
(10)	(a) there	(b) where	(c) which	(d) who	(e) whom
(11)	(a) his future	(b) his time	(c) his watch	(d) my future	(e) my time

問2　それぞれの問に対し，本文の内容に合う最も適切な答えを選びなさい。

[1]　Once he became an adult, why did Jack see little of the old man?

(a) Because he became very busy in his daily life.
(b) Because he began to think successful people should not mix with poor, elderly people.
(c) Because he got tired of the old man's way of living.
(d) Because he was told by his wife not to be with the old man.
(e) Because the old man fell ill and could not meet up with Jack.

[2]　Why did Jack feel that he should go to Mr. Belser's funeral?

(a) Because Jack knew he and his mother would be the only people at the funeral.
(b) Because Jack's mother married Mr. Belser after Jack's father died.
(c) Because Mr. Belser once repaired the fence that Jack broke.
(d) Because Mr. Belser was like a good, caring father to Jack.
(e) Because, when Jack was a child, he promised Mr. Belser that he would go to his funeral.

[3]　Just before opening the gold box, how did Jack feel?

(a) He didn't feel like opening the box.
(b) He felt afraid to receive a present from a dead person.
(c) He felt excited to see what would be in the box.
(d) He felt like racing a car.
(e) He felt pleased the old man gave him something expensive.

[4]　Why did Jack clear his appointments for the next two days?

(a) Because he wanted to put his family first.
(b) Because he wanted to give Janet some time off.
(c) Because he was too tired to work.
(d) Because his son didn't want him to work anymore.
(e) Because Janet could work for him.

問3　次の問に答えなさい。

[1]　文中の下線部アを言い換えた場合，最も適切なものを選びなさい。

(a) He became busy with college, girls, his career and many other things.
(b) He didn't like college, girls, his career and many other things.
(c) He got tired of college, girls, his career and many other things.
(d) He wanted to forget college, girls, his career and many other things.
(e) His peaceful life was destroyed by college, girls, his career and many other things.

[2]　文中の下線部イはどのような意味か。最も近いものを選びなさい。

(a) the many days he put up with you playing in his garden
(b) the many days you spent putting up the fence together
(c) the many times you came round and spent time together
(d) the many times you came round to repair his fence
(e) the many times you painted his fence together

[3]　文中[ウ]には次の2つの英文をwhichを用いて1つにした英文が入る。その文を書きなさい。

ただし，He spent a lot of time teaching で始めること。

He spent a lot of time teaching me things.　He thought they were important.

［4］ 文中の下線部エを言い換えた場合，最も適切なものを選びなさい。

(a) “He will be there for the funeral tomorrow,” Jack said to his mother.
(b) “He would be there for the funeral the next day,” Jack said to his mother.
(c) “He would be there for the funeral tomorrow,” Jack said to his mother.
(d) “I'll be there for the funeral the next day,” Jack said to his mother.
(e) “I'll be there for the funeral tomorrow,” Jack said to his mother.

［5］ 文中の下線部オを言い換えた場合，最も適切なものを選びなさい。

(a) Because Jack was busy, he didn't go to the old man's funeral.
(b) Because Jack was busy, he didn't want to say he would go to the old man's funeral.
(c) Because Jack was not busy, he went to the old man's funeral.
(d) Though Jack was busy, he went to the old man's funeral.
(e) Though Jack was not busy, he couldn't go to the old man's funeral.

［6］ 文中の{　}内の語句を並べかえて意味の通る文にしたい。最も適切なものを選びなさい。

The night before Jack had to return home, { 1　next door　2　stopped by　3　he and his Mom　4　the old house　5　to see　6　one more } time.

(a) 1－3－2－4－5－6　(b) 3－1－2－5－6－4　(c) 3－2－5－4－1－6
(d) 4－1－2－3－5－6　(e) 4－1－5－3－6－2

［7］ 文中の下線部カを言い換えた場合，最も適切なものを選びなさい。

(a) Jack didn't want to know the sender's name
(b) Jack knew the sender's name before he saw it
(c) Jack wanted to keep the sender's name secret
(d) Jack was disappointed to see the sender's name
(e) Jack was surprised by the sender's name

［8］ 次の問に対する最も適切な答えを選びなさい。

What is the main message of the story?

(a) A good neighbor is better than a faraway family member.
(b) There is no place like home.
(c) The time we spend together with people is precious.
(d) Time flies like an arrow.
(e) We should always keep in touch with our friends.

［9］ 下線部の発音が全て同じである組を1つ選びなさい。

(a) cover　stop　suddenly
(b) country　found　house
(c) most　post　told
(d) minutes　piece　these
(e) asked　discovered　passed

［10］ 文中の日本語を英語に直しなさい。ただし，文の最後は on top of his desk にすること。

III 次の会話文を読み，設問に答えなさい。

Dad : Hi, Jessica. How was school today?

Jessica : Hi, Dad. Thanks for picking me up. School was great. [A] I had lunch with my friends and we talked about starting a study group for our history class.

Dad : [ア] That's good. Oh, (1), I hear the school volleyball team will be holding try-outs tomorrow.

Jessica : Yeah, I know.

Dad : So, are you going?

Jessica : ①**Well, I'm not sure if I'm going to try out for the team.** [B] Besides, I'm still new to this school, remember? The other kids might laugh at me.

Dad : Oh, come on. I know you really love volleyball. Stop worrying so much about being the new kid in town. [C] You've been playing volleyball (2) you were a kid. Remember all those times you and your friends went down to the beach after school to play volleyball in the sand? [D] ②**If I were you, I wouldn't worry about those other kids. I've seen you play, and I'm sure you're much better than them.**

Jessica : Thanks for your support, Dad, but I'm still trying to fit (3) at this school. We've only been here for about a month, you know. Besides that, if I make the team, I would have less time for my studies. ③**I'm worried I can't do it.**

Dad : Don't worry. You didn't have any trouble keeping your grades up in the past, right? You are a (4) kid. You know how to set your priorities and goals. I know you can do it, Jessica. I know you're still new here and trying to fit (3). That's (5) you have to make friends. There are other kids who love volleyball as much as you do. [バレーボールチームに入るのは，新しい友だちを作るいい機会だと思うよ。]

Jessica : You think so? Well, maybe I will try out for the volleyball team tomorrow. Thanks, Dad. You always (6) me in everything I do.

問1 文中の①〜③に関して，本文の内容に合う最も適切な答えを選びなさい。

① Jessica says, "**Well, I'm not sure if I'm going to try out for the team.**" Why?

(a) Because she is too young to be on the volleyball team.
(b) Because she is worried what the other kids will think of her.
(c) Because she has decided to join in the study group.
(d) Because she used to play volleyball on the beach.
(e) Because she was not a good volleyball player.

② Jessica's dad says, "**If I were you, I wouldn't worry about those other kids. I've seen you play, and I'm sure you're much better than them.**" Why?

(a) He wants Jessica to be careful when she plays with the other kids.
(b) He wants Jessica to try out for the volleyball team.
(c) He wants the other kids to practice more like Jessica.
(d) He wants to be a great volleyball player like Jessica.
(e) He wants to show Jessica that he is a good volleyball coach.

③ Jessica says, "**I'm worried I can't do it.**" What does she mean?

(a) She can't make a new volleyball team.
(b) She can't play volleyball on the beach anymore.

(c) She can't stay in the new school for more than a month.
(d) She can't stop worrying about the other kids.
(e) She can't study while being a member of the volleyball team.

問２　文中の（１）～（６）に入る最も適切なものをそれぞれ選びなさい。

（１）(a) above all　(b) all in all　(c) by the way
(d) in any case　(e) on the way

	(a)	(b)	(c)	(d)	(e)
（２）	because	before	during	since	when
（３）	in	on	out	together	up
（４）	friendly	honest	kind	polite	smart
（５）	how	what	where	which	why
（６）	keep	need	please	support	thank

問３　次の問に答えなさい。

［１］　以下の英文を文中の A ～ D のどこか１か所に入れる場合，最も適切な場所を選びなさい。

All the older kids are going.

(a) A　(b) B　(c) C　(d) D

［２］　もしあなたがDadだったら，文中 ア では何と言いますか。適切な文を１つ書きなさい。文の語数は２語または３語とし，必要な句読点等(. , ? ! など)をつけること。ただし，句読点等は語数に含めない。

［３］　文中の日本語を英語に直しなさい。ただし，I think joiningで始め，greatを使うこと。

【数　学】（50分）〈満点：100点〉

（注意）　1．解答欄に「計算」とある問については，計算の過程(式の変形や考え方)もわかりやすく簡潔に書くこと。

2．答えに根号を含む場合は，根号の中の数はできるだけ小さな自然数にして答えること。分数の場合は，それ以上約分できない形で答えること。また，分母に根号がない形で答えること。

1　次の各問に答えよ。

問1．$\left(\frac{\sqrt{3}}{(\sqrt{3}-\sqrt{2})^2-5}-\frac{5}{2\sqrt{2}}\right)^2$ を計算せよ。

問2．2次方程式 $(2x-1)(x+3)=(3x-5)^2-7$ を解け。

問3．下図のように円Oに内接する正三角形ABCにおいて，線分AB，ACの中点をそれぞれD，Eとする。また，直線DEと円Oとの交点をF，Gとする。$\angle \mathrm{FAB}=a$ とするとき，$\angle \mathrm{FCG}$ を a を用いて表せ。

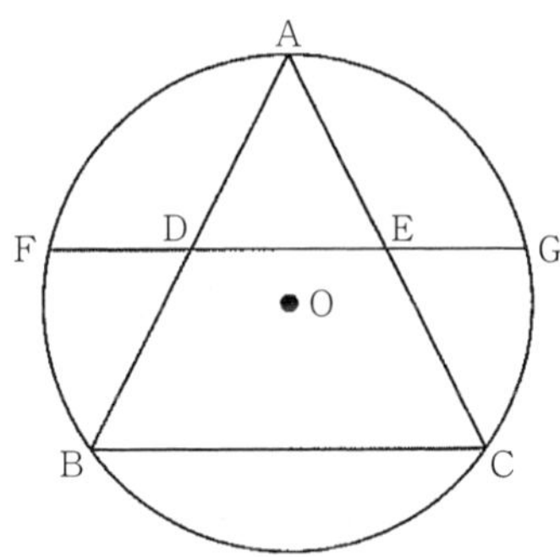

問4．a，b を整数とする。4つの数

b，$2a$，2，ab

は左から小さい順に並んでいる。4つの数の平均値が $\frac{3}{4}$ に等しく，4つの数の中央値が $-2a+b$ に等しいとき，a，b の値をそれぞれ求めよ。

2　大小2つのさいころを同時に投げて，大きいさいころの出た目の数を p，小さいさいころの出た目の数を q とする。p，q を用いて2次方程式

$x^2-px-q=0$……(※)

をつくる。

次の各問に答えよ。

問1．$x=-1$ が2次方程式(※)の解の1つとなる確率を求めよ。

問2．2次方程式(※)の2つの解の差が5となる確率を求めよ。

問3．2次方程式(※)の2つの解がともに無理数となる確率を求めよ。

3 右図の長方形ABCDはAB=1，BC=2である。4個の動点P_1，P_2，P_3，P_4は同時に点Aを出発し，A→B→C→D→Aの順に，長方形の周上を下記の表で示された速さで動き，点Aで停止する。

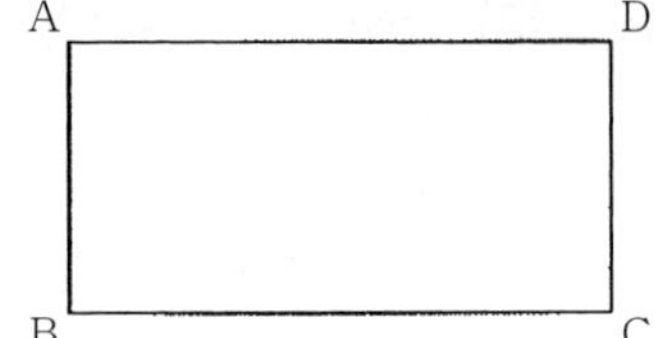

表：

動点	P_1	P_2	P_3	P_4
速さ（毎秒）	$\frac{1}{2}$	$\frac{1}{6}$	$\frac{1}{8}$	$\frac{1}{12}$

次の各問に答えよ。

問1．動点P_2，P_3，P_4のすべてが同時に辺BC上にある時間は何秒間か。

問2．出発してから9秒後の動点P_1，P_2，P_4の位置を頂点とする三角形の面積Sを求めよ。

問3．出発してからt秒後の動点P_2，P_3の位置と点Aを頂点とする三角形の面積Sをtを用いて表すと，

$16 \leqq t \leqq$ ［(ア)］のとき，$S=$［(イ)］

［(ア)］$\leqq t \leqq 24$のとき，$S=$［(ウ)］

となる。

空欄［(ア)］から［(ウ)］に当てはまる最も適切なものを答えよ。ただし，［(ア)］には数が，［(イ)］，［(ウ)］にはtの式が入る。

4 下図はAB=8，BC=8，AD=4，∠ABC=90°の三角柱である。点P，Q，Rはそれぞれ線分AB，AC，DF上の点であり，AP：PB=1：1，AQ：QC=3：1，DR：RF=1：1である。また，3点P，Q，Rを通る平面と辺DEの交点をSとする。

次の各問に答えよ。

問1．線分AQの長さを求めよ。

問2．線分QRの長さを求めよ。

問3．四角形ADSPの面積Sを求めよ。

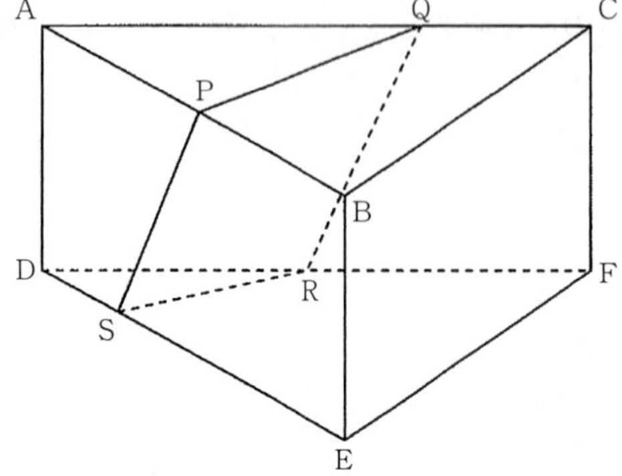

月をかけて相手の本音を斟酌（しんしゃく）しながら（しかもその本音を世間体と切り離すことができない）やりとりされてきた表現なのだから、本音の斟酌よりも情報の伝達が主目的の標準語でしゃべる「近代人」からみて屈折していないと感じない方がおかしい。

　方言の方が屈折しているぶん、標準語よりも陰影が豊かで気分がでて、言いたいこともうまく言えると感じている人も多いだろうけれど、世間体が入り込んでいる前近代的な自我では、死んでいく人の「クオリティ・オブ・ライフ」や「クオリティ・オブ・デス」という、当事者最優先の考えは生まれない。「言いたいこと」などというものがここに出てくるのは奇異にみえるかもしれないが、「言いたいこと」というのは純粋な本音とは違う。たとえば、要求を表す「〜したい」が「〜させてくれないか」となったり、評価を表す「これがいい」が「これがいいと思うかどうか」となったり、いったん相手の気持ちを経由する言い回しを取ることで、目の前にいる最初の世間たる相手の許可や同意を取りつける構造になるのが方言で、つまりは意思が一度歪（ゆが）められることになって、この言い回しをしているかぎり、「クオリティ・オブ・ライフ」の「私は〜したい」という直接で明確な本人の意思は出てこない。

（保坂和志「祖母の不信心」による）

問1　傍線部1「屈折がある」とは具体的にどのようなことを指しているのか。本文中の語句を用いて三十字以内で答えなさい。

問2　傍線部2「標準語」の働きを端的に述べている五字以内の語句を本文中から抜き出して答えなさい。

問3　傍線部3「姥捨て」が行われる理由を述べている三十字以内の箇所を本文中から探し、その始めと終わりの五字を抜き出して答えなさい。

問4　傍線部4「おりんばあさんは、一番深く世間体が染みついている」とあるが、「おりんばあさん」の「世間体」の内容を説明している十九字の箇所を本文中から抜き出して答えなさい。

問5　傍線部5「おりんばあさんの死生観」とあるが、その内容を端的に述べている二十五字以内の箇所を本文中から探し、その始めと終わりの五字を抜き出して答えなさい。

問6　傍線部6「『クオリティ・オブ・ライフ』」とはどのような考え方に基づくものなのか。それを端的に言い表している十字以内の語句を本文中から抜き出して答えなさい。

問7　傍線部①〜⑤の漢字の読みをひらがなで答えなさい。

に自分が姥捨山(うばすてやま)に入っていく段になると②怯えきって、背負っていた息子にしがみついて、振り切れない息子から途中の谷に突き落とされたり、夜に山から這(は)い戻ってきて「入れてくれ」と雨戸を③蟹のように掻(か)いたりすることになるのだが、家の中にいる者たちは「あれは蟹だ」と言って、雨戸を開けようとはしない。

こういう風に書いてしまうと『楢山節考』というのはじつにグロテスクな話になってしまうが、『楢山節考』の中で起こっていることは、実際ものすごくグロテスクで、食料の乏しい村が弱い者を犠牲にして生き延びていくための論理が、④随所で歌われる歌となって村に住む人の心を監視している。それは宗教とか神という視点による共同体の論理とはまったく違っている。ヨーロッパ中世でも『楢山節考』と同じことが神を立ててなされていたのかもしれないが、ここでは神を抜きにして生き死にのコントロールが行われている。

そういう世界の中で3姥捨ての決まりをきれいに実行することのできる4おりんばあさんは、一番深く世間体が染みついているということで、『楢山節考』がグロテスクな印象を与えないのも、おりんばあさんに村の決まりを守るために機能している世間体を疑うことのできるヒューマニズムの視点がないからで、おりんばあさんに宗教的な何かや⑤崇高な何かがあるからではない。

祖母がほとんど寝たきりの状態のまま二年三年と経過しているときに、当事者でない親戚のみんなが考えていた死生観は、5おりんばあさんの死生観で、まわりの人間は当事者の気持ちをいわば先取りしていたということになるのだけれど、「先取り」という思考の道筋もまた世間体のほぼ必然的な産物で、避けることはできない。おりんばあさんにとっても当然、自分に対するまわりの評価は自分の気持ちを先取りしていたわけだけれど、おりんばあさんの場合は自分からもまわりの評価を先取りして、進んでまわりから褒められる死に方に入っていった。

それで、当事者たる祖母の気持ちがおりんばあさんと同じものであれば問題ないが、そうでなければ祖母の気持ちはたんに無視されたことになって、いまどきの6「クオリティ・オブ・ライフ」と反対のことになるが、これは甲州弁の産物というよりも、もっと普遍的に「前近代」ということなのかもしれない。

ぼくは山梨の方言しか知らないが、方言というものでしゃべっているとどこでも、おりんばあさんの死生観になってしまうのではないかと思う。じゃあどうして山梨出身の深沢七郎だけがそれを書けてしまったのかといえば、それは深沢七郎の独自性だとしかここでは言いようがなくて、深沢七郎は標準語が常識になっている活字の世界に、しゃあしゃあと方言を持ち込んだ。地方出身者が持っている中央や標準語に対する引け目や遠慮が深沢七郎にはない。志賀直哉が太宰治の文章を「いつまでたっても方言が抜けない」と言ってくさしたらしいが、深沢七郎の文章は方言そのままだ。

会話の「ほうけえ」「ほうでごいす」のようなところのことではなくて、甲州弁の最大の特徴は、ほんのわずかな語尾の引き延ばしを含めた微妙なイントネーションのズレで、それが深沢七郎の場合、会話でなくて地の文の主語—目的語—動詞の配列や「てにをは」の使い方に、微妙な狂いとなって反映している。「ほうでごいす」は山梨でもいまではほとんど死語になっているけれど、イントネーションのズレはいまでも変わっていなくて、イントネーションというのは、極端なズレならともかく、微妙なズレは直そうとしても直せない。山梨の人たちの言葉が、表記上標準語と見分けがつかなくなっているとしても、イントネーションのズレは変わらないし、山梨出身の人の話し言葉は本人が標準語でしゃべっているつもりでもイントネーションのズレは直っていない(もっとも直す必要は何もないのだが)。

死生観だけではなくて、方言による言い回しというのはどこでも、甲州弁と同じように屈折しているものなのかもしれない。同じ価値観とかプライドとか体面とかを共有した人たちのあいだで、長い年のか、それは家の者だけが知っていればいいのである。村では「1万円もためた」「2万円もためた」と噂をされているがオカアは3千円か4千円ぐらいだろうと思った。なるべく、多くためたように思われるほうが有難いことだった。』

――中略――

話を戻すと、息子の徳次郎がひたすら「なーに、だめさ」という言葉を繰り返しているところもかなり違和感があるが、オカアが「なるべく、多くためたように思われるほうが有難いことだった」と思うところがとてもわかりにくい。

徳次郎が「なーに、だめさ」とばかり答えているのを真に受けると、ためた額を単純に少なく思われて、村の人たちから金の無心などされなければそれに越したことはない、と思っていることになるが、もし事実として額が少ないのなら徳次郎は能無しで怠け者だということになってしまって、世間体が悪い。本当に計算高い人間だったら世間体なんかいくら悪くても金をためるという実(じつ)を取るだろうが、深沢七郎の書く人物は計算高くもなければ複雑でもないから、実を取るよりも世間体の方を取る。

ではどういうつもりで「なーに、だめさ」の①一辺倒だったのかといえば、これにも深い意味は全然なくて、たんに「それはあなたには教えません」と言っているだけで、いまどきの2標準語に直すなら「まあ、そんなことはどうでもいいじゃないか」ぐらいの意味になる。

深沢七郎描くところの人物には複雑なところは何もないのだが、実と名、本音と世間体の重視される場所が、いまどきの標準語の感覚と違うのでわかりにくく、そのわかりにくさが複雑さと間違えられたり、深遠さと間違えられたりしてしまう。東京に生まれて育った友人は深沢七郎の描く人物たちを「薄気味悪い」と言う(三島由紀夫も同じ感想を持った)。徳次郎のオカアは世間体が満足されることを「有難い」と思う。本音が金という実で、建て前や世間体がそれと別にある、というのではなくて、世間体がオカアの本音を作っている。

話が長くなってしまったが、「こんなになってしまったのに早くお迎えが来ないのは、おばあちゃんが不信心だからだ」というのは、日頃ふつうに、ミスをした人に向かって「だから、言ったじゃないか」と言うのと同じ事実追認型の論法だ。「だから、言ったじゃないか」は「言ったじゃないか」と、自分が事前に指摘していたと言う事実を強調しているだけで(場合によってはそれで責任回避もしている)、現在の事態に対処する方策の提案はない。

もっとも、この台詞(せりふ)は、当事者たる祖母に向けて言っているのではなくて、それを取り囲む自分たちにとっての教訓として言われていると解釈することもできると思うが、いずれにしても「おばあちゃんが不信心だからだ」という考えは、当事者たる祖母にとっては「いまさら手遅れだ」という駄目押しのようなものでしかない。

しかしそんなことよりも、「こんなになってしまったのに早くお迎えが来ないのは、おばあちゃんが不信心だからだ」という考え方は、信心を生き方の問題ではなくて死に方の問題としてとらえる考え方の反映で、それは、生き方の善し悪しは死に方の善し悪しで証明されるという考え方とも通じる。

『楢山節考(ならやまぶしこう)』のおりんばあさんの死生観がそうで、おりんばあさんはきれいな死に方をすることで、自分の生き方がよかったと言われると考えている。おりんばあさんにとってそれはなによりも、自分の世間体を満足させることだったわけだけれど、おりんばあさんにとっての世間体というものには、「まわりの人の評価」ということだけではなくて、「息子の心配(息子を心配させない)」ということも含まれているから話が面倒臭くなる。というか、まわりの人の評価も息子の心配も、自己像を作り上げる仮想的な第三者の視点として、違いがない。

それはおりんばあさんに特別なことではなくて、『楢山節考』の住人全員に共通している。共通していて、みんなできればおりんばあさんのようにきれいに死にたいと思ってはいるのだけれど、実際問1　傍線部1「西欧の哲学」の内容を端的に言い表している二十字以内の箇所を本文中から抜き出して答えなさい。

問2　傍線部2「日本では自国の過去の思想を思想史として定着させることができなかった」とあるが、その理由を端的に述べている三十字以内の箇所を本文中から抜き出して答えなさい。

問3　傍線部3「それを整理し」とあるが、「それを整理」するとはどういうことか。本文中の語句を用いて五十五字以内で答えなさい。

問4　空欄 Ⅰ ～ Ⅳ に入るべき語を次の中から選んで記号で答えなさい。

ア　もっとも　　イ　もちろん
ウ　ところで　　エ　だから

問5　傍線部4「インド以来の仏教の流れを念頭におき、さきほど書いたような『日本』と『仏教』との微妙な関係を、少なくとも問題意識としては提示しようと試みたつもりだ」とあるが、「インド以来の仏教の流れを念頭にお」いた理由として最も適切なものを次の中から選んで記号で答えなさい。

ア　皇国史観における「仏教」の独自性を高く評価するため。
イ　「日本」への絶えざる否定である「仏教」の構造を探るため。
ウ　「日本」をある程度客観化して見られる視点を得るため。
エ　思想史とともに文化史との関わりをも視野におさめるため。

問6　傍線部5は「思ったままを率直に言う」との意味の慣用句である。空欄 A ・ B に入るべき漢字一字を答えなさい。

問7　傍線部①～⑤のカタカナを漢字に直しなさい。

二　次の文章を読み、あとの問いに答えなさい。

祖母は七十代後半あたりから持病のリュウマチがひどくなってまったくといっていいほど出歩けなくなり、八十四のときに一度危篤になって親戚じゅうを集めてからは、ほぼ完全に寝ついた状態になってしまったのだが、そんな状態になっても死ぬのに三年間かかった。

「死ぬのに三年間かかった」というのもひどい言い方だが、あの頃の親戚全体にあった気分はそうだった。「こんなになってしまったのに早く〝お迎え〟が来ないのは、おばあちゃんが不信心だからだ」ということだ。

甲州弁の言い回しには一種独特の1屈折がある(ぼくは父も母も山梨だ)。深沢七郎の『甲州子守唄』という長編小説の中で、大正時代にアメリカに働きに渡った息子の徳次郎が帰ってきて、村の人から向こうでいくら金をためたと訊かれて、こんなやりとりをする場面がある。

『「それだけんどダメだよ、不景気だから、それだけんど、お前はいいら(いいだろう)、いくらためた?」

と言いながら峯やんはぽーんと徳次郎の肩を叩いた。オカアはドキッと胸をつかれたようである。ベラベラと喋っているうち徳次郎がゼニをいくら溜めたかを聞いてしまったのである。(言わなんでくれればいい)とオカアは眉をしかめた。小松のおばさんもギンも同じことを思っているので嫌な気持ちである。

「なーに、だめさ」

と徳次郎は言っただけである。(よく、言わなんでくれた)とオカアは思った。

「どのくれえ?」

とこんど竹やんが聞くのである。

「なーに、だめさ」

と徳次郎は言った。オカアはホッとした。徳次郎がいくらためたもかく僕にとっては、おめでたい調和ではなく、むしろ「日本」と「仏教」との相互の③イゴコチの悪さ、どこかしっくりしないところがおもしろいのだ。

大体、仏教というのはおかしな宗教で、発生地のインドでは滅びて消えているし、中国や韓国でも滅びはしないまでも、ある時代以降、積極的な思想史的な意味を失ってしまう。キリスト教だって発生地のユダヤ人社会では滅びたではないかと言われるかもしれないが、もともとユダヤ人社会でもそれほど多数を占めたり、大きな影響を残したわけではなかったであろう。ところが、仏教はインドでは古代の一時期、思想・宗教界の主流ともいうべき強大な力を④ホコり、インド最大の哲学者シャンカラでさえ「仮面の仏教徒」といわれるような大きな影響を残している。それがほとんど完全に消えてしまっているのはなぜだろう。中国だって、中世の仏教の全盛期から近世に下ると、仏教にひいきする目から見れば、目を覆いたくなるものがある。日本の場合、仏教はかなり強力に生き残ってはいるが、近世以後、思想界の主流としての力はもちえなかった。

［Ⅲ］、チベットや東南アジアのように仏教の定着した地域もあるのだから一概にはいえないが、どうも仏教には定着しにくい一面があるような気がする。思想の次元でいえば、例えば、「空（くう）」という発想にはどうにも落ち着きの悪さがある。「空」は「有」として安定することへの絶えざる否定であるから、定着することをはじめから拒否している。その否定のエネルギーが、インドや中国という巨大な伝統をもつ文明においてさえ、一時期強烈な⑤ショウゲキとなるが、それがヴェーダーンタなり儒教なりの伝統思想のなかに吸収されることによって、はじめて安定した構造をもち得るのではないだろうか。まあ、これはいささか勝手な大風呂敷だが、日本の場合だって、それほど「日本」と「仏教」は自明の調和関係にはないことは確かだ。

［Ⅳ］、いまぼくは『日本仏教史』という本を準備している。一種の入門書だ。入門書とか、概説書とかは、大家が書くべきもので、ぼくなどが偉そうに書くものではないことはよく知っている。それに、いままでもこの標題の本はたくさん刊行されているし、そのなかには名著としての評判の高いものも少なくない。その上に何をいまさら、と思うかもしれない。これを書くことになったのは、まあ、それなりにいきさつのあってのことだが、ぼくとしてはぼくなりに力を入れて書いたつもりだ。

まず、いままでの『日本仏教史』は大部分日本史の専門の学者によって書かれた文字どおり歴史書であった。僕の準備しているのは、もう少し思想に力点を置いたものだ。『日本仏教思想史』にしようかとも思ったが、この標題はいずれライフワークとして考えている専門書のために取っておきたい。それに、今回は思想史独自の問題に限らず、もう少し文化史との関わりを念頭においたつもりだ。それゆえ、あえて同名の書の多いことを承知でこの標題を選び、副題として「思想史としてのアプローチ」としてみた。

もう一点は、4インド以来の仏教の流れを念頭におき、さきほど書いたような「日本」と「仏教」との微妙な関係を、少なくとも問題意識としては提示しようと試みたつもりだ。いままでの『日本仏教史』は、基本的に「日本」のなかに当然のこととして「仏教」が含み込まれるものと見て、そこに疑問を感じていない。だが、それほど単純でないだろうことは、さきほど書いたとおりだ。もちろん本書の中でその問題意識がつねに表面に出ているわけではないが。

日本には西欧の哲学のような論理と思弁で構築された壮大な思想空間は存在しない。だが、思想がないわけではない。しかし、その思想は概念的に規定をしようとするりと逃げてしまうようなところがある。それをどう捉えるのか、まだまだ模索が続くのだろう。

ともあれ、本ができたあかつきにはぜひ読んで頂きたい。そして、きみのいつもの5［A］に［B］を着せない辛辣な批評で、大いに発憤させてもらいたいものだ。

（末木文美士『日本仏教史―思想史としてのアプローチ―』による）

二〇一九年度 早稲田大学本庄高等学院

【国語】（五〇分）〈満点：一〇〇点〉

一 次の文章を読み、あとの問いに答えなさい。

H君。

昨夜は久しぶりに会えて嬉しかった。学生時代からさまざまな曲折を経ながら、一貫して1西欧の哲学に①キョテンをおき、しかも対象に呑まれることなく、明晰な論理を展開してゆくきみの態度は見事だと思う。それにくらべると、ぼくなどは、最初哲学を志しながら、西欧という厚い壁に、そしてキリスト教という巨大な伝統にはね返されて、仏教に転じ、それもいろいろと模索のすえ、またもやインドという底知れぬ世界を前に立ち尽くし、結局日本という振り出しに戻ったのだから、だらしないこと限りない。

だが、もちろんぼくにはぼくなりの②ジフもある。自国の伝統に根差すことなくして、どうして真に大地に足の着いた思想が展開できるというのか。よく言われることだが、2日本では自国の過去の思想を思想史として定着させることができなかった。今日、これほど日本学とか日本論とかが盛んになっても、思想史の全体像はなかなか見えてこない。もっともこれは研究者のほうの問題というばかりでなく、日本思想史それ自体に内在する問題でもあろう。古いといわれるかもしれないが、ぼくはいつもこの問題を考えると、丸山真男の言葉を思い出す（少し前の思想がすぐに古いと捨て去られること自体が問題なのだが）。

「私達の思考や発想の様式をいろいろな要素に分解し、それぞれの系譜を遡るならば、仏教的なもの、儒教的なもの、シャーマニズム的なもの、西欧的なもの――要するに私達の歴史にその足跡を印したあらゆる思想の断片に行き当るであろう。問題はそれらがみな雑然と同居し、相互の論理的な関係と占めるべき位置とが一向判然としていないところにある」

3それを整理し、そこからの展開を求めるほうが、「非日本的」なのかもしれない。だが、その作業は、「日本的」であろうが、「非日本的」であろうが、じつはどうしても不可欠なものだ。ふたたび、丸山の言葉を借りるならば、

「むしろ過去は自覚的に対象化されて現在の中に「止揚」されないからこそ、それはいわば背後から現在のなかにすべりこむのである。思想が伝統として蓄積されないということと、「伝統」思想のズルズルべったりの無関連な潜入とは実は同じことの両面にすぎない」

［Ⅰ］、現在のぼくの主要な問題意識は、日本思想史を全体的に把握するというよりは、仏教に専念し、仏教思想史の流れのなかで日本の仏教思想の位置づけを見たいという気持のほうが強い。それは、日本思想史のなかからある断面だけ切り出すことになってしまい、その全体像の把握という点から見れば、必ずしも適切ではないかもしれない。だが、それなりの利点がないわけではない。つまり、世界宗教としてアジア全域に広まった仏教に視点をおくことにより、「日本」という場に閉塞されず、ある意味で外から客観化して「日本」を見ることができるように思うのだ。いかにもずるいことかもしれないが、ぼくには余りに「日本」に内在化しすぎることにも抵抗があって、いわば、一方で「日本」に内在化しながら、しかも同時に「日本」をある程度突き放して見られる視点が欲しいのだ。

［Ⅱ］、ぼくにとって「日本仏教」というのは、「日本」と「仏教」とのせめぎあいのようなところがある。「日本仏教」という言葉はいささか問題のある言葉で、かつて皇国史観のもとで、「日本」においてこそ「仏教」は最高の円熟に達するとされ、その独自性が「日本仏教」という言い方で表現されたことがある。いわば「日本」と「仏教」とのおめでたい調和ともいうべきものであるが、そんな経緯があるから、どうもこの言葉には抵抗がある。だが、と

英語解答

I ［1］ (c) ［2］ (b) ［3］ (a)
［4］ (c) ［5］ (c) ［6］ (c)
［7］ (d) ［8］ (c) ［9］ (b)
［10］ (d)

II 問1 (1)…(d) (2)…(d) (3)…(b) (4)…(a)
(5)…(a) (6)…(b) (7)…(a) (8)…(e)
(9)…(b) (10)…(c) (11)…(e)
問2 ［1］…(a) ［2］…(d) ［3］…(c)
［4］…(a)
問3 ［1］…(a) ［2］…(c)
［3］ (例)me things which he thought were important.
［4］…(e) ［5］…(d) ［6］…(c)
［7］…(e) ［8］…(c) ［9］…(c)
［10］ (例)There was a small gold box (that) he kept locked

III 問1 ①…(b) ②…(b) ③…(e)
問2 (1)…(c) (2)…(d) (3)…(a) (4)…(e)
(5)…(e) (6)…(d)
問3 ［1］…(b)
［2］ (例)Did you？
［3］ (例)the volleyball team is a great chance to make new friends.

（声の教育社　編集部）

I 〔適語(句)選択〕

［1］battery「バッテリー，電池」を使ったコンピュータとあることから，持ち運べて wherever「どこでも」使える，とするのが適切。「このパソコンはバッテリーを使用しているので，使いたい場所でどこでも使うことができる」

［2］had better「～した方がよい」は2語で1つの助動詞としてはたらく。よって，否定形は had better not となり，後には動詞の原形がくる。「寝る前にスマートフォンを使わない方がよいという研究者もいる」

［3］'make＋目的語＋原形動詞' で「～に…させる」。「私の父はいつも，私が外出する前に私に宿題をやらせる」

［4］FOR RENT は，賃料を取って貸し出すための部屋や家があることを宣伝する広告の表現。「アパートで『FOR RENT』という看板を見かけたら，それはそこに引っ越せるという意味である」

［5］'It costs＋人＋金額＋to ～' で「〈人〉が～するのに(金額が)…かかる」。「誰かが私の車の後部に傷をつけて，それを修理するのに多額のお金がかかった」

［6］'keep＋目的語＋from ～ing' で「…が～するのを防ぐ，妨げる」。「ヘルメットがあれば頭をけがしなくて済む」

［7］「～すること〔～するの〕を楽しむ」という場合，'～' には動名詞(～ing)がくる。「その理科の授業で，学生は実験の結果を予想して楽しむだろう」

［8］cannot help ～ing で「～せずにはいられない」。なお，cannot help but も同じ意味を表すが，この後には動詞の原形がくるので，(a)は誤り。「あの歌を聴くと泣かずにはいられない」

［9］the がついていることと，in ～「～の中で」で '範囲' が示されていることから，最上級になると推測できる。least は little の最上級で，'the least＋形容詞〔副詞〕' で「最も～でない」という意味

を表せる。「これはこの店で最も値段の安いギターだ」

[10] The man is too noisy.「男性はうるさすぎる」が文の骨組みで，(　　) behind me は man を修飾して「私の後ろに座っている男性」というまとまりを作っていると考え，「～している」という意味で名詞を修飾するはたらきを持つ現在分詞の形容詞的用法にする。「席を変えてもらえますか？　私の後ろの男性があまりにもうるさいので」

II〔長文読解総合―物語〕

≪全訳≫❶ジャックがその老人に会ったのは何年も前のことだった。大学，彼女，仕事，そして生活そのものが彼と会う妨げになっていた。ジャックは夢を追い求めて国中を巡った。前の年，彼は建築デザイン事務所を開き，多忙な日々に紛れて昔のことを考える時間などほとんどなかったし，妻や息子と過ごす時間が全くないことも多かった。彼は未来への取り組みで忙しかったのである。❷電話で，母はジャックにこう言った。「ベルサーさんが昨夜亡くなったわ。お葬式は明日よ」❸「あの人のことを考えるのはずいぶん久しぶりだな。もう何年も前に亡くなったかと思ってたよ」とジャックは言った。❹「あら，あちらはあなたのこと忘れてなかったわよ」と母は彼に言った。「会うといつも，あなたがどうしてるかきかれたものよ。あの人の言い方だと，『フェンスのこっち側』であなたが過ごした日々のことを，私にあれこれすっかり話してくれたわ」❺幼少の日々を思い出すと，ジャックの心には記憶が鮮やかによみがえった。「僕に大工仕事を教えてくれたのはあの人だった」とジャックは言った。「もしあの人がいなかったら，僕はこの仕事についてなかっただろうな。ゥあの人はたっぷりと時間をかけて，自分が大切だと思うことを僕に教えてくれたんだ」❻「わかってるでしょう，ジャック，お父さんが亡くなった後，ベルサーさんは，あなたが人生における男の影響を知らないままにならないように，あなたに関わってくれたのよ」と母は言った。❼ジャックは母に，翌日の葬儀のためにそちらへ行くと伝えた。❽ジャックは忙しかったが，約束を守った。ベルサーさんの葬儀はこぢんまりとしたもので，何事もなく終わった。彼には自分の子どもはいなかったし，親戚の大半はすでに他界していた。❾ジャックが自宅に戻ることになっていたその前夜，ジャックと母は隣の古い家をもう一度のぞいてみるために立ち寄った。❿その家に足を踏み入れると，ジャックは自分が過去に向かって足を運んでいるような感覚を覚えた。その家は彼の覚えているのと寸分たがわず，一歩歩くごとに思い出がよみがえった。どの絵も，どの家具も…ジャックは突然立ち止まった。⓫「どうかしたの，ジャック？」と彼の母が尋ねた。⓬「あの箱がない」と彼は言った。⓭「何の箱？」と母は尋ねた。⓮「あの人が鍵をかけたままにした金の小箱が机の上にあったんだ。中に何が入ってるのか，1000回はあの人に尋ねたんじゃないかな。あの人はこう答えるだけだったけどね，『私にとって一番大切なものさ』って」とジャックは言った。⓯その箱はなくなっていた。その箱を除けば，家に関するあらゆることは完全にジャックの記憶のままだった。きっとベルサーさんの親族の誰かが持ち去ったのだろう，とジャックは推測した。⓰2週間後，仕事から帰宅すると，ジャックは郵便箱の中に通知を見つけた。「小包のお受け取りにはサインが必要です。3日以内に中央郵便局までお越しください」とその通知には書かれていた。⓱翌日，ジャックはその小包を取りに行った。それは古びていて，あたかも100年前に発送されたかのようだった。だが，送り主の名前が彼の注意を引きつけた。「ハロルド・ベルサー」とあったのだ。⓲ジャックはその小包を受け取ると車に向かい，開けてみた。中にはあの金色の箱と1通の封筒があった。中の短い手紙を読む間，ジャックは手が震えた。⓳「私が死んだら，これをジャック・ベネットに送ってください。これは私が人生で最も大切にしていたものです」 手紙には小さな鍵がテープで貼りつけてあった。胸を高鳴らせながら，ジャックは箱を開けた。中にあったのは，美しい金の懐中時計だった。20そっと時計のふたを開けると，内側にはこんな言葉があった。「ジャック，君が私とともに過ごしてくれた時間に感謝する！――ハロルド・ベルサー」21「あの人が一番大切にしていたものって…僕と過ごした時間だったのか」22ジャックは数分の間，その時計を握りしめていたが，それから自分の事務所に電話をして，次の２日間の予定をキャンセルした。「どうしてですか？」と助手のジャネットは尋ねた。23「しばらく息子と過ごす必要があってね」と彼は言った。「ああそうだ，ジャネット…いつも一緒に仕事してくれてありがとう！」

問１＜適語(句)選択＞(1)文全体の動詞として moved があることや，(　　)以下が「～しながら」という意味になると推測できることから，現在分詞としてはたらく following が適切。　(2)work on ～ で「～に取り組む」という意味を表せる。　(3)「電話で(話す)」という場合，前置詞には over を用いるのが一般的である。　(4)ジャックはベルサーさんを長い間忘れていたが，ベルサーさんはジャックの母に会うたびにジャックのことを話題にした，という文脈なので，ベルサーさんはジャックのことを「忘れていなかった」のだとわかる。　(5)続く文に，歩くたびに記憶がよみがえるとあるので，back in time「時間を戻る」が文脈に合う。　(6)ジャックが箱の中身を尋ねているという部分なので，what「何が」箱の中にあるか，とするのが適切。また，空所に入る疑問詞が主語としてはたらいていることからも判断できる。　(7)空所を含む文は「ジャックがそれを記憶していたちょうどそのままの様子だった」という内容なので，‘様子，ありさま’を表せる関係副詞 how が適する。　(8)郵便局が小包の受け取りを求める通知なので，within「～以内に」で期日が示されているのだと判断できる。　(9)この後，「100年も前に発送された物のようだった」というたとえがあるので，old「古い」が適する。　(10)空所の後に主語のない文が続くので，主格の関係代名詞が入るとわかる。先行詞が cover「カバー，ふた」という‘物’なので，which が適する。　(11)金の小箱に入っているのはベルサーさんの最も大切なものだと聞かされており，その中にあった金時計には Jack, thanks for your time! と刻まれていた。よって，彼にとって最も大切なものとはジャックとの時間だったとわかる。空所を含む文はジャックの考え〔発言〕なので，my time「僕の時間」となる。

問２＜英問英答＞［１］「ジャックは大人になった後，なぜその老人にほとんど会わなくなったのか」―(a)「日々の生活で非常に忙しくなったから」　第１段落第４文参照。　［２］「ジャックがベルサーさんの葬儀に行くべきだと感じたのはなぜか」―(d)「ベルサーさんはジャックにとって思いやりのある良い父親のような存在だったから」　第５，６段落参照。　caring「思いやりのある」
［３］「金の箱を開ける直前，ジャックはどんな気持ちだったか」―(c)「箱の中に入っているものを見られるので興奮していた」　第19段落第４文参照。　race「(脈，胸などが)どきどきする」
［４］「なぜジャックは次の２日間の予定を空けたのか」―(a)「家族を最優先にしたかったから」
第23段落参照。　put ～ first「～を最重要視する」

問３＜総合問題＞

［１］＜英文解釈＞get in the way で「妨げる，邪魔になる」。直前に「その老人に会ったのは何年も前だった」とあり，続けてジャックが忙しくなった様子が書かれているので，人生におけるさま

ざまな出来事で忙しくなり，それらが老人と会うのを妨げていたのだと考えられる。この内容に最も近いのは，(a)「彼は大学，彼女，仕事やその他のさまざまなことで忙しくなった」である。

[2]＜**英文解釈**＞第９段落から，ベルサーさんがジャックの隣人であったことがわかる。つまり，you spent over 'his side of the fence'「あなたが『フェンスの彼の側』で過ごした」とは，フェンスを隔てた向こう側にベルサーさんの家があり，ジャックがそこで時間を過ごしたということを意味する。これに最も近いのは，(c)「何度もあなたが近くに来て一緒に時を過ごしたこと」。
as ～ put it「～が言ったように，～の言い方だと」

[3]＜**書き換え**＞１文目のthingsと２文目のtheyが同じものを指す。theyはHe thoughtの目的語となるthat節中の主語なので，これを主格の関係代名詞whichに置き換えてthingsの後ろに置き，thingsを修飾する形にする。

[4]＜**英文解釈**＞「ジャックは母に，自分は翌日の葬儀のためにそこに行くつもりだと言った」→(e)「『僕は明日の葬儀のためにそこに行くよ』とジャックは母に言った」　下線部中のheはジャックを指すので，ジャック自身のせりふの中ではＩとなり，the next day「その翌日」とはジャックが話している時点では「明日」に当たるので，tomorrowと表せる。

[5]＜**英文解釈**＞下線部オのAs busy as Jack wasは，「～と同じくらい…」という原級表現ではなく，'as＋形容詞〔副詞〕＋as＋主語＋動詞...'「～は…だが」という'譲歩'を表す表現。よって，「ジャックは忙しかったが」という意味になる。また，he kept his word「彼は約束を守った」の「約束」とは，ベルサーさんの葬儀に行くという直前の内容を指している。これらを最もよく表したのは，(d)「ジャックは忙しかったが，彼はその老人の葬儀に行った」。　keep ～'s word「約束を守る」

[6]＜**整序結合**＞'主語＋動詞 ～'という文の骨組みを考えると，'動詞'はstopped by「立ち寄った」で，'主語'に当たるのはhe and his Momだとわかる。seeの目的語として適するのはthe old houseで，これを修飾するnext doorをその後に置くと，to see the old house next door「隣の古い家を見るために」という副詞的用法のto不定詞のまとまりが作れる。one moreはtimeの前に置いて「もう一度」とする。　～ he and his Mom stopped by to see the old house next door one more time.

[7]＜**英文解釈**＞catch ～'s attentionで「～の注意を引く」。the sender「送り主」とはベルサーさんのことで，届いた小包の送り主の名が亡くなったはずのベルサーさんだったことに注意が引かれたのだから，(e)「ジャックはその送り主の名前に驚いた」が適切。

[8]＜**英問英答**＞「この物語が主に伝えたかったことは何か」―(c)「私たちが人々とともに過ごす時間は貴重である」　第20～23段落でジャックは，ベルサーさんが自分との時間を「最も大切なもの」だといってくれたことに心を動かされ，息子とともに過ごす時間を持とうとしたり，ともに時間を過ごし，働いてくれる助手にお礼を言ったりしている。この部分に，この話が伝えたかったことが込められている。

[9]＜**単語の発音**＞

(a)　cover [ʌ]　　stop [ɑː]　　suddenly [ʌ]

(b)　country [ʌ]　　found [au]　　house [au]

(c) most [ou]　post [ou]　told [ou]

(d) minutes [i]　piece [iː]　these [iː]

(e) asked [t]　discovered [d]　passed [t]

[10]＜**和文英訳**＞'There is〔are〕＋主語＋場所'「～が…にある〔いる〕」の形を過去形にして表せばよい。「金の小箱があった」There was a small gold box. が文の骨組み。「あの人が鍵をかけたままにした」は 'keep＋目的語＋形容詞'「～を…(の状態)のままにする」の形で表せる。'形容詞' に当たる「鍵をかけた」は lock ～「～に鍵をかける」を過去分詞にして locked「鍵をかけられた」と表せばよい。'目的語' の部分を関係代名詞にして that〔which〕 he kept locked と表して box の後ろに置く。なお，There is ～ の文は不特定のものを主語にするので，冠詞は the ではなく a とすること。

III〔**長文読解総合―対話文**〕

≪**全訳**≫**1父(D)**：やあ，ジェシカ。今日，学校はどうだった？**2ジェシカ(J)**：ああ，お父さん。お迎えに来てくれてありがとう。学校は楽しかったよ。友だちとお昼を食べて，歴史の授業のためにグループ学習を始めようって話したの。**3D**：ア<u>そうなのか？</u>　それはよかった。ああ，ところで，学校のバレーボールチームが明日，入部テストをするんだってね。**4J**：うん，そうなの。**5D**：それで，お前は参加するつもりかい？**6J**：うーん，そのチームのテストを受けるかどうか，わからないんだ。B<u>先輩たちはみんな受けるつもりなんだって。</u>それに，私はこの学校に来たばかりじゃない？　他の子たちが私のことを笑うかもしれないもん。**7D**：おいおい，そんなこと言うなよ。お前がバレーボール大好きなの，父さんは知ってるぞ。この町に来たばかりだってことをそんなに気にするのはやめなさい。お前は小さい頃からずっとバレーボールを続けているじゃないか。友だちと放課後ビーチに行って，砂の中でバレーボールをしてた頃のことを思い出してごらん。もし父さんがお前だったら，そんな他の子たちのことなんて気にしないぞ。父さんはお前がプレーしてるのを見たことがあるけど，他の子たちよりもお前の方が絶対に上手だと思うな。**8J**：応援してくれてありがとう，お父さん，でも私はまだこの学校に慣れようとしてるところなの。私たち，ここに来てまだ1か月くらいでしょ？　それに，もしチームを組んだら，勉強する時間が少なくなっちゃうかも。私にはできないんじゃないかって心配なの。**9D**：心配ないさ。いい成績を取り続けるのに苦労したことなんてこれまでなかっただろう？　お前は賢い子だ。お前は自分の優先順位や目標を設定するにはどうすればいいかわかってるじゃないか。お前ならそれができるって，父さんにはわかるんだよ，ジェシカ。お前がここにまだ来たばかりで，周りになじもうとしてるところだってことはわかってるよ。だからこそ，友だちを作らなきゃいけないんじゃないか。お前と同じくらいバレーボールが大好きな子は他にもいるさ。バレーボールチームに入るのは，新しい友だちを作るいい機会だと思うよ。**10J**：そう思う？　じゃあ，明日のバレーボールチームの入部テスト，受けてみようかな。ありがとう，お父さん。私が何をするときでも，お父さんはいつも私を応援してくれるね。

問1＜**文脈把握**＞①「ジェシカは『うーん，そのチームの入部テストを受けるかどうか，わからない』と言っている。なぜか」―(b)「彼女は他の子どもたちが自分のことをどう思うかを心配しているから」　第6段落終わりの2文参照。　②「ジェシカの父は『もし父さんがお前だったら，そんな他の子たちのことなんて気にしないぞ。父さんはお前がプレーしてるのを見たことがあるけど，他の子たちよりもお前の方が絶対に上手だと思うな』と言っている。なぜか」―(b)「彼はジェシカにバレーボールチームの入部テストを受けてほしいと思っているから」　第７段落および第９段落参照。父は，転校してきたばかりで周囲の目を気にして，大好きなバレーボールに挑戦できずにいる娘を励まそうとしている。　③「ジェシカは『私にはできないんじゃないかって心配なの』と言っている。彼女は何を言いたいのか」―(e)「バレーボールチームのメンバーをやりながら，勉強することはできない」　第８段落第３文参照。

問２＜適語(句)選択＞(1)その日の学校生活からバレーボールチームのことへと話題が変わっているので，話題を転換するときの表現である by the way「ところで」が適する。　(2)「ずっと～」という意味を持つ‘継続’の現在完了進行形の文なので，since「～から，以来」が適する。　(3) fit in で「(新しい環境などに)慣れる，なじむ」。　(4)直前で，これまでずっといい成績を取り続けていたじゃないか，と励ましているのだから，ジェシカは smart「賢い，頭がよい」とするのが適切。　(5)新たな環境に慣れるのに精一杯で，バレーボールチームに入る余裕がないと不安を覚えるジェシカに対し，そういうときだからこそチームに参加するべきだと父は勧めている。That's why ～「そういうわけで～だ，だから～だ」とし，不慣れな環境にいるからこそ友だちを作らなければいけない，という文脈にするのがよい。　(6)第７段落での父の励ましに対して，第８段落第１文で Thanks for your support「応援してくれてありがとう」と言っているのと同様に，第９段落やそれまでの励ましに対し，ジェシカは父が「いつも応援して〔支えて〕くれる」ことに感謝しているのである。

問３＜総合問題＞

［１］**＜適所選択＞**are going to ～「～するつもりだ」の to 以下が省略されていることに注目し，直前に I'm going to ～ とある［ B ］の後ろを見ると，Besides ～「～に加えて」がある。ここから，これに続く「他の生徒が私を笑うかもしれない」という内容は，バレーボールチームに入りたくない理由がすでに挙げられており，それにつけ加えられたものだとわかるので，ここに「先輩たちはみんな(そのチームの入部試験を受ける)つもりだ」という内容が当てはまる。

［２］**＜適文補充＞**空所アの前でジェシカが学校での出来事を話し，空所の後では父が「それはよかった」と感想を述べている。相手の話を聞き，それに対する意見などを述べる前の発言としては，Did you?「そうだったの？」など，相手の話にあいづちを打つような表現が適する。

［３］**＜和文英訳＞**出だしの I think が「～だと思うよ」の部分で，joining 以下は‘～’に当たる部分。この joining を動名詞と考えると，joining the volleyball team「バレーボールのチームに入るの(こと)」というまとまりが作れる。この後に動詞 is を置き，条件にある great を用いて is a great chance「いい機会だ」とする。「新しい友だちを作る」というまとまりは「機会」chance を修飾しているので，to不定詞の形容詞的用法で to make new friends と表し，chance の後ろに置く。

数学解答

1 問1 $\frac{9}{2}$　問2 $x=\frac{5\pm\sqrt{13}}{2}$

問3 $120^\circ-2a$

問4 $a=-2$，$b=-5$

2 問1 $\frac{5}{36}$　問2 $\frac{1}{18}$　問3 $\frac{5}{6}$

3 問1 6秒間　問2 $\frac{3}{8}$

問3 (ア) 18　(イ) $\frac{1}{48}t$

(ウ) $\frac{1}{96}t^2-\frac{1}{3}t+3$

4 問1 $6\sqrt{2}$　問2 $2\sqrt{6}$

問3 $\frac{40}{3}$

（声の教育社　編集部）

1〔独立小問集合題〕

問1＜平方根の計算＞$\frac{\sqrt{3}}{(\sqrt{3}-\sqrt{2})^2-5}=\frac{\sqrt{3}}{3-2\sqrt{6}+2-5}=\frac{\sqrt{3}}{-2\sqrt{6}}=-\frac{1}{2\sqrt{2}}$となるから，与式$=\left(-\frac{1}{2\sqrt{2}}-\frac{5}{2\sqrt{2}}\right)^2=\left(-\frac{6}{2\sqrt{2}}\right)^2=\left(\frac{3}{\sqrt{2}}\right)^2=\frac{9}{2}$となる。

問2＜二次方程式＞$2x^2+6x-x-3=9x^2-30x+25-7$，$-7x^2+35x-21=0$，$x^2-5x+3=0$となるから，解の公式より，$x=\frac{-(-5)\pm\sqrt{(-5)^2-4\times1\times3}}{2\times1}=\frac{5\pm\sqrt{13}}{2}$である。

問3＜図形―角度＞右図で，$\overparen{\mathrm{FB}}$に対する円周角より，$\angle\mathrm{FCB}=\angle\mathrm{FAB}=a$である。また，△ABCで中点連結定理より，DE∥BCだから，平行線の錯角より，$\angle\mathrm{CFG}=\angle\mathrm{FCB}=a$……①となる。さらに，△ABCが正三角形より，$\angle\mathrm{FAC}=\angle\mathrm{FAB}+\angle\mathrm{BAC}=a+60^\circ$なので，$\overparen{\mathrm{FC}}$に対する円周角より，$\angle\mathrm{FGC}=\angle\mathrm{FAC}=a+60^\circ$……②となる。①，②より，△FCGにおいて，$\angle\mathrm{FCG}=180^\circ-\angle\mathrm{CFG}-\angle\mathrm{FGC}=180^\circ-a-(a+60^\circ)=120^\circ-2a$である。

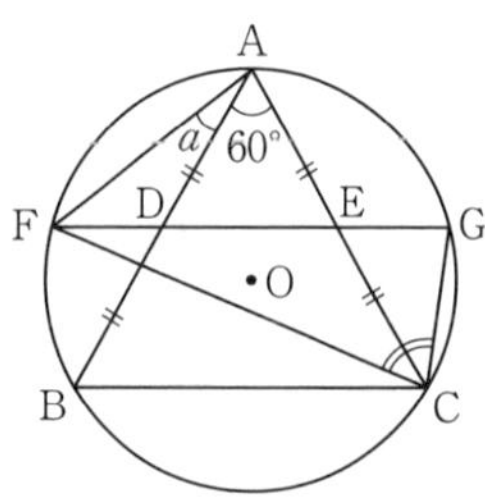

問4＜連立方程式の応用―平均値，中央値＞平均値が$\frac{3}{4}$より，4つの数の和は$\frac{3}{4}\times4=3$だから，$b+2a+2+ab=3$が成り立ち，$ab+2a+b=1$……①となる。また，4つの数の中央値は小さい方から2番目の$2a$と3番目の2の平均だから，$(2a+2)\div2=a+1$である。よって，$a+1=-2a+b$が成り立ち，$b=3a+1$……②となる。②を①に代入すると，$a(3a+1)+2a+(3a+1)=1$より，$3a^2+6a=0$，$3a(a+2)=0$　$\therefore a=0,\ -2$　②より，$a=0$のとき$b=1$，$a=-2$のとき$b=-6+1$，$b=-5$となる。$a=0$，$b=1$のときは，$2a=0$より，$b<2a$を満たさない。$a=-2$，$b=-5$のときは，$2a=2\times(-2)=-4$，$ab=(-2)\times(-5)=10$より，$b<2a<2<ab$を満たす。したがって，$a=-2$，$b=-5$である。

2〔確率―さいころ〕

≪基本方針の決定≫問2，問3　解の公式を用いて，2つの解をp，qで表す。

問1＜確率―二次方程式の応用＞大小2つのさいころを同時に投げるとき，さいころの目の出方は全部で$6\times6=36$(通り)ある。二次方程式$x^2-px-q=0$に解である$x=-1$を代入すると，$(-1)^2-p\times(-1)-q=0$より，$q=p+1$となる。$q=p+1$となるのは，$(p,\ q)=(1,\ 2)$，$(2,\ 3)$，$(3,\ 4)$，$(4,\ 5)$，$(5,\ 6)$の5通りだから，求める確率は$\frac{5}{36}$である。

問2＜確率―二次方程式の応用＞二次方程式$x^2-px-q=0$を，解の公式を利用して解くと，$x=\frac{-(-p)\pm\sqrt{(-p)^2-4\times1\times(-q)}}{2\times1}=\frac{p\pm\sqrt{p^2+4q}}{2}$となるので，2つの解の差は$\frac{p+\sqrt{p^2+4q}}{2}-$

$\dfrac{p-\sqrt{p^2+4q}}{2}=\dfrac{2\sqrt{p^2+4q}}{2}=\sqrt{p^2+4q}$ と表せる。これが5となるのは，$\sqrt{p^2+4q}=5$ より，$p^2+4q=25$ のときで，$4q$ が偶数だから，p^2 は奇数である。よって，考えられる p の値は1，3，5で，このうち $p^2+4q=25$ となるのは，$(p,\ q)=(1,\ 6)$，$(3,\ 4)$ の2通りある。よって，求める確率は $\dfrac{2}{36}=\dfrac{1}{18}$ となる。

問3＜**確率―二次方程式の応用**＞問2より，2つの解は $\dfrac{p+\sqrt{p^2+4q}}{2}$，$\dfrac{p-\sqrt{p^2+4q}}{2}$ と表せるから，p^2+4q が整数の2乗でないとき，2つの解はともに無理数となる。p，q は1以上6以下の整数なので，p^2+4q は最小値が $1^2+4\times1=5$，最大値が $6^2+4\times6=60$ である。よって，p^2+4q が整数の2乗であるのは，p^2+4q が $9=3^2$，$16=4^2$，$25=5^2$，$36=6^2$，$49=7^2$ の場合となる。$p^2+4q=9$ の場合は $(p,\ q)=(1,\ 2)$ の1通り，$p^2+4q=16$ の場合は $(p,\ q)=(2,\ 3)$ の1通り，$p^2+4q=25$ の場合は問2より，2通り，$p^2+4q=36$ の場合は $(p,\ q)=(4,\ 5)$ の1通り，$p^2+4q=49$ の場合は $(p,\ q)=(5,\ 6)$ の1通りあるから，p^2+4q が整数の2乗になる場合は $1+1+2+1+1=6$(通り) ある。したがって，p^2+4q が整数の2乗にならない場合は $36-6=30$(通り) あるから，求める確率は $\dfrac{30}{36}=\dfrac{5}{6}$ となる。

3〔**関数―関数と図形・運動**〕

図1

問1＜**時間**＞右図1で，動点 P_2 の速さは毎秒 $\dfrac{1}{6}$ で，$AB=1$，$AB+BC=1+2=3$ だから，$1\div\dfrac{1}{6}=6$，$3\div\dfrac{1}{6}=18$ より，動点 P_2 が辺BC上にあるのは点Aを出発して6秒後から18秒後までである。動点 P_3, P_4 の速さはそれぞれ毎秒 $\dfrac{1}{8}$，$\dfrac{1}{12}$ だから，動点 P_3 が辺BC上にあるのは，$1\div\dfrac{1}{8}=8$，$3\div\dfrac{1}{8}=24$ より，8秒後から24秒後まで，動点 P_4 が辺BC上にあるのは，$1\div\dfrac{1}{12}=12$，$3\div\dfrac{1}{12}=36$ より，12秒後から36秒後までとなる。よって，動点 P_2，P_3，P_4 の全てが同時に辺BC上にある時間は，12秒後から18秒後までの $18-12=6$(秒) 間である。

図2

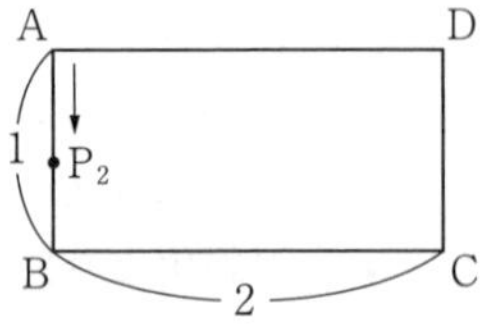

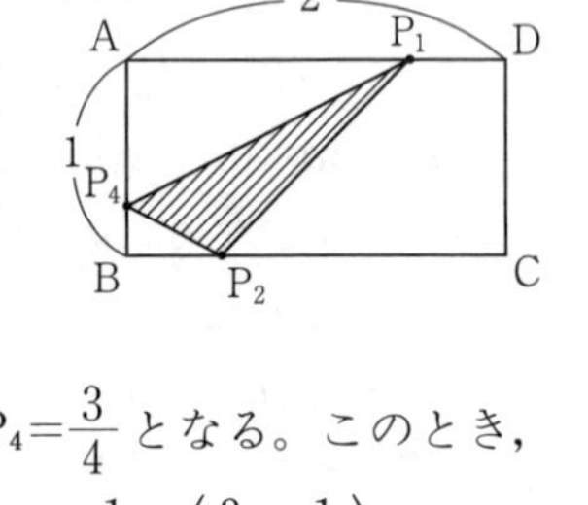

問2＜**面積**＞動点 P_1 の速さは毎秒 $\dfrac{1}{2}$ なので，動点 P_1 は，出発してから9秒後までに $\dfrac{1}{2}\times9=\dfrac{9}{2}$ 動き，$AB+BC+CD=1+2+1=4$ より，右図2のように，辺DA上にあり，$DP_1=\dfrac{9}{2}-4=\dfrac{1}{2}$ となる。動点 P_2 は9秒後までに $\dfrac{1}{6}\times9=\dfrac{3}{2}$ 進むので，辺BC上にあり，$BP_2=\dfrac{3}{2}-1=\dfrac{1}{2}$ となり，動点 P_4 は9秒後までに $\dfrac{1}{12}\times9=\dfrac{3}{4}$ 進むので，辺AB上にあり，$AP_4=\dfrac{3}{4}$ となる。このとき，$AP_1=AD-DP_1=2-\dfrac{1}{2}=\dfrac{3}{2}$ より〔台形 ABP_2P_1〕$=\dfrac{1}{2}\times(AP_1+BP_2)\times AB=\dfrac{1}{2}\times\left(\dfrac{3}{2}+\dfrac{1}{2}\right)\times1=1$，$\triangle AP_4P_1=\dfrac{1}{2}\times AP_1\times AP_4=\dfrac{1}{2}\times\dfrac{3}{2}\times\dfrac{3}{4}=\dfrac{9}{16}$, $P_4B=AB-AP_4=1-\dfrac{3}{4}=\dfrac{1}{4}$ より $\triangle P_4BP_2=\dfrac{1}{2}\times P_4B\times BP_2=\dfrac{1}{2}\times\dfrac{1}{4}\times\dfrac{1}{2}=\dfrac{1}{16}$ である。よって，$S=$〔台形 ABP_2P_1〕$-\triangle AP_4P_1-\triangle P_4BP_2=1-\dfrac{9}{16}-\dfrac{1}{16}=\dfrac{3}{8}$ となる。

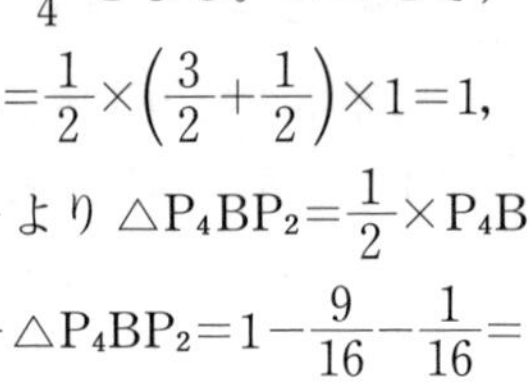

問3＜**変域，面積**＞問1より，動点 P_3 は，$8\leqq t\leqq24$ のとき辺BC上にあり，動点 P_2 は，$6\leqq t\leqq18$ のとき辺BC上にある。また，$t=24$ のとき，動点 P_2 は $\dfrac{1}{6}\times24=4$ 進むので，$AB+BC+CD=4$ よ

り，点Dにある。よって，$16 \leqq t \leqq 18$ のとき，右図3のように，動点P_2，P_3はともに辺BC上にあり，$18 \leqq t \leqq 24$ のとき，右図4のように，動点P_2は辺CD上，動点P_3は辺BC上にある。図3で，動点P_2，P_3が進んだ長さはそれぞれ$\frac{1}{6}t$，$\frac{1}{8}t$ だから，$P_2P_3=\frac{1}{6}t-\frac{1}{8}t=\frac{1}{24}t$ より，

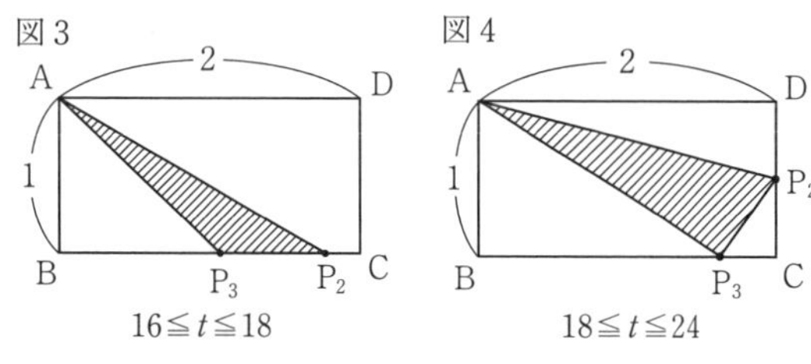

$S=\frac{1}{2}\times P_2P_3\times AB=\frac{1}{2}\times\frac{1}{24}t\times 1=\frac{1}{48}t$ となる。図4でも同様に，動点P_2，P_3が進んだ長さはそれぞれ$\frac{1}{6}t$，$\frac{1}{8}t$ なので，$CP_2=\frac{1}{6}t-(AB+BC)=\frac{1}{6}t-3$，$P_3C=(AB+BC)-\frac{1}{8}t=3-\frac{1}{8}t$，$BP_3=\frac{1}{8}t-AB=\frac{1}{8}t-1$ となる。よって，〔台形$ABCP_2$〕$=\frac{1}{2}\times(AB+CP_2)\times BC=\frac{1}{2}\times\left(1+\frac{1}{6}t-3\right)\times 2=\frac{1}{6}t-2$，$\triangle ABP_3=\frac{1}{2}\times AB\times BP_3=\frac{1}{2}\times 1\times\left(\frac{1}{8}t-1\right)=\frac{1}{16}t-\frac{1}{2}$，$\triangle P_2CP_3=\frac{1}{2}\times CP_2\times P_3C=\frac{1}{2}\times\left(\frac{1}{6}t-3\right)\times\left(3-\frac{1}{8}t\right)=\frac{1}{2}\times\left(-\frac{1}{48}t^2+\frac{7}{8}t-9\right)=-\frac{1}{96}t^2+\frac{7}{16}t-\frac{9}{2}$ より，$S=$〔台形$ABCP_2$〕$-\triangle ABP_3-\triangle P_2CP_3=\frac{1}{6}t-2-\left(\frac{1}{16}t-\frac{1}{2}\right)-\left(-\frac{1}{96}t^2+\frac{7}{16}t-\frac{9}{2}\right)=\frac{1}{96}t^2-\frac{1}{3}t+3$ となる。以上より，$16 \leqq t \leqq 18$ のとき $S=\frac{1}{48}t$，$18 \leqq t \leqq 24$ のとき $S=\frac{1}{96}t^2-\frac{1}{3}t+3$ である。

4 〔空間図形　二角柱〕

≪基本方針の決定≫問3　平行な2つの平面に，1つの平面が交わってできる2本の直線は平行になることを利用する。

問1＜**長さ―特別な直角三角形**＞右図で，△ABCは，AB＝BC＝8，∠ABC＝90°より，直角二等辺三角形だから，$AC=\sqrt{2}AB=\sqrt{2}\times 8=8\sqrt{2}$ である。よって，AQ：QC＝3：1より，$AQ=\frac{3}{3+1}AC=\frac{3}{4}\times 8\sqrt{2}=6\sqrt{2}$ となる。

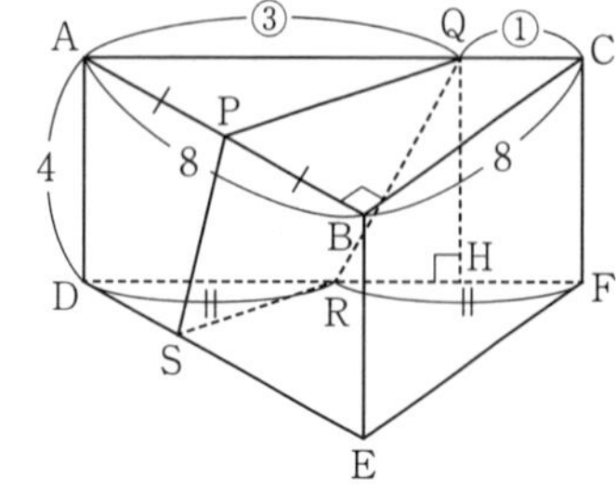

問2＜**長さ―三平方の定理**＞右図のように，点Qから辺DFに垂線QHを引く。$DF=AC=8\sqrt{2}$ より，$DR=\frac{1}{2}DF=\frac{1}{2}\times 8\sqrt{2}=4\sqrt{2}$，$RH=DH-DR=AQ-DR=6\sqrt{2}-4\sqrt{2}=2\sqrt{2}$ となる。また，QH＝AD＝4だから，△QRHで三平方の定理より，$QR=\sqrt{RH^2+QH^2}=\sqrt{(2\sqrt{2})^2+4^2}=\sqrt{24}=2\sqrt{6}$ となる。

問3＜**面積―相似**＞右上図で，線分PQと線分SRは，平行な2つの平面ABC，DEFに1つの平面が交わってできる線分だから，PQ∥SRである。このとき，△APQ∽△DSRとなるので，AP：DS＝AQ：DRであり，$AP=\frac{1}{2}AB=\frac{1}{2}\times 8=4$，$AQ=6\sqrt{2}$，$DR=4\sqrt{2}$ だから，$4:DS=6\sqrt{2}:4\sqrt{2}$ より，4：DS＝3：2，3DS＝4×2，$DS=\frac{8}{3}$ となる。よって，〔四角形ADSP〕$=\frac{1}{2}\times(AP+DS)\times AD=\frac{1}{2}\times\left(4+\frac{8}{3}\right)\times 4=\frac{40}{3}$ である。

2019年度／早稲田大学本庄高等学院

国語解答

一　問1　論理と思弁で構築された壮大な思想空間

問2　過去は自覚的に対象化されて現在の中に「止揚」されないから（28字）

問3　私たちの歴史にその足跡を印したあらゆる思想の断片の，相互の論理的関係と占めるべき位置を判然とさせること。（52字）

問4　Ⅰ…ア　Ⅱ…エ　Ⅲ…イ　Ⅳ…ウ

問5　ウ　　問6　A　歯　B　衣

問7　①　拠点　②　自負　③　居心地　④　誇　⑤　衝撃

二　問1　本音と世間体の重視される場所が，標準語の感覚と違うこと。（28字）

問2　情報の伝達

問3　食料の乏し～ていくため

問4　自己像を作り上げる仮想的な第三者の視点

問5　生き方の善～証明される

問6　当事者最優先の考え

問7　①　いっぺんとう　②　おび　③　かに　④　ずいしょ　⑤　すうこう

（声の教育社　編集部）

一〔**論説文の読解—哲学的分野—哲学**〕出典；末木文美士『日本仏教史—思想史としてのアプローチ—』「序章にかえて」。

≪本文の概要≫日本では，自国の過去の思想を思想史として定着させることができなかった。これは，日本思想史それ自体に内在する問題であろう。私たちの思考や発想に影響を与えたあらゆる思想の断片が，皆雑然と同居し，相互の関係や位置が判然としないことに問題がある。それを整理し，そこからの展開を求める必要がある。ただし，現在の「ぼく」は，仏教に専念し，仏教思想史の流れの中で，日本の仏教思想の位置づけを見たいと考えている。世界宗教である仏教に視点を置くことによって，外から客観的に「日本」を見られると思うからである。仏教というのはおもしろい宗教で，特定の地域に定着しにくい一面がある。日本においても，「日本」と「仏教」は，自明の調和関係にはないことは確かである。今，「ぼく」は，『日本仏教史』という本を準備している。この本は，単なる歴史書ではなく，思想に力点を置いている。また，インド以来の仏教の流れを念頭に置き，「日本」と「仏教」との微妙な関係を，少なくとも問題意識としては提示しようと試みたつもりである。

問1＜**文章内容**＞「西欧の哲学」は，「論理と思弁で構築された壮大な思想空間」であり，日本には，そのようなものは存在しないのである。

問2＜**文章内容**＞日本では，現在の視点から過去の思想と意識的に向き合って対決し，その対立を乗り越えて，より高い段階で統合するという作業が，行われてこなかった。つまり，「過去は自覚的に対象化されて現在の中に『止揚』されない」から，日本の「思想史の全体像はなかなか見えてこない」し，「自国の過去の思想を思想史として定着させることができなかった」のである。

問3＜**文章内容**＞日本思想史においては，「仏教的なもの，儒教的なもの，シャーマニズム的なもの，西欧的なもの」といった，「私達の歴史にその足跡を印したあらゆる思想の断片」が雑然と同居していることに問題がある。したがって，日本思想史の全体像を把握するには，それらを整理して「相互の論理的な関係と占めるべき位置」を「判然」とさせることが必要である。

問4．Ⅰ＜**接続語**＞「日本思想史を全体的に把握する」という作業は，「どうしても不可欠なもの」だが，そうはいうものの，「現在のぼくの主要な問題意識」は，それよりも，「仏教に専念し，仏教思想史の流れのなかで日本の仏教思想の位置づけを見たい」という気持ちの方が強い。　Ⅱ＜**接続**

語＞「ぼく」は，「『日本』に内在化」する視点と，「ある程度突き放して」客観化して「日本」を見る両方の視点が欲しいので，「ぼくにとって『日本仏教』というのは，『日本』と『仏教』とのせめぎあいのようなところがある」のである。　**Ⅲ＜表現＞**仏教は，インドでは滅び，中国では衰退し，日本では「かなり強力に生き残ってはいるが，近世以後，思想界の主流としての力はもちえなかった」が，言うまでもなく，「チベットや東南アジアのように仏教の定着した地域もあるのだから一概にはいえないが，どうも仏教には定着しにくい一面があるような気がする」のである。

Ⅳ＜接続語＞「『日本』と『仏教』は自明の調和関係にはないことは確か」であることはそれまでとして，「いまぼくは『日本仏教史』という本」を準備している。

問5＜文章内容＞「インド以来の仏教の流れを念頭に」置くとは，「世界宗教としてアジア全域に広まった仏教に視点をおく」ということである。そうすることで，「ぼく」は，「『日本』という場に閉塞されず，ある意味で外から客観化して『日本』を見ることができるように」思っている。

問6＜慣用句＞「歯に衣着せぬ」は，思ったことをずけずけと言う，という意味。

問7＜漢字＞①活動をするための足場にする場所のこと。　②自分の仕事や才能に自信を持ち，それを誇ること。または，その気持ち。　③ある場所や環境，地位にいるときに感じる，快不快の感情のこと。　④音読みは「誇大」などの「コ」。　⑤何かが何かに激しく突き当たること。または，それによって生まれる影響や刺激のこと。

二　**〔随筆の読解─芸術・文学・言語学的分野─言語〕**出典；保坂和志『〈私〉という演算』「祖母の不信心」。

問1＜文章内容＞「深沢七郎描くところの人物には複雑なところは何もない」のだが，甲州弁を話すために，「実と名，本音と世間体の重視される場所が，いまどきの標準語の感覚と違うのでわかりにくく，そのわかりにくさが複雑さと間違えられたり，深遠さと間違えられたりしてしまう」のである。甲州弁の言い回しには，深沢七郎の『甲州子守唄』にも見られるような「一種独特の屈折」がある。ここで問題にされているのは甲州弁だが，そもそも方言とは，同じ価値観や体面などを共有した人たちの間で，「長い年月をかけて相手の本音を斟酌しながらやりとりされてきた表現」であり，「いったん相手の気持ちを経由する言い回しを取ることで，目の前にいる最初の世間たる相手の許可や同意を取りつける構造」になっているので，「近代人」が方言に屈折を感じるのは当然なのである。

問2＜文章内容＞標準語の「主目的」は，「本音の斟酌」ではなく，「情報の伝達」である。

問3＜文章内容＞「食料の乏しい村が弱い者を犠牲にして生き延びていくため」の論理によって，「姥捨て」は行われるのである。

問4＜文章内容＞「おりんばあさんにとっての世間体というものには，『まわりの人の評価』ということだけではなくて，『息子の心配(息子を心配させない)』ということも含まれている」のである。「まわりの人の評価も息子の心配も，自己像を作り上げる仮想的な第三者の視点」であり，それが，おりんばあさんにとっての世間体なのである。

問5＜文章内容＞「おりんばあさんはきれいな死に方をすることで，自分の生き方がよかったと言われると考えて」おり，おりんばあさんの死生観は，「生き方の善し悪しは死に方の善し悪しで証明される」というものである。

問6＜文章内容＞「クオリティ・オブ・ライフ」は，「『私は～したい』という直接で明確な本人の意思」の表れであり，「当事者最優先の考え」に基づくものである。

問7＜漢字＞①ある一方だけに傾くこと。　②音読みは「卑怯」などの「キョウ」。　③音読みは「蟹行」などの「カイ」。　④いたるところ，あちこち。　⑤気高くて，立派なこと。

Memo

Memo

Memo

2018年度 早稲田大学本庄高等学院

【英　語】（50分）〈満点：100点〉

I　次の[1]～[10]の(　)に入る最も適切なものをそれぞれ選びなさい。

[1]　A : Have you decided where you're going on your summer vacation yet?
B : Yes. I (　　) to Hawaii.
(a) am going　(b) have been　(c) have gone　(d) have not been　(e) went

[2]　Her truck (　　) the street level in front of Terminal B at the airport.
(a) parked　(b) parks　(c) was parked　(d) was parked on　(e) was parking on

[3]　Our help line (　　) until September 15th to offer information and to answer your questions.
(a) connecting　(b) is opening　(c) opens　(d) will be open　(e) will connect

[4]　Are the prices of goods from abroad (　　) the ones made in Japan?
(a) less expensive　(b) more expensive than　(c) more expensive to
(d) most expensive　(e) the most expensive in

[5]　In 1939, (　　) World War II broke out, my grandmother was born in Berlin.
(a) if　(b) that　(c) then　(d) when　(e) which

[6]　Over (　　) six months, Tom has studied for the entrance examination.
(a) for　(b) from　(c) since　(d) the last　(e) the most

[7]　A man (　　) near the highway says the cars are very noisy.
(a) which living　(b) who live　(c) who lives　(d) whom lives　(e) whose lives

[8]　Enjoy birdwatching! Green tents can (　　) if you are taking part in the one-day tour.
(a) be borrowed　(b) be let　(c) borrow　(d) lend　(e) let

[9]　He wanted his students (　　) in their science reports on time.
(a) be handed　(b) hand　(c) handed　(d) handing　(e) to hand

[10]　The graph shows that English is the main language (　　) those countries.
(a) speaking in　(b) speaking to　(c) spoke in　(d) spoken in　(e) spoken to

II　次の英文を読み，設問に答えなさい。

The following diary is written by a girl from Nicaragua as homework for her English language class. She is now a high school student in the United States.

Dear Diary,

Me? Prom queen? I can't believe it. This has been the best night of my life! I feel like Cinderella. Everyone was so excited for me, but all I could think about doing was calling my mom. For some reason, I knew ア<u>it</u> would mean more to her than it did to me. It wasn't so much that I wanted to tell her that I was prom queen, but instead I wanted to spend the whole night thanking her.

"You look so beautiful with that crown on," my mom said. She stayed (1) all night waiting for me just to see me with my crown, pretty dress and flowers. With tears in her eyes, she said, "You are like a trophy to me." Until that time, I never really understood the hard times she went through, but now イ<u>it all makes sense to me</u>.

My family was very (2) in my country. Because my parents were so high up in the government, my brothers attended one of the best private schools, and my younger brother and I had our own baby-sitters. My mother owned one of the best beauty salons at the time. She had many clients who worked with the government and in the entertainment business. My parents were always working, and we were left most of the time with our baby-sitters. Getting good grades was always expected from us, due to the schools that we attended. We had everything there was, except the family bonding.

I was born in Nicaragua, a country where communism spread, after Somoza lost his position as president. My father worked for the Somoza family, so my family was in (3) because they were no longer protected by Somoza. My two older brothers were at a higher risk of being forced to join the army because of their ages. Young boys were taken away from their families to train for war. We were living a life of darkness and without hope. 早くなんとかしなければならなかった。

My mother was about to have a baby in four months when she decided that she would have to be the one to move to the United States with my brothers because my dad was constantly being watched. My mother had to leave everything behind. She gave (4) her money, her business, the good life that she had, but most important she had to risk leaving her three-year-old daughter and her six-year-old son behind. My mother had to decide (5) to risk her life for her two older sons, or stay and watch her sons and husband die in the war. She couldn't take us all with her. First of all it was a lot of money, and it was too risky for the whole family to leave the country at the same time. I was so young that I didn't understand what was going on at the time, though. I didn't understand why she was leaving me behind.

My father, brother, and I waited about a year before we met my mother, my older brothers, and my new baby sister. I still remember the joy and happiness I felt when we were together again. ウ Both of my parents knew that coming to the U.S. was going to be really hard. Not only was our lifestyle going to change so much, (6) they also knew they would have to start from nothing. Indeed, when we came to the U.S. we were just another number added to America. But in that moment, I felt we finally became a "real" family.

From that time on, we have had several difficulties trying to get used to a culture that wasn't ours. My parents have worked very hard to still give us the good life that we once had. We don't have so much money as we once had, but now we have エ something much more valuable than we had before.

I never quite knew about my heritage, or the positions that my parents had in the government, until we started talking about my culture in English language class. Everything was actually a shock to me when I found out the reason why we had to leave Nicaragua. It didn't sound like the story of my life but someone else's. My teacher encouraged me to talk with my mom about the things our family went through. When my mom was fixing my hair before I left for the prom, I kept thinking that those two hands that were touching my hair were the very same hands that made her very successful in our country.

I never really understood the hard times she went through until tonight. I didn't realize that I had a very important person right before my eyes. Not only did this person risk her life for me and my brothers, (6) it is also the person who has supported every decision and every success that I've had. It is the same person who risked her life to bring us オ here. Thanks to this person I had the chance to become prom queen. Now when my mom calls me her "trophy," she means that [カ]. That's why I feel that this crown is really for her. She is the real queen.

(注) prom queen：prom は主にアメリカ合衆国・カナダの高校を卒業していく生徒のためのフォーマルなダンスパーティー。その日までに prom queen (女性)と prom king (男性)が生徒間の投票で選ばれる。
client：顧客　communism：共産主義

問1 文中の(1)～(6)に入る最も適切なものをそれぞれ選びなさい。(6)は2か所に共通して入る語を選びなさい。

	(a)	(b)	(c)	(d)	(e)
(1)	at	away	for	up	with
(2)	close	friendly	poor	strict	wealthy
(3)	danger	fact	favor	general	time
(4)	away	in	off	out	up
(5)	how	what	where	whether	which
(6)	as	but	that	until	when

問2 本文の内容に合うように，それぞれの( )に入る最も適切なものを選びなさい。

1. The writer's family decided to leave their home country because (　　　)
(a) her brothers had to join the army in the U.S.
(b) it would be very dangerous to give birth to a baby in Nicaragua.
(c) some of the family members might be killed in the war if they stayed.
(d) they knew that the government would give them a better life in the U.S.
(e) they lost their jobs and all their money and could no longer stay in Nicaragua.

2. The writer did not go to the United States with her mother because (　　　)
(a) it was less dangerous to go in smaller groups to the U.S.
(b) it was necessary for her to take care of her father and her brother in her home country.
(c) it was too difficult for her to understand why she had to go to the U.S.
(d) she was always being watched by the government.
(e) she was not old enough to go to the U.S.

3. When the writer met her mother again in the U.S., there were (　　) people in her family, including the writer.
(a) four　(b) five　(c) six　(d) seven　(e) eight

4. After the writer took the English language class, (　　　)
(a) she decided to do everything she could to be prom queen.
(b) she gave up talking about her home country with her mother.
(c) she realized that she should know more about American culture.
(d) she thought it better for her family to return to their home country.
(e) she understood some of the difficulties that her family had in the past.

5. The writer wrote this diary to tell people (　　　)
(a) that her family had a lot of difficulties after moving to the U.S.
(b) how much she wants to thank her mother for raising her so well.
(c) why she liked the English language class so much.
(d) how hard it was to be prom queen.
(e) that we must never start another war.

問3 次の問に答えなさい。

[1] 文中の下線部アが指す内容として最も適切なものを選びなさい。
(a) being prom queen

(b) calling my mother
(c) feeling like Cinderella
(d) spending the whole night thanking my mother
(e) wearing a pretty dress

[2] 文中の下線部イの意味に最も近いものを選びなさい。
(a) I am careful about it
(b) I feel it all
(c) I feel very sad about it
(d) I must look for it all
(e) I understand it all

[3] 文中の下線部ウの理由としてあてはまらないものを1つ選びなさい。
(a) They had to start all over again.
(b) They had to work hard to earn money.
(c) They lost the good jobs they once had.
(d) They needed to get used to the new culture.
(e) They brought with them all the money they made in Nicaragua.

[4] 文中の下線部エが指す内容として最も適切なものを選びなさい。
(a) a big house
(b) a good friendship
(c) a local life
(d) high social status
(e) the family bonding

[5] 文中の下線部オが指す内容として最も適切なものを選びなさい。
(a) Nicaragua
(b) the English language class
(c) the prom
(d) the school
(e) the United States

[6] 文中の カ に入る最も適切なものを選びなさい。
(a) I am her treasure
(b) I should be proud of being her daughter
(c) she would do anything to be prom queen
(d) she is the one who truly won the trophy
(e) she wants to see the trophy at the prom

[7] 下線部の発音が他と異なるものがある組を1つ選びなさい。
(a) {believe leave mean queen succeed}
(b) {ever expect instead several spread}
(c) {change grade status stay train}
(d) {both hope lost moment only}
(e) {behind decide die private quite}

[8] 文中の～～部を日本語に直しなさい。ただし，her の指す内容を明確にすること。

[9] 文中の□内の日本語を英語に直しなさい。ただし，Something で始めること。

III　次の会話文を読み，設問に答えなさい。

Jack : Did you see that TV commercial for Chunky Choc Cookies, Mary?

Mary : Yes, I thought it was good. I like their slogan.

Jack : Me, too. It's really catchy. I'm sure I'll (1) it.

Mary : Yes, you won't forget the slogan, but will you buy the product?

Jack : If I don't need it, I won't buy it.

Mary : But that's what advertising does to us. Advertisers tell us that (2) we buy their product, we'll be happy. So we buy things we don't need.

Jack : [i] Advertising is often fun. Didn't you see that great ad for hamburgers on YouTube?

Mary : The one that spread quickly in a few days? Yes, that was really funny. But I just think companies spend too much money on advertising.

Jack : That's not true. With modern media, companies can target consumers quickly and cheaply. [そのような会社にとっては，インターネットで何百万もの人々とつながるのは簡単だ。] They call it *webvertising*, and it's (3) way to get new customers.

Mary : But Internet ads are so annoying. 【 A 】 products that don't interest me.

Jack : I know what you mean. But you can delete the ads easily.

Mary : You seem to be a real fan of advertising, Jack.

Jack : [ii] I think it's silly when **celebrities** promote something. I don't believe a product is better just because people like movie stars say they use it.

Mary : [iii] If I use the same makeup as a movie star, I may look like her—some sort of thing?

Jack : Yes, it's nonsense. But I like most kinds of advertising. Neon signs, for example, make cities more (4). And 【 B 】 through the Internet. That way I can get information quickly about products that interest me.

Mary : Well, I really hate it when I get text messages on my phone. Last week I checked on the Internet (5) new sports shoes. Then I was in town, and I got a message from a sports shop about their sales campaign for sports shoes. I looked (6) and discovered that I was right outside that store! It feels like somebody is watching me!

Jack : Well, that's because your phone has a GPS receiver. That's modern technology. If you throw away your phone, the advertisers won't find you!

Mary : No! I can't live without my phone!

（注） consumer : someone who buys and uses things and services　　annoying : making someone a little angry

問1　文中の(1)～(6)に入る最も適切なものをそれぞれ選びなさい。

(1) (a) hate　(b) make　(c) need　(d) remember　(e) see

(2) (a) as　(b) besides　(c) however　(d) if　(e) though

(3) (a) an easy　(b) an expensive　(c) a proud　(d) a strange　(e) a silly

(4) (a) colorful　(b) dangerous　(c) foolish　(d) peaceful　(e) tiring

(5) (a) for　(b) in　(c) into　(d) to　(e) with

(6) (a) away　(b) down　(c) into　(d) through　(e) up

問2　文中の [i] ～ [iii] に以下の1～3を入れる場合，最も適切な組み合わせを選びなさい。

1　Not all advertising.　　2　Don't take things so seriously.　　3　Me, neither.

(a)	(b)	(c)	(d)	(e)
i：1 ii：2 iii：3	i：1 ii：3 iii：2	i：2 ii：1 iii：3	i：3 ii：1 iii：2	i：3 ii：2 iii：1

問3　文中の【A】に入る最も適切なものを選びなさい。

(a) I don't want to go shopping for
(b) I don't want to see people buy
(c) I don't want to see those silly ads for
(d) I want to look for
(e) I want to spend money on

問4　文中の **celebrities** の意味に最も近いものを選びなさい。

(a) busy sellers　(b) famous people　(c) good companies
(d) heavy buyers　(e) rich advertisers

問5　文中の【B】に入らないものを１つ選びなさい。

(a) I don't have a problem when companies target me
(b) I don't mind companies targeting me
(c) I don't think companies are trying to target me
(d) It is fine that companies are targeting me
(e) I welcome companies targeting me

問6　文中の GPS に関して，次の問に対する最も適切な答えを選びなさい。

How does GPS work ?

(a) It blocks junk mail you get.
(b) It lets you know when an earthquake hits.
(c) It protects your computer from viruses.
(d) It sends you email messages.
(e) It shows where you are.

問7　文中の日本語を英語に直しなさい。ただし，the Internet，reach，millions を必ず使うこと。

【数　学】 (50分) 〈満点：100点〉

(注意) 1．解答欄に「計算」とある問については，計算の過程(式の変形や考え方)もわかりやすく簡潔に書くこと。

2．答えに根号を含む場合は，根号の中の数はできるだけ小さな自然数にして答えること。分数の場合は，それ以上約分できない形で答えること。また，分母に根号がない形で答えること。

1 次の各問に答えよ。

問1．$\dfrac{\sqrt{2}(\sqrt{2}+\sqrt{3}+\sqrt{5})(\sqrt{2}+\sqrt{3}-\sqrt{5})}{\sqrt{12}}$ を計算せよ。

問2．$a^2+b^2-2ab-2a+2b-15$ を因数分解せよ。

問3．8^{2018} の一の位の数を求めよ。

問4．$\dfrac{1}{1\times2}+\dfrac{1}{2\times3}+\dfrac{1}{3\times4}+\dfrac{1}{4\times5}+\dfrac{1}{5\times6}+\dfrac{1}{6\times7}+\dfrac{1}{7\times8}+\dfrac{1}{8\times9}$ の値を求めよ。

2 x 軸上に点P$(-2,\ 0)$をとる。点Pを通る直線 l と放物線 $y=x^2$ は2点A，Bで交わり，点Aの x 座標は $-\dfrac{2}{3}$ である。次の各問に答えよ。

問1．直線 l の式を求めよ。

問2．点Bの座標を求めよ。

問3．放物線 $y=x^2$ 上に2点C，DをCD＝2AB，AB∥CDが成り立つようにとる。直線CDの式を求めよ。

3 Aさんは「2」,「3」,「5」と書かれたカードをそれぞれ1枚ずつ，Bさんは「1」,「4」と書かれたカードをそれぞれ1枚ずつ持っている。これらのカードを用いてAさんとBさんが次の①，②の順で勝負を行う。

① 手持ちのカードをよくきって，AさんとBさんがともに1枚ずつ手持ちのカードから選び出し，そのカードの数字が大きい人を勝ちとする。ただし，1と5のカードが出たときのみ1のカードを出した人の勝ちとする。なお，どのカードが選び出されるかは，同様に確からしいとする。

② AさんとBさんが①で出したカードをお互いに交換してから，①と同じルールで勝負を行う。

次の各問に答えよ。

問1．①の勝負でAさんが勝つ確率を求めよ。

問2．①，②の勝負でBさんが2連勝する確率を求めよ。

問3．①，②の勝負でAさんとBさんがともに1勝1敗となる確率を求めよ。

4 右図のような三角錐G-ABCがある。∠ABC＝90°，三角形ABCと三角形DEFは，辺BGと垂直である。AB＝6，BC＝6，BE＝4，EG＝8である。

次の各問に答えよ。

問1．線分EFの長さを求めよ。

問2．三角形GDFの面積 S を求めよ。

問3．三角形GACを線分ACを軸に1回転させてできる立体の体積 V を求めよ。ただし，円周率は π を用いよ。

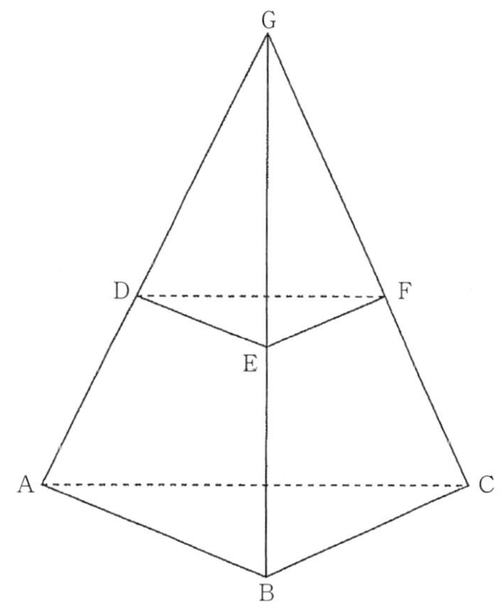

から笑いつづけているように見えた。

ずっと後になってわたしは写真というものを、瞬間の永遠性だと考えるようになったが、その考えのもとをただせば、この一枚のスナップ写真に原型を見出すことが出来るだろう。

――中略――

結局わたしが最初に撮ろうとしたのは、あの兵器庫の廃墟だったのだが、それは大きすぎて玩具のカメラのファインダーには入りきらなかった。全部を入れようとすれば遠く離れなければならなかったので、わたしの思ったとおりの視線と角度で写すことが出来ず、小さなのぞき窓に入るだけのものを撮ることで我慢する他なかったし、現像され印画紙に焼きつけられた風景は、実際の風景とは、というよりも3わたしのみた風景とは、まったく別のものだった。わたしの視線のなかで確実な実在感と明確な輪郭を持っていたものが、画面のなかでは、全て失われ、まるで寒寒としたバラバラの不鮮明な灰色の塊にかえられていた。

カメラのなかで何かが④濾過されるのだ。色彩を白と黒に分解されることでおきる現象なのかとも思ったが、もちろんそうではない。画面のなかでは、なにか無秩序というものが、世界の無秩序とでもいうべきものが、小さな平面のうえで暴力的に強調されるのである。わたしには無秩序や不均衡と見えないものが――それはそれとして、どう不自然に見えようとも、そこにあることで調和しているとしかいいようのない、無秩序に置かれたあらゆる物質――画面のなかでは、不快な見るも無残な姿をさらしはじめる。わたしは、小さな玩具のカメラのファインダーにふさわしい、この機械の解像力にふさわしい対象を選んで撮ることにしたのだが、もっと秀(すぐ)れたカメラ、意のままに操作出来るカメラを手に入れたいと願った。次にわたしが手に入れたのは古めかしい⑤蛇腹式のカメラで、これはかなり良いレンズが使われていたけれど、まだまだ不満足なものにすぎなかった。

(金井美恵子「窓」による)

問1　傍線部1「時間の標本」とあるが、これを説明している二十字以内の箇所を本文中から抜き出して答えなさい。

問2　空欄［A］～［D］に入るべき語を次の中から選んで記号で答えなさい。

ア　それでも　　イ　いわば　　ウ　おそらく　　エ　あるいは

問3　空欄［I］に入るべき最も適切なものを次の中から選んで記号で答えなさい。

ア　四角形であるべきである
イ　枠なしには成り立たない
ウ　景色を縁取るものだ
エ　窓だけでは存在しない

問4　傍線部2「写真というのは、こういうものだ、と父親は言った」について、次の(1)・(2)の問いに答えなさい。

(1)「こういうもの」を「わたし」はどのようにとらえているのか。それを述べている六十字以内の箇所を本文中から探し、その始めと終わりの五字を抜き出して答えなさい。

(2)成長した「わたし」は写真をどのようにとらえているのか。それを言い表している六字の表現を本文中から抜き出して答えなさい。

問5　傍線部3「わたしのみた風景とは、まったく別のものだった」とはどういうことか。本文中の語句を用いて四十字以内で答えなさい。

問6　傍線部①～⑤の漢字の読みをひらがなで答えなさい。

いていた。絞りは、8と11しかなく、直径四ミリほどのファインダーをのぞいてみると、黒い四角の枠で縁取られた小さな窓越しに風景を見ているような気がした。最初は何をその小さなカメラで写してよいのかわからなかったし、その小さな箱で、写真を撮ることが出来るというのも信じられないような気がしたものだ。今まで学校の遠足の記念写真をのぞけば写真を撮られたこともなかったし、写真機というものを手にとって見るのも初めてだった。父親は写真というものがどういうものであるのかを息子に説明するために、古い麻布表紙のアルバムを出して来て、黒い厚いラシャ紙の台紙にはられた何枚かの写真を見せた。写真館の森や西洋風の建物の絵の描いてあるホリゾントを背景に水兵服を着て身体を固くして驚いたように眼を見開いている幼い少年や、袂の長い着物を着たお下げ髪のおびえた顔付きの少女がいたりする家族の記念写真にまじって、何枚かの名刺くらいの大きさのスナップ写真があった。日のあたる戸外に白いブラウスと濃い色のスカートを穿いた若い少女が腕を伸して後の窓枠に手をつき、そり返るようにして写真の写し手にむかって笑っている写真で、半分開いた窓の白いカーテンの明るい反射と、画面には写っていない木の木洩日を浴びて、少女はいきいきと③弾むように笑い、白い柔らかな光沢のある布地のブラウスの肩や胸の丸みに、［ B ］少しのけぞった首筋や、後になびいている髪に光が降り注いでいるのが、その写真には定着されていた。父親の説明では、この少女は自分と結婚する以前のわたしの母親で、たしか、この写真は年下の中学生だった従弟が撮ったはずだ、ということだった。わたしにとって、これが母親の写真を見た最初の経験で――というよりも、正確にいえば、母親の顔を初めてみたのが、このたった一枚しかない写真によってだったのだが――それはそれとして、非常に奇妙な、［ C ］物悲しい幼い孤独を味わった最初の経験でもあったが、わたしをもっと不安にしたのは、この、すでに存在しない母親――この写真の少女はその光のなかでまだ結婚もしていないし、やがて自分の息子となるはずのわたしのことを考えたこともないだろう――を取り巻いている光だった。この光は、どこに消えてしまったのだろう。

2写真というのは、こういうものだ、と父親は言った。なんでも、お前の好きなものを撮ってみればいい、使い方は簡単だ、と言って父はその小さなレンズ・シャッターの写真機の操作を教えてくれた。好きなものを写真に撮るといっても、まだ、自分の視線と肉体と写真機というものが、そしてフィルムに定着された映像が、どういったつながりを持っているのか皆目見当もつかなかったので、しばらくはフィルムを入れていない空のカメラを持ってファインダーをのぞくだけで満足だった。小さなのぞき窓の形にくりぬかれた風景や事物は、なにか特別の光をおびて見える。実際にはファインダーは暗くて見にくかったし、片眼をずっとつぶっているために不自然につり上げられた顔面の左側の筋肉は軽い痙攣状態をおこしてこわばったほどだが、［ D ］世界は、静止したファインダーのなかに光の量を増し、あらわな輪郭をさらすのだった。そのたびにわたしは、あのアルバムの黒い台紙にはられた写真のことを思い出した。写真というのは、こういうものだ、と父は言ったのだが、それはごく軽い意味で言ったのだろう。写真機という奇妙な光学の機構が、光に照し出された世界、単なる事物を感光性のフィルムに定着させる仕組みになっている、ということを言いたかっただけなのにちがいない。わたしは、父親や祖母や祖父を知っていたし、そして彼等がかつては子供であり、何十年かを生きてきて、大人になった、という話を聞いていたのだが、人間というものが、いわば連続のなかで生きているということ、時間というもののなかで生きているものだ、ということは、もちろんわからなかった。わたしを幻惑させる時のイメージは、むしろ連続性を断ち切られて物質と化したもののなかにあった。ある種の爬虫類やシーラカンスといった生物を固く覆っている鱗状の皮膚の輪郭の上に――。そして、わたしの母は、今ここにはいないのに写真のなかの風にゆれる光を浴びて永遠に笑いつづけ、彼女の知らない未来の息子にむかって静止した瞬間そのような各人の出発点をもつからだ。ただ言葉が難解でその壁が高いというのが難点なのだ。

（竹田青嗣「現象学との出会い・哲学の方法」による）

問1　傍線部1「フロイトは、ひとことで言うとカルト教祖のような思想家である」とあるが、「フロイト」の思想を最も端的に述べている六十五字以内の箇所を本文中から探し、その始めと終わりの五字を抜き出して答えなさい。

問2　傍線部2「自己分析をはじめた」のはどのような思いからか。それを述べている二十五字以内の箇所を本文中から抜き出して答えなさい。

問3　傍線部3「フロイト説への違和と抵抗」とあるが、「違和と抵抗」を感じたのはどのような点か。「〜点」に続くように、本文中の二十字以内の箇所を抜き出して答えなさい。

問4　傍線部4「自分なりの体験」を端的に言い表した七字の語句を本文中から抜き出して答えなさい。

問5　傍線部5「さまざまな哲学者の考え方の『核心』」とはどこから生ずるのか。「――中略――」以降の本文中の語句を用いて六十字以内で具体的に答えなさい。

問6　傍線部6「大時代的な」の意味として最も適切なものを次の中から選んで記号で答えなさい。

ア　奇妙で的外れな　　イ　気取ってきざな

ウ　古風で大げさな　　エ　歴史的で伝統的な

問7　傍線部①〜⑤のカタカナを漢字に直しなさい。

二

次の文章を読み、あとの問いに答えなさい。

T駅の西側の陰鬱な工場地帯に、そこだけ取り残されてしまった形で空地になっていた陸軍兵器庫の建物は、わたしの記憶のなかでは、建物というより、中身のない壁と半分崩れた屋根のある奇妙な標本だった。なんの標本かというと、1時間の標本だとわたしは考えていた。大して古い建物ではなく、［A］連隊の建物と同じ頃建てられたはずなのだろうが、廃墟というものには、一種特別の、現実的な年代記的な時間を超越した時間のざわめきとでもいうべきものがあった。はげ落ちてしまった煉瓦がむき出しにしている建物の内部の骨組――太い柱や垂木や梁、あるいは①礎石――と、二枚の大きな板になって南と東の方向に直角に開いた屏風のように立っている煉瓦の壁面に穿たれた窓は鉄の鎧戸がはずされ、四角の窓の型をした穴が空虚な空をのぞかせていた。窓というものは、［Ⅰ］、というのがわたしの意見で、それはなにか窓と建物という物の空間の連続のなかから、別の時空に吸い込まれていくような不安をわたしにあたえた。一つの空間をしめる肉体の骨格の間から、本来は見えないはずの向う側を見るということ。埋められるべきはずの空間の欠如と、時間の連続のイメージの果てにやって来る宇宙の暗黒、といったことを、わたしは子供心に考えたとでもいうのだろうか――。

兵器庫跡は、子供時代の遊びのテリトリイの円周の外にあったので、国道と線路を越えた兵器庫跡に行くのは、年に何回かの墓参の時に限られていた。倉庫の周囲には②有刺鉄線がはられて立ち入り禁止になっていたけれど、鉄線の針の先にひっかかって風に吹かれているいろいろな色の糸屑から推量すれば、この近くの子供たちが、その中に入り込んで遊んでいたのは確実だったろう。初めて《被写体》に選んだのが、この崩れかかった時間の標本だったのだから、わたしはあらゆることを、はっきり覚えている。日の短い冬の日などは、墓参りの帰りにすっかり暗くなっていることがあって、そんな時には、一枚の板になって直立している壁の窓のなかに、風に吹かれて流れる紫色の雲と、雲を薔薇色の光で縁取る月と、見えがくれする金星がながめられた。

初めて手に入れたカメラは、七つの誕生日のプレゼントに父からもらった、小さな玩具のレンズ・シャッター式のブリキ製のカメラで、それには小さな糸巻きのようなフィルムと現像用のセットがつっている思考方法と考えないわけにはいかなかった。「還元」とはどういう方法かを、わたしは4自分なりの体験としてかなり明確に言うことができる。それはまず、自分がすでに持っている「世界像」(じつは諸観念のみならず諸価値、美意識、感受性なども含む)について、その確信を支えている諸根拠を誰でも自分で③ナイセイし必ずこれを確認できる、という「原理」である。ここには起こりやすい誤解があって、つまりそれは、自分の「信念」や「価値観」の〝正しさ〟の「根拠」が必ず確認できる、というのではない。信念や価値観の自己内の根拠の「確度」を誰でも確かめることができる、ということである。あるいはまた、信念、確信の根拠のすべてを確認できるというのではなく、どこまでが確認可能であるか(遡行可能か)は、必ず確認できるということである。この点さえ誤解しなければ、これは誰でも確認できる意識内「原理」である。しかし、ほとんどの人はここを誤解していて、そのために現象学は「真理の基礎づけ」の学だなどと言われている。

　これをもう少し簡単に言えるかどうか分からないが、試みてみよう。たとえば、私は恐るべき父親殺しの夢を反復的に見続けた。その理由についてのあらゆる可能な「理由」を考え続けて、わたしは幾つかのことに気がついた。まず、このような問題については複数の可能な根拠が並立するが、「絶対的確証」をもたらす特権的項目は存在しないこと。可能な諸根拠はまた、自分の直接的情動を伴っているもの、整合的「物語」として存在するもの、理論的可能性としてだけ存在するもの、といった幾つかの種類に区分できること。結局わたしは、金縛りや悪夢などの神経症的症状の理由は、自分の中の「家」や「家族」に対する④ザイショウ感らしいという〝了解〟にたどりついたのだが、しかしこの了解は、絶対的な真理としての権利をもたないこと、しかし他の種類に比べるとこれを選び信頼せざるを得ない理由があること。また、そのように自分の確信根拠をくり返し吟味したあとは、後になってじつはこの「信」は間違っていたと言える余地がなくなること、などのことを了解した。

　本気にしない人もいるだろうが、「現象学的還元」という(方法的)概念の射程は恐ろしく広いが、その核はこの自己吟味の体験にぴったり重なっていると言うほかない。そしてわたしは、近代哲学でも、現代思想でも、フッサールの現象学でも、必ずこのような自己了解の基本的体験を通して理解しなおそうとする。5さまざまな哲学者の考え方の「核心」がはっきり分かるからである。

――中略――

　さて、このような自分の体験が「学問」のきっかけとして意味をもつのかどうか、よく分からない。ただこの経験は、わたしに哲学についての一つの重要な感度を植えつけたように思う。それは、哲学の学説というものは、どれほど精緻かつ壮大なものでも、世の中と自分を深く理解したいと激しく⑤セツボウする哲学者の、「思考方法」についての一つの核心的直感からすべてが発している、という感覚である。

　現象学の発想が自分の中に入って来てから、不思議なことに、ヘーゲルやカントやハイデガーや、その他何度読んでも難解で理解できなかった他の哲学が、驚くほどするすると理解できるようになってきたのだが、それは、哲学者がどういう問題にもっとも深刻にぶつかり、これを克服するためにどういう核心的な思考方法を取ったかが、明確に読みとれるようになったからである。

　わたしは、かつてやっかいな難問にぶつかり、それをどう考えるべきかを考え続けて現象学に出会った。このときに了解できた考え方はさまざまな局面で自分を立て直す考え方の基本形になっている。自分がぶつかった問題は、多少ふつうの人よりも〝6大時代(おおじだい)的な〟形をしているかもしれない。しかしその本質は同じだと思う。要するに、自分の存在理由をうまく作れないときにどう考えるか、他人との関係から出てくる軋轢(あつれき)や不調をどう考えるか、自分と社会との「つながり」をどう考えるか、ということだからである。哲学の思考はつねにこの問題と直結している。どんな哲学者も時代のなかで

二〇一八年度
早稲田大学本庄高等学院

【国　語】（五〇分）〈満点：一〇〇点〉

一　次の文章を読み、あとの問いに答えなさい。

べつのところでも書いたことがあるが、わたしを現象学に近づける大きないとぐちになったのは、フロイト体験である。二〇歳代の後半、わたしは不安神経症ぎみの症状に悩まされていた。あるとき突然、母親がいつも苦しんでいた狭心症の発作とまったく同じ症状に襲われ、自分も発作で死ぬのかと恐怖した。じつはわたしは、かなり小さなときから観念的な「死」恐怖人間だった。そこに突然恐るべき発作が起こったので、いよいよあの「死」というやつが現実にやってきたんだ、と思い①ツめた。それと前後して、金縛りや悪夢が日常的に起こるようになった。そういう状態のときにたまたま『夢判断』にぶつかった。

1フロイトは、ひとことで言うとカルト教祖のような思想家である。その不可思議で独断に満ちた教説はおそるべき力でわたしを捉えた。わたしはいくつも自分の「夢」をノートし、やみくもに2自己分析をはじめた。フロイトを読むと夢にフロイトが出てくる（これはいまでもそうだ）。といって実際にフロイト氏が登場するわけではない。奇妙な夢を立て続けに見て、考えてみると、夢の中でフロイト説にあれこれ理由をつけて「抵抗」しているのだと分かる。3フロイト説への違和と抵抗が夢の顕在内容となっている夢をどんどん見るのである。

小学校一年のとき半年ほどキリスト教会に通っていた。そこは楽しい雰囲気で少しも厭（いや）なところではなかった。ところがあるとき小学校の理科室の中で内臓などがみな取り出せるようになっている人体模型を見て、なぜか突然、この世に神というものは存在しないのだ、と感じた。以来わたしは感度として無神論者になった（理論的には、神についてはエポケーである）。おそらく、こういう「超世界性」の感度のない人間にとっては、フロイト学説と共存するのは基本的に難しさがある。フロイト学説は、超感覚的世界を「物語」想像力で充塡する資質の人にはぴたりと「はまる」のだが、残念ながらわたしは正反対の資質の人間だった。それで、自分の心のひどい混乱を整合的に理解したいという欲求と、フロイト的「物語」に抗（あらが）おうとする感度とがせめぎあい、いわば夜な夜な夢の中で、フロイトと議論したのである。

神経症は、性的欲望にまつわる葛藤の表現であり、幼児期の主に両親との性的関係にかかわるトラウマにまで遡行でき、またそれに還元できるという説は結局わたしの中で勝利を占めなかった。しかし、このフロイト思想とのせめぎあいはあるものをわたしに残した。

つまりそれは、超感覚的な領域、無意識や身体という検証しきれない領域についての仮説をどう処理するか、ということについて、ある自分なりのつきツめが生じたということだ。自分の神経症的症状についていわばテスト氏的情熱で了解しつくそうとして、しかし、そこにどうしても理性的に理解しつくせない領域があるということを私は納得せざるをえなかった。フロイトの教説が恐ろしく②ミワク的なのは、この理解しつくせない領域を巧みに理解させてくれる「物語」を提示するからだ。しかし、ぎりぎりのところでわたしはその「物語」に納得させられなかった。その代わりに、人間にとって決して言語化できない領域があり、そのことにはある原理的な理由があるということ、またこの原理については明確に言えるということを了解した（この後、カントのアンチノミーを読み返したとき、わたしはそれがまさしくこのことについての原理論であることに気づいて驚いた覚えがある）。

こういうことがあった後で『現象学の理念』に出会ったのだが、このフロイト体験がわたしの現象学理解にとっては非常に大きな意味をもっていた。『現象学の理念』ではじめて「現象学的還元」という方法について読んだとき、わたしはこれをすでに自分のよく知

英語解答

I ［1］(a)　［2］(d)　［3］(d)
［4］(b)　［5］(d)　［6］(d)
［7］(c)　［8］(a)　［9］(e)
［10］(d)

II 問1　(1)…(d)　(2)…(e)　(3)…(a)　(4)…(e)　(5)…(d)　(6)…(b)
問2　1…(c)　2…(a)　3…(d)　4…(e)　5…(b)
問3　［1］…(a)　［2］…(e)　［3］…(e)　［4］…(e)　［5］…(e)　［6］…(d)　［7］…(d)
［8］(例)私の髪を触っているその両手は母国で母に成功をもたらした手とまさに同じ手なのだ
［9］(例)Something had to be done quickly.

III 問1　(1)…(d)　(2)…(d)　(3)…(a)　(4)…(a)　(5)…(a)　(6)…(e)
問2　(c)　問3　(c)　問4　(b)
問5　(c)　問6　(e)
問7　(例)It is easy for those companies to reach millions of people on the Internet.

（声の教育社　編集部）

I 〔適語(句)選択〕

［1］A：夏休みにはどこに行くかもう決めましたか？／B：はい。ハワイに行くつもりです。//Aの言葉から夏休みは‘未来’のことなので，be going to ～「～するつもりだ」が適切。

［2］「駐車する」を表す動詞 park は主語に車をとらないので(a), (b), (e)は誤り。ここでは‘人＋park＋車’「〈人〉が〈車〉をとめる」の受け身形の be parked の形に，‘場所’を表す前置詞 on を続ける。「彼女のトラックは空港のBターミナルの道路に面した階にとまっていた」

［3］until「～まで(ずっと)」は通例‘継続’を表す動詞とともに使うので，be動詞に形容詞の open「開いている」が続く(d)が適切。動詞の open「～を開く」は‘動作’を表すので(c)は誤り。　「私たちの電話相談は，情報の提供や問い合わせへの回答のために9月15日まで利用できます」

［4］文中の the ones は前出の the prices of goods「製品の価格」の代わりである。外国製品と日本製品の価格を比較した文と考え，‘比較級＋than’の形を選ぶ。　「輸入製品の価格は国産品の価格より高いですか」

［5］「1939年」を先行詞とした関係詞節をつくる問題。broke out「～が発生した」の後に‘年’に付く前置詞 in がないので，関係副詞として when を入れる。　「第二次世界大戦が起きた1939年に，私の祖母はベルリンで生まれた」

［6］ここでの over は「～の間」という‘期間’を表す前置詞。‘継続’を表す現在完了の文なので，現在まで続く「最後の6か月」を表す(d)が適切。　「この半年の間，トムは入学試験に向けて勉強している」

［7］A man を修飾する「高速道路の近くに住む(男)」という関係詞節をつくる。‘人’を先行詞とする主格の関係代名詞として who を用い，それを受ける動詞の lives を続ける(A man が3人称・単数なので‘3単現’の s が必要)。　「高速道路の近くに住む男性は，車がとてもうるさいと言う」

［8］動詞 borrow「(人が物)を借りる」の受け身形にすると，「バードウォッチングを楽しんでください！　もし1日がかりのツアーに参加するなら，緑のテントが借りられます」となって文意が通る。なお，動詞 lend は「(人に物)を貸す」の意味。

［9］‘want＋人＋to ～’「〈人〉に～してほしい」の形にすると，「彼は生徒たちに理科のレポートを期

限どおりに提出してほしいと思っていた」となって文意が通る。 hand in ～「～を提出する」

[10]「それらの国々で話されている言語」という意味になると考えられるので，‘過去分詞＋語句’の形を選ぶ(過去分詞の形容詞的用法)。「(国々)で」には‘場所’を表す前置詞 in が適切。 「このグラフは英語がそれらの国々で話されている主要言語であることを示す」

Ⅱ〔長文読解総合―エッセー〕

≪全訳≫❶次の日記はニカラグア出身の少女によって，英語の授業の宿題として書かれたものである。彼女は今ではアメリカの高校生だ。❷日記さんへ。／私が？ プロムの女王に？ 信じられません。これは私の人生で最高の夜です！ シンデレラのような感じです。みんな私のためにすごく盛りあげてくれたけれど，私は母に電話をすることしか思いつきませんでした。訳あって，それは私よりも母にとってより大きな意味があるとわかっていました。私がプロムの女王になったことを彼女に伝えたかったというより，彼女に一晩中感謝したいと思ったのです。❸「あなたはその王冠をかぶっているとすごくきれいに見えるわ」と母は言いました。王冠をかぶり，きれいなドレスを着て花をつけた私を見たい一心で，彼女は一晩中起きて私のことを待っていました。目に涙を浮かべて，彼女は言いました。「私にとってあなたはトロフィーのようなものだわ」 そのときまで私は，彼女が経験した苦しい時期を本当に理解してはいなかったけれど，今ではその全てがわかります。❹私の家族は，母国ではとても豊かでした。両親が政府でとても高い地位についていたので，私の兄たちは最高の私立学校の１つに通っていましたし，下の兄と私には専属のベビーシッターがいました。母は当時最高級の美容院の１つを所有していました。彼女は，政府やエンターテインメント業界で働く多くの顧客を抱えていました。両親はいつも働いていたので，私たちはほとんどの時間をベビーシッターと過ごしました。私たちが通っていた学校のせいで，良い成績を取ることがいつも期待されていました。私たちはあの地にあったものは何でも持っていました。家族のきずな以外は。❺私はニカラグアで生まれたのですが，そこではソモサが大統領の地位を失った後で共産主義が広がりました。私の父はソモサ家のために働いていたので，もはやソモサに守ってもらえないとなると，私の家は危機に陥りました。私の２人の兄は，その年齢のために軍隊に強制的に入れられる危険性が高かったのです。若い少年たちは戦争に備えて訓練をするために家族から引き離されていました。私たちは希望もなく，暗い生活を送っていました。早く何とかしなければなりませんでした。❻父がいつも監視されていたので，母は自分が私の兄たちを連れてアメリカに移住しなければならないと考えましたが，４か月後には赤ちゃんが生まれることになっていました。母は全てを置いていかなくてはなりませんでした。彼女はお金，商売，そして彼女が送っていた良い暮らしをあきらめましたが，最も重要なことに，彼女は３歳の娘と６歳の息子を置いていくという危険を冒さなければなりませんでした。母は，２人の年長の息子たちのために自分の人生を危険にさらすのか，それともとどまって息子たちと夫が戦争で死ぬのを見ているのかを決めなくてはならなかったのです。彼女は私たち全員を連れていくことはできませんでした。何といってもお金がかかりましたし，また家族全員が同時に国を離れるのは危なすぎたのです。もっとも，当時の私はあまりに幼かったので，そのとき何が起こっているのかを理解することはできませんでしたが。私は彼女がなぜ私を置いていくのかわからなかったのです。❼父，兄，そして私は１年待った後，母と上の兄たち，新しい赤ちゃんの妹に会えました。私たちが再び一緒になったときに感じた喜びや幸せな気持ちを，私は今でも覚えています。両親はどちらもアメリカに行くのはとても大変なことになるとわかっていました。私たちの生活様式が大きく変わるだけでなく，何もないところから始めなくてはならないことも知っていました。事実，私たちがアメリカに来たときには，私たちは単にアメリカに付け加えられたもう１つの数字にすぎませんでした。しかしその瞬間，ついに私たちは「本物の」家族になったと私は感じました。❽そのときから，私たちは自分たちのものではない文化に慣れていこうと努めることの難しさをいくつか経験しています。両親は，私たちがかつて送っていた良い暮らしを変わらず私たちにさせようと懸命に働いています。私たちには昔持っていたほどのお金はありません。しかし私たちは今，かつて持っていたものよりずっと価値のあるものを持っています。❾私は英語の授業で自分の文化についてみんなで話し始めるまで，自分の境遇や両親が政府で得ていた地位についてあまり知りませんでした。私たちがニカラグアを離れなくてはならなかった理由を知ったときは，実際，何もかもが私にとって衝撃でした。それは自分の人生の物語ではなく，誰か他の人のもののように聞こえました。私の家族が経験した物事について母と話すよう，先生が私を励ましてくれました。プロムに行く前に母が私の髪を整えていたとき，私の髪を触っているその両手は母国で母に成功をもたらした手とまさに同じ手なのだと，ずっと考えていました。❿彼女が経験した困難な時期を，私は今夜まで本当に理解していたわけではありませんでした。本当に大切な人が私のすぐ目の前にいるのだということがわかっていませんでした。この人は私と兄たちのために自分の人生を賭けただけでなく，私の全ての決心と成功を支えてくれている人でもあるのです。それは私たちをここに連れてくることに人生を賭けたまさにその人です。この人のおかげで，私はプロムの女王になる機会を得ました。そして今，母が私を彼女の「トロフィー」と呼ぶとき，彼女がトロフィーを真に勝ち取った人間だと彼女は言いたいのです。だから，私はこの王冠は本当は彼女のためにあるのだと感じます。彼女が本当の女王なのです。

問１＜適語選択＞⑴直後に all night「一晩中」とあるので stay up「起きている」とする。　⑵両親が政府で高い地位にいてビジネスもしていたので(次の２文)，wealthy「裕福な」が適切。　⑶続く because 以下からもはや権力に守られていないとわかるので，in danger「危険な状態で」とする。　⑷母は全てを置いてアメリカに行ったので(前文)，ニカラグアにあったお金や商売を give up「あきらめる」ことになったと考えられる。　⑸‘whether to 〜 or …’「〜すべきか…すべきか」の形。　⑹‘not only *A* but (also) *B*’「*A* だけではなく *B* も」の形。

問２＜内容一致＞１．「筆者の家族が母国を離れると決めたのは，(　　)からだ」―(c)「家族の何人かは国に残れば，戦争で殺されるかもしれなかった」　第５段落第３文参照。母国に残れば息子たちが徴兵されて死ぬ可能性があった。　２．「筆者が母と一緒にアメリカに行かなかったのは(　　)からだ」―(a)「より小さな集団でアメリカに行く方が危険は少なかった」　第６段落最後から３文目参照。whole は「全体の」の意味。　３．「筆者が彼女の母に再びアメリカで会ったとき，筆者の家族は彼女を入れて(　)人いた」―(d)「７」　第７段落第１文参照。my older brothers は２人(第５段落第３文参照)。　４．「筆者はその英語の授業を受けた後，(　　)」―(e)「彼女の家族が過去に経験した困難のいくつかを理解した」　第９段落前半参照。　５．「筆者がこの日記を書いたのは，人々に(　　)を伝えるためだ」―(b)「母が彼女を立派に育ててくれたことに彼女がどれほど感謝したいか」　まとめの部分となる最終段落で母への感謝をつづっている。

問３＜総合問題＞

［１］＜指示語＞下線部アの it は同じ段落の冒頭部分に描かれた(a)「プロムの女王になること」を指す。彼女がそうなるほど立派に育ったことは，彼女自身よりも彼女を苦労して育てた母にとってより意味があったという文意になる。

［２］＜英文解釈＞‘make sense (to＋人)’は物事が「(〈人〉にとって)意味がわかる」という意味なので，(e)「私はそれを全て理解している」が適切。この it は前の文にある母が困難な時期を経験したことを指すと考えられ，次の段落以降で彼女がそれを具体的に説明している。

［３］＜文脈把握＞第６段落第２，３文や第８段落最終文から，(e)「彼らはニカラグアで稼いだ全てのお金を一緒に持ってきた」は誤りとなる。

［４］＜語句解釈＞下線部エの something much more valuable は「(以前持っていたもの(お金)

より)はるかに価値のあるもの」という意味。前段落最終文に本当の家族になったとあるから，かつて家族に欠けていた(e)「家族のきずな」(第4段落最終文)が適切。

［5］＜指示語＞同じ文中にある the same person who risked her life「自分の人生を賭けたまさにその人」が母を指すと気づけば，here は母が家族を連れてきた地である(e)「アメリカ」を指すとわかる。

［6］＜適文補充＞空欄カを含む文の前半では，母が筆者を「自分のトロフィー」と呼んでいる。これは苦労して育てた娘がプロムの女王に選ばれたことで自分自身も報われたという気持ちが現れたと考え，(d)「彼女がトロフィーを真に勝ち取った人間だ」を選ぶ。

［7］＜単語の発音＞

(a) believe[iː]　leave[iː]　mean[iː]　queen[iː]　succeed[iː]
(b) ever[e]　expect[e]　instead[e]　several[e]　spread[e]
(c) change[ei]　grade[ei]　status[ei]　stay[ei]　train[ei]
(d) both[ou]　hope[ou]　lost[ɔː]　moment[ou]　only[ou]
(e) behind[ai]　decide[ai]　die[ai]　private[ai]　quite[ai]

［8］＜英文和訳＞節の骨組みは those two hands were the very same hands であり，どちらの hands も that を主格の関係代名詞として用いた関係詞節で修飾されている。後半の made 以下は'make＋目的語＋形容詞'「～を…(の状態)にする」の形。この very は「まさに」の意味。なお，筆者の母が美容院を開いて成功していたから(第4段落第3文)，her は母を指すとわかる。

［9］＜和文英訳＞「なんとかしなければならなかった」は have to ～「～しなければならない」の過去形を用いて表せるが，与えられた条件から受け身形の Something had to be done とする。「早く」は quickly や soon で表せる。

Ⅲ〔長文読解総合―対話文〕

≪全訳≫❶ジャック(J)：メアリー，チャンキーチョコクッキーのテレビコマーシャルを見たかい？ ❷メアリー(M)：ええ，良かったと思うわ。キャッチフレーズが気に入ったわ。❸J：僕もだよ。本当にキャッチーだよね。きっと記憶に残るよ。❹M：そうね。あのキャッチフレーズは忘れられないわ。でも製品は買うつもりなの？❺J：必要がなければ買わないよ。❻M：でも広告が私たちにするのはそういうことでしょう。広告を出す人たちは，彼らの製品を買えばあなたは幸せになれるって言うわ。だから私たちは必要のないものを買うのよ。❼J：i そんなに真面目に受け取らなくていいよ。広告にはよくおもしろいのがあるんだ。ユーチューブにあるハンバーガーのすごい広告を見なかったの？❽M：何日かですぐに広まったやつ？　ええ，あれはとてもおもしろかったわ。でも企業は広告にお金を使いすぎていると思うわ。❾J：それは違うな。現代のメディアを使えば，企業は簡単に安く消費者に狙いを定められるんだ。そのような会社にとっては，インターネットで何百万もの人々とつながるのは簡単だ。それをウェブ広告と呼ぶんだけれど，新しい顧客を得る簡単な方法だよ。❿M：でもインターネット広告はすごくいらいらするわ。興味のない製品のああいうくだらない広告は見たくないの。⓫J：君の言いたいことはわかるよ。でもそんな広告は簡単に消せるよね。⓬M：ジャック，あなたは本物の広告好きみたいね。⓭J：ii 全部の広告じゃないよ。有名人が何かを宣伝しているのはばかばかしいと思うね。映画スターのような人たちが使うと言っているからというだけで，製品がより優れているとは思わないよ。⓮M：iii 私もそうは思わないわ。私が映画スターと同じ化粧品を使ったからといって，彼女のようにというか，何かそんなふうに見えることがあるかしら？⓯J：そう。意味がないよね。でも僕はたいていの種類の広告が好きなんだ。例えば，ネオンサインは町をもっと色鮮やかにしてくれる。それにインターネットで B(例) 企業が僕をターゲットにしても何の問題もないよ。そうやって僕は興味のある製品の情報をすぐに得られるのだから。⑯M：うーん，私は自分の携帯電話でメッセージを受け取るのがすごくいやなの。先週，新しいスニーカーを探してインターネットで調べたのよ。その後町に出たとき，スニーカーの販売キャンペーンのメッセージをスポーツ店からもらったの。私が目線を上げたら，その店のすぐ外にいることがわかったのよ！　誰かに見られているみたいだったわ！⑰J：ええとね，それは君の携帯電話にGPS受信器が入っているからだよ。それは最新の技術なんだ。君の携帯電話を捨ててしまえば，広告主が君を見つけることはないよ！⑱M：いやよ！　私は携帯電話なしでは生きていけないわ！

問１＜適語(句)選択＞１．前文のcatchyは「覚えやすい」の意味であり，また次の文にキャッチフレーズを忘れないとあるから，remember「覚えている」が適切。　２．we buy以下とwe'll以下の２つの節をつなぐ接続詞が入る。ifを入れると，もし彼らの製品を買えば幸せになれるとなり，広告のメッセージとして適切。　３．ウェブ広告はインターネットで何百万もの人々と簡単につながるので(前文)，顧客を獲得するan easy way「簡単な方法」といえる。　４．ネオンサインは光を放つので，町をよりcolorful「色鮮やか」にする。　５．新しいスニーカーが欲しくてインターネットで調べたと考えられる。「～を求めて」という意味があるforが適切。　６．スポーツ店が目の前にあることに気がつくには，うつむいて携帯電話を見ている状態からlook up「視線を上げる」ことが必要。

問２＜適文補充＞ｉ．ジャックは広告を楽しんでおり(次の文)，広告の負の面を語るメアリーの意見(前文)は生真面目に聞こえたと思われるので，彼女に深刻に考えないように言う２が適切。　ii．前文で広告好きだと指摘されたジャックだが，次の文では有名人の出る広告を批判している。よって全ての広告が好きなわけではないという１が適切。　iii．有名人が使っているからいい製品だとはかぎらないというジャック(前文)に対して，メアリーもそうは思っていないことを示すために３を入れると，有名人の使う化粧品の効果への疑問を表した次の文にうまくつながる。neitherは否定文を受けて「…もまた～ない」を表す。

問３＜適語句選択＞(c)を入れて「興味のない製品のああいうくだらない広告は見たくない」という文にすると，メアリーがインターネット広告にいらいらすること(前文)の理由となる。

問４＜語句解釈＞続くpromoteはここでは「～を宣伝する」という動詞。その具体例が次の文の「映画スターのような人々がそれを使っていると言う」であることに気づけば，celebritiesとは映画スターのようなfamous people「有名人」だとわかる。

問５＜適文選択＞次の文で製品の情報をすばやく得られるというインターネット広告の利点を挙げているので，空欄Ｂを含む文は自分がインターネットで企業のターゲットになってもよいという内容になる。選択肢の中でこれにそぐわないのは(c)「企業が僕をターゲットにしようとするとは思わない」。

問６＜英問英答＞「GPSはどのように機能するか」―(e)「それはあなたがどこにいるかを示す」　メアリーがとある店の前を通りかかったときその店の広告が携帯電話に届いたが(第16段落)，それを可能にしたのがGPSである(第17段落第１文)。よってGPSはメアリーのいる場所を把握していたと考えられる。なお，GPSはGlobal Positioning System「全地球測位システム」の略語。

問７＜和文英訳＞'It is ～ for … to ―'「…が〔…にとって〕―することは～だ」の構文が使える。'～'に当たる「簡単だ」は形容詞easyで，'…'の「そのような会社」はthose companiesで表せる。to以下は，まず「何百万人もの人々」をmillions of ～の形で表し，「～とつながる」は「～に届く」と読み換えれば指定された動詞reachが使える。残りの「インターネットで」はon the Internetで表せる。

数学解答

1 問１　2　　問２　$(a-b+3)(a-b-5)$
問３　4　　問４　$\frac{8}{9}$

2 問１　$y=\frac{1}{3}x+\frac{2}{3}$　　問２　(1, 1)
問３　$y=\frac{1}{3}x+\frac{11}{4}$

3 問１　$\frac{1}{2}$　　問２　$\frac{2}{9}$　　問３　$\frac{5}{9}$

4 問１　4　　問２　24
問３　$324\sqrt{2}\pi$

（声の教育社　編集部）

1〔独立小問集合題〕

問１＜平方根の計算＞与式$=\frac{\sqrt{2}\{(\sqrt{2}+\sqrt{3})^2-(\sqrt{5})^2\}}{\sqrt{12}}=\frac{\sqrt{2}(2+2\sqrt{6}+3-5)}{\sqrt{12}}=\frac{\sqrt{2}\times2\sqrt{6}}{\sqrt{12}}=2$

問２＜因数分解＞与式$=(a^2-2ab+b^2)-2a+2b-15=(a-b)^2-2(a-b)-15$と変形して，$a-b=M$とおいて因数分解すると，与式$=M^2-2M-15=(M+3)(M-5)=(a-b+3)(a-b-5)$である。

問３＜数の性質＞8^1，8^2，8^3，8^4，8^5，8^6，8^7，8^8，……の一の位の数はそれぞれ8，4，2，6，8，4，2，6，……となり，4つの数8，4，2，6がこの順に繰り返す。よって，$2018\div4=504$あまり2より，8^{2018}の一の位の数は，4つの数のうち，2番目の4である。

問４＜数の計算＞$\frac{1}{2}-\frac{1}{3}=\frac{3-2}{2\times3}=\frac{1}{2\times3}$より，$\frac{1}{2\times3}=\frac{1}{2}-\frac{1}{3}$と変形できるから，同様に変形すると，与式$=\left(\frac{1}{1}-\frac{1}{2}\right)+\left(\frac{1}{2}-\frac{1}{3}\right)+\left(\frac{1}{3}-\frac{1}{4}\right)+\left(\frac{1}{4}-\frac{1}{5}\right)+\left(\frac{1}{5}-\frac{1}{6}\right)+\left(\frac{1}{6}-\frac{1}{7}\right)+\left(\frac{1}{7}-\frac{1}{8}\right)+\left(\frac{1}{8}-\frac{1}{9}\right)=1-\frac{1}{9}=\frac{8}{9}$となる。

2〔関数―関数 $y=ax^2$ と直線〕

≪基本方針の決定≫問３　CD＝2AB，AB∥CDより，斜辺がそれぞれ線分AB，線分CDで他の2辺がそれぞれx軸とy軸に平行な2つの相似な直角三角形に着目する。

問１＜直線の式＞右図で，点Aは放物線$y=x^2$上の点で，x座標は$-\frac{2}{3}$だから，$y=\left(-\frac{2}{3}\right)^2=\frac{4}{9}$より，$A\left(-\frac{2}{3},\ \frac{4}{9}\right)$である。直線$l$の式を$y=ax+b$とすると，点Aを通るから，$\frac{4}{9}=-\frac{2}{3}a+b$……①，P$(-2,\ 0)$を通るから，$0=-2a+b$……②が成り立つ。①，②を連立方程式として解くと，$a=\frac{1}{3}$，$b=\frac{2}{3}$となるから，直線lの式は，$y=\frac{1}{3}x+\frac{2}{3}$である。

問２＜座標＞点Bは問１で求めた直線$y=\frac{1}{3}x+\frac{2}{3}$と放物線$y=x^2$との交点だから，2式から$y$を消去すると，$x^2=\frac{1}{3}x+\frac{2}{3}$より，$3x^2-x-2=0$となり，解の公式を利用して，$x=\frac{-(-1)\pm\sqrt{(-1)^2-4\times3\times(-2)}}{2\times3}=\frac{1\pm\sqrt{25}}{6}=\frac{1\pm5}{6}$より，$x=1$，$-\frac{2}{3}$である。よって，点Bの$x$座標は$x=1$で，$y=1^2=1$となるから，B(1, 1)である。

問３＜直線の式―相似＞右上図のように，2点C，Dのうち，x座標が小さい方をCとする。点Aを通りx軸に平行な直線に点Bから垂線BHを，点Cを通りx軸に平行な直線に点Dから垂線DIを引き，2つの直角三角形△ABHと△CDIをつくる。CD∥AB，CD＝2ABより，△ABH∽△CDIで，相似比は1：2である。問１より$A\left(-\frac{2}{3},\ \frac{4}{9}\right)$，問２よりB(1, 1)だから，$AH=1-\left(-\frac{2}{3}\right)=\frac{5}{3}$，

$BH=1-\frac{4}{9}=\frac{5}{9}$である。よって，$CI=2AH=2\times\frac{5}{3}=\frac{10}{3}$，$DI=2BH=2\times\frac{5}{9}=\frac{10}{9}$となる。点Cの$x$座標を$c$とすると，$C(c,\ c^2)$だから，$D\left(c+\frac{10}{3},\ c^2+\frac{10}{9}\right)$と表せる。これより，点Dは放物線$y=x^2$上の点だから，$c^2+\frac{10}{9}=\left(c+\frac{10}{3}\right)^2$が成り立ち，$c^2+\frac{10}{9}=c^2+\frac{20}{3}c+\frac{100}{9}$より，$c=-\frac{3}{2}$となる。したがって，$c^2=\left(-\frac{3}{2}\right)^2=\frac{9}{4}$より，$C\left(-\frac{3}{2},\ \frac{9}{4}\right)$である。問1より，直線ABの傾きは$\frac{1}{3}$だから，これに平行な直線CDの式は$y=\frac{1}{3}x+k$と表せる。これが点Cを通るから，$\frac{9}{4}=\frac{1}{3}\times\left(-\frac{3}{2}\right)+k$より，$k=\frac{11}{4}$となり，直線CDの式は$y=\frac{1}{3}x+\frac{11}{4}$である。

3〔確率―カード〕

問1＜確率＞①の勝負でAさんが出すカードの数字は2，3，5の3通りあり，それぞれについて，Bさんが出すカードの数字は1，4の2通りあるから，2人が出すカードの数字の組は全部で，$3\times2=6$(通り)あり，どれが起こることも同様に確からしい。このうち，Aさんが勝つのは，Aさんが出すカードの数字の方が大きく，(A，B)＝(5，1)以外のときだから，(A，B)＝(2，1)，(3，1)，(5，4)の3通りである。よって，求める確率は$\frac{3}{6}=\frac{1}{2}$となる。

問2＜確率＞②の勝負で2人が出すカードの組は，①の勝負のときと同様に6通りあるので，①，②の勝負で2人が出すカードの組は全部で$6\times6=36$(通り)ある。また，①の勝負でBさんが勝つのは，(A，B)＝(2，4)，(3，4)，(5，1)の3通りの場合がある。(A，B)＝(2，4)の場合，②の勝負では，AさんとBさんは出したカードを交換するから，手持ちのカードは，Aさんが3，4，5で，Bさんが1，2である。この場合，Bさんが勝つのは，(A，B)＝(5，1)の1通りある。(A，B)＝(3，4)の場合，②の勝負で，手持ちのカードは，Aさんが2，4，5で，Bさんが1，3だから，Bさんが勝つのは，(A，B)＝(2，3)，(5，1)の2通りあり，(A，B)＝(5，1)の場合，②の勝負で，手持ちのカードは，Aさんが1，2，3で，Bさんが4，5だから，Bさんが勝つのは，(A，B)＝(1，4)，(2，4)，(2，5)，(3，4)，(3，5)の5通りある。よって，①，②の勝負でBさんが2連勝する場合は，$1+2+5=8$(通り)あるから，求める確率は$\frac{8}{36}=\frac{2}{9}$となる。

問3＜確率＞①，②の勝負でAさんとBさんがともに1勝1敗となるのは，Aさんが2連勝する場合とBさんが2連勝する場合以外の場合である。問1より，①の勝負でAさんが勝つのは，(A，B)＝(2，1)，(3，1)，(5，4)の3通りの場合がある。(A，B)＝(2，1)の場合，②の勝負で，手持ちのカードは，Aさんが1，3，5で，Bさんが2，4なので，Aさんが勝つのは，(A，B)＝(3，2)，(5，2)，(5，4)の3通りあり，(A，B)＝(3，1)の場合，②の勝負で，手持ちのカードは，Aさんが1，2，5で，Bさんが3，4だから，Aさんが勝つのは，(A，B)＝(5，3)，(5，4)の2通り，(A，B)＝(5，4)の場合，②の勝負で，手持ちのカードは，Aさんが2，3，4で，Bさんが1，5だから，Aさんが勝つのは，(A，B)＝(2，1)，(3，1)，(4，1)の3通りある。よって，①，②の勝負でAさんが2連勝する場合は，$3+2+3=8$(通り)ある。また，問2より，Bさんが2連勝する場合は8通りある。したがって，①，②の勝負で2人が出すカードの組は全部で36通りあり，このうち，AさんとBさんがともに1勝1敗となるのは，$36-8-8=20$(通り)あるから，求める確率は$\frac{20}{36}=\frac{5}{9}$である。

4〔空間図形―三角錐〕

≪基本方針の決定≫平行な2つの平面に1つの平面が交わるときにできる，2本の交わりの直線が平行になることを利用する。

問１＜長さ―相似＞右図で，△ABC⊥BG，△DEF⊥BGより，△ABC∥△DEFだから，BC∥EFとなり，△GBC∽△GEFである。よって，相似比は，GB：GE＝(GE＋EB)：GE＝(8＋4)：8＝12：8＝3：2となるから，BC：EF＝3：2より，EF＝$\frac{2}{3}$BC＝$\frac{2}{3}$×6＝4となる。

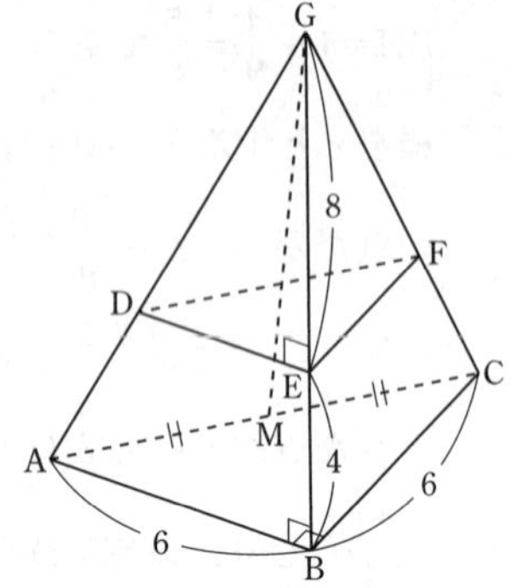

問２＜面積―相似＞右図で，△ABC∥△DEFより，AC∥DFとなるから，△GAC∽△GDFであり，相似比は，問１より，GC：GF＝3：2となる。これより，△GAC：△GDF＝3^2：2^2＝9：4となるから，△GDF＝$\frac{4}{9}$△GACである。よって，△GACの面積を求める。△GABは，∠ABG＝90°より直角三角形だから，三平方の定理より，GA＝$\sqrt{\mathrm{AB}^2+\mathrm{GB}^2}$＝$\sqrt{6^2+12^2}$＝$6\sqrt{5}$となる。また，∠GBC＝90°より，△GBCも直角三角形で，GB＝GB，AB＝CBより，△GBA≡△GBCだから，GC＝GA＝$6\sqrt{5}$となる。さらに，△ABCはAB＝CB＝6の直角二等辺三角形なので，AC＝$\sqrt{2}$AB＝$\sqrt{2}$×6＝$6\sqrt{2}$である。ここで，図のように，辺ACの中点をMとすると，△GACはGA＝GCの二等辺三角形だから，GM⊥ACとなる。したがって，△GAMで，AM＝$\frac{1}{2}$AC＝$\frac{1}{2}$×$6\sqrt{2}$＝$3\sqrt{2}$より，三平方の定理を利用して，GM＝$\sqrt{\mathrm{GA}^2-\mathrm{AM}^2}$＝$\sqrt{(6\sqrt{5})^2-(3\sqrt{2})^2}$＝$9\sqrt{2}$となるから，△GAC＝$\frac{1}{2}$×AC×GM＝$\frac{1}{2}$×$6\sqrt{2}$×$9\sqrt{2}$＝54である。以上より，$S$＝△GDF＝$\frac{4}{9}$×54＝24となる。

問３＜体積―回転体＞右上図の△GACを線分ACを軸に１回転させてできる立体は，中心をM，半径をGMとする円を共有する底面とする，頂点がA，Cの２つの円錐を合わせた立体となる。問２より，AM＝CM＝$3\sqrt{2}$だから，この２つの円錐は合同で，体積は等しい。よって，問２よりGM＝$9\sqrt{2}$なので，求める立体の体積は，V＝$\frac{1}{3}$×π×$(9\sqrt{2})^2$×$3\sqrt{2}$×2＝$324\sqrt{2}\pi$となる。

2018年度／早稲田大学本庄高等学院

国語解答

一　問1　神経症は，～還元できる
問2　自分の心のひどい混乱を整合的に理解したいという欲求(25字)
問3　超感覚的世界を「物語」想像力で充填する[点]
問4　自己吟味の体験
問5　世の中と自分を深く理解しようとして，最も深刻にぶつかった問題を克服するために取った哲学者の思考方法についての一つの直感。(60字)
問6　ウ
問7　①　詰　②　魅惑　③　内省　④　罪障　⑤　切望

二　問1　連続性を断ち切られて物質と化したもの
問2　A…ウ　B…エ　C…イ　D…ア
問3　エ
問4　(1)　写真機とい～なっている　(2)　瞬間の永遠性
問5　確実な実在感と明確な輪郭が全て失われ，無秩序で不鮮明な塊になっていたということ。(40字)
問6　①　そせき　②　ゆうし　③　はず　④　ろか　⑤　じゃばら

(声の教育社　編集部)

一〔論説文の読解─哲学的分野─哲学〕出典；竹田青嗣「現象学との出会い・哲学の方法」。

≪本文の概要≫二十代の後半，不安神経症ぎみの症状に悩まされていた「わたし」は，たまたまフロイトの『夢判断』にぶつかった。フロイト説は，おそるべき力で「わたし」を捉えたが，「わたし」のように「超世界性」の感度のない人間は，フロイト学説と共存するのは難しかった。とはいえ，フロイト思想とのせめぎ合いは，あるものを「わたし」に残した。人間にとって決して言語化できない領域があり，そのことには，ある原理的な理由があるということ，また，この原理については明確に言えるということを，「わたし」は了解したのである。この後に，『現象学の理念』に出会ったのだが，「現象学的還元」という方法を，「わたし」はすでによく知っていた。「還元」とは，自分の「世界像」について，その確信を支えている諸根拠を誰でも自分で内省し，必ずこれを確認できるという「原理」である。「わたし」は，どんな哲学でも，必ずこの方法で理解しなおそうとする。このような体験は，哲学の学説というものは哲学者の「思考方法」についての一つの核心的直感から全てが発しているという感覚を，「わたし」に植えつけた。

問1＜文章内容＞フロイトは，「神経症は，性的欲望にまつわる葛藤の表現であり，幼児期の主に両親との性的関係にかかわるトラウマにまで遡行でき，またそれに還元できる」という説を唱えた。

問2＜文章内容＞「わたし」は，「かなり小さなときから観念的な『死』恐怖人間だった」が，「あるとき突然，母親がいつも苦しんでいた狭心症の発作とまったく同じ症状に襲われ，自分も発作で死ぬのかと恐怖した」のである。それがきっかけとなって，「金縛りや悪夢が日常的に起こるように」なり，「わたし」は，「不安神経症ぎみの症状に悩まされていた」のである。そのような「わたし」は，「自分の心のひどい混乱を整合的に理解したいという欲求」から，「自己分析をはじめた」のである。

問3＜文章内容＞小学生のときに「感度として無神論者」になった「わたし」のような「『超世界性』の感度のない人間にとっては，フロイト学説と共存するのは基本的に」難しく，「わたし」は，フロイト学説の「超感覚的世界を『物語』想像力で充填する」点に，「違和と抵抗」を感じた。

問4＜表現＞「不安神経症ぎみの症状」に悩まされて，「恐るべき父親殺しの夢を反復的に」見続けた

「わたし」は，「その理由についてのあらゆる可能な『理由』を考え続け」た結果，「金縛りや悪夢などの神経症的症状の理由は，自分の中の『家』や『家族』に対する罪障感らしいという“了解”にたどりついた」のである。「この了解は，絶対的な真理としての権利をもたない」が，「わたし」は，「これを選び信頼せざるを得ない理由があること」や「自分の確信根拠をくり返し吟味したあとは，後になってじつはこの『信』は間違っていたと言える余地がなくなること」などを了解した。当時の「わたし」は，このように，自分について調べつくし，考えつくしていた。

問５＜文章内容＞「哲学の学説というもの」は，「世の中と自分を深く理解したいと激しく切望する哲学者の，『思考方法』についての一つの核心的直感からすべてが発している」のである。哲学の思考は，常に「自分の存在理由をうまく作れないときにどう考えるか，他人との関係から出てくる軋轢や不調をどう考えるか，自分と社会との『つながり』をどう考えるか」という問題と直結している。「どんな哲学者も時代のなかでそのような各人の出発点」を持っており，「哲学者がどういう問題にもっとも深刻にぶつかり，これを克服するためにどういう核心的な思考方法を取ったか」によって，それぞれの学説の内容は変わってくるのである。

問６＜語句＞「大時代」は，大仰で，現代的ではないさま。

問７＜漢字＞①音読みは「詰問」などの「キツ」。　②人を惹きつけ，惑わせること。　③自分の内面を見つめ，省みること。　④罪。悪い行い。　⑤熱心に望むこと。

二〔小説の読解〕出典；金井美恵子『窓』。

問１＜表現＞廃墟となった陸軍兵器庫の建物には，「一種特別の，現実的な年代記的な時間を超越した時間のざわめきとでもいうべきもの」があった。「わたし」は，その廃墟を，「時間の標本」，すなわち，「現実的で年代記的な時間」が「連続性を断ち切られて物質と化したもの」と考えていた。

問２．A＜表現＞陸軍兵器庫の建物は，「大して古い建物ではなく」，たぶん，「連隊の建物と同じ頃建てられたはず」である。　B＜接続語＞「ブラウスの肩や胸の丸みに」，または，「少しのけぞった首筋や，後になびいている髪に光が降り注いでいるのが，その写真には定着されていた」のである。　C＜表現＞「わたしにとって，これが母親の写真を見た最初の経験」であり，それは，「非常に奇妙な」，いってみれば，「物悲しい幼い孤独を味わった最初の経験」でもあった。

D＜接続語＞「ファインダーは暗くて見にくかったし，片眼をずっとつぶっているために不自然につり上げられた顔面の左側の筋肉は軽い痙攣状態をおこしてこわばったほどだが」，そうであっても，「世界は，静止したファインダーのなかに光の量を増し，あらわな輪郭をさらす」のだった。

問３＜文章内容＞「窓は鉄の鎧戸がはずされ，四角の窓の型をした穴が空虚な空をのぞかせて」おり，かつて窓であった穴は，もう窓には見えなかった。「わたし」は，窓は建物と連続した空間に存在するものであり，「窓というものは，窓だけでは存在しない」と考えていた。そのため，「わたし」は，そこから「別の時空に吸い込まれていくような不安」を感じたのである。

問４．⑴＜指示語＞父は，「写真機という奇妙な光学の機構が，光に照し出された世界，単なる事物を感光性のフィルムに定着させる仕組みになっている」ということを説明しようとしたのだと，「わたし」はとらえた。　⑵＜文章内容＞「ずっと後になってわたしは写真というものを，瞬間の永遠性だと考えるようになった」のである。

問５＜文章内容＞「わたしの視線のなかで確実な実在感と明確な輪郭を持っていたものが，画面のなかでは，全て失われ，まるで寒寒としたバラバラの不鮮明な灰色の塊にかえられていた」のである。それは，画面の中で，「世界の無秩序とでもいうべきものが，小さな平面のうえで暴力的に強調される」からである。

問６＜漢字＞①建造物の基礎となる石。　②トゲが出ていること。　③音読みは「弾力」などの「ダン」。　④液体をこして混じり物を除くこと。　⑤蛇の腹のように伸び縮みするもの。

Memo

Memo

平成29年度 早稲田大学本庄高等学院

【英　語】（50分）〈満点：100点〉

Ⅰ　次の英文を読み，設問に答えなさい。

Most people want to be polite and behave well around others. Being polite means knowing how to greet and talk to people. It means using good manners when eating. It means knowing how to be polite when you give and receive gifts. Polite behavior in one country, however, may be impolite in [1] part of the world. Travelers [Ⅰ] so that they don't cause bad feelings.

[Ⅱ], when people meet, they often shake hands. How long should a handshake be? Should you hold the other person's hand gently or firmly? In the United States, [人々は数秒間しっかりと握手する方を好む]. In some Middle Eastern countries, people hold the person's hand gently for a longer time. ①Handshaking varies around the world.

What [2] eye contact? In some countries you show respect when you look someone directly in the eye. In other parts of the world, to look at someone directly is [ア]. To be respectful, a person looks [3] at the ground.

There are also cultural differences in the way people use ②personal space. When two people are talking, should they stand close together or far [4]? Exactly how close should they stand? In North America, [5] example, people usually stand about an arm's length [4] during a conversation. However, in some countries in the Middle East and Latin America, people stand closer. It can be [イ] if one person likes to stand close and the other person likes to stand farther [4].

Three authors wrote a book *Kiss, Bow, or Shake Hands* about cultural differences. In their book, they discuss greetings, gift-giving, and time. Around the world cultures have different ideas about giving gifts. In the United States, if someone gives you a gift, you should open it [6] they are with you. That way they can see ③{it / you / to / are / how / receive / happy}. In China, you should open a gift [7] the person is gone.

Another cultural difference is time. If someone invites you [8] dinner at their house at 6 p.m., what time should you get there? Should you arrive early, late, or exactly on time? In Germany, it is important to arrive on time. In Argentina, polite dinner guests usually come 30 to 60 minutes after the time of the invitation. When traveling, remember that the meaning of being on time is different from country to country.

A final area to be careful [9] is body language, including gestures. Is it okay to touch a person [10] the shoulder? How do you wave goodbye or hello? How do you gesture [11] someone to "come here"? ④All of these can be different from one culture to another. In Thailand, it is rude to touch someone [10] the head with the hand. The gesture for "come here" in the U.S. is only used [12] calling animals in some other countries.

If you are going to live, work, or study in another country, it is important to learn the language. But it is also important to learn about cultural differences. This way, you can be polite and make a good impression. People around you will feel [ウ] and respected. Politeness and good manners can be good for making friends, good for traveling, and good for business, too.

問1　それぞれの問に対し，本文の内容に合う最も適切な答えを選びなさい。

〔1〕 Why is it important to learn about foreign cultures？
(a) Because cross-cultural understanding is the only way not to make people feel bad.
(b) Because it is the only way to make friends with people you meet during your travels through the United States.
(c) Because you can understand how to behave politely and get along well with people of other countries.
(d) Because you will never have trouble with foreigners as long as you feel you behave politely.
(e) Because we can be happy if we can understand cultural differences.

〔2〕 What does the writer NOT say？
(a) Compared with people in North America, people in Latin America stand closer.
(b) Eye contact is important and is true of all the individuals throughout the world.
(c) In a certain country in South America dinner guests usually come later than the time of the invitation.
(d) In Germany, when you receive an invitation for dinner, you should be on time.
(e) The way people shake hands is different from country to country.

〔3〕 Why does the writer say that we have to be careful about gestures？
(a) Because they are different from one culture to another.
(b) Because they are easily understood by people around the world.
(c) Because they are taught at school and are easily shared among nations.
(d) Because they are universal and common throughout the world.
(e) Because they always mean a lot more than words.

〔4〕 What does the writer NOT say？
(a) On some occasions being on time is impolite.
(b) Polite behavior is not really good when it makes someone feel bad.
(c) The gesture for "come here" in the U.S. may be the same as that in Japan.
(d) There are some countries where not looking someone directly in the eye is polite.
(e) Touching someone's head with the hand may be impolite in a certain country.

問2 文中の[1]～[12]に入る最も適切なものをそれぞれ選びなさい。

	(a)	(b)	(c)	(d)	(e)
[1]	another	few	many	one	other
[2]	about	of	on	to	with
[3]	above	down	for	under	up
[4]	against	apart	for	from	into
[5]	by	for	in	on	to
[6]	after	because	before	though	while
[7]	after	because	before	though	while
[8]	after	before	on	to	with
[9]	about	against	at	from	on
[10]	around	by	on	to	with
[11]	into	on	over	to	up
[12]	before	by	for	to	with

問3 次の問に答えなさい。

〔1〕 文中の［Ⅰ］に入る最も適切なものを選びなさい。

(a) must know polite behavior in their own country first of all
(b) must not learn how to behave impolitely
(c) need to know how to exchange greetings throughout the world
(d) need to understand the cultural differences in politeness
(e) should know what kind of gifts are okay in other cultures

〔2〕 文中の Ⅱ に入る最も適切な語句を選びなさい。
(a) As a result (b) For instance (c) For this reason
(d) In addition (e) On the other hand

〔3〕 文中の ア ～ ウ に入る最も適切な語の組み合わせを選びなさい。
1. awkward 2. comfortable 3. rude

	ア	イ	ウ
(a)	1	3	2
(b)	2	1	3
(c)	2	3	1
(d)	3	1	2
(e)	3	2	1

〔4〕 文中の下線部①はどのような意味か，最も近いものを選びなさい。
(a) Gentle handshaking is different from firm handshaking.
(b) People seldom shake hands these days.
(c) The way people shake hands is different from country to country.
(d) The way people shake hands is not much different around the world after all.
(e) What handshaking means in one country can be different in another country.

〔5〕 文中の下線部②はどのような意味か，最も近いものを選びなさい。
(a) standing close together with others
(b) standing far away from others
(c) the area between one person and another
(d) the distance from your head to your feet
(e) the length of your arm

〔6〕 文中③の{ }内の語を並べかえて意味の通る文にしたい。最も適切なものを選びなさい。
1. it 2. you 3. to 4. are 5. how 6. receive 7. happy
(a) 2－4－5－7－3－6－1 (b) 2－6－1－3－5－7－4
(c) 2－6－1－5－7－4－3 (d) 5－7－2－4－3－6－1
(e) 5－7－4－2－3－6－1

〔7〕 文中の下線部④を言い換えた場合，最も適切なものを選びなさい。
(a) Asking someone to come here by gesture
(b) Body language, including gestures
(c) Touching a person's shoulder
(d) Waving goodbye
(e) Waving hello

〔8〕 本文の主題として最も適切なものを選びなさい。
(a) How to be polite in different countries around the world
(b) How to exchange greetings with people from other countries
(c) How to learn another language
(d) How to live and work in another country
(e) How to make someone feel good

〔9〕 下線部の発音が他と異なるものがある組を1つ選びなさい。

(a) {behave　make　shake　wave　way}
(b) {close　go　know　most　open}
(c) {arrive　final　invite　polite　write}
(d) {firmly　Germany　part　person　world}
(e) {animal　hand　language　Latin　stand}

〔10〕 文中の□内の日本語を英語に直しなさい。

〔11〕 文中の～～部を日本語に直しなさい。

II　次の会話文を読み，設問に答えなさい。

Kazu and Naomi have decided to take their friends Brian and Amy on a bus tour around Tokyo.

Naomi : Come on! Hurry up, guys! The bus is going to leave soon.
Brian : People are still in line. What's the rush?
Kazu : Buses and trains leave on schedule in Japan. You can set your watch by their arrival or departure times.
Amy : ① **You're kidding!**
Kazu : No. Really.
Amy : I didn't know transportation was so punctual. Trains aren't like (1) in Chicago. Remember, Kazu?
Kazu : Yeah, I remember. They were usually (2).
Naomi : Uh-huh. And that wasn't fun in the winter, standing out in the cold wind. Sometimes I almost froze (3) death.
Brian : That's Chicago . . . in the winter anyway. Say, is that our tour guide—the one (4) the blue hat?
Naomi : Yeah. She'll explain all the sights for us.
Amy : In English, I hope.
Naomi : Of course. ② **But we can help a little, too.**
Kazu : Let's get on, guys.
Amy : OK. I hope I don't have to sit near that weirdo with the samurai hairpiece. Why does he have to look (5) such a tourist?
Brian : Hey, look at this, Amy. The steering wheel is on the wrong side.
Naomi : I don't think so, Brian. It's on (6) side.
Brian : Oh. (ア)I take your point.
Kazu : Good thing you're not driving. Huh, Brian?
Brian : [A]
Amy : Wow! Everything looks so clean inside. What a difference from Chicago buses!
Brian : Hmm . . . the seats are a little (7), don't you think?
Kazu : I don't think so.
Brian : That's because you're so thin, Kazu.
Amy : Do you have enough legroom?
Brian : [B]

Kazu : Do you want to change seats? There's more room in the back.

Brian : [C]

Yuki : Good morning, everyone. My name is Yuki Ishihara, and I'll be your tour guide today. Please relax and enjoy your tour. Our first stop will be at Tokyo Tower. If you have any questions, please feel free to ask. (イ)I'm (a) here (b) to help (c) you (d) any way (e).

Brian : Excuse me. Is lunch included in today's tour?

Yuki : [D]

Amy : Brian, we just had breakfast. Are you thinking (8) food already?

Brian : Just thinking ahead.

Yuki : If you don't mind, let me ask where you are from. How about you, ma'am? Could you tell us your name and where you're from?

Amy : Well, my name's Amy Morgan, and I'm from America . . . Chicago to be exact.

Yuki : Oh, how interesting! And is that your friend (9) next to you?

Amy : No, that's my husband.

Yuki : I see. Now, let's meet (10) else. How about you, sir?

Amy : Oh, no! She wants the guy with the samurai hairpiece to introduce himself. ③**I'm hiding!**

問1　文中の①，②，③に関して，本文の内容に合う最も適切な答えを選びなさい。

① Why does Amy say, **"You're kidding!"**?

(a) Because she's surprised that buses and trains depart exactly on time in Japan.
(b) Because she has to set her watch when she leaves.
(c) Because she's in a hurry to get home.
(d) Because the bus is about to leave.
(e) Because the people are still waiting to get on the bus.

② Naomi says, **"But we can help a little, too."** What will Naomi and Kazu do?

(a) They will clean the bus together with Brian and Amy.
(b) They will find Brian and Amy some seats on the bus.
(c) They will help Brian and Amy climb on the bus.
(d) They will put Brian and Amy's bags on the bus.
(e) They will tell Brian and Amy about the famous places in Tokyo.

③ Why does Amy say, **"I'm hiding!"**?

(a) Because she thinks the guy with the samurai hairpiece is exciting.
(b) Because she thinks the guy with the samurai hairpiece is interesting.
(c) Because she thinks the guy with the samurai hairpiece is strange.
(d) Because the guy with the samurai hairpiece is looking for Amy.
(e) Because the guy with the samurai hairpiece wants to become friends with Amy.

問2　文中の（1）～(10)に入る最も適切なものをそれぞれ選びなさい。

(1)	(a) one	(b) that	(c) them	(d) there	(e) these
(2)	(a) fun	(b) important	(c) late	(d) quick	(c) still
(3)	(a) at	(b) by	(c) in	(d) on	(e) to
(4)	(a) at	(b) for	(c) from	(d) on	(e) with
(5)	(a) above	(b) behind	(c) into	(d) like	(e) near
(6)	(a) another	(b) any other	(c) other	(d) others	(e) the other

	(a)	(b)	(c)	(d)	(e)
(7)	large	long	narrow	short	wide
(8)	about	for	from	out	with
(9)	has sat	sit	sits	sitting	to be seated
(10)	somehow	someone	something	somewhat	somewhere

問3　次の問に答えなさい。

〔1〕　文中の A ～ D に以下の1～4を入れる場合，最も適切な組み合わせを選びなさい。

1．Not really.　　2．No, I'm sorry.

3．No, I'll be OK.　　4．Yeah, for sure !

	(a)	(b)	(c)	(d)	(e)
A	1	1	1	4	4
B	3	3	4	1	1
C	2	4	2	2	3
D	4	2	3	3	2

〔2〕　文中の下線部(ア)で用いられている point の意味に最も近いものを選びなさい。

(a)　I'm at the meeting point in the station.

(b)　No parking beyond this point.

(c)　She made several interesting points in her talk.

(d)　The Australian team won the match by 20 points.

(e)　There's no point in getting angry.

〔3〕　文中の下線部(イ)で in はどこに入るか，選びなさい。

I'm (a) here (b) to help (c) you (d) any way (e).

〔4〕　文中の～～部を日本語に直しなさい。

【数　学】（50分）〈満点：100点〉

（注意）1．解答欄に「計算」とある問については，計算の過程(式の変形や考え方)もわかりやすく簡潔に書くこと。

2．分数は，それ以上約分できない形で答えること。また，分母に根号がない形で答えること。

1　次の各問に答えよ。

問1．$(2\sqrt{3}+\sqrt{6}+\sqrt{8})^2-(2\sqrt{3}+\sqrt{6}-\sqrt{8})^2$ を計算せよ。

問2．次の2つの連立方程式が同じ解をもつように定数 a，b の値を定めよ。

$$\begin{cases} ax+by=2 \\ \frac{3}{10}x-\frac{6}{5}y=\frac{54}{15} \end{cases} \qquad \begin{cases} 1.7x+1.5y=3.8 \\ 2ax+3by=-6 \end{cases}$$

問3．右の図で，三角形ABCは円Oに内接している。∠BACの二等分線と円Oとの交点をD，∠ABCの二等分線と円Oとの交点をE，∠ACBの二等分線と円Oとの交点をFとする。∠FDE$=a$とするとき，∠BACの大きさをaを用いて表せ。

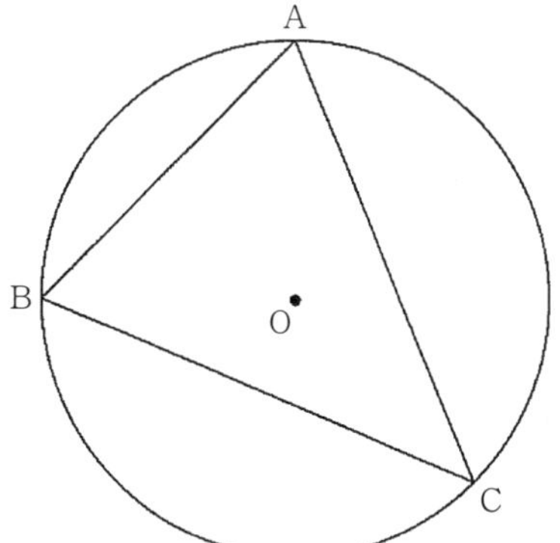

2　4点O(0, 0)，A(5, 5)，B(0, 10)，C$\left(\frac{5}{2},\ 0\right)$がある。また，$0\leqq t\leqq\frac{5}{2}$とし，$x$軸上に点P($t$, 0)をとる。直線ACと平行で点Pを通る直線を$l$とし，直線$l$と線分AB，線分AOとの交点をそれぞれQ，Rとする。

次の各問に答えよ。

問1．直線lの方程式をtを用いて表せ。

問2．点Rの座標をtの式で表せ。

問3．点Qの座標をtの式で表せ。

問4．三角形AQRの面積Sをtの式で表せ。

3　半径rの球Sに，1辺の長さが1の立方体ABCD-EFGHが内接している。また，底面の1辺がm，高さがnの正四角柱IJKL-MNOPが球Sに内接し，面ABCDと面IJKLは平行とする。ただし，m，nは$0<m<1$，$n>1$を満たすとする。

次の各問に答えよ。

問1．球Sの半径rの値を求めよ。

問2．n^2をmの式で表せ。

問3．正四角柱IJKL-MNOPを面ABCDで切り取った断面をQRSTとするとき，IJKL-QRSTが立方体となるm，nの値を求めよ。

4　1から9までの自然数から異なる5つの数を選び，この5つの数を並べかえてできる5桁の整数の中で最大のものをM，最小のものをNとおき，$L=M-N$とする。

次の各問に答えよ。

問1．Lのとりうる最大の値を求めよ。

問2．Lのとりうる最小の値を求めよ。

問3．Lのとりうる値は全部で何通りあるか求めよ。

い世界が眠っているらしい、ということに気付いたのはひとつの発見であった。ことばというものは案外やっかいなもので、あまり信用しすぎてはいけないようだ。そんなことをごくぼんやり感じるようになった。まだ、逆説ということばを知らなかったから、そういう概括で読後感を片付けてしまわなかったのも幸運であった。

「科学者とあたま」に出会う一年ほど前から、よくはわからぬままに漱石の作品をあれこれ読んだ。何か心ひかれたからこそ、わからぬものをいくつも読んだのであろう。やがて本当にわからなくなって投げ出してしまった。

そのあと寅彦にめぐり合ったのである。漱石と寅彦は師弟の間柄にある。当時はそういうことすら知らなかったが、いまにして思うと、漱石によって生まれた卵が頭の中で温められていて、それが寅彦の文章によって殻を破られ、ひ弱いながらも雛になったのであろう。啐啄の機という禅語をあえてもち出したのも、こういう⑤因縁話めいたものがあるからにほかならない。

近年、われわれのまわりに知識や情報があふれんばかりに多くなっている。手におえない知識を処理するために、知識についての知識ともいうべき方法への関心もとみに高まってきた。いわゆる〝ハウツウ〟である。

一次的知識だけではなくて、知識の知識である二次的知識に注意する余裕が生まれたのはたしかに進歩である。〝ハウツウ〟を軽んじる傾向もないではないが、すぐれた方法には学ぶべきで、毛嫌いするのはおかしい。

ハウツウ的技術で、ひとつ気になることがあるとすれば、いついかなるときも、快刀［B］麻、これで問題が解決するような錯覚を与えている点である。3学んで時にこれを習う心を忘れがちになる。即席的効果を期待しやすい。

加えるに時間をもってすれば、ハウツウの技法も雛になる卵を生み、あるいは卵を雛にする啐啄の機を与えてくれるであろう。つまり、生活の中へ融和できるということである。

もっとも、日常の生活ははなはだ現実的、具体的である。頭の中で温められている卵はすぐ役には立たないから、どうしても多忙な実際的考慮のために片隅へ押しやられてしまう。ものを考えるには、ときどき立ち止まって心の中をのぞき見るゆとりが必要である。

ものを考える習慣をつければ、めいめいに自分だけの思考法がおのずから育つはずである。それが思考のスタイルである。われわれはこれまで思考の方法を求めるのに急であって、人によって異なる個性を反映した思考のスタイルを育てるのに、いささか怠慢であったような気がする。

もちろんスタイルに固執すれば、悪いマンネリズムに陥る。スタイルはたえず新しいものをとり入れて、新陳代謝を続けながら、4恒常性を維持する個性でなければならない。

（外山滋比古『知的創造のヒント』による）

問1　傍線部1「人事をつくして天命をまつ」とあるが、ここではどのようなことを指しているのか。傍線部1よりも前の本文中の語句を用いて五十字以内で答えなさい。

問2　空欄［A］・［B］に入るべき漢字一字をそれぞれ答えなさい。

問3　傍線部2「思い当ること」とあるが、その内容を端的に述べている五十五字以内の箇所を本文中から探し、その始めと終わりの五字を抜き出して答えなさい。

問4　傍線部3「学んで時にこれを習う」とあるが、それを具体的に説明した一文を本文中から探し、その始めの五字を抜き出して答えなさい。

問5　傍線部4「恒常性を維持する個性」の説明として最も適切なものを次の中から選んで記号で答えなさい。

ア　常に自分だけの思考法を守り通す、ということ。

イ　絶えず思考の方法を求めようとする、ということ。

ウ　人によって異なる独自性を保ち続ける、ということ。

エ　自分なりのスタイルを確立しようとする、ということ。

問6　傍線部①～⑤の漢字の読みをひらがなで答えなさい。

逆に、外から適当な刺戟（しげき）が訪れて、破るべき卵の殻がありさえすれば、孵化が起こるのに、と思われることもすくなくない。ところが、そういう時に限って、皮肉にも頭の中にちょうどその段階に達している卵がない、ということが多い。せっかく、ついばむ力が外から加わっているのに、①空しく機会を逸してしまうことになる。

頭の中に卵が温められていて、まさに孵化しようとしているときなら、ほんのちょっとしたきっかけがあれば、雛がかえる。この千に一番のかね合いが難かしい。それで啐啄の機が偶然の符合のように思われるのである。古来、天来の妙想、インスピレーション、霊感などといわれてきたのも、それがいかに②稀有のことであるかを物語っている。

たとえ稀有だとしても、起こることは起こっているのである。人間ならだれしも霊感のきっかけの訪れは受けるはずで、それをインスピレーションにするか、流れ星のようなものにしてしまうかの違いにすぎない。これには運ということもある。いくら努力してみても、運命の女神がほほえみかけてくれなければ、着想という雛は孵らないであろうと思われる。

もっとも、どんなに運命が味方してくれても、もとの卵がないのでは話にならない。[1]人事をつくして天命をまつ。偶然の奇蹟（きせき）の起こるのを祈る。

すこし話が神秘的になってきた。もっと日常的な次元で考えてみる。

何でもない人間と人間とが、たまたま知り合いになる。互いに不思議な感銘を与え合って、それがきっかけになって、めいめいの人生がそれまでとは違ったものになるということがある。出会いである。一［A］一会だという。

ほかの人たちとどれほど親しく交わっていても得られなかったものが、何気ない出会いで与えられる。ここにも啐啄の機が認められる。われわれはそれと気付かずに、そういう偶然を一生さがし求めつづけているのかもしれない。それにめぐり会えたとき、奇蹟が起こるというわけだ。

難解な本は一度ではよくわからない。それに絶望しないで、くりかえし読んでいると、そのうちに理解できるようになる。読書③百遍意おのずから通ず。古人はそう教えた。思考も同じことで、初めから全体がはっきりすることはすくない。何度も何度も考えているうちに、自然に形があらわれてくる。

人間にとって価値のあることは、大体において、時間がかかる。即興に生まれてすばらしいものもときにないではないが、まず、普通は、じっくり時間をかけたものでないと、長い生命をもちにくい。寝させておく。温めておく。そして、決定的瞬間の訪れるのを待つ。そこでことはすべて一挙に解明される。

『論語』の冒頭にある一句「学ビテ時ニ之（コレ）ヲ習フ、亦（マタ）説（ヨロコ）バシカラズヤ」も読書百遍と同じように考えることができる。勉強したことを機会あるごとに復習していると、知識がおのずからほんものになって身につく。それが愉快だというのである。学んで時にこれを習う、は啐啄の機はいつやってくるかしれない、折にふれて立ち返ってみる必要がある、と教えているのであろうか。

ここで自分の経験を引き合いに出すのは、いかにも④面はゆく、ためらわれるが、ものを考えるよろこびを知るきっかけになったのは、何だろうか、とふりかえってみて、[2]思い当ることを書いてみる。

昔の中学校で三年の国語の教科書に、寺田寅彦の文章「科学者とあたま」が載っていた。教科書で読むとどんな名作も台なしになる。いかほどおもしろいものでも、好きになりにくいものだ。よくそういう話を聞く。多くの場合、その通りであろう。ただ、ときには例外がある。その例外がこの寅彦の文章であった。

「科学者とあたま」を読んで、急に頭がすっきりしてきたように感じた。どういう変化が頭の中で起こったのか知るよしもない。とくにものを考えようという気持になったわけではないが、何でもないと思っていた常識をひと皮めくると、その下に、たいへんおもしろから、あるいは検討の手続に⑤フビがあったから、さらにはアプローチの角度が適切でなかったからといった技術的な理由で「結論を得るに到らなかった」のではないからである。「結論を得る」とは、まさに「終わり」をみずから確認する振る舞いにほかならないが故に、ほとんど無意識のうちに、あえてそれに達することを避けているのである。

（蓮實重彦「露呈する歴史のために」による）

問1 傍線部1「大岡昇平」の書いた作品を次の中から選んで記号で答えなさい。

ア 人間失格　イ 金閣寺
ウ ノルウェイの森　エ 野火

問2 傍線部2「野蛮さ」とほぼ同様の意味で用いられている四字の語句を本文中から抜き出して答えなさい。

問3 空欄［A］～［D］に入るべき語を次の中から選んで記号で答えなさい。

ア あくまで　イ まさに　ウ ひとえに　エ とりわけ

問4 傍線部3「『歴史』を改めて露呈させねばならぬ」とあるが、「歴史」を「露呈させ」るとはどういうことか。それを述べている三十字以内の箇所を本文中から探し、その始めと終わりの五字を抜き出して答えなさい。

問5 波線部は対義語である。空欄［Ⅰ］・［Ⅱ］に入るべき漢字一字の語をそれぞれ答えなさい。

問6 傍線部4「その精神的な『師』ともいうべき小林秀雄や、同時代的な作家としての武田泰淳などの歴史認識」とあるが、それを最も端的に言い表している十字以内の語句を本文中から抜き出して答えなさい。

問7 傍線部5「『歴史』を定義する試みへと彼を導くことにはならない」といえる理由を本文中の語句を用いて三十字以内で答えなさい。

問8 傍線部①～⑤のカタカナを漢字に直しなさい。

二

次の文章を読み、あとの問いに答えなさい。

啐啄の機ということばがある。

得がたい好機の意味で使われる。比喩であって、もとは、親鶏が孵化しようとしている卵を外からつついてやる（啄）、それと卵の中から殻を破ろうとする（啐）のとが、ぴったり呼吸の合うことをいったもののようである。

もし、卵が孵化しようとしているのに親鶏のつつきが遅れれば、中で雛は窒息してしまう。逆に、つつくのが早すぎれば、まだ雛になる準備のできていないのが生まれてくるわけで、これまた死んでしまうほかはない。

早すぎず遅すぎず。まさにこのとき、というタイミングが啐啄の機である。自然の摂理はおどろくべきほど精巧らしいから、ほかにもいろいろな形で啐啄の機に相当するものがあるに違いないが、孵る卵はもっとも劇的なものといってよかろう。

われわれの頭に浮ぶ考えも、その初めはいわば卵のようなものである。そのままでは雛にもならないし、飛ぶこともできない。温めて孵るのを待つ。

時間をかけて温める必要がある。だからといって、いつまでも温めていればよいというわけでもない。あまり長く放っておけばせっかくの卵も腐ってしまう。また反対に、孵化を急ぐようなことがあれば、未熟卵として生まれ、たちまち生命を失ってしまう。

ちょうどよい時に、卵を外からつついてやると、雛になる。たんなる思いつきも、まとまった思考の雛として生まれかわる。

われわれはほとんど毎日のように、何かしら新しい考えの卵を頭の中で生み落している。ただそれを自覚しないだけである。これがりっぱな思考に育つのは、実際にごくまれな偶然のように考えられる。

卵はおびただしく生まれているのに、適時に殻を破ってくれるきっかけに恵まれないために、孵化することなく、闇から闇へ葬り去られているのであろう。

し、それが科学的な[I]観性を保証するなどとも思っていない。歴史「史料の取扱いについて、或いは原因結果の判断においては、歴史学者の[II]観、彼のおかれた時代と環境によって変り得る」ということは、当然認めているのである。ただ、二十世紀における歴史観の相対化を恰好の口実として、「歴史」に注ぐべき視線を個人的な心理に還元してしまう優雅さだけは排したいというのが大岡昇平の立場なのであり、「多くの問題を抱えながら、一つの状況について、最も公平な歴史記述を試みることは可能であり、必要である」(「歴史小説論」)という言葉がそのことを証明している。

それがいかに「可能」でありどうして「必要」なのかは後に論じることとして、いまはとりあえず、こうした認識が、大岡昇平を、その精神的な「師」ともいうべき小林秀雄や、同時代的な作家としての武田泰淳などの歴史認識から遠ざけることになるという点を確認しておきたい。

歴史に死んだ子を惜しむ母親の歎きを見るのは正しく、司馬遷の歴史意識に、宮刑を受けた者の汚濁の意識を見るのも、間違いではあるまい。しかしこれらの感情的理由から、歴史全体を②リッしようというのは、幾世紀にわたる修史家の地下作業、過去を詳細に知りたいという自然の要求を無視することになる。一民族が母親の感情だけで生きていたら、確実に亡びてしまうだろう。(「現代史としての歴史小説」)

読まれるとおり、ここでの大岡昇平は小林秀雄に対してきわめて厳しい。もちろん、「母親の歎き」や「宮刑を受けた者の汚濁の意識」として「歴史」が語られたのは第二次大戦中のことであり、大戦の意義を世界史的な必然によって強調したりする「京都学派」の大言壮語に対する批判としてなら、小林秀雄や武田泰淳の言葉もそれなりの意味を持っているだろう。また、戦後の史的唯物論による疑似科学主義の抽象性にくらべてみても、こうした「感情的理由」による「歴史」への視点には、ある種の現実感がそなわってもいたといえるかもしれない。事実、大岡昇平は、別の場所では、「歴史は人類の巨大な恨みに他ならぬ。歴史を貫く筋金は、僕等の哀惜の念というものであって、決して因果の③クサリというようなものではないと思います」という小林秀雄の言葉を「実存主義的な立場」と呼び、それを徹底的に批判する姿勢をいくぶんかやわらげているかにみえる。

にもかかわらず、この時期の大岡昇平が小林に示す批判の厳しさは決定的である。歴史観の相対化は避けがたいものだとはいえ、だからといって、この種のアフォリスムによる「歴史」の心理化は、「歴史」の露呈をひたすら排し、結局のところは、「あれはなかったことにしよう」という曖昧な申し合わせをあたりに④ハキュウさせることにつながってしまうからである。「恨み」や「歎き」といった感情は、それがいつかは「終わる」ことを前提とした個人的な心理である限り、複数化されて広く共有された感情であっても、結局は清算可能なものというほかはないだろう。事実、戦争も、戦後も、イデオロギーも、昭和も、ことごとくそのようにして終わっていったのであり、そもそも感情とはそうしたものなのだ。

大岡昇平にとっての「歴史」とは、たやすくは清算されがたいものが抗争しあう場でなければならないはずだから、小林秀雄に批判的たらざるをえないのは当然だろう。とはいえ、その批判は、小林秀雄のそれに似たアフォリスムによって、それとは別のかたちで「歴史」を定義する試みへと彼を導くことにはならない。「『蒼き狼』は歴史小説か」(一九六一年)いらい、『常識的文学論』(一九六二年)や『歴史小説の問題』(一九七四年)におさめられることになる多くの文章で「歴史」と「小説」との問題を論じながら、彼は、「歴史小説」とは何かという問題をめぐって、「結論を得るに到らなかった」(「歴史小説の問題」)と記すのみなのである。この素直すぎるともみえかねない告白の意味は、しかしきわめて重要だといわねばなるまい。問題の設定に誤りがあったから、分析の対象を取り違えた

平成二十九年度 早稲田大学本庄高等学院

【国語】（五〇分）〈満点：一〇〇点〉

一 次の文章を読み、あとの問いに答えなさい。

なにかにつけて「終焉」の一語を口にせずには気のすまぬ優雅な連中と異なり、[1]大岡昇平は、そんな語彙の意味など関知せぬぞと言わんばかりの[2]野蛮さで「終わり」に顔をそむけ、ひたすら現在を生き、現在を書くことで読む者を刺激し続けた作家である。「歴史小説」を論じ、そのジャンルを自ら実践する場合であろうと、彼はそうした姿勢を断固として貫き通してみせたのであり、『堺港攘夷始末』を未完のまま残してわれわれの前から去ったこの作家の貴重さは、ひとえにその点に存している。

自分の作品さえたやすく完結させなかった大岡昇平は、［ A ］歴史の「終焉」などといった議論の抽象的であるがゆえの優雅さに与することは絶対になかったといってよい。たしかに、彼は多くの「終わり」に立ち会いはした。戦争が終わり、戦後が終わり、イデオロギーが終わり、［ B ］昭和が終わりかけていたときに彼は世を去ったのだけれど、そうした事態をめぐって、「終焉」という視点から言葉を綴ったことは、一度としてない。あらゆるものは、いまなお現在として生き続けており、「あれはなかったことにしよう」という便利で曖昧な申し合わせが保証する「日本」的な優雅さによって何かが今から遠ざけられるとき、ある猛々しさをもってそうした風潮に闘いを仕掛け、［ C ］「歴史」に身をさらし続けた理由はそこにある。「歴史小説」を主題とした彼の文章も、そうした闘いの証言として読まれなければならない。

井上靖との『蒼き狼』をめぐる論争をはじめとして、彼が「歴史小説」に関する多くの文章を発表してきたのは、この「ジャンル」に対する理論的な興味もさることながら、なによりもまず、「すでに終わったもの」としての過去と「文学」が①タワムれるときに見失われがちな[3]「歴史」を改めて露呈させねばならぬという強固な意志が、その筆を衝き動かしていたからにほかなるまい。何より感動的なのは、『堺事件』における「切盛と捏造」を詳細に批判しながら、その決定的な誤りゆえに過去の大作家を葬り去るというより、森鷗外をほとんど同時代作家として遇し、現代に呼び戻してしまっているという点である。事実、鷗外その人に対してより、『堺事件』の作者を無批判に擁護する一部の国文学者に対して、彼は遙かに厳しい言葉を投げかけているのである。『堺港攘夷始末』は、『堺事件』の「終わり」を宣言する書物ではなく、あくまでそれと同時に読まれるべき書物として書かれており、であるが故に、有効な批判たりえてもいることを見落としてはなるまい。

大岡昇平の同時代を生きえた者が享受しうるかけがえのない幸福は、［ D ］そのこととかかわっている。そしてその幸福感を積極的な何かに転化することが、われわれに委ねられた義務なのだと思う。だとするなら、彼の死後に起こったいわゆる冷戦の「終わり」と、それを機ににわかに盛んになった「歴史の終焉」などといった議論そのものに向けられたあらかじめの批判を、彼の文章のなかに読みとることをおこたってはならないだろう。事実、大岡昇平の作品のことごとくは、過去に対する個人的な至上権の行使を厳しくおのれに禁じ、もっぱら「歴史」とともにあることの実践を目指して書かれていたはずである。だが、「歴史」を露呈させるために現在を生き続けようとする意志が、「なにごとも忘れまい」とする個人的な記憶の特権化につながるものでないことは、指摘しておかねばなるまい。「歴史」とともにあるとは、まさに忘れ難い思い出といった感情のみだりな共有に対する闘争としても演じられるものだからである。

実際、大岡昇平は、個人が覚えていることなどより、一見非人称的ともみえる「史料」のほうを遙かに信頼している。もちろん、「史料」が「歴史」そのものだなどとは間違っても考えてはいない

平成29年度／早稲田大学本庄高等学院

英語解答

I 問1 〔1〕…(c) 〔2〕…(b) 〔3〕…(a) 〔4〕…(c)

問2 1…(a) 2…(a) 3…(b) 4…(b) 5…(b) 6…(e) 7…(a) 8…(d) 9…(a) 10…(c) 11…(d) 12…(c)

問3 〔1〕…(d) 〔2〕…(b) 〔3〕…(d) 〔4〕…(c) 〔5〕…(c) 〔6〕…(d) 〔7〕…(b) 〔8〕…(a) 〔9〕…(d)

〔10〕 (例)people prefer to shake hands firmly for a few seconds

〔11〕 旅行するときは，時間を守るという意味が国によって異なることを覚えておくのがよいだろう。

II 問1 ①…(a) ②…(e) ③…(c)

問2 1…(b) 2…(c) 3…(e) 4…(e) 5…(d) 6…(e) 7…(c) 8…(a) 9…(d) 10…(b)

問3 〔1〕…(e) 〔2〕…(c) 〔3〕…(d)

〔4〕 差しつかえなければ，どちらからいらっしゃったか，お尋ねしてもよろしいでしょうか。

(声の教育社　編集部)

I 〔長文読解総合―説明文〕

≪全訳≫❶たいていの人は他人に礼儀正しく，そして行儀よく振る舞いたいと思っている。礼儀正しく振る舞うことは人々に挨拶し，人々と会話する方法を知っていることを意味する。あるいは食べるときに良いマナーを守ることを意味する。あるいは贈り物を与えたり受け取ったりするときに，礼儀正しく振る舞う方法を知っていることを意味する。だが，ある国で礼儀正しく振る舞うことは，世界の別の地域では不作法になる場合がある。旅行者は相手を嫌な気持ちにさせないためにも，礼儀に関する文化的な違いを理解する必要がある。❷例えば，人々は会うとしばしば握手する。握手している時間はどのくらいがよいのか。相手の手は優しく握るべきか，それともしっかり握るべきか。アメリカでは人々は数秒間しっかりと握手する方を好む。中東諸国ではもっと長い時間をかけて，優しく握る。握手は世界各地で異なるのだ。❸アイコンタクトはどうだろうか。一部の国では，目を直接見ることは相手に対する敬意を表す。世界の他の地域では，相手の目を直接見ることは失礼にあたる。敬意を表すためには人は地面を見下ろすのだ。❹パーソナルスペースの使い方にも文化的な違いがある。2人で話すとき，接近して立つべきか，それとも離れて立つべきか。正確にどのくらい近くに立つべきなのだろうか。例えば北アメリカではたいてい会話中，腕の長さ分の距離をとって立つ。だが，中東とラテンアメリカの国々ではもっと接近して立つ。一方が接近して立つことを好み，他方がもっと離れて立つことを好むと，やっかいな事態を引き起こしかねない。❺3人の著者が文化的相違に関して，『キス，おじぎ，握手』という本を著した。彼らはその著書で，挨拶，贈り物の贈呈，時間を論じている。贈り物を人に与えることについては，世界の文化によって異なる考えがある。アメリカでは贈り物をもらったら，相手がいる前でそれを開けるべきだ。そうすれば，③<u>それをもらってどんなに喜んでいるか</u>を相手は知ることができる。中国では相手が立ち去った後に，贈り物を開けるべきだ。❻もう1つ，文化によって異なるものは時間である。午後6時に自宅の夕食に招待されたなら，何時にそこに着かなければならないか。到着しなければならないのは，早めか，遅めか，それとも時間ぴったりか。ドイツでは時間ぴったりに着くことが大切だ。アルゼンチンでは，普通，招かれた時間の30～60分後に来るのが礼儀正しいとされる。旅行するときは，時間を守るという意味が国によって異なることを覚えておきなさい。❼注意するべき最後の項目は，ジェスチャーを含むボディーランゲージだ。人の肩にさわってもいいのだろうか。別れるときや会うときにはどのように手を振るのか。「こっちに来てください」と言いたいとき，どのようなジェスチャーをすればいいのか。これら全ては文化によって異なると言ってもよい。タイでは人の頭を手で触れることは失礼だ。アメリカにおける「こっちに来てください」を表すジェスチャーは，一部の外国では動物を呼ぶために使われる仕草である。❽外国に住んだり，働いたり，勉強するつもりなら，言語を学ぶことが重要だ。だが，文化的な相違を学ぶことも重要である。そうすれば，あなたは礼儀正しく振る舞い，相手に良い印象を与えることができる。周りの人々は心地よく，自分は敬意を持たれていると感じるだろう。礼儀正しく，行儀よく振る舞うことは，友人をつくるうえでも，旅行するうえでも，ビジネスをするうえでも役に立ちうるのだ。

問１＜英問英答＞〔１〕「外国の文化について学ぶことはなぜ重要なのか」―(c)「礼儀正しく振る舞って外国人とうまくやっていく方法を理解することができるから」 get along well with ～「～とうまくやっていく」 第１段落参照。 〔２〕「著者が述べていないことはどれか」―(b)「アイコンタクトは重要であり，世界中の全ての個人に当てはまる」 be true of ～「～に当てはまる」 第３段落参照。国によって異なる。 〔３〕「ジェスチャーには注意しなければならないと著者が言うのはなぜか」―(a)「文化によって異なるので」 第７段落参照。 〔４〕「著者が述べていないことはどれか」―(c)「アメリカの『こっちに来て』を表すジェスチャーは，日本のと同じかもしれない」 日本のジェスチャーとの比較は本文にない。

問２＜適語選択＞１．空欄を含む文の前半に one country「ある国」とあるので，それに対応するように another part of the world「世界の別の地域」とすると意味が通る。 ２．What about ～?「～はどうか」 ３．look down at ～「～を見下ろす」 ４．apart「(距離・時間的に)離れて」 ５．for example「例えば」 ６．相手が一緒にいる「間に」それを開けるべきだ，となるよう，while を入れる。 ７．相手が立ち去った「後に」贈り物を開けるべきだ，となるよう，after を入れる。 ８．'invite ～ to …'「～を…に招く」 ９．be careful about ～「～に注意する」 10．'touch＋人＋on＋体の部位'「〈人〉の〈体の部位〉に触れる」 11．'gesture to＋人'「〈人〉に対してジェスチャーをする」 12．「～するために」となるよう，for を入れる。

問３＜総合問題＞

〔１〕＜適語句選択＞直前に「ある国で礼儀正しく振る舞うことは，世界の別の地域では不作法になる場合がある」とあり，文化によって振る舞い方に違いがあることを述べている。したがって，「旅行者は相手を嫌な気持ちにさせないためにも，礼儀に関する文化的な違いを理解する必要がある」となるよう，(d)を入れる。

〔２〕＜適語句選択＞この後，握手，アイコンタクト，時間に対する考え方，ボディーランゲージなどが述べられているが，これらは直前の「礼儀に関する文化的な違い」の具体例なので，(b)「例えば」を入れる。

〔3〕＜適語選択＞ア．直後の文と対照的な内容になるよう，respectful「敬意を表して」と対照的な意味のrude「失礼な」を入れる。　イ．「一方が接近して立つことを好み，他方がもっと離れて立つことを好むと」の後なので，「やっかいな事態を引き起こしかねない」となるようにawkwardを入れる。　ウ．直後のrespected「敬意を持たれている」と似た意味を表すcomfortable「心地よい」を入れる。

〔4〕＜英文解釈＞下線部①は「握手は世界各地で異なる」の意。これと同内容の文は(c)「人々が握手する方法は国によって異なる」。‘the way＋主語＋動詞’「～が…する方法」

〔5〕＜語句解釈＞この後，2人が会話するときの近さについて述べられているので，パーソナルスペースの意味として(c)「1人ともう1人の間の空間」が適切。

〔6〕＜整序結合＞seeの目的語となる節を，間接疑問‘疑問詞＋形容詞＋主語＋動詞 ～’で表し，how happy you areにする。この後，‘感情の原因’を表すto不定詞の副詞的用法としてto receive itを置く。　they can see how happy you are to receive it「それをもらってどんなに喜んでいるかを相手は知ることができる」

〔7〕＜語句解釈＞「これら全て」の「これら」とは，直前で述べられているボディーランゲージの例を指すので，(b)「ジェスチャーを含むボディーランゲージ」が適切。

〔8〕＜表題選択＞「たいていの人は他人に礼儀正しく，そして行儀よく振る舞いたいと思っている」で始まり，礼儀作法は世界の地域によって異なることをさまざまな例を用いて説明した文章である。したがって，主題としては，(a)「世界中のさまざまな国において礼儀正しく振る舞う方法」が適切。

〔9〕＜単語の発音＞

(a)	behave[ei]	make[ei]	shake[ei]	wave[ei]	way[ei]
(b)	close[ou]	go[ou]	know[ou]	most[ou]	open[ou]
(c)	arrive[ai]	final[ai]	invite[ai]	polite[ai]	write[ai]
(d)	firmly[əːr]	Germany[əːr]	part[ɑːr]	person[əːr]	world[əːr]
(e)	animal[æ]	hand[æ]	language[æ]	Latin[æ]	stand[æ]

〔10〕＜和文英訳＞「～する方を好む」は‘prefer to ～〔～ing〕または‘like to ～〔～ing〕 better’で表せる。「しっかりと握手する」はshake hands firmly。「数秒間」はfor a few〔several〕seconds。

〔11〕＜英文和訳＞When travelingはWhen (you are) travelingと考え，「旅行するときは」と訳す。remember that ～は命令文なので「～を覚えておきなさい」とする。the meaning of being on timeは「時間を守るという意味」。　is different from country to country「国によって異なる」

Ⅱ〔長文読解総合―会話文〕

≪全訳≫❶カズとナオミは，友人のブライアンとエイミーを東京のバス・ツアーに連れていくことに決めた。❷ナオミ(N)：さあ！　みんな急いで！　バスがもうすぐ出るわ。❸ブライアン(B)：まだ人が並んでいるよ。なんでそんなに急いでるの？❹カズ(K)：日本ではバスや電車は予定どおりに出るんだ。到着や出発の時間を見て腕時計を合わせられるほどなんだ。❺エイミー(A)：冗談でしょ！❻K：

いや，本当さ。7A：交通機関がそんなに時間を厳守するとは知らなかったわ。シカゴの電車はそれとは違うね。覚えている，カズ？8K：ああ，覚えているよ。たいてい遅れていたね。9N：そうね。しかも冬に寒風の中に立たされたのには参ったわ。凍え死ぬかと思うこともあったもの。10B：それがシカゴさ…とにかく冬はね。ああ，あの人が僕たちのツアーガイドかな――青い帽子を被（かぶ）った人。11N：そうね。名所を全て説明してくれるのよ。12A：英語でお願いしたいわ。13N：もちろん。でも私たちも少し助けてあげるから。14K：さあ，みんな乗ろう。15A：わかった。あのサムライのカツラを被った変な人の近くにならなければいいな。なぜあの人，あんなかっこうをしているのかしら？16B：ねえ，見て，エイミー。ハンドルが反対側についているよ。17N：そうじゃないでしょ，ブライアン。もう一方の側よ。18B：ああ。君が何を言いたいのかわかったよ。19K：運転するのが君じゃなくて良かったよ。ねえ，ブライアン？20B：Aまあ，確かにね。21A：わあ！　中はとてもきれいね。シカゴのバスとはなんという違いなの！22B：うーん…席が少し狭いと思わない？23K：そうは思わないけど。24B：それは君がとてもやせているからだよ，カズ。25A：足を伸ばすスペースはある？26B：B実際のところ，ないな。27K：席を変える？　後ろが空いているけど。28B：Cいや，僕はここでいいよ。29ユキ(Y)：おはようございます，皆さん。私の名前はイシハラユキです。今日は皆さんのツアーガイドを務めさせていただきます。リラックスしてツアーを楽しんでください。最初は東京タワーに行きます。何か質問があればご遠慮なくどうぞ。できるかぎりお手伝いいたします。30B：すみません。今日のツアーにランチは含まれていますか？31Y：D申し訳ありませんが，含まれておりません。32A：ブライアン，朝食をとったばかりじゃない。もう食べ物のこと考えているの？33B：先のことを考えただけさ。34Y：差しつかえなければ，どちらからいらっしゃったか，お尋ねしてもよろしいでしょうか。奥様はいかがです？　お名前とご出身地を教えていただけませんか？35A：ええ，名前はエイミー・モーガンでアメリカから来ました…正確にはシカゴですけど。36Y：まあ，すてきですね！　すると，お隣に座っている方はあなたのご友人ですか？37A：いいえ，私の夫です。38Y：そうですか。では，他の方にも尋ねてみましょうか。こちらの方はいかがです？39A：ああ！　サムライのカツラを被った人に自己紹介させようとしているわ。私，隠れようっと！

問１＜英問英答＞①「エイミーが『冗談でしょ！』と言っているのはなぜか」―(a)「日本ではバスと電車がぴったり時間どおりに出発することに驚いているから」　第４段落参照。　②「ナオミは『でも私たちも少し助けてあげるから』と言っている。ナオミとカズは何をするのか」―(e)「ブライアンとエイミーに東京の有名な場所について教える」　第11，12段落参照。ガイドが名所を説明してくれる，と聞いたエイミーが，英語でお願いしたいと言ったので，カズとナオミも名所の説明を手助けしたいという意味で，この言葉を言ったのである。　③「エイミーが『私，隠れようっと！』と言っているのはなぜか」―(c)「サムライのカツラを被った人は奇妙だと考えているから」　第15段落参照。

問２＜適語(句)選択＞１．交通機関が時間を厳守する，という状況を示す代名詞 that を入れる。「電車はシカゴではそのようではない」→「シカゴの電車は時間どおりではない」という意味になる。　２．日本の交通機関は時間を厳守することに対して，シカゴの電車はそれとは違う，と言っている。したがって，シカゴの電車はたいてい「遅れて」いた，と考えられるので late を入れる。　３．freeze to death「凍え死ぬ」　この to は'結果'を表す。　(例)be moved to tears「感動して泣く」　4.「～を持った〔身につけた〕」の意のwith。（例）a woman with a black coat「黒いコートを着た女性」　5. look like ～「～のように見える」,「～のような外見にする」　6. アメリカの車はハンドルが左側についているのに対して，日本の車はハンドルが右側についているので，左右2つのうちの残りのもう一方を指すthe otherを入れる。　7. 第24段落でブライアンがカズに「それは君がとてもやせているから」と言っているが，これは，やせているため席が狭いとは感じない，という意味。よって「狭い」のnarrowを入れる。　8. think about ～「～のことを考える」　9. thatを修飾する現在分詞の形容詞的用法として，sittingを入れる。「お隣に座っている方はあなたのご友人ですか？」となる。　10. ユキはガイドとしてエイミーと知り合いになった後，他の乗客とも知り合いになりたいと思っているのである。したがって，'人'を表すsomeoneを入れる。

問3＜総合問題＞

〔1〕＜適文選択＞A. 日本の車は右ハンドルなので，左ハンドルに慣れているブライアンが運転手でなくてよかった，と言うカズに対するブライアンの言葉として，それに同意するように，4を入れる。　B. ブライアンは座席が狭いと感じている。したがって，「足を伸ばすスペースはある？」ときかれた返事としては，1が適切。　C. 後ろの方に移動することを勧められたが，ここで我慢する，ということを伝えるように，3を入れる。なお，第27段落のroomは「あき場所」の意。　D.「今日のツアーにランチは含まれていますか？」という乗客の質問に対するガイドの返事としては，2が適切。

〔2〕＜語句解釈＞下線部は「君が何を言いたいのかわかった」という意味。このpointは「(話や考えなどの)要点，真意」の意。これと近い意味で使われているのは，(c)「彼女は話の中でおもしろい要点をいくつか述べた」。(a)，(b)は「地点」，(d)は「得点」，(e)は「意味」の意。

〔3〕＜適所補充＞「～の方法で」はin ～ wayで表せる。（例）Try this in a different way.「違った方法でやってみなさい」　したがって，(d)にinを入れ，in any way「どんな方法でも」となるようにする。文意は「どんな方法でもお手伝いいたします」→「できるかぎりお手伝いいたします」。なお，any wayをanyway「とにかく」と混同しないこと。

〔4〕＜英文和訳＞If you don't mindは「差しつかえなければ」,「よろしければ」の意味(このmindは「気にする」,「嫌がる」の意)。'let＋目的語＋動詞の原形'は「～に…させる」。「私に尋ねさせてください」,「お尋ねしてもよろしいでしょうか」と訳すとよい。

数学解答

1 問1　$16\sqrt{6}+16\sqrt{3}$
問2　$a=3,\ b=5$　　問3　$180°-2a$

2 問1　$y=2x-2t$　　問2　$(2t,\ 2t)$
問3　$\left(\frac{2}{3}t+\frac{10}{3},\ \frac{20}{3}-\frac{2}{3}t\right)$
問4　$S=\frac{4t^2-20t+25}{3}$

3 問1　$\frac{\sqrt{3}}{2}$　　問2　$n^2=3-2m^2$
問3　$m=\frac{1}{3},\ n=\frac{5}{3}$

4 問1　85932　　問2　41976
問3　15通り

（声の教育社　編集部）

1〔独立小問集合題〕

問1＜平方根の計算＞$2\sqrt{3}+\sqrt{6}=a$ とおくと，与式$=(a+\sqrt{8})^2-(a-\sqrt{8})^2=a^2+2\sqrt{8}a+8-(a^2-2\sqrt{8}a+8)=4\sqrt{8}a$ となる。a をもとに戻して，与式$=4\sqrt{8}(2\sqrt{3}+\sqrt{6})=8\sqrt{8\times3}+4\sqrt{8\times6}=8\times2\sqrt{6}+4\times4\sqrt{3}=16\sqrt{6}+16\sqrt{3}$ である。

問2＜連立方程式の応用＞$ax+by=2$……①，$\frac{3}{10}x-\frac{6}{5}y=\frac{54}{15}$……②，$1.7x+1.5y=3.8$……③，$2ax+3by=-6$……④とする。まず，②と③を連立方程式として解いて，x, y の値を求める。②×10より，$3x-12y=36$，$x-4y=12$……②′　③×10より，$17x+15y=38$……③′　③′−②′×17より，$15y+68y=38-204$，$83y=-166$　$\therefore y=-2$　これを②′に代入して，$x+8=12$　$\therefore x=4$　$x=4$，$y=-2$ を，①に代入して $4a-2b=2$……⑤，④に代入して $8a-6b=-6$……⑥となる。⑤，⑥を a，b についての連立方程式として解くと，⑤×3−⑥より，$12a-8a=6-(-6)$，$4a=12$　$\therefore a=3$　これを⑤に代入して，$12-2b=2$，$-2b=-10$　$\therefore b=5$

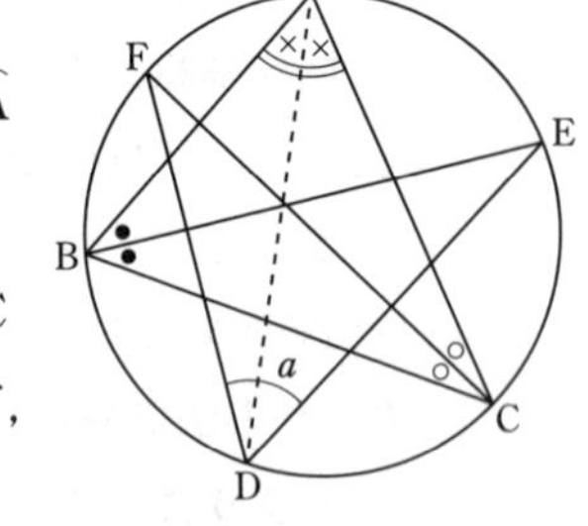

問3＜図形―角度＞右図で，∠FDEを∠FDAと∠EDAに分ける。$\overset{\frown}{\mathrm{FA}}$，$\overset{\frown}{\mathrm{EA}}$ に対する円周角より，$\angle\mathrm{FDA}=\angle\mathrm{FCA}=\frac{1}{2}\angle\mathrm{ACB}$，$\angle\mathrm{EDA}=\angle\mathrm{EBA}=\frac{1}{2}\angle\mathrm{ABC}$ だから，$\angle\mathrm{FDE}=\angle\mathrm{FDA}+\angle\mathrm{EDA}$ より，$a=\frac{1}{2}\angle\mathrm{ACB}+\frac{1}{2}\angle\mathrm{ABC}$ となる。これより，$\angle\mathrm{ACB}+\angle\mathrm{ABC}=2a$ となるから，△ABCにおいて，$\angle\mathrm{BAC}=180°-2a$ と表される。

2〔関数―一次関数〕

≪基本方針の決定≫問4　AC∥QRから，平行線と面積の関係を利用する。

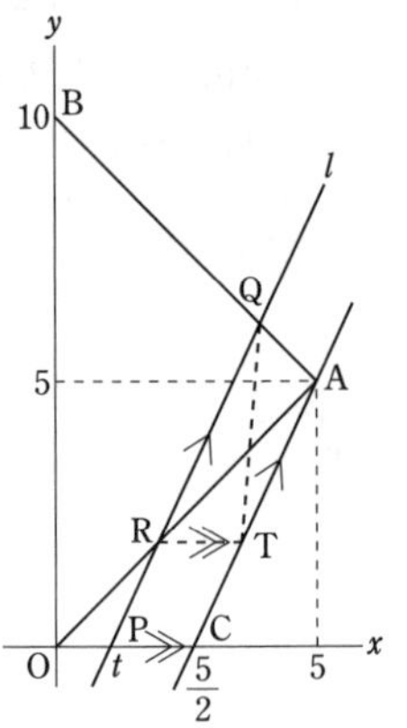

問1＜直線の式＞右図で，l∥ACより，直線 l の傾きは直線ACの傾きに等しく，A(5, 5)，C$\left(\frac{5}{2},\ 0\right)$より，$(5-0)\div\left(5-\frac{5}{2}\right)=2$ だから，直線 l の式は $y=2x+b$ と表される。これがP$(t,\ 0)$を通るから，$0=2t+b$，$b=-2t$ より，直線 l の式は $y=2x-2t$ と表される。

問2＜座標＞点Rは2直線 l，OAの交点である。A(5, 5)より，直線OAの傾きが $\frac{5}{5}=1$ より，その式は $y=x$ である。問1より，直線 l の式は $y=2x-2t$ だから，2式から y を消去して，$2x-2t=x$ より，$x=2t$ となる。よって，$y=2t$ だから，R$(2t,\ 2t)$と表される。

問3＜座標＞点Qは2直線 l，ABの交点である。A(5, 5)，B(0, 10)より，直線ABの傾きは $\frac{0-5}{10-5}=-1$ で，切片が10より，その式は $y=-x+10$ である。よって，直線 l の式は $y=2x-2t$ だから，2式から y を消去して，$2x-2t=-x+10$ より，$3x=2t+10$，

$x=\frac{2}{3}t+\frac{10}{3}$となる。これを$y=-x+10$に代入して，$y=-\left(\frac{2}{3}t+\frac{10}{3}\right)+10=\frac{20}{3}-\frac{2}{3}t$となるから，Q$\left(\frac{2}{3}t+\frac{10}{3},\ \frac{20}{3}-\frac{2}{3}t\right)$と表される。

問４＜面積＞前ページの図のように，点Rを通り，x軸に平行な直線と直線ACの交点をTとし，２点Q，Tを結ぶ。AC∥QRより，△AQR＝△TQRとなる。△TQRで，辺RTを底辺とすると，辺RTはx軸に平行だから，２点Q，Rのy座標の差が高さになる。四角形RPCTは平行四辺形だから，$RT=PC=\frac{5}{2}-t=\frac{5-2t}{2}$であり，問２，問３より，２点Q，Rの$y$座標はそれぞれ$\frac{20}{3}-\frac{2}{3}t$，$2t$だから，高さは$\frac{20}{3}-\frac{2}{3}t-2t=\frac{20-8t}{3}$である。よって，$S=\frac{1}{2}\times\frac{5-2t}{2}\times\frac{20-8t}{3}=\frac{4t^2-20t+25}{3}$と表される。

3〔空間図形―正四角柱〕

≪基本方針の決定≫問１，問２　立方体や直方体で，対角線を斜辺とする直角三角形をつくり，三平方の定理を用いる。

問１＜長さ―三平方の定理＞右図１の立方体ABCD-EFGHが内接している球Sの直径は，図形の対称性より，対角線AGとなる。四角形ABCDは１辺が１の正方形だから，△ABCは直角二等辺三角形で，$AC=\sqrt{2}AB=\sqrt{2}\times1=\sqrt{2}$である。よって，△AGCで三平方の定理より，$AG=\sqrt{CG^2+AC^2}=\sqrt{1^2+(\sqrt{2})^2}=\sqrt{3}$となるから，$r=\frac{\sqrt{3}}{2}$である。

図１

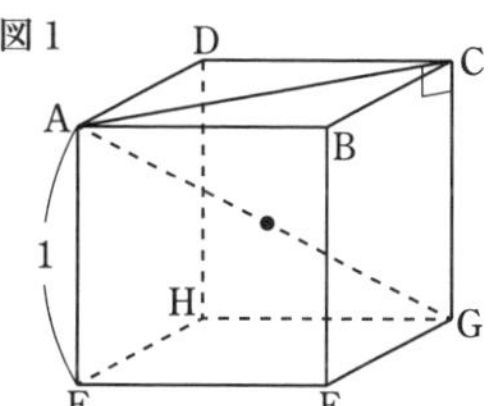

問２＜関係式―三平方の定理＞右図２の正四角柱IJKL-MNOPが内接している球Sの直径は，この正四角柱の対角線IOである。よって，対角線IOの長さをm，nを用いて表す。四角形IJKLは１辺がmの正方形だから，$IK=\sqrt{2}m$であり，問１より球Sの直径は$\sqrt{3}$だから，$IO=\sqrt{3}$となる。したがって，△IKOで三平方の定理$KO^2+IK^2=IO^2$より，$n^2+(\sqrt{2}m)^2=(\sqrt{3})^2$が成り立つ。これを変形して，$n^2=3-2m^2$である。

図２

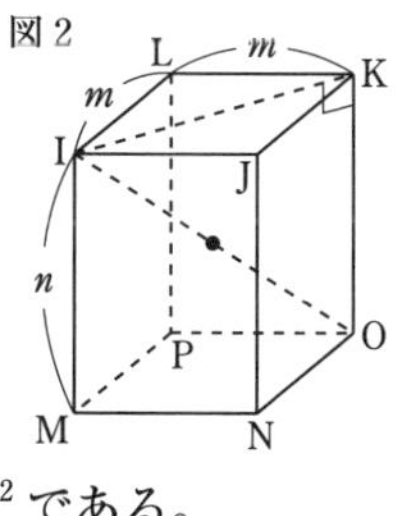

図３

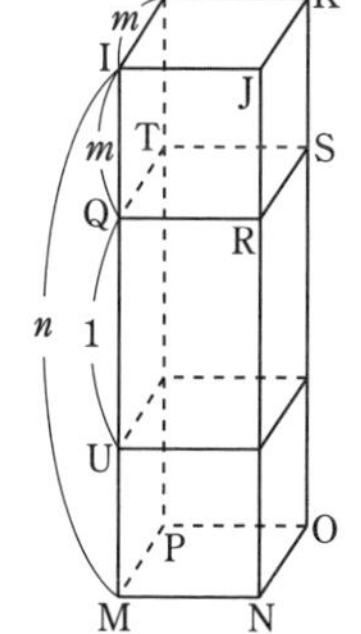

問３＜長さ＞$0<m<1$より，断面QRSTは右図３のようになり，立体IJKL-QRSTは１辺がmの立方体となる。このとき，正四角柱IJKL-MNOPを面EFGHで切り取った断面と辺IMの交点をUとすると，図形の対称性より，$UM=m$である。よって，辺IMについて，$m+1+m=n$より，$n=2m+1$となる。これを，問２で求めた$n^2=3-2m^2$に代入して，$(2m+1)^2=3-2m^2$より，$6m^2+4m-2=0$，$3m^2+2m-1=0$となるから，解の公式を利用して，$m=\frac{-2\pm\sqrt{2^2-4\times3\times(-1)}}{2\times3}=\frac{-2\pm\sqrt{16}}{6}=\frac{-2\pm4}{6}$となる。したがって，$0<m<1$より，$m=\frac{-2+4}{6}=\frac{1}{3}$であり，これを$n=2m+1$に代入して，$n=2\times\frac{1}{3}+1=\frac{5}{3}$となる。

4〔特殊・新傾向問題〕

≪基本方針の決定≫５つの数を文字で表し，$L=M-N$を文字式で表してみる。

問１＜数の性質―Lの最大値＞選んだ５つの自然数を大きい順にa，b，c，d，eとすると，$M=10000a+1000b+100c+10d+e$，$N=10000e+1000d+100c+10b+a$と表されるから，$L=(10000a+1000b+100c+10d+e)-(10000e+1000d+100c+10b+a)=9999a+990b-990d-9999e=9999(a-e)+990(b-d)$である。これが最大になるのは，$a-e$が最大で，さらに，$b-d$も最大になるときだから，$a=9$，$e=1$，$b=8$，$d=2$である。よって，$L=9999\times(9-1)+990\times(8-2)=85932$となる。

問２＜数の性質―Lの最小値＞問１のようにa～eを定めると，$L=9999(a-e)+990(b-d)$と表されるから，Lが最小となるとき，$a-e$は最小になる。$a-e$が最小になるのはa，b，c，d，eが連続する自然数になるときで，$(a,\ b,\ c,\ d,\ e)=(9,\ 8,\ 7,\ 6,\ 5)$，$(8,\ 7,\ 6,\ 5,\ 4)$，……，$(5,\ 4,\ 3,\ 2,\ 1)$となる場合である。これらのいずれの場合も$a-e=4$，$b-d=2$となるから，$L=9999\times4+990\times2=41976$である。

問３＜場合の数＞問１のようにa～eを定めると，$L=9999(a-e)+990(b-d)$と表される。また，問１より$a-e$の値は$a=9$，$e=1$のとき最大で８となり，問２より最小値は４だから，$a-e$が，8，7，6，5，4となるときを考える。①$a-e=8$のとき，$b-d$の値は$b=8$，$d=2$で最大となり，$8-2=6$である。さらに，$b>c>d$より，$b-d=1$となることはないから，$b-d$の最小値は２である。よって，bとdはa，e以外の8，7，……，２のうち，連続しない２数となるから，$b-d$の値は6，5，4，3，２の５通りある。同様に考えると，②$a-e=7$のとき，$b-d=5$，4，3，２の４通り，③$a-e=6$のとき，$b-d=4$，3，２の３通り，④$a-e=5$のとき，$b-d=3$，２の２通り，⑤$a-e=4$のとき，$b-d=2$の１通りがある。①～⑤のどの場合もLの値は異なるから，Lのとりうる値は全部で，$5+4+3+2+1=15$(通り)ある。

国語解答

一 問1 エ　問2 猛々しさ
問3 A…エ　B…イ　C…ア　D…ウ
問4 「終わり」～を書くこと
問5 Ⅰ 客　Ⅱ 主
問6 「歴史」の心理化
問7 大岡は，「歴史」の終わりを確認することを避けていたから。（28字）
問8 ① 戯　② 律　③ 鎖　④ 波及　⑤ 不備

二 問1 新しい考えを，時間をかけて温めておいて，それがりっぱな思考に育つような刺激が訪れるのを待つこと。(48字)
問2 A 期　B 乱
問3 漱石によっ～雛になった
問4 勉強したこ　問5 ウ
問6 ① むな　② けう　③ ひゃっぺん　④ おも　⑤ いんねん

（声の教育社　編集部）

一〔論説文の読解―芸術・文学・言語学的分野―文学〕出典；蓮實重彦「露呈する歴史のために」。

問1＜文学史＞『人間失格』は，太宰治の小説。『金閣寺』は，三島由紀夫の小説。『ノルウェイの森』は，村上春樹の小説。

問2＜表現＞「なにかにつけて『終焉』の一語を口にせずには気のすまぬ優雅な連中と異なり」，大岡昇平は，「そんな語彙の意味など関知せぬぞと言わんばかりの野蛮さ」を発揮する。彼は，「『あれはなかったことにしよう』という便利で曖昧な申し合わせが保証する『日本』的な優雅さによって何かが今から遠ざけられるとき」，ある種の「猛々しさ」をもって，「そうした風潮に闘いを仕掛け」た。「野蛮さ」も「猛々しさ」も，「終焉」を認めようとしない姿勢の現れである。

問3＜表現＞A．「『終わり』に顔をそむけ」続けた大岡は，特に「歴史の『終焉』などといった議論の抽象的であるがゆえの優雅さに与することは絶対になかったといってよい」のである。　B．大岡は，ちょうど「昭和が終わりかけていたとき」に世を去った。　C．大岡は，「あれはなかったことにしよう」などという風潮に逆らい，どこまでも「『歴史』に身をさらし続けた」のである。　D．大岡が「歴史小説」に関する文章を発表するとき，「『歴史』を改めて露呈させねばならぬという強固な意志が，その筆を衝き動かしていた」のであり，彼と「同時代を生きえた者が享受しうるかけがえのない幸福」は，もっぱら，「そのこととかかわっている」のである。

問4＜文章内容＞大岡は，「歴史の『終焉』などといった議論」を批判し，「『歴史』を露呈させるために現在を生き続けよう」とした。「歴史」を「露呈させ」るとは，歴史の「『終わり』に顔をそむけ，ひたすら現在を生き，現在を書くこと」である。

問5＜文章内容＞大岡は，「個人が覚えていることなどより，一見非人称的ともみえる『史料』のほうを遙かに信頼して」いたが，「史料」が，誰が見てももっともだと思われる性質を保証するとは思っていなかった（…Ⅰ）。「史料の取扱い」が，歴史学者のものの考え方によって，変わりうるものであることは，大岡も認めていた（…Ⅱ）。

問6＜文章内容＞小林秀雄や武田泰淳の歴史認識は，「歴史に死んだ子を惜しむ母親の歎きを見」たり，「司馬遷の歴史意識に，宮刑を受けた者の汚濁の意識を見」たりするものである。そうした歴史認識は，「感情的理由から歴史全体を律しよう」とする，「『歴史』の心理化」である。

問7＜文章内容＞「大岡昇平にとっての『歴史』とは，たやすくは清算されがたいものが抗争しあう場でなければならないはず」なので，大岡は，「歴史は人類の巨大な恨みに他ならぬ」とする小林秀雄には批判的である。どれほど「巨大」であろうとも,「恨み」のような感情は,「結局は清算可能なもの」だからである。一方で,大岡は,「歴史」を「たやすくは清算されがたいものが抗争しあう場」であると定義することも拒否する。なぜなら,「歴史」を定義することは,「歴史」について「結論を得る」ということであり,それは,「歴史」の「『終わり』をみずから確認する振る舞いにほかならない」からである。大岡は,「『終わり』に顔をそむけ」,終わりを宣言することを避けていたので,「歴史」を定義することはしなかったのである。

問8＜漢字＞①音読みは「遊戯」などの「ギ」。　②他の音読みは「律義」などの「リチ」。③音読みは「連鎖」などの「サ」。　④物事の影響が,波が広がるように,徐々に他に及んでいくこと。　⑤十分に整っていないこと。

二〔論説文の読解―教育・心理学的分野―教育〕出典;外山滋比古『知的創造のヒント』「啐啄の機」。

≪本文の概要≫啐啄の機とは,親鳥が卵を外からつつくのと,雛が殻を破ろうとするのが,ぴったり呼吸の合うことで,得がたい好機,という意味である。我々の頭に浮かぶ考えも,そのままではかえらないので,時機を待つ。ちょうど良いときに刺激が与えられると,単なる思いつきも,まとまった思考になる。きっかけが訪れるのは偶然だが,しっかり準備をして,偶然の奇跡が起こるのを待つべきである。近年,知識や情報があふれんばかりに多くなっていて,これらを処理するために,知識についての知識ともいうべき方法への関心も高まってきた。これらの方法に対して,即席の効果を期待しやすいが,やはり時間をかけて啐啄の機を待つべきである。ものを考えるにも,ときどき立ち止まって,心の中をのぞき見るゆとりが必要である。ものを考える習慣をつければ,自分だけの思考法,すなわち思考のスタイルがおのずから育つ。個性を反映した思考のスタイルを育てるうえで大切なのは,常に新しいものを取り入れて,悪いマンネリズムに陥るのを避けることである。

問1＜文章内容＞「われわれはほとんど毎日のように,何かしら新しい考えの卵を頭の中で生み落して」いる。「ちょうどよい時に」,外からの刺激が加わると,「たんなる思いつきも,まとまった思考の雛として生まれかわる」のである。ところが,「外から適当な刺戟が訪れ」たときに,頭の中に「新しい考えの卵」がないことがある。それでは,せっかくの好機も生かすことはできない。だから,我々は,できるだけ頭の中に「何かしら新しい考え」を用意しておいて,それが「りっぱな思考」に育つような偶然のきっかけが訪れるのを待つべきなのである。

問2＜四字熟語＞A.「一期一会」は,一生に一度しかないような,不思議な出会い。　B.「快刀乱麻(を断つ)」は,もつれた事情を,あざやかに処理・解決すること。

問3＜文章内容＞筆者は,「よくはわからぬままに漱石の作品をあれこれ読ん」でいたが,「やがて本当にわからなくなって投げ出してしまった」のである。一年ほどそのままでいたときに,「寺田寅彦の文章『科学者とあたま』」に出会った。それが「啐啄の機」となって,筆者は,「ものを考えるよろこび」を知った。「漱石によって生まれた卵が頭の中で温められていて,それが寅彦の文章によって殻を破られ,ひ弱いながらも雛になった」のである。

問4＜文章内容＞「学んで時にこれを習う」は,勉強したことを機会あるごとに復習していると,知識がおのずから本物になって身につく,という意味である。

問5＜文章内容＞我々は,単なる「思考の方法」ではなく,「人によって異なる個性を反映した思考のスタイル」を育てる必要がある。「スタイルに固執すれば,悪いマンネリズムに陥る」ので,それを避けるために「新陳代謝を続けながら」も,「人によって異なる個性」を維持すべきである。

問6＜漢字＞①音読みは「空虚」などの「クウ」。　②めったにない,ごくまれなこと。　③「読書百遍意おのずから通ず」は,どんなに難しい書物でも,繰り返し読んでいれば,自然に内容がわかるものである,という意味。　④音読みは「赤面」などの「メン」。　⑤運命。由来。

Memo

Memo

平成28年度 早稲田大学本庄高等学院

【英　語】（50分）〈満点：100点〉

I　次の英文を読み，設問に答えなさい。

I think, that before I came to Japan, the word 'beverage' never once passed my lips. I knew the word, of course—but I don't think that I ever used it. In Japan, however, people who spoke English seemed to use the word a lot. At first I thought it was simply one of the unusual things about Japanese English—but I was [1]—it was, as my American friends were quick to inform me, American English. Since those days I have had several misunderstandings with this word, and all together ア they make an interesting history.

My first surprise, as I just said, was that people used the word at all—I always thought [2] it as too formal and almost イ obsolete. In England the word 'beverage' is not used much, even on menus ; it is used sometimes in writing, when we want to sell something, and perhaps most often when we write funny stories, and is used to give a more formal or exciting feeling compared to the more [3] 'drink.' Once I got used [4] the idea that using the word 'beverage' was not a joke or a mistake, I was then given another [5]—I was told that 'beverage' has a more specific meaning [6] 'drink,' and that it means 'cold non-alcoholic drinks.' As I knew that 'beverage' comes from the Latin *bibere*, meaning 'to drink' (hot or cold), I thought that ウ this must be some sort of mistake. But it [7]. I asked my American friends (again) and they looked at me like I was a foolish person (again), and said, "Of course it is a word used for cold non-alcoholic drinks. [8] the way, which planet did you grow up on ?" Well, you learn something every day, I suppose, but at least I was sure that in England 'beverage,' if anyone used the word at all, could mean any kind of drink.

And there the discussion ended, until recently. Lately, I have noticed a trend for American speakers on the television to prefer far more formal-sounding word choices than I would expect in Britain. People say 'return' instead [9] 'go back,' people say 'seek' instead [9] 'look [10],' people use 'facilitate' instead [9] 'help,' and so on. I even noticed this effect in British friends living in the United States—that they started to make more formal word choices in their everyday speech. エ Very interesting. I recently checked through a computer data bank of 10 million words of British conversational English—not one single example of 'beverage' came up—[11] when I checked American English—lots of hits. And [12], オ many of the example sentences (a) which (b) came up (c) in the American sample (d) talking about (e) warm drinks, and even alcoholic drinks. Clearly things have changed. It is natural that a word like 'beverage' should be used in company names and in advertising—after all, Latin-based words sound [13], in contrast to words like 'drink,' which comes from Old English. But interestingly, the trend which saw users of American English choosing the more formal 'beverage' is still in action. Also, users of American English are more and more likely to choose words of Latin origin, or single words with the same meaning as two-word phrases, like 'return' and 'go back.'

Language change, of course, is perfectly common and natural, when we think about how words are used, but it is exciting カ{front / happen / it / of / right in / see / to} your own eyes. Why people prefer these more formal words of Latin origin, I don't know, but it is interesting to see that differences

[14] American English and British English are a lot less clear than just remembering whether to say 'film' or '[15],' 'hi' or 'hello.'

問1　本文の内容に合うように，それぞれの(　)に入る最も適切なものを選びなさい。

〔1〕 Before coming to Japan, the writer never (　　　　　)
(a) thought that the word 'beverage' was British English.
(b) drank a beverage through his lips.
(c) heard anybody say the word 'beverage.'
(d) passed a beverage to anyone.
(e) said the word 'beverage.'

〔2〕 The writer first thought that (　　　　　)
(a) the word 'beverage' was used in a strange way in Japan.
(b) the word 'beverage' was used in a formal way in Japan.
(c) many Japanese used the word 'beverage' in the right way.
(d) only American people used the word 'beverage.'
(e) people should not use Japanese English.

〔3〕 The writer was first surprised that (　　　　　)
(a) English people did not often use the word 'beverage.'
(b) people used the word 'beverage' as a joke.
(c) the word 'beverage' was actually used.
(d) the word 'beverage' was not used even in company names.
(e) the word 'beverage' was so formal.

〔4〕 The writer recently noticed that (　　　　　)
(a) American people use formal words more often than British people do.
(b) British people never use phrases that have two words.
(c) everybody in the United States uses 'go back' for 'return.'
(d) more and more of his British friends started to live in the United States.
(e) the word 'beverage' cannot be used in Britain.

〔5〕 According to this passage, (　　　　　)
(a) many people think that the word 'drink' comes from Old English, but it is in fact Latin-based.
(b) Latin-based words sound formal and are used very often by Americans.
(c) more and more British people are now using American English.
(d) more and more British people are now using the word 'beverage' in their names.
(e) the word 'beverage' used to mean 'cold non-alcoholic drinks,' not 'warm drinks' or 'alcoholic drinks.'

問2　文中の[1]～[15]に入る最も適切なものをそれぞれ選びなさい。

	(a)	(b)	(c)	(d)	(e)
[1]	bad	correct	right	slow	wrong
[2]	in	of	on	that	with
[3]	common	official	formal	unfamiliar	unusual
[4]	in	of	on	to	with
[5]	drink	history	mistake	surprise	word
[6]	as	from	in	than	to
[7]	is	isn't	must	was	wasn't

	(a)	(b)	(c)	(d)	(e)
[8]	By	From	In	On	To
[9]	for	of	on	to	with
[10]	for	forward	on	to	up
[11]	again	but	for	only	so
[12]	informally	naturally	of course	sadly	surprisingly
[13]	foolish	natural	stylish	surprising	unusual
[14]	between	from	on	than	to
[15]	camera	digital	movie	TV	video

問3　次の問に答えなさい。

〔1〕 文中の下線部アが指すものはどれか。最も適切なものを選びなさい。

(a) the writer's American friends　(b) several misunderstandings

(c) the unusual things　(d) the writer's lips

(e) those days

〔2〕 文中の下線部イと最も意味が近いものを選びなさい。

(a) often used　(b) in daily use　(c) used today

(d) no longer used　(e) used these days

〔3〕 文中の下線部ウが指す内容として最も適切なものを選びなさい。

(a) 'Beverage' comes from the Latin *bibere*.

(b) 'Beverage' means 'cold drinks without alcohol.'

(c) 'Beverage' is used by a lot of people.

(d) 'Beverage' is usually used in funny stories.

(e) 'Beverage' means 'hot or cold drinks.'

〔4〕 文中の下線部エが示す内容として最も適切なものを選びなさい。

(a) Companies are not using the word 'beverage' at all.

(b) American people did not like to use the word 'beverage.'

(c) The writer's British friends in the U.S. began to use more formal words.

(d) People stopped talking about how to use the word 'beverage.'

(e) The word 'beverage' was never used on the Internet.

〔5〕 文中の下線部オで were はどこに入るか，選びなさい。

many of the example sentences (a) which (b) came up (c) in the American sample (d) talking about (e) warm drinks

〔6〕 文中のカ{　}内の語句を並べかえて意味の通る文にしたい。最も適切なものを選びなさい。

1. front　2. happen　3. it　4. of

5. right in　6. see　7. to

(a) 4－3－7－6－1－2－5　(b) 5－1－4－3－7－6－2

(c) 5－3－7－6－2－1－4　(d) 7－2－3－6－5－1－4

(e) 7－6－3－2－5－1－4

〔7〕 下線部の発音が同一である組を1つ選びなさい。

(a) {almost　always　spoke　thought}

(b) {beverage　even　frequently　recently}

(c) {cold　doubt　know　those}

(d) {England　people　mean　seem}

(e) {learn perfectly return word}

〔8〕 文中の＿＿部を日本語に直しなさい。

II 次の会話文を読み，設問に答えなさい。

Paul : How do you like living in central Tokyo? Do you enjoy it more than living in the country?

Miki : Of course. 都会の生活にはずっと良いことがたくさんあります。

Paul : Can you (1) me some examples?

Miki : Well, city life is more interesting than in the country. There is so much more to do and see. [i] you can find many amazing restaurants here. And the shops! Here I can shop for hours. And, (2) we have lots of theaters in the city, I can enjoy going to see movies or good shows whenever I like. It beats the country by miles.

Paul : Well, [ii] but the city is more dangerous than the country. The crime rate is so much higher and this makes personal (3) a big problem. There is also a problem with anonymity. In fact, I've lived here for many years, but I still don't know the names of all my neighbors, (4) though we live in the same apartment block.

Miki : That's true. People in the city aren't as open and friendly as (5) in the countryside. You may feel lonely at times.

Paul : Yes, people try to get to know one another in the country. They often help each (6) out and are always watching out for each (6). It's much more friendly and relaxed.

Miki : I guess you're right . . . the city is much busier than the country. But, [iii] I think the pace of life in the country is too slow. What do you think?

Paul : I think it's a good thing. Life in the country is also much healthier than in the city. Don't you like (7) by nature, the fresh air and the quietness? The city never (8); there is always some irritating noise and it never gets really dark. And all the garbage!

Miki : Yes, I admit it's cleaner and [X] dangerous in the country. But, the city is so much [Y] exciting. It's faster, crazier and much [Z] fun.

Paul : Ha, ha, ha! I think YOU are crazy!

Miki : Well, I'm young now. Maybe when I'm married and have children, I'll move back to the country.

問1 文中の(1)～(8)に入る最も適切なものをそれぞれ選びなさい。

(1) (a) do (b) get (c) give (d) have (e) take

(2) (a) if (b) since (c) so (d) though (e) when

(3) (a) health (b) living (c) safety (d) space (e) time

(4) (a) all (b) as (c) even (d) for (e) so

(5) (a) all (b) ones (c) them (d) these (e) those

(6) (a) another (b) man (c) one (d) other (e) woman

(7) (a) being surrounded (b) being surrounding (c) having surrounded (d) surrounded (e) to surround

(8) (a) cries (b) runs (c) shouts (d) sleeps (e) wakes

問2 文中の [i], [ii], [iii] に以下の1～3を入れる場合，最も適切な組み合わせを選びなさい。ただし，文頭にくる語も小文字にしてある。

1. for instance, 2. on the other hand, 3. you might have a point,

(a) $\begin{cases} \text{i}:1 \\ \text{ii}:2 \\ \text{iii}:3 \end{cases}$ (b) $\begin{cases} \text{i}:1 \\ \text{ii}:3 \\ \text{iii}:2 \end{cases}$ (c) $\begin{cases} \text{i}:2 \\ \text{ii}:3 \\ \text{iii}:1 \end{cases}$ (d) $\begin{cases} \text{i}:3 \\ \text{ii}:1 \\ \text{iii}:2 \end{cases}$ (e) $\begin{cases} \text{i}:3 \\ \text{ii}:2 \\ \text{iii}:1 \end{cases}$

問3　文中の～～～部を言いかえる場合，最も適切なものを選びなさい。

(a) You may always feel lonely.
(b) You may feel lonely at night.
(c) You may feel lonely during the day.
(d) You may not feel lonely at all.
(e) You may sometimes feel lonely.

問4　文中の［X］，［Y］，［Z］に以下の1，2を入れる場合，最も適切な組み合わせを選びなさい。

1．more　　2．less

(a) $\begin{cases} X:1 \\ Y:1 \\ Z:1 \end{cases}$ (b) $\begin{cases} X:1 \\ Y:1 \\ Z:2 \end{cases}$ (c) $\begin{cases} X:1 \\ Y:2 \\ Z:2 \end{cases}$ (d) $\begin{cases} X:2 \\ Y:1 \\ Z:1 \end{cases}$ (e) $\begin{cases} X:2 \\ Y:2 \\ Z:1 \end{cases}$

問5　文中の日本語を英語に直しなさい。ただし that を用い，about city life で文を終わらせること。

問6　文中の＿＿部を日本語に直しなさい。

【数　学】（50分）〈満点：100点〉

（注意）1．解答欄に「計算」とある問については，計算の過程(式の変形や考え方)もわかりやすく簡潔に書くこと。

2．分数は，それ以上約分できない形で答えること。また，分母に根号がない形で答えること。

1　次の各問に答えよ。

問1．次の［　］に入る数式として適切なものを求めよ。

$$\left(-\frac{x^2y}{2}\right)^3\times\boxed{}\div\left(-\frac{y^4}{3x^3}\right)=2x^7y^4$$

問2．$x^2+2xy-2x-2y+1$ を因数分解せよ。

問3．袋の中に白玉が a 個と黒玉が b 個入っている。この袋から玉を1個取り出すとき，白玉が出る確率は $\frac{1}{5}$ である。この袋に白玉をさらに10個入れてよくかきまぜると，袋から玉を1個取り出すときに白玉が出る確率は $\frac{7}{15}$ になった。はじめの袋の中に入っていた白玉の個数 a を求めよ。

問4．$\angle BAC=90^\circ$ の三角形ABCがある。点Aから辺BCに下ろした垂線と，辺BCとの交点をHとする。$AB=a$ とするとき，$CA=2a$，$AH=a-1$ である。このとき，a の値をすべて求めよ。

2　正の数 t に対して，座標平面上に座標が $(2t^2-4t,\ 3t-6)$ となる点をとり，その点を $P(t)$ と表す。

次の各問に答えよ。

問1．$P(t)$ の座標が $\left(-\frac{3}{2},\ -\frac{3}{2}\right)$ となるとき，t の値を求めよ。

問2．2点 $P(a)$，$P(a+1)$ を通る直線が y 軸と平行になるとき，a の値を求めよ。

問3．2点 $(0,\ -6)$，$(30,\ 9)$ を通る直線と，2点 $P(a-1)$，$P(a)$ を通る直線が平行になるとき，a の値を求めよ。

3 右図のように，点P(0, 6)を通る直線 l と，中心が点Pで半径6の円がある。この円と直線の交点のうち，x 座標の値の大きい方を点A，小さい方を点Bとする。また，直線 l と x 軸との交点をDとする。

∠BDO＝60° であるとき，次の各問に答えよ。

問1．直線 l の方程式を求めよ。

問2．三角形OABの面積 S を求めよ。

問3．OA＝a，OB＝b とするとき，$a-b$ の値を求めよ。

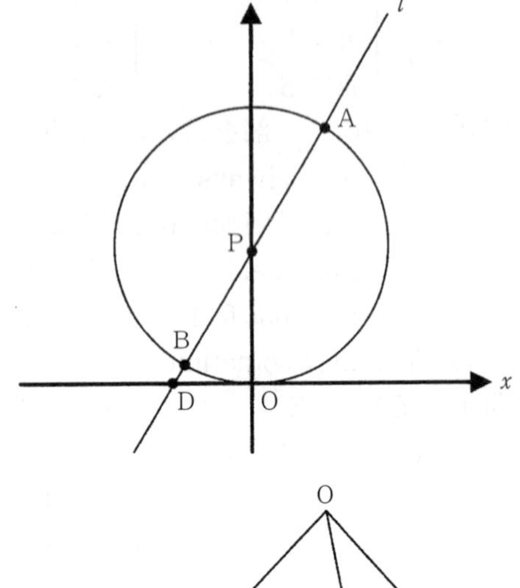

4 右図のように AB＝OC, OA＝OB＝AC＝BC の四面体O-ABCがある。点Mは AB の中点であり，∠OMC＝60° である。

AB＝a，OA＝b とするとき，次の各問に答えよ。

問1．$\dfrac{b^2}{a^2}$ の値を求めよ。

問2．四面体O-ABCの表面積 S を a の文字式で表せ。

問3．四面体O-ABCの体積 V を a の文字式で表せ。

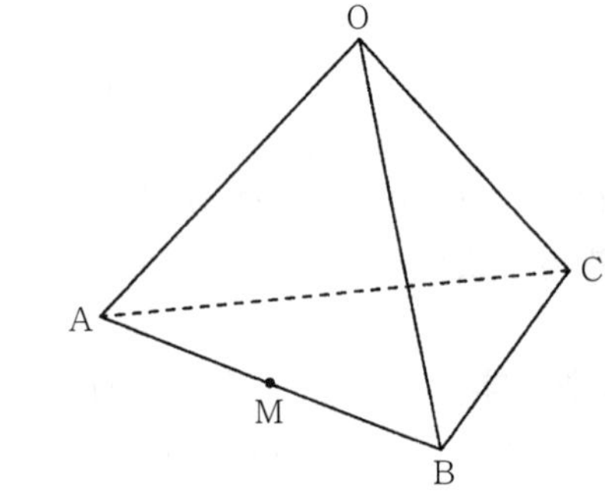

容とはそれが意識に喚び起こしうる多様な可能性の一つにすぎない。言い換えれば、言葉の連なりはこの時透明な媒体ではなく、それ自体一つの《姿》を持つモノとして私たちの前に現れるのである。業平の辞世が歌らしくないのは、言葉がじかに意味を私たちに伝えてしまうように思えるからである。意識が言葉の形を素通りして直接内容に向かってしまう。これは「ただの詞」の特徴であって、和歌の本意ではない。要するに業平の辞世は、言葉の連なりが「歌」として存立するための《姿》を十分に持ち合わせていないのである。

（尼ヶ崎　彬『日本のレトリック』による）

問1　傍線部1「人々はこの歌から内匠頭の心中を思いやって大いに感動してきた」とあるが、それはなぜか。その説明として最も適切なものを次の中から選んで記号で答えなさい。

ア　死の観念が風に散る花への見立てによって強まるから。
イ　辞世の歌らしい洗練されたレトリックがあるから。
ウ　実在の事件を背景にして作者の思いを解釈するから。
エ　前景の意味が後景の認識に有効な効果を与えないから。

問2　空欄 I （二か所）に入るべき漢字一字の語を答えなさい。

問3　空欄 A ～ C に入るべき語句を、ア＝「前景」、イ＝「後景」のどちらかから選んで記号で答えなさい。

問4　傍線部2「在原業平」について、次の(1)・(2)の問いに答えなさい。

(1)　読みをひらがなで答えなさい。
(2)　「在原業平」と思われる人物を主人公とした平安時代の文学作品を次の中から選んで記号で答えなさい。

ア『竹取物語』　イ『伊勢物語』
ウ『平中物語』　エ『源氏物語』

問5　空欄 a ・ b に入るべき助詞をそれぞれひらがな一字で答えなさい。

問6　筆者は「歌」とはどのようなものであると述べているか。「ただの詞（ことば）」と対比しつつ、本文中の語句を用いて十五字以内で答えなさい。

問7　傍線部①～⑤の漢字の読みをひらがなで答えなさい。

トの知識によるものであって、風に散る花への見立てによる効果とは言い難い。読者にとって、歌のもたらす〈春のなごり〉のイメージよりも、実在の事件を背景にした〈この世のなごり〉の観念の方が、はるかにインパクトは強く、それゆえ〈散る花〉という比喩が〈人の死〉の悲痛感を強めていると説明するわけにはゆかないのである。（人の死を無常の一例として諦観するためなら花への見立ては確かに有効と言えるけれども。）いや仮にこの歌が忠臣蔵と無関係であったとしても、辞世の歌であるとさえ知れば、私たちは作者の心を思い遣って感動できるであろうが、それは［A］のいささかのんびりした桜のイメージよりも［B］に構成される〈死〉についての観念によって生じたものであろう。つまりこの歌の「花」の語は、「あいつは狼だ」における「狼」のような認識上の機能を持っていないのである。それどころか花のイメージは、〈死〉という事柄の強烈さをむしろ曖昧にぼかす作用を持っているとさえ言えるであろう。

それではこの歌は「風・花・散る・春……」という意味系列を［C］に持ち出すことによって失敗したのであろうか。むしろ「我・死・世を惜しむ……」という話題を表す語句を直接に列ねるべきだったのであろうか。私たちの直感はそれを否定するであろう。私たちはこの歌を作品としては④凡庸であると認めてもいい。しかし、辞世の中でも有名な[2]在原業平の次の歌と比べてみよう。

つひにゆく道とはかねて聞きしかど
きのふけふとは思はざりしを

おそらく多くの読者は、内匠頭の歌が少しも業平の名歌にひけをとらないと感じるであろう。むしろ業平の作の方に歌として何となくぎこちない感じを受けるのではないだろうか。そして並べてみるとよくわかるのだが、内匠頭の歌にいかにも歌らしい洗練された感じがあるのは、ひとえに「花」への見立てのおかげであるし、業平の歌が散文めいて歌らしくないのは言い回しに何のレトリックもなく、じかに内容が露出しているためである。

「死」という、人間にとって最も心を⑤揺り動かす話題さえも、歌となるためには花への見立てを必要とするということ。しかもそれは、死についての認識を弱くこそすれ、死についてより感動的な見方を作り出すわけではないこと。これらのことから私たちは、和歌における見立ては必ずしも認識形式の転換のために採用されているわけではないことを認めねばならないだろう。では、それは何のためか。結論から言ってしまえば《姿》のためである。

歌と「ただの詞（ことば）」とを区別するものは《姿》の有無である。それはどういうことか。たとえば私たちは、誰かの話す言葉を聞き、数分後にこれを思い出して記録しようとする時、何を正確に再現しようと努めるであろうか。《内容》である。《言い回し》ではない。しかも実は、言い回しの方は思い出そうとしても正確には憶（おぼ）えていないものである。私たちは人の言葉を聞く時、ふつうその内容を確実に理解しようとして、その言い回しの方にはあまり注意を払わない。だから「何［a］言ったか」は憶えているけれども、「何［b］言ったか」は憶えていないのだ。これが「ただの詞」を使用するさいの特徴である。言い換えれば、言葉は意味を伝える透明な媒体であって、私たちの意識はじかに意味に触れているように感じている。だから意味内容は記憶にとどまるけれども、言葉の形はとどまらない。思いだしたものを言葉に表そうとすれば、自分でもう一度言葉の形を作り直さなければならない。そしてこの時、内容さえ同一であれば、媒体の形は違っても構わない。所詮媒体は透明な手段であって、意識にとどまらないのだから。

しかし歌の場合は事情が逆になる。正確に再現すべきものは言葉の形の方である。「確か内容はこういうことなんだけれど、言い回しはわからないな」と言う人は、その歌を憶えていないとみなされる。私たちが知りたいのはその歌の言葉の形であって、その人の解釈した内容ではない。つまり、歌はまず言葉の形としてあって、内えなさい。

問3　空欄[A]～[D]に入るべき語句を次の中から選んで記号で答えなさい。

ア　あくまでも　　イ　とりわけ
ウ　なによりも　　エ　ただ

問4　傍線部2「発話主体への『同一化』」とはどういうことか。本文中の語句を用いて三十字以内で答えなさい。

問5　空欄[Ⅱ]（二か所）に入るべき語を次の中から選んで記号で答えなさい。

ア　近似　　イ　流動　　ウ　相補　　エ　絶対

問6　傍線部3「言語は人間の外にあって、それをわれわれが符号や暗号を手渡すように他人に手渡す」とあるが、このような「言語」のありようを端的に述べている十字以内の語句を本文中から抜き出して答えなさい。

問7　傍線部4「明確に意識している」を端的に言い表している十字以内の語句を本文中から抜き出して答えなさい。

問8　傍線部5「不思議な現象」とあるが、「不思議」に思う理由を「～から」に続くように、本文中より四十字以内で抜き出して答えなさい。

問9　傍線部①～⑤のカタカナを漢字に直しなさい。

二　次の文章を読み、あとの問いに答えなさい。

元禄十四年（一七〇一）三月、①私怨を抱く一大名が江戸城内で禁を破って抜刀し、殺人未遂の結果切腹を言い渡された。三月は桜の季節である。彼は次のような辞世の歌を詠んだと伝えられる。

風さそふ花よりもなほ我はまた
　春のなごりをいかにとやせん

これが本当に浅野内匠頭（たくみのかみ）の作だとすれば出来すぎで、にわかには信じられないほどだが、ここでそんな詮索は意味がない。むしろ大事な歴史的事実は、日本人がこれを内匠頭の辞世として解釈してきた、ということにある。1人々はこの歌から内匠頭の心中を思いやって大いに感動してきたのである。御覧のとおりこの歌は、死に追いやられた自分を風に散らされる花に見立てている。[Ⅰ]人法の逆で、[Ⅰ]花法とでも言うべきか。なんにせよ《見立て》の歌の一例である。ではこの見立ては読者の解釈にいかなる効果をあたえているのだろうか。読者が②予め忠臣蔵事件を知っているものとして考えてみよう。

当然ながら読者の意識が解釈にあたって志向する話題は、理不尽ないきさつから自死に追い込まれた浅野内匠頭自身の運命に関わる。それゆえ後景に構成される意味は、〈死を命ぜられた私にとって、この世に未練が残る〉というものであろう。一方言葉によって前景に与えられている意味は〈風に散らされる花にとって、春のなごりが惜しまれる〉というものである。しかしこの前景は、後景の認識にいかなる視点を与え、いかなる意味を生じさせるだろうか。言い換えれば、単に「この世に未練が残る」と言う代わりに「春のなごりをいかにとやせん」と言うことによって、内匠頭の③遺恨と無念がいかに強く、あるいは具体的に感じられるようになるであろうか。恐らく、この点についての効果は、ない。読者がこの歌に内匠頭の胸中を深く思い遣（や）るのは、むしろ《忠臣蔵事件》というコンテクスづけ、そうして発話主体である自分、そして発話の出来事の時間である現在を出発点にして、自分自身の存在を組み込んだ関係の網を構築していくのです。

「発話操作理論の言語学」は、このような関係の網がどのような操作によって形成されるのかを明らかにしたいと望みます。

そして、この言語学は、日本語やフランス語や中国語といったそれぞれの個別な言語（ラング）langue がどれほど異なっていようとも、そこで行われている関係操作そのものは個別な言語によらない一般化可能なものであると考えるのです。つまり人間の言語能力（ランガージュ）langage 一般のあり方を解明したいと考えるのです。

ですから、ここで日本語について考えていこうとしているわれわれの目標はけっして、なにか日本語全体をカヴァーするような「日本語文法」を打ち立てることではありません。日本語の特有の「文法」を確立するというよりは、日本語に特有の言語現象を観察することを通じて、そこにどんな一般化可能な関係操作が働いているかを考えようとするのです。日本語の正しい「文」を産み出す文法形式を確定することではなく、われわれが言表と呼ぶ生きた日本語表現のなかで機能している操作を明るみに出すこと——それが目標です。

——中略——

なにげない言表、誰でも知っている簡単な言い回しの背後に、さまざまな操作が隠れています。そこに、人間の言語能力（ランガージュ）の本質を解明するための③カギがあるのです。言語は、言語自体のうちに、みずからの本質を示す痕跡を残しています。それが、人間の言語の最も重要な特徴なのです。言語を、言語以外の何か別なフィールドの翻訳として扱い、それをそこに還元しようとする必要はありません。われわれは誰もが、英語、日本語、フランス語といった個別の自然言語を通じて世界を、そして人間自身を理解しています。しかし、それは、［　C　］言語のなかにそれを発話する人間存在そのものが住みつき、場所を得ているからなのであって、われわれは言語を通して、言語によってのみ、世界内に存在し、世界に④キゾクしているのです。

けれども、われわれはあまりにも言語に住み込んでしまっているがために、その言語という住処（すみか）がどのように機能し、現象しているかをかならずしも4明確に意識しているわけではありません。発話主体は、ある意味では、つねに発話行為のある種の⑤モウテンとして存在します。そこからすべてがはじまりながら、それ故にみずからを起点とする関係網を関係としては意識することが困難になります。

当然ですね。「助けて！」と叫んでいる人は、この「て」はどんな関係を形成しているかなどとはけっして考えません。自分が発話している言表を反省的に対象化するのはなかなか難しいことなのです。

そこに、他言語を母語とする人間が持ちうる特別の意味があります。あるひとつの個別言語は、それを学ぼうとする外国人にとっては、未知の規則によって支配された5不思議な現象として現れます。それは尽きせぬ問いかけの対象です。［　D　］言語学者として言語現象を観察する術（すべ）を学んだものにとってはそうです。どの日本人にとっても、あまりにもあたりまえで、いかなる不思議からも遠そうな「行ってきます」という表現が、とても不思議なものと映ります。自分の母語による関係網の形成の枠のなかにうまくおさまらないものがあると感じる。そこに日本語固有のローカルな表現があると見るのではなく、そこには自分の母語にはそのままの形で現れてはいないが、しかし別の回路を通ってつながっているような一般化可能な関係設定が現れているのではないか——それが探求の出発点なのです。

（フランス・ドルヌ＋小林康夫『日本語の森を歩いて』による）

問1　傍線部1「この本の狙い」を最も端的に言い表している一文を本文中から探し、その始めの五字を抜き出して答えなさい。

問2　空欄［　I　］に入るべき四字の語句を本文中から抜き出して答

平成二十八年度　早稲田大学本庄高等学院

【国　語】〈五〇分〉〈満点：一〇〇点〉

一　次の文章を読み、あとの問いに答えなさい。

これからみなさんがお読みになるこの小さな本の原点は、アントワーヌ・キュリオリの言語学にあります。かれの言語の見方・考え方をガイドにしながら日本語の森を歩こうとするのが1この本の狙いです。ですから、これはその言語理論をそのまま解説したり紹介したりするものではありませんが、しかしいわゆる構造主義言語学とも生成文法ともまた認知言語学とも——もちろん重なる点もありますが——異なるこの「発話操作理論の言語学」の考え方の特徴をまず簡単にまとめておきましょうか。

この言語学の最大の特徴は、人間の言語というものは、人間が話し、語るという行為＝出来事（この出来事を「発話」と呼んでいます）を中心にして形成されるさまざまな［Ｉ］だと考えるところにあります。

つまり、それぞれ最小の意味を持った言語の要素があり、またそれを並べるなんらかの規則があって、前者を後者にあてはめるとまとまった「意味」が成立して、それをわれわれがまるで自分の外にある道具を扱うように取り扱って話す、というのではないということです。

たとえば「わたし」という言葉は、「山」という語と同じ仕方では機能していません。明らかに「わたし」の意味は、「わたし」と言っている人にある、というより、もっと厳密に言えば、そこで「わたし」と発話している主体への関係づけそのもののうちにある。では、「あなた」という言葉はどうでしょうか。これは、発話している主体が語りかけているもうひとつ別の主体への関係づけであることは明白ですが、ここで重要なことは、この「あなた」の関係づけが成立するためには、発話している主体抜きでは——より厳密に言うなら、発話している主体への関係づけ抜きでは——可能ではない、ということです。ある意味では、まったく当然のことですが、言語は、［Ａ］発話そのもの、そして発話をしている主体を中心に関係がつくられていくということです。

とすると、こうした言語理論の視点からは、たとえば、

（1）Xは日本人です。

という「文」の主語「X」に、「わたし」も入るし「あなた」も入る、という視点でこれを理解してすませるということにはなりません。主語として使用できる代名詞としてそれを理解するのではなく、そこでそれぞれがまったく違った関係づけを行っていることを見ようとするのです。

簡単に言えば、「わたし」で問題になっているのは、2発話主体への「同一化」identificationです。「あなた」は発話主体への「差異化」differenciationです。両者は正反対の関係操作なのです。

以上のことは、第一人称と第二人称が［Ⅱ］的であるということを示しています。しかし、人間の言語にはもうひとつの人称があります。そして、もうひとつしかありません（どうして第四人称ってないんでしょうか、不思議だと思いませんか？）。では、その第三人称とは、どのような関係なのか？　それは、「わたし」―「あなた」の関係以外の関係です。それ自体としては実質的な関係規定がなく、［Ｂ］明確に規定できる一人称と二人称（これはAと非Aという［Ⅱ］関係です）以外のものというくくり方をされた関係群であり、「それ以外のすべて」を①ホツガンするのです。

「わたし」とか「あなた」などの言葉は、それが発話されている状況のなかでしかその具体的な意味が理解されえません。つまり、発話の状況の痕跡がすでに、発話そのもののなかに②キザみ込まれているということです。3言語は人間の外にあって、それをわれわれが符号や暗号を手渡すように他人に手渡すのではないのです。そうではなく、発話するたびに、人間は自分を発話するものとして位置

英語解答

I 問1 〔1〕 (e) 〔2〕 (a) 〔3〕 (c) 〔4〕 (a) 〔5〕 (b)

問2 1 (e) 2 (b) 3 (a) 4 (d) 5 (d) 6 (d) 7 (e) 8 (a) 9 (b) 10 (a) 11 (b) 12 (e) 13 (c) 14 (a) 15 (c)

問3 〔1〕 (b) 〔2〕 (d) 〔3〕 (b) 〔4〕 (c) 〔5〕 (d) 〔6〕 (e) 〔7〕 (e)

〔8〕 英語を話す人々はその単語をよく使っているように思われた。

II 問1 1 (c) 2 (b) 3 (c) 4 (c) 5 (e) 6 (d) 7 (a) 8 (d)

問2 (b) 問3 (e) 問4 (d)

問5 There are a lot of things that are much better about city life.

問6 田舎では人々はお互いのことを知ろうとする。

(声の教育社　編集部)

I 〔長文読解総合―エッセー〕

≪全訳≫❶私が日本に来る前，「ビバレッジ(飲料)」という語が私の口から発せられたことは一度もないと思う。もちろんその語を知ってはいた――しかし，使ったことは一度もないように思う。だが，日本では英語を話す人々がその語を多く使っているようだった。最初，私はそれが単に日本人が話す英語特有の変わったことの1つくらいに思っていた――が，私は間違っていた――アメリカ人の友人がすぐに私に知らせてくれたことなのだが，それはアメリカ英語だったのだ。昔から，私はこの語に対していくつか誤解を抱いており，それらがおもしろい1つの話になっている。❷今言ったように，私の最初の驚きは，人々がその語をともかくも使っているということだった――私はいつもその語を堅い，ほとんど時代遅れのものだと思っていた。イングランドでは「ビバレッジ」という語はたとえメニューでもあまり使われない。何かを売りたいときに書面の中でときどき使われたり，おそらく最もよく使われるのは笑い話を書くときで，より一般的な「ドリンク」よりも堅いが刺激的な感覚を与えるために使われる。「ビバレッジ」という語を使うことが冗談でも間違いでもないという考えに慣れると，今度は別の驚きに遭遇した――「ビバレッジ」には「ドリンク」よりも明確な意味があり，「アルコールを含まない冷たい飲み物」を意味すると教えられたのだ。私は「ビバレッジ」が「飲む」(温かかろうと冷たかろうと)ということを意味するラテン語のbibereからきていることを知っていたので，これは何かの間違いに違いないと思った。しかし，そうではなかった。私はアメリカ人の友人たちに(再度)尋ねると，彼らは私を(またも)愚か者でも見るような目つきでこう言った。「もちろん，それはアルコールを含まない冷たい飲み物のために使われる語だ。ちなみに，君はどの惑星で育ったの？」　まあ，人は毎日何かを学ぶものであるが，少なくとも，イングランドでは「ビバレッジ」という語は，その語を使う人がいるとするなら，あらゆる飲み物を意味するのは確かだった。❸そして，その話はそこで終わっていた，この前までは。最近になって私は，テレビに出ているアメリカ人が，イギリスで思われているよりはるかに堅く聞こえる言葉遣いを好む傾向があることに気づいた。go backの代わりにreturn, look forの代わりにseek, helpの代わりにfacilitateというように。私は合衆国に住んでいるイギリス人の友人にさえこうした影響が及んでいることに気づいた――彼らが日常的な会話の中で，より堅い言葉を使い始めているのだ。とても興味深い。私は最近1000万語を収録しているイギリスの会話英語のコンピュータ・データバンクをチェックした――「ビバレッジ」はただの一例も出てこなかった――だが，アメリカ英語をチェックすると数多くヒットした。そして驚いたことに，アメリカのサンプルに出てくる例文の多くは温かい飲み物やアルコール飲料のことさえも表しているのだ。明らかに事情が変わったのである。「ビバレッジ」のような語が会社名や広告に使われるのは当然だ――何と言ってもラテン語由来の語は，古英語由来の「ドリンク」のような語に比べ上品に聞こえるからだ。しかし，おもしろいことに，アメリカ英語を使う人たちがより堅い語である「ビバレッジ」を選ぶ傾向はいまだに衰えていない。また，アメリカ英語を使う人たちは，ラテン語起源の語や，２つの語からなる語句と同じ意味を持つ１つの単語(go back の代わりに return のように)を使う傾向がますます強まっている。❹言語が変わっていくことは，言葉がどのように使われるかについて考えてみれば，もちろん全く一般的で当然のことなのだが，それがあなた自身のまさに目の前で起こるのを目撃するのは刺激的だ。人々がラテン語起源のこれらのより堅い語を好む理由は私にはわからないが，アメリカ英語とイギリス英語の違いは，film と movie，hi と hello のどちらを言えばよいかということを覚えるよりも，はるかに明確ではないということを知ることは興味深い。

問１＜内容一致＞〔１〕「筆者は日本に来る前，(　　)ことは一度もない」―(e)「『ビバレッジ』という語を言った」　第１段落第１文参照。　〔２〕「筆者は最初，(　　)と考えた」―(a)「ビバレッジという語は日本ではおかしなふうに使われているのだろう」　第１段落第４文参照。　〔３〕「筆者は最初，(　　)ことに驚いた」―(c)「『ビバレッジ』という語が実際に使われている」　第２段落第１文参照。　〔４〕「筆者は最近，(　　)ことに気づいた」―(a)「アメリカ人はイギリス人よりも堅い語を頻繁に使用している」　第３段落第２文参照。　〔５〕「この文章によれば，(　　)」―(b)「ラテン語由来の単語は堅く聞こえ，アメリカ人によく使われている」　第３段落第４文参照。

問２＜適語(句)選択＞１．これより前に，筆者はビバレッジが「日本人が話す英語特有の変わったことの１つくらいに思っていた」とあり，これより後に，ビバレッジはアメリカ英語だった，とある。したがって，「私は間違っていた」となる wrong が適切。　２．'think of ～ as …'「～を…と思う，見なす」　３．同じ飲み物を表す語でも，ドリンクの方がビバレッジよりも「一般的だ，よく使われる」となる common が適切。　４．get used to ～「～に慣れる」　used[juːst]の発音に注意。また，この to は前置詞なので後ろには(動)名詞が続く。　５．この後の，ビバレッジには「アルコールを含まない冷たい飲み物」という意味がある，という事実は筆者にとって２番目の「驚き」だといえるので surprise を入れる。　６．手前に比較級 more があるので，これと呼応する than を入れる。　７．直前に I thought that this must be some sort of mistake.「これは何かの間違いに違いないと思った」とあるが，アメリカ人の友人にきいたところ間違いではなかったことがわかるので，「しかし，そうではなかった」となる But it wasn't. が適切。wasn't の後には some sort of mistake が省略されている。　８．By the way「ところで」　９．instead of ～「～の代わりに」　10. seek「捜す」と同じ意味の look for とする。　11. 前後の内容が対立しているので but を入れる。　12. 直後の内容が，「ビバレッジ」は，温かい飲み物やアルコール飲料のことを表す，となっており，これはそれまでの筆者の知識と異なっていることから，「驚くべきことに」という意味の surprisingly が適切。　13.「ビバレッジ」が会社名や広告に使われるのが当然である理由としては，ラテン語由来の語は「上品に」聞こえるから，となるのが自然。 stylish「上品な，流行の」　14. 'differences between ～ and …'「～と…との相違」　15.「映画」はイギリス英語では film，アメリカ英語では movie。

問３＜総合問題＞

〔１〕＜指示語＞They は通常，前出の複数名詞を指す。ここでは直前の several misunderstandings

を指しており，「それらがおもしろい１つの話になっている」のである。

〔２〕＜語句解釈＞too formal「堅すぎる」と並立されているので‘マイナスのイメージ’を持つものと想像ができる。また，直後の「イングランドでは『ビバレッジ』という語はたとえメニューでもあまり使われない」という一文が大きなヒントになっている。

〔３〕＜指示語＞直前の文の it means ‘cold non-alcoholic drinks’ を指す。筆者は「ビバレッジ」という語がラテン語の「飲む」という語に由来していることを知っていたので，ビバレッジにそのように明確な意味があることを聞いて信じることができなかったのである。

〔４〕＜要旨把握＞直前の内容についての筆者の感想。アメリカに住むイギリス人の友人が，アメリカ人の影響を受けて堅い言葉を使い始めていることを興味深く感じているのである。

〔５〕＜適所補充＞many of the example sentences が主語であり，これを関係代名詞節 which came up in the American sample が修飾している。したがって，were は述語動詞としてこの後に入る。

〔６〕＜整序結合＞‘It is ～ to …’「…することは～だ」の形式主語構文と判断し，it is exciting to see とする。see は ‘see＋目的語＋動詞の原形’「～が…するのを見る」という形をとることができる（知覚動詞構文）ので see it happen とする。また，in front of ～ とまとめることができるが，この前に副詞 right を置き，「～のちょうど前で」となるようにする。 it is exciting to see it happen right in front of your own eyes

〔７〕＜単語の発音＞

(a)	almost［ɔː］	always［ɔː］	spoke［ou］	thought［ɔː］
(b)	beverage［e］	even［iː］	frequently［iː］	recently［iː］
(c)	cold［ou］	doubt［au］	know［ou］	those［ou］
(d)	England［i］	people［iː］	mean［iː］	seem［iː］
(e)	learn［əːr］	perfectly［əːr］	return［əːr］	word［əːr］

〔８〕＜英文和訳＞people who spoke English「英語を話す人々」が主語。 seem to ～「～するように思える，～するようだ」 a lot「多く，よく」

Ⅱ〔長文読解総合─対話文〕

≪全訳≫❶ポール（P）：東京の都心に暮らすのはどんな気分ですか？ 田舎に住むより楽しんでいますか？❷ミキ（M）：もちろんです。都会の生活にはずっと良いことがたくさんあります。❸P：いくつか例を挙げてもらえますか？❹M：そうですね，都会の生活は田舎の生活よりおもしろいのです。することや見るものがずっとたくさんありますから。例えばここにはすてきなレストランがたくさんあります。それにショップも！ ここでは何時間も買い物をすることができます。そして，都会には劇場がたくさんあるので，好きなときにいつでも映画やすばらしいショーを楽しむことができます。その点では田舎はとてもかないません。❺P：まあ，それは一理あるかもしれませんね。でも都会は田舎より危険ですよ。犯罪率はずっと高いし，そのことで個人の安全が脅かされています。周りの人のことを知らないという問題もありますね。実際，私は長年ここに住んでいますが，同じアパートに住んでいてもいまだにご近所の名前を全て知っているわけではありませんから。❻M：それは事実ですね。都会の人々は田舎の人々ほどあけっぴろげで親しみやすくありません。ときどき寂しくなることがあるかもしれません。❼P：そうですね，田舎の人々はお互いに知り合いになろうと努めますからね。彼らはしばしばお互いに助け合って，いつもお互いに気を配っています。ずっと親しみやすく，くつろげます。❽M：そうかもしれませんね…。都会は田舎よりずっと忙しいですから。しかし，一方で，私は田舎の生活のペースは遅すぎると思います。あなたはどう思いますか？❾P：僕は，それは良いことだと思います。田舎の生活は都会の生活よりずっと健康的ですし。あなたは自然や新鮮な空気や静けさに囲まれて暮らすのは好きではありませんか？　都会は決して眠りません。いつも耳障りな騒音があり，真っ暗になることなんてありません。そして，あのゴミときたら！⑩M：確かに。私も田舎の方が清潔だし危険も少ないことは認めます。しかし，都会の方がずっと刺激的です。より進んでいて，よりクレージーで，ずっと多くの楽しみがあるのです。⑪P：ハハハ！　クレージーなのはまさに君のことだと思いますよ！⑫M：まあ，私は今若いですから。結婚して子どもができれば田舎に戻るかもしれませんね。

問1＜適語(句)選択＞1．‘give＋人＋物’「〈人〉に〈物〉を与える」の形。　2．「都会には劇場がたくさんある」は「好きなときにいつでも映画やすばらしいショーを楽しむことができる」の‘理由’なので，‘理由’を表す接続詞 since「～ので」が適切。　3．‘make＋A＋B’「AをBにする」の形。「このこと〔＝犯罪率が高いこと〕が個人の安全を大きな問題にしている〔＝犯罪率がずっと高いことで個人の安全が脅かされている〕」となるように safety を入れる。　4．even though ～「たとえ～でも」　5．前の名詞の代わりをし，後ろに‘前置詞(特に of)＋名詞’がくるときの代名詞は that(複数の場合は those)。本問では people を指し，複数なので those にする。　6．each other「お互い」　7．like の目的語となるので動名詞か to不定詞で始まるものを選ぶ。「～によって囲まれる(ことを好む)」となる受け身形の being surrounded が適切。　8．後ろの内容から，「都会は決して眠りません」となる sleeps が適切。

問2＜適語句選択＞ⅰ．この後の「ここにはすてきなレストランがたくさんあります。それにショップも」は前文の例を示していることから，1．「例えば」が入る。　ⅱ．直後に都市の悪い点を言って反論しているので，「それは一理あるかもしれませんが…」となる3が文脈に沿う。　point「要点」　ⅲ．この後に，前文と対立する内容がきているので，2．「一方で」が適切。

問3＜英文解釈＞at times は「ときどき」の意。

問4＜適語選択＞X．会話の流れから「田舎の方が危険が少ない」という意味になると考えられるので less が適切。less は little の比較級。‘less ～ than …’で「…ほど～でない」の意になる。
Y・Z．ミキは田舎より都会を好んでいるので，「都会の方がずっと刺激的で…ずっと多くの楽しみがある」となる more が適切。

問5＜和文英訳＞「ずっと良いことがたくさんあります」は There are ～ の構文で表し，関係代名詞 that を用いる。「ずっと良い」は much〔far, a lot〕better。

問6＜英文和訳＞try to ～「～しようと努める」　‘get＋to不定詞’で「～するようになる」という意味なので get to know ～で「～を知るようになる，～と知り合う，～と知り合いになる」となる。　one another「お互い」

数学解答

1 問１ $\frac{16y^5}{3x^2}$　問２ $(x-1)(x+2y-1)$
問３ 4　問４ $5+2\sqrt{5}$

2 問１ $\frac{3}{2}$　問２ $\frac{1}{2}$　問３ 3

3 問１ $y=\sqrt{3}x+6$　問２ 18
問３ $6\sqrt{2}$

4 問１ $\frac{5}{4}$　問２ $S=2a^2$
問３ $V=\frac{\sqrt{3}}{12}a^3$

（声の教育社　編集部）

1〔独立小問集合題〕

問１＜式の計算＞$\left(-\frac{x^2y}{2}\right)^3=-\frac{x^6y^3}{8}$より，$\square=2x^7y^4\div\left(-\frac{x^6y^3}{8}\right)\times\left(-\frac{y^4}{3x^3}\right)=2x^7y^4\times\left(-\frac{8}{x^6y^3}\right)\times\left(-\frac{y^4}{3x^3}\right)=\frac{2x^7y^4\times8\times y^4}{x^6y^3\times3x^3}=\frac{16y^5}{3x^2}$である。

問２＜因数分解＞与式$=x^2-2x+1+2xy-2y=(x-1)^2+2y(x-1)$　$x-1=A$とおくと，与式$=A^2+2yA=A(A+2y)=(x-1)(x-1+2y)=(x-1)(x+2y-1)$である。

問３＜確率―色玉＞$\frac{a}{a+b}=\frac{1}{5}$……①，$\frac{a+10}{a+b+10}=\frac{7}{15}$……②が成り立つ。①より，$a+b=5a$……①′　①′を②に代入して，$\frac{a+10}{5a+10}=\frac{7}{15}$より，$7(5a+10)=15(a+10)$，$35a+70=15a+150$，$20a=80$　$\therefore a=4$

問４＜図形―長さ＞△ABCは右図のようになり，△ACH∽△BAHである。相似比はAC：BA＝$2a$：a＝2：1だから，CH＝2AH＝$2(a-1)$と表される。よって，△ACHで，三平方の定理$\mathrm{AH}^2+\mathrm{CH}^2=\mathrm{AC}^2$より，$(a-1)^2+\{2(a-1)\}^2=(2a)^2$が成り立つ。これを解くと，$(a-1)^2+4(a-1)^2=4a^2$より，$a^2-10a+5=0$となるから，解の公式より，$a=\frac{-(-10)\pm\sqrt{(-10)^2-4\times1\times5}}{2\times1}=\frac{10\pm\sqrt{80}}{2}=\frac{10\pm4\sqrt{5}}{2}=5\pm2\sqrt{5}$である。ここで，$a-1>0$より，$a>1$だから，$a=5+2\sqrt{5}$である。

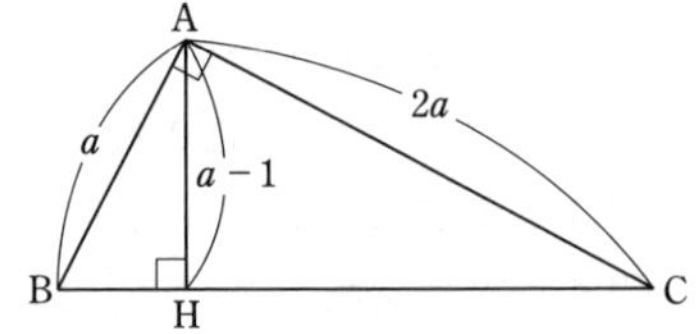

≪別解≫ △ABCで，三平方の定理より，$\mathrm{BC}=\sqrt{\mathrm{AB}^2+\mathrm{CA}^2}=\sqrt{a^2+(2a)^2}=\sqrt{5a^2}=\sqrt{5}a$である。よって，△ABCの面積について，$\frac{1}{2}\times\sqrt{5}a\times(a-1)=\frac{1}{2}\times a\times2a$が成り立ち，$a\neq0$より，$\sqrt{5}a-\sqrt{5}=2a$，$(\sqrt{5}-2)a=\sqrt{5}$，$a=\frac{\sqrt{5}}{\sqrt{5}-2}$となる。したがって，分母，分子に$\sqrt{5}+2$をかけて，$a=\frac{\sqrt{5}}{\sqrt{5}-2}=\frac{\sqrt{5}(\sqrt{5}+2)}{(\sqrt{5}-2)(\sqrt{5}+2)}=\frac{5+2\sqrt{5}}{5-4}=5+2\sqrt{5}$である。

2〔関数―一次関数〕

問１＜文字の値＞点$(2t^2-4t,\ 3t-6)$が点$\left(-\frac{3}{2},\ -\frac{3}{2}\right)$と一致するから，$y$座標について，$3t-6=-\frac{3}{2}$より，$t=\frac{3}{2}$となる。このとき，$2t^2-4t=2\times\left(\frac{3}{2}\right)^2-4\times\frac{3}{2}=-\frac{3}{2}$となり，適する。よって，$t=\frac{3}{2}$である。

問２＜文字の値＞2点を通る直線がy軸と平行になるとき，2点のx座標は等しいから，2点P(a)，P$(a+1)$のx座標について，$2a^2-4a=2(a+1)^2-4(a+1)$が成り立ち，これを解くと$a=\frac{1}{2}$となる。

問３＜文字の値＞2直線が平行になるのは，傾きが等しいときである。点P$(a-1)$の座標は，$(2(a-1)^2-4(a-1),\ 3(a-1)-6)$より，$(2a^2-8a+6,\ 3a-9)$，点P$(a)$の座標は$(2a^2-4a,\ 3a-6)$である。この2点を通る直線の傾きは，$\frac{(3a-9)-(3a-6)}{(2a^2-8a+6)-(2a^2-4a)}=\frac{3}{4a-6}$となる。また，2点$(0,\ -6)$，(30,

9)を通る直線の傾きは，$\frac{9-(-6)}{30-0}=\frac{1}{2}$である。よって，$\frac{3}{4a-6}=\frac{1}{2}$が成り立ち，これを解くと$a=3$となる。

3〔平面図形―円〕

問1＜直線の式―特別な直角三角形＞右図の△OPDで，∠DOP＝90°，∠PDO＝60°より，OD：PD：OP＝1：2：$\sqrt{3}$だから，直線lの傾きは$\frac{OP}{OD}=\frac{\sqrt{3}}{1}=\sqrt{3}$である。また，P(0，6)より切片は6だから，その式は$y=\sqrt{3}x+6$となる。

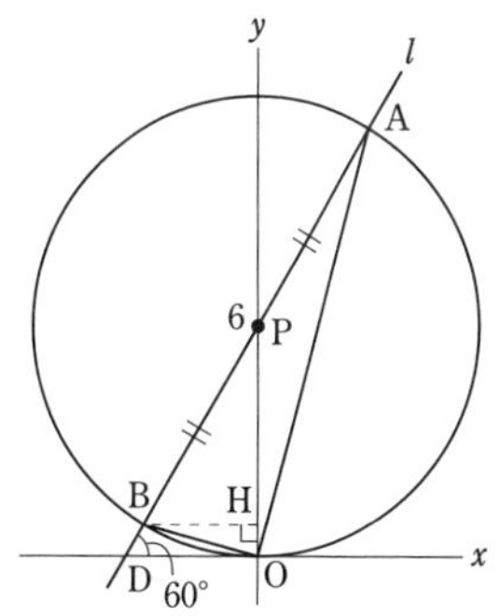

問2＜面積―特別な直角三角形＞右図で，PA＝PBより，△OAP＝△OBPだから，△OAB＝2△OBPである。点Bからy軸に垂線BHを引くと，△PBHは1：2：$\sqrt{3}$の直角三角形で，PB＝PO＝6より，BH＝$\frac{1}{2}$PB＝$\frac{1}{2}\times6=3$となる。よって，$S=2$△OBP＝$2\times\left(\frac{1}{2}\times\text{OP}\times\text{BH}\right)=2\times\left(\frac{1}{2}\times6\times3\right)=18$となる。

問3＜長さの差―三平方の定理＞△OABで，辺ABが円Pの直径だから，∠AOB＝90°である。よって，三平方の定理より，$a^2+b^2=12^2$，$a^2+b^2=144$……①となる。また，問2より$\frac{1}{2}ab=18$だから，$ab=36$……②である。ここで，$(a-b)^2=a^2-2ab+b^2=(a^2+b^2)-2ab$より，この式に①，②を代入して，$(a-b)^2=144-2\times36$より，$(a-b)^2=72$となり，$a>b$より$a-b>0$だから，$a-b=\sqrt{72}=6\sqrt{2}$である。

4〔空間図形―四面体〕

≪基本方針の決定≫問1　△ABO≡△ABCより，OM＝CMである。

問1＜式の値―三平方の定理＞右図の△ABOと△ABCは，3組の辺がそれぞれ等しいから合同である。よって，OM＝CMであり，∠OMC＝60°だから，△OMCは1辺がaの正三角形である。また，△ABCはAC＝BCの二等辺三角形より，CM⊥ABとなるから，△BCMで三平方の定理より，$b^2=\left(\frac{a}{2}\right)^2+a^2$が成り立つ。これを変形すると，$b^2=\frac{5}{4}a^2$，$4b^2=5a^2$より，$\frac{b^2}{a^2}=\frac{5}{4}$となる。

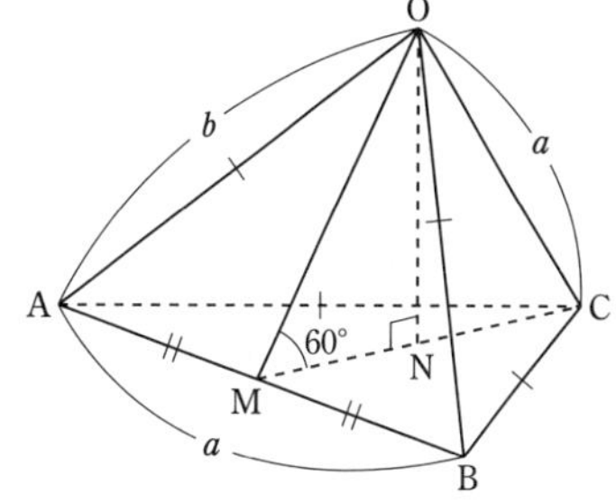

問2＜面積＞問1より，△ABO≡△ABCであり，同様に，△OCAと△OCBも△ABCと合同である。よって，△ABCで，問1より，CM⊥AB，CM＝aだから，求める表面積Sは，$S=4$△ABC＝$4\times\left(\frac{1}{2}\times a\times a\right)=2a^2$である。

問3＜体積―特別な直角三角形＞右上図で，図形の対称性より，△OMC⊥△ABCとなるから，△OMCで，点Oから辺MCに垂線ONを引くと，ONは四面体O-ABCの高さとなる。問1より，△OMCは1辺がaの正三角形だから，点Nは辺MCの中点となり，△OMNはMN：OM：ON＝1：2：$\sqrt{3}$の直角三角形より，ON＝$\frac{\sqrt{3}}{2}a$である。よって，問2より，△ABC＝$\frac{1}{2}\times a\times a=\frac{a^2}{2}$だから，三角錐O-ABCの体積$V$は，$V=\frac{1}{3}\times\frac{a^2}{2}\times\frac{\sqrt{3}}{2}a=\frac{\sqrt{3}}{12}a^3$となる。

国語解答

一 問1 日本語の正　問2 関係の網
問3 A…ウ　B…エ　C…ア　D…イ
問4 「わたし」を，発話主体と同じものとして関係づけること。(27字)
問5 ウ　問6 自分の外にある道具
問7 反省的に対象化する
問8 自分の母語による関係網の形成の枠のなかにうまくおさまらないものがあると感じる[から]
問9 ① 包含　② 刻　③ 鍵　④ 帰属　⑤ 盲点

二 問1 ウ　問2 擬
問3 A…ア　B…イ　C…ア
問4 (1) ありわらのなりひら　(2)…イ
問5 a を　b と
問6 内容より言葉の形が大事なもの。
問7 ① しえん　② あらかじ　③ いこん　④ ぼんよう　⑤ ゆ

(声の教育社　編集部)

一〔論説文の読解―芸術・文学・言語学的分野―日本語〕出典；フランス・ドルヌ／小林康夫『日本語の森を歩いて』「発話からはじめて……」。

≪本文の概要≫アントワーヌ・キュリオリの言語学の最大の特徴は，人間の言語というものの捉え方にある。例えば，「わたし」という言葉の意味は，「わたし」と発話している主体への関係づけそのもののうちにある。また，「あなた」という言葉は，発話している主体が語りかけている，もう一つの別の主体への関係づけであり，そのような関係づけは，発話している主体抜きには存在しない。このように，言語とは，発話と発話している主体を中心に関係がつくられていくものなのである。そして，この言語学は，どの言語でも，関係操作そのものは一般化可能なものであると考える。この本では，日本語の言語表現を観察することによって，そこにどんな関係操作がはたらいているかを考えようとしている。ある言語は，それを学ぼうとする外国人にとっては，未知の規則によって支配された不思議な現象として現れる。日本語の言い回しの中に，他の言語には現れていない，一般化可能な関係設定が現れているのではないかという問いが，探求の出発点なのである。

問1＜主題＞「この本の狙い」は，「日本語の正しい『文』を産み出す文法形式を確定することではなく，われわれが言表と呼ぶ生きた日本語表現のなかで機能している操作を明るみに出すこと」である。

問2＜文章内容＞「発話するたびに，人間は自分を発話するものとして位置づけ」て，「自分自身の存在を組み込んだ関係の網を構築していく」のである。「発話操作理論の言語学」は，「このような関係の網がどのような操作によって形成されるのかを明らかに」しようとする。この言語学の最大の特徴は，人間の言語は発話を中心に形成されるさまざまな「関係の網」だと考えるところにある。

問3＜表現＞A．言語は，他の何にもまさって，「発話そのもの，そして発話をしている主体を中心に関係がつくられていく」のである。　B．第三人称とは，単に，「明確に規定できる一人称と二人称以外のものというくくり方をされた関係群」のことである。　C．「われわれは誰もが，英語，日本語，フランス語といった個別の自然言語を通じて世界を，そして人間自身を理解して」いるが，それは，どこまでも，「言語のなかにそれを発話する人間存在そのものが住みつき，場所を得ているから」である。　D.「あるひとつの個別言語は，それを学ぼうとする外国人」，特に「言語学者として言語現象を観察する術を学んだものにとって」は，「未知の規則によって支配された不思議な現象として現れ」て，「尽きせぬ問いかけの対象」となる。

問４＜文章内容＞「わたし」という言葉の意味は，「そこで『わたし』と発話している主体への関係づけそのもののうちに」ある。「『わたし』で問題になっている」のは，「わたし」を「発話している主体」と同じものとして位置づけることなのである。

問５＜文章内容＞「第一人称」は，「発話主体への『同一化』」であり，「第二人称」は，「発話主体への『差異化』」であり，「両者は正反対の関係操作」なのである。以上のことは，両者が互いに相手を補い合う，Ａと非Ａという関係にあることを示している。

問６＜表現＞「人間の外」にあって，「それをわれわれが符合や暗号を手渡すように他人に手渡す」ような「言語」は，「自分の外にある道具」のようなものである。

問７＜表現＞「われわれはあまりにも言語に住み込んでしまっているがために，その言語という住処がどのように機能し，現象しているか」を「明確に意識」すること，つまり「反省的に対象化する」のは，「なかなか難しい」のである。

問８＜文章内容＞「あるひとつの個別言語」が，「それを学ぼうとする外国人」にとって「未知の規則によって支配された不思議な現象として」現れるのは，その言語の中に，「自分の母語による関係網の形成の枠のなかにうまくおさまらないものがあると感じる」からである。

問９＜漢字＞①包み込み，中に含むこと。　②音読みは「刻印」などの「コク」。　③音読みは「鍵盤」などの「ケン」。　④所属し，従うこと。　⑤案外，人が見落としている点。

二〔論説文の読解―芸術・文学・言語学的分野―文学〕出典；尼ヶ崎彬『日本のレトリック』「姿――見得を切る言葉」。

≪本文の概要≫浅野内匠頭の辞世の歌とされる「風さそふ花よりもなほ我はまた春のなごりをいかにとやせん」という歌は有名である。読者は，この歌を，〈死を命ぜられた私にとって，この世に未練が残る〉と解釈するだろう。一方，言葉によるこの歌の意味は，〈風に散らされる花にとって，春のなごりが惜しまれる〉というものである。しかし，この言葉に，内匠頭の遺恨や無念を，強く，あるいは具体的に感じさせる効果はない。では，この歌は失敗なのだろうか。この歌を，在原業平の辞世の歌「つひにゆく道とはかねて聞きしかどきのふけふとは思はざりしを」と比べてみよう。内匠頭の歌が，洗練された感じがあるのに対して，業平の歌は，散文めいて歌らしくない。それは，業平の言い回しに何のレトリックもなく，じかに内容が露出しているからである。歌と「ただの詞」とを区別するのは，《姿》の有無である。歌は，まず言葉の形としてあって，内容は，それが呼び起こしうる多様な可能性の一つにすぎない。業平の歌は，「歌」として存立するための《姿》を，十分に持ち合わせていないのである。

問１＜文章内容＞「読者の意識が解釈にあたって志向する話題は，理不尽ないきさつから自死に追い込まれた浅野内匠頭自身の運命に関わる」のである。人々が「この歌から内匠頭の心中を思いやって多いに感動してきた」のは，「《忠臣蔵事件》というコンテクストの知識」を持っていたからである。

問２＜表現技法＞人ではないものを人になぞらえる表現技法を「擬人法」という（…前）。ここでは，人である「自分」を，人ではない「花」になぞらえているので，「擬花法」とでもいうべきなのである(…後)。

問３＜文章内容＞「前景」は，絵や写真などで，主題として風景の前面に取り入れる景色。ここでは，和歌の表面に現れているもののこと。「後景」は，中心となる題材の背後にある景色。ここでは，和歌の主題として描かれているもののこと。この歌の「前景」は，「〈風に散らされる花にとって，春のなごりが惜しまれる〉」というものであり，「後景」は，「〈死を命ぜられた私にとって，この世に未練が残る〉」というものである。「いささかのんびりした桜のイメージ」があり(…Ａ)，「風・花・散る・春……」という意味系列を持ち出されているのは，「前景」である(…Ｃ)。「〈死〉についての観念」が構成されているのは，「後景」である(…Ｂ)。

問４＜文学史＞⑴在原業平は，平安時代の歌人。現代仮名遣いでは「ありわらのなりひら」，歴史的仮名遣いでは「ありはらのなりひら」と表記する。　⑵『伊勢物語』は，平安時代前期の歌物語。業平，または業平らしき男を主人公にした，歌にまつわる短編物語集。『竹取物語』は，平安時代前期の伝奇物語。『平中物語』は，平安時代中期の歌物語。『源氏物語』は，平安時代中期のつくり物語で，作者は紫式部。

問５＜表現＞「私たちは人の言葉を聞く時，ふつうその内容を確実に理解しようとして，その言い回しの方にはあまり注意を払わない」のである。だから，「ただの詞」が用いられたときには，《内容》，すなわち「何を言ったか」は「憶えている」が(…ａ)，《言い回し》，すなわち「何と言ったか」は「憶えていない」のである(…ｂ)。

問６＜文章内容＞「歌と『ただの詞』を区別するものは《姿》の有無」である。「歌はまず言葉の形としてあって，内容とはそれが意識に喚び起こしうる多様な可能性の一つにすぎない」のである。「ただの詞」においては，「言葉の形」よりも「内容」の方が重視されるが，「歌」においては，「内容」よりも「言葉の形」の方が大切なのである。

問７＜漢字＞①個人的な恨み。　②音読みは「予感」などの「ヨ」。　③忘れられない恨み。　④平凡で，優れたところがないこと。　⑤音読みは「動揺」などの「ヨウ」。

═読者へのメッセージ═

「見立て」とは，対象を他の何かになぞらえて表現することです。この技法は，和歌だけではなく，俳諧や日本庭園などでも用いられています。

Memo

Memo

当社発行物の無断使用は固くお断りいたします。御使用の前はまずご相談ください。

当社発行物には500点余の首都圏中・高過去問をはじめ、6点の学校案内、そのほかいくつかの情報誌などがございます。その多くが年度版で、限られたスタッフが来るべき受験シーズン前に余裕を持って受験生へ届けられるよう、日夜作業にあたり出版を重ねております。

最近、通塾生ご父母や塾内部からの告発によって、いくつかの塾が許諾なしに当社過去問を複写（コピー）し生徒に配布、授業等にも使用していることが発覚し、その一部が紛争、係争に至っております。過去問には原著作者や管理団体、代行出版等のほか、当社に著作権がございます。当社としましては、著作権侵害の発覚に対しては著作権を有するこれらの著作権関係者にその事実を開示して、マスコミにリリースする場合や法的な措置を取る場合がございます。その事例としましては、毎年当社過去問の発行を待って自由にシステム化使用していたＡ塾、個別教室でコピーを生徒に解かせ指導していたＢ塾、冊子化していたＣ社、生徒の希望によって書籍の過去問代わりにコピーを配布していたＤ塾などがあります。

当社発行物の全部もしくは一部を無断使用することは固くお断りいたします。

当社コンテンツの中にはリーズナブルな設定で紙面の利用を許諾している塾もたくさんございますので、ご希望の方は、お気軽にご相談くださいますようお願いします。同時に、当社発行物を無断で使用している会社などにつきましての情報もお寄せいただければ幸いです。

株式会社 声の教育社

2025年度用

高校スーパー過去問

■編集人 声の教育社・編集部

■発行所 株式会社 声の教育社

〒162-0814 東京都新宿区新小川町8-15

☎03-5261-5061㈹ FAX03-5261-5062

https://www.koenokyoikusha.co.jp

公立高校過去問シリーズ

●東京都立高校
●神奈川県公立高校
●千葉県公立高校
●埼玉県公立高校
●茨城県公立高校
●栃木県公立高校
●群馬県公立高校

掲載全問に
わかりやすい解説つき
各教科の
出題傾向と対策

定価1100円(税込)

都立独自高校 公立高校過去問シリーズ

251 都立日比谷高校
252 都立西高校
253 都立八王子東高校
254 都立国立高校
255 都立戸山高校
256 都立国分寺高校
257 都立立川高校
258 都立新宿高校
259 都立青山高校

定価2090円(税込)

高校ベスト10シリーズ

出題形式別、入試によく出る順!!

ベスト10Neo **国語** 読解問題

ベスト10Neo **数学** 図形問題

英語 文法問題ベスト10

定価990～1100円(税込)

高校受験面接ブック

別冊がウリ!! 首都圏の各高校の面接内容

本 体 質問回答例ベスト150
面接ワークシート
自己PR書の書き方とワークシート

別 冊 首都圏の私国立高校などの面接方法、時間、質問具体例
推薦・一般入試の面接内容
主要校の面接会場のようす
(各校図示)

小冊子 試験場に持って行ける
チェックBOOK
など面接対策がつまった1冊

定価1320円(税込)

図解でわかる!! 作文・小論文

本 体 (88P) **合格作文の書き方**
①7日間で仕上げる基礎編
②4日間で仕上げる応用編

別 冊 (52P) 首都圏の各高校の作文課題、制限時間、文字数の具体例調査
①首都圏の作文課題2000例を代表的な15パターンに分類(書き易くするため)
②着眼点、キーワード、ポイントを各パターンごとにコメント
③推薦と一般入試の作文出題校と課題例を一挙公開!!
④首都圏公立高校4年間課題調査

定価1100円(税込)

公立の漢字

公立高校の試験によく出る漢字

1 漢字は全都道府県で出題!!
2 公立の漢字の配点は高い!!
3 10年間の頻度をデータ化!!
4 最頻出漢字を5段階評価!!

定価748円(税込)

声の教育社 〒162-0814 東京都新宿区新小川町8-15
TEL.03(5261)5061 FAX.03(5261)5062

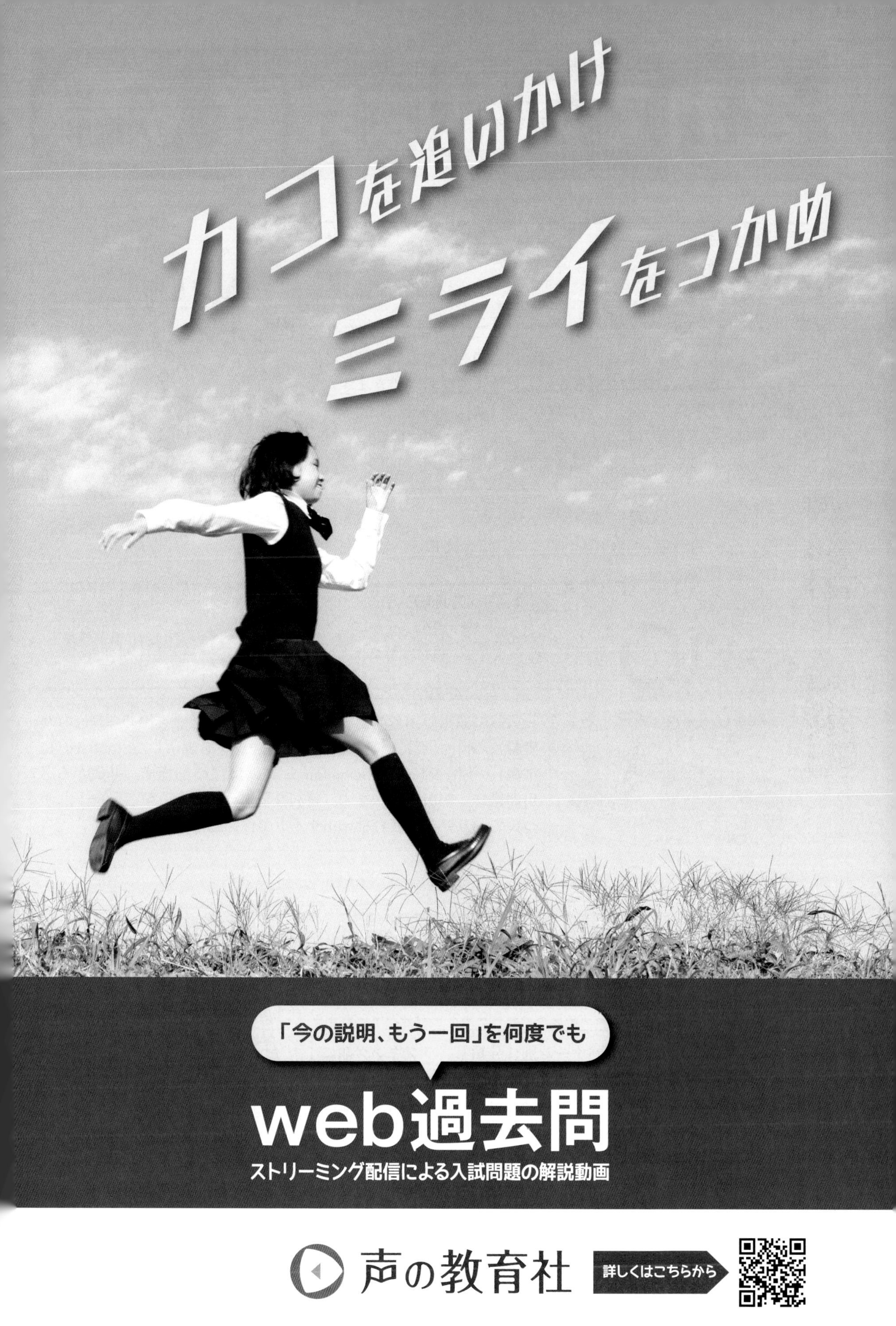
カコを追いかけ
ミライをつかめ
「今の説明、もう一回」を何度でも
web過去問
ストリーミング配信による入試問題の解説動画
声の教育社
詳しくはこちらから

早稲田大学本庄高等学院

別冊解答用紙

注意

○ 解答用紙は、収録の都合により縮小したものや、小社独自に作成したものもあります。
○ 学校配点は学校発表のもの、推定配点は小社で作成したものです。
○ 無断転載を禁じます。
○ 解答用紙を拡大コピーする場合、表示した拡大率に対応する用紙サイズは以下のとおりです。
101%～102%＝B5　103%～118%＝A4　119%～144%＝B4　145%～167%＝A3
(タイトルと配点表は含みません)

２０２４年度　早稲田大学本庄高等学院

英語解答用紙

番号		氏名		評点	／100

I

[1]		[2]		[3]		[4]		[5]	
[6]		[7]		[8]		[9]		[10]	

II

問１	(1)		(2)		(3)		(4)		(5)	
	(6)		(7)							

問２	[1]		[2]		[3]		[4]		[5]	

問３	[1]		[2]		[3]		[4]		[5]	
	[6]		[7]		[8]		[9]			

[10] ＿＿＿＿＿＿＿＿

[11] ＿＿＿＿＿＿＿＿

III

問１	(1)		(2)		(3)		(4)	

問２	[1]		[2]		[3]	

問３	A		B		問４		問５	

問６ ＿＿＿＿＿＿＿＿

問７ ＿＿＿＿＿＿＿＿!

問８ This ＿＿＿＿＿＿＿＿

＿＿＿＿＿＿＿＿.

（注）この解答用紙は小社で作成いたしました。

推定配点		計
	I　各２点×10 II　問１，問２　各２点×12　問３　［１］～［９］　各２点×９　［10］　３点　［11］　４点 III　問１～問６　各２点×12　問７　３点　問８　４点	100点

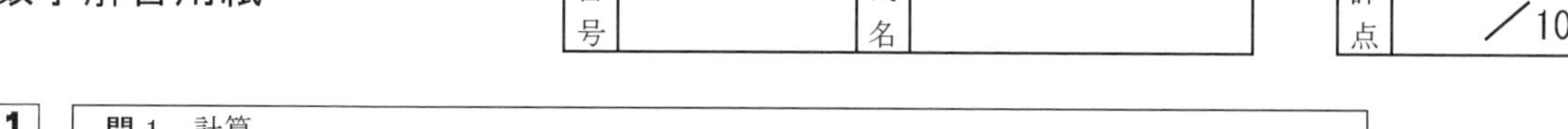

数学解答用紙

番号		氏名		評点	／100

1

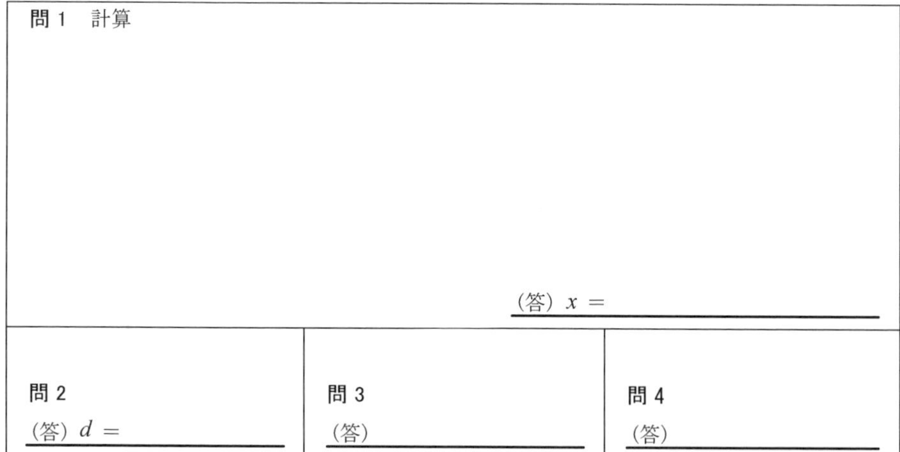

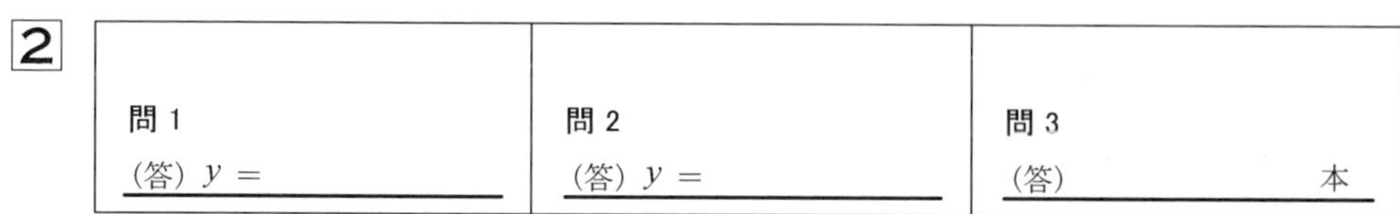

2

問１	問２	問３
(答)　y =	(答)　y =	(答)　　本

3

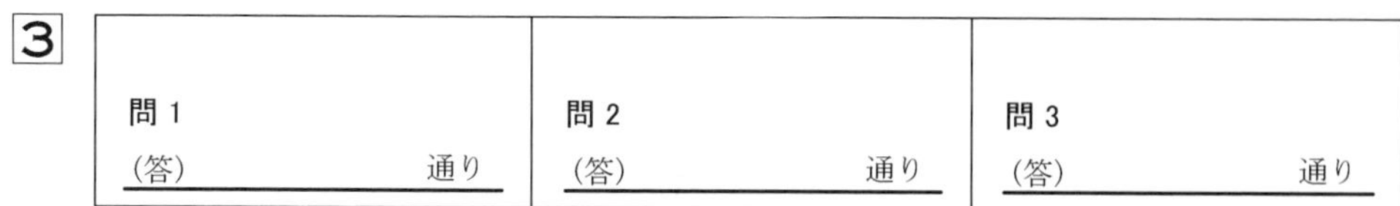

4

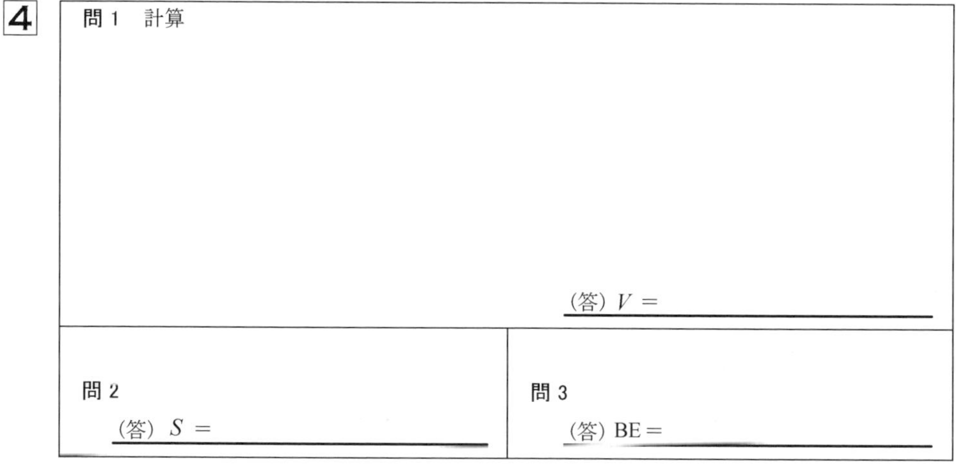

（注）この解答用紙は小社で作成いたしました。

推定配点	1　各７点×４　　2～4　各８点×９	計
		100点

二〇二四年度　早稲田大学本庄高等学院

国語解答用紙

番号　　氏名　　評点　／100

一

問1　（始め）（5字）〜（終わり）（5字）

問2

問3

問4　（80字）

問5

問6　①　②　③　④　⑤

二

問1　（2字）

問2　（11字）

問3　（40字）

問4

問5　A　B　C

問6

問7　①　②　しんで③　④　⑤

（注）この解答用紙は小社で作成いたしました。

推定配点

一　問1〜問3　各6点×3　問4　7点　問5　6点　問6　各2点×5
二　問1、問2　各6点×2　問3　7点　問4〜問6　各6点×5　問7　各2点×5

計　100点

２０２３年度　早稲田大学本庄高等学院

英語解答用紙

番号		氏名	

評点	／100

I

[1]		[2]		[3]		[4]		[5]	
[6]		[7]		[8]		[9]		[10]	

II

問 1	(1)		(2)		(3)		(4)	

問 2	[1]		[2]		[3]		[4]		[5]	

問 3	[1]		[2]		[3]		[4]		[5]	
	[6]		[7]							

[8]

.

III

問 1	〔1〕		〔2〕		〔3〕	

問 2	[1]		[2]		[3]		[4]		[5]	

問 3　　問 4

問 5

問 6

問 7

for the website.

（注）この解答用紙は小社で作成いたしました。

推定配点		計
	I　各２点×10 II　問１　各２点×４　問２　各３点×５ 問３　［１］～［４］　各３点×４　［５］～［７］　各２点×４　［８］　３点 III　問１　各３点×３　問２　［１］～［４］　各２点×４　［５］　３点 問３～問５　各２点×３　問６，問７　各４点×２	100点

2023年度　早稲田大学本庄高等学院

数学解答用紙

番号		氏名		評点	／100

1

問 1　（答）

問 2　（答）

問 3　（答）

問 4　計算

（答）$\angle ADB =$ 　　度

2

問 1　（答）

問 2　（答）$m =$

問 3　（答）

3

問 1　（答）$a =$

問 2　（答）$S =$

問 3　計算

（答）$T =$

4

問 1　（答）(　　,　　)

問 2　（答）$V =$

問 3　（答）$S =$

（注）この解答用紙は小社で作成いたしました。

推定配点	1 各7点×4　2～4 各8点×9	計 100点

二〇二三年度　早稲田大学本庄高等学院

国語解答用紙

番号　　氏名　　評点　／100

一

問1　A　B　C　D

問2　(50字)

問3　(始め)　(3字)　〜　(終わり)　(3字)

問4　(1)　a　(2字)　b　(6字)　(2)

問5　問6

問7　(15字)

問8　①　やか　②　③　④　⑤

二

問1　(始め)　(5字)　〜　(終わり)　(5字)

問2　(始め)　(5字)　問3　問4

問5　(70字)

問6

問7　①　②　③　って　④　られる　⑤

(注)この解答用紙は小社で作成いたしました。

推定配点	計
一 問1　各4点×4　問2　6点　問3〜問7　各4点×7　問8　各2点×5 二 問1、問2　各5点×2　問3、問4　各4点×2　問5　7点　問6　5点　問7　各2点×5	100点

２０２２年度　早稲田大学本庄高等学院

英語解答用紙

番号		氏名		評点	／100

I	[1]	ⓐ ⓑ ⓒ ⓓ ⓔ
	[2]	ⓐ ⓑ ⓒ ⓓ ⓔ
	[3]	ⓐ ⓑ ⓒ ⓓ ⓔ
	[4]	ⓐ ⓑ ⓒ ⓓ ⓔ
	[5]	ⓐ ⓑ ⓒ ⓓ ⓔ
	[6]	ⓐ ⓑ ⓒ ⓓ ⓔ
	[7]	ⓐ ⓑ ⓒ ⓓ ⓔ
	[8]	ⓐ ⓑ ⓒ ⓓ ⓔ
	[9]	ⓐ ⓑ ⓒ ⓓ ⓔ
	[10]	ⓐ ⓑ ⓒ ⓓ ⓔ

II	問１	(1)	ⓐ ⓑ ⓒ ⓓ ⓔ
		(2)	ⓐ ⓑ ⓒ ⓓ ⓔ
		(3)	ⓐ ⓑ ⓒ ⓓ ⓔ
		(4)	ⓐ ⓑ ⓒ ⓓ ⓔ
	問２	[1]	ⓐ ⓑ ⓒ ⓓ ⓔ
		[2]	ⓐ ⓑ ⓒ ⓓ ⓔ
		[3]	ⓐ ⓑ ⓒ ⓓ ⓔ
	問３	[1]	ⓐ ⓑ ⓒ ⓓ ⓔ
		[2]	ⓐ ⓑ ⓒ ⓓ ⓔ
		[3]	ⓐ ⓑ ⓒ ⓓ ⓔ
		[4]	ⓐ ⓑ ⓒ ⓓ ⓔ
		[5]	ⓐ ⓑ ⓒ ⓓ ⓔ
		[6]	ⓐ ⓑ ⓒ ⓓ ⓔ
		[7]	ⓐ ⓑ ⓒ ⓓ ⓔ
		[8]	ⓐ ⓑ ⓒ ⓓ ⓔ

III	問１	(1)	ⓐ ⓑ ⓒ ⓓ ⓔ
		(2)	ⓐ ⓑ ⓒ ⓓ ⓔ
		(3)	ⓐ ⓑ ⓒ ⓓ ⓔ
		(4)	ⓐ ⓑ ⓒ ⓓ ⓔ
	問２	[1]	ⓐ ⓑ ⓒ ⓓ ⓔ
		[2]	ⓐ ⓑ ⓒ ⓓ ⓔ
		[3]	ⓐ ⓑ ⓒ ⓓ ⓔ
		[4]	ⓐ ⓑ ⓒ ⓓ ⓔ
	問３	[1]	ⓐ ⓑ ⓒ ⓓ ⓔ
		[2]	ⓐ ⓑ ⓒ ⓓ ⓔ
		[3]	ⓐ ⓑ ⓒ ⓓ ⓔ
		[4]	ⓐ ⓑ ⓒ ⓓ ⓔ
		[5]	ⓐ ⓑ ⓒ ⓓ ⓔ

II 問３

[9] ＿＿＿＿＿＿＿＿＿＿＿＿＿＿＿＿＿＿＿＿.

[10] ＿＿＿＿＿＿＿＿＿＿＿＿＿＿＿＿＿＿＿＿.

III 問４ ＿＿＿＿＿＿＿＿＿＿＿＿＿＿＿＿＿＿＿＿

問５ please ＿＿＿＿＿＿＿＿＿＿＿＿＿＿＿＿＿＿＿＿.

（注）この解答用紙は小社で作成いたしました。

推定配点		計
	I　各２点×10 II　問１，問２　各２点×７　問３　[１]～[５]　各３点×５ [６]～[８]　各２点×３　[９]，[10]　各４点×２ III　問１，問２　各２点×８　問３　[１]　２点　[２]　３点　[３]　２点 [４]，[５]　各３点×２　問４，問５　各４点×２	100点

２０２２年度　早稲田大学本庄高等学院

数学解答用紙

番号		氏名	

評点	／100

1

問 1 (答)	問 2 (答) EF =
問 3 計算 (答) a = , b =	

2

問 1 (答)(,)	問 2 (答) S =	問 3 (答) d =

3

問 1 (答) DJ =	問 2 (答) S =
問 3 計算 (答) V =	

4

問 1 (答)	問 2 (答)	問 3 (答)

（注）この解答用紙は小社で作成いたしました。

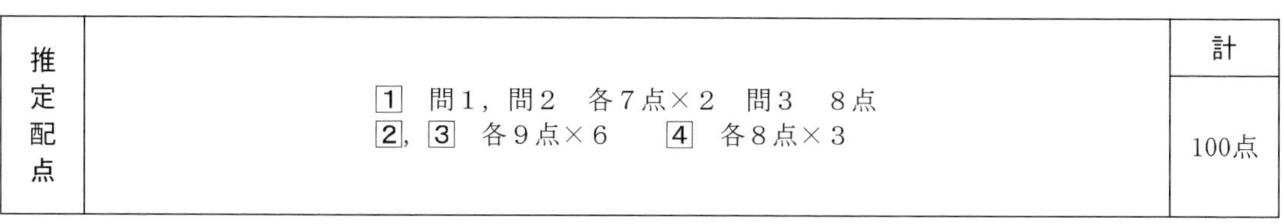

推定配点		計
	1 問1，問2　各7点×2　問3　8点 2，3　各9点×6　　4　各8点×3	100点

二〇二二年度　早稲田大学本庄高等学院

国語解答用紙

番号　　氏名　　評点 /100

一

問1　Ⅰ　Ⅱ　Ⅲ

問2　(40字)

問3　A　B　C

問4　(1)(始め)　(5字)　(2)

問5

問6　①　②　③　④　⑤

二

問1　(80字)

問2　(1)　(2)(始め)　(5字)

問3　Ⅰ　Ⅱ　Ⅲ　Ⅳ

問4

問5

問6　①　②　③く　④　⑤ろ

(注)この解答用紙は小社で作成いたしました。

推定配点	計
一 問1　各4点×3　問2　6点　問3　各4点×3 問4、問5　各4点×3　問6　各2点×5 二 問1　7点　問2～問4　各4点×7　問5　3点 問6　各2点×5	100点

２０２１年度　早稲田大学本庄高等学院

英語解答用紙

番号		氏名		評点	／100

I		
	[1]	ⓐ ⓑ ⓒ ⓓ ⓔ
	[2]	ⓐ ⓑ ⓒ ⓓ ⓔ
	[3]	ⓐ ⓑ ⓒ ⓓ ⓔ
	[4]	ⓐ ⓑ ⓒ ⓓ ⓔ
	[5]	ⓐ ⓑ ⓒ ⓓ ⓔ
	[6]	ⓐ ⓑ ⓒ ⓓ ⓔ
	[7]	ⓐ ⓑ ⓒ ⓓ ⓔ
	[8]	ⓐ ⓑ ⓒ ⓓ ⓔ
	[9]	ⓐ ⓑ ⓒ ⓓ ⓔ
	[10]	ⓐ ⓑ ⓒ ⓓ ⓔ

II			
	問１	(1)	ⓐ ⓑ ⓒ ⓓ ⓔ
		(2)	ⓐ ⓑ ⓒ ⓓ ⓔ
		(3)	ⓐ ⓑ ⓒ ⓓ ⓔ
		(4)	ⓐ ⓑ ⓒ ⓓ ⓔ
	問２	[1]	ⓐ ⓑ ⓒ ⓓ ⓔ
		[2]	ⓐ ⓑ ⓒ ⓓ ⓔ
		[3]	ⓐ ⓑ ⓒ ⓓ ⓔ
		[4]	ⓐ ⓑ ⓒ ⓓ ⓔ
		[5]	ⓐ ⓑ ⓒ ⓓ ⓔ
	問３	[1]	ⓐ ⓑ ⓒ ⓓ ⓔ
		[2]	ⓐ ⓑ ⓒ ⓓ ⓔ
		[3]	ⓐ ⓑ ⓒ ⓓ ⓔ
		[4]	ⓐ ⓑ ⓒ ⓓ ⓔ
		[5]	ⓐ ⓑ ⓒ ⓓ ⓔ
		[6]	ⓐ ⓑ ⓒ ⓓ ⓔ
		[7]	ⓐ ⓑ ⓒ ⓓ ⓔ
		[8]	ⓐ ⓑ ⓒ ⓓ ⓔ
		[9]	ⓐ ⓑ ⓒ ⓓ ⓔ

III			
	問１	(1)	ⓐ ⓑ ⓒ ⓓ ⓔ
		(2)	ⓐ ⓑ ⓒ ⓓ ⓔ
		(3)	ⓐ ⓑ ⓒ ⓓ ⓔ
		(4)	ⓐ ⓑ ⓒ ⓓ ⓔ
		(5)	ⓐ ⓑ ⓒ ⓓ ⓔ
		(6)	ⓐ ⓑ ⓒ ⓓ ⓔ
	問２	(1)	ⓐ ⓑ ⓒ ⓓ ⓔ
		(2)	ⓐ ⓑ ⓒ ⓓ ⓔ
		(3)	ⓐ ⓑ ⓒ ⓓ ⓔ
	問３	[1]	ⓐ ⓑ ⓒ ⓓ ⓔ
		[2]	ⓐ ⓑ ⓒ ⓓ ⓔ

II 問３

[10] According to these studies, ______________________________ .

[11] … such as ______________________________ .

III 問３

[3] But by the evening ______________________________ .

[4] So ______________________________ ?

（注）この解答用紙は小社で作成いたしました。

推定配点		計
	I　各２点×10 II　問１　各２点×４　問２　各３点×５　問３　[１]，[２]　各３点×２ [３]，[４]　各２点×２　[５]～[８]　各３点×４　[９]～[11]　各２点×３ III　問１　各２点×６　問２　各３点×３　問３　各２点×４	100点

２０２１年度　早稲田大学本庄高等学院

数学解答用紙

番号		氏名	

評点	／100

1

問１
（答）

問２
（答）

問３
（答）$\frac{m}{n}=$

問４　計算

（答）$S=$

2

問１
（答）$k=$

問２
（答）$S=$

問３
（答）$k=$

3

問１
（答）P（　　　，　　　）

問２
（答）

問３　計算

（答）$a=$

4

問１
（答）$V=$

問２
（答）$r=$

問３
（答）$R=$

（注）この解答用紙は小社で作成いたしました。

推定配点		計
	1 各７点×４　2，3 各９点×６　4 各６点×３	100点

二〇二二年度　早稲田大学本庄高等学院

国語解答用紙

番号		氏名		評点	/100

一

問1 ［　　　　　　　　　　　　　　　］(15字)

問2 A［　］ B［　］ C［　］ D［　］

問3 ［　］　問4 ［　］

問5 ［　　　　　　　　　　　　　　　］(15字)　問6 ［　］

問7 ［　　　］(50字)

問8 ①［　］ね ②［　］ ③［　］ ④［　］ ⑤［　］

二

問1 ［　］　問2 ［　］　問3 ［　］

問4 ［　　］(40字)

問5 テンジン・タシ翁は、自分たちは［　　　　　　　　　　］

［　　　　　　　　］であるので赤ん坊は育てられないという

ことを伝えようとし、タプシンは赤ん坊を［　　　　　　　　］

［　　　　　　　　　　　　　］ということに気づいた。

問6 ［　　　　　］(5字)

問7 ①［　］める ②［　］いて ③［　］ ④［　］ ⑤［　］

(注) この解答用紙は小社で作成いたしました。

推定配点	計
一 問1　5点　問2　各2点×4　問3～問6　各6点×4　問7　7点 問8　各2点×5 二 問1～問3　各5点×3　問4　6点　問5、問6　各5点×3 問7　各2点×5	100点

２０２０年度　早稲田大学本庄高等学院

英語解答用紙

番号		氏名		評点	／100

I		
	[1]	ⓐ ⓑ ⓒ ⓓ ⓔ
	[2]	ⓐ ⓑ ⓒ ⓓ ⓔ
	[3]	ⓐ ⓑ ⓒ ⓓ ⓔ
	[4]	ⓐ ⓑ ⓒ ⓓ ⓔ
	[5]	ⓐ ⓑ ⓒ ⓓ ⓔ
	[6]	ⓐ ⓑ ⓒ ⓓ ⓔ
	[7]	ⓐ ⓑ ⓒ ⓓ ⓔ
	[8]	ⓐ ⓑ ⓒ ⓓ ⓔ
	[9]	ⓐ ⓑ ⓒ ⓓ ⓔ
	[10]	ⓐ ⓑ ⓒ ⓓ ⓔ

II			
	問１	(１)	ⓐ ⓑ ⓒ ⓓ ⓔ
		(２)	ⓐ ⓑ ⓒ ⓓ ⓔ
		(３)	ⓐ ⓑ ⓒ ⓓ ⓔ
	問２	[１]	ⓐ ⓑ ⓒ ⓓ ⓔ
		[２]	ⓐ ⓑ ⓒ ⓓ ⓔ
		[３]	ⓐ ⓑ ⓒ ⓓ ⓔ
		[４]	ⓐ ⓑ ⓒ ⓓ ⓔ
		[５]	ⓐ ⓑ ⓒ ⓓ ⓔ
	問３	[１]	ⓐ ⓑ ⓒ ⓓ ⓔ
		[２]	ⓐ ⓑ ⓒ ⓓ ⓔ
		[３]	ⓐ ⓑ ⓒ ⓓ ⓔ
		[４]	ⓐ ⓑ ⓒ ⓓ ⓔ
		[５]	ⓐ ⓑ ⓒ ⓓ ⓔ
		[６]	ⓐ ⓑ ⓒ ⓓ ⓔ
		[７]	ⓐ ⓑ ⓒ ⓓ ⓔ
		[８]	ⓐ ⓑ ⓒ ⓓ ⓔ
		[９]	ⓐ ⓑ ⓒ ⓓ ⓔ

III			
	問１	１.	ⓐ ⓑ ⓒ ⓓ ⓔ
		２.	ⓐ ⓑ ⓒ ⓓ ⓔ
		３.	ⓐ ⓑ ⓒ ⓓ ⓔ
	問２	(１)	ⓐ ⓑ ⓒ ⓓ ⓔ
		(２)	ⓐ ⓑ ⓒ ⓓ ⓔ
		(３)	ⓐ ⓑ ⓒ ⓓ ⓔ
		(４)	ⓐ ⓑ ⓒ ⓓ ⓔ
		(５)	ⓐ ⓑ ⓒ ⓓ ⓔ
		(６)	ⓐ ⓑ ⓒ ⓓ ⓔ
	問３	[１]	ⓐ ⓑ ⓒ ⓓ ⓔ
		[２]	ⓐ ⓑ ⓒ ⓓ ⓔ
	問４		ⓐ ⓑ ⓒ ⓓ ⓔ

II 問３

[10] What

.

[11]

III 問５

問６

To this day,

.

（注）この解答用紙は小社で作成いたしました。

推定配点	I　各２点×10　II　問１　各２点×３　問２　各３点×５ 問３　[１]～[９]　各２点×９　[10], [11]　各３点×２ III　問１　各３点×３　問２　各２点×６　問３　各３点×２ 問４　２点　問５, 問６　各３点×２	計 100点

２０２０年度　早稲田大学本庄高等学院

数学解答用紙

番号		氏名	

評点	／100

1

問１
（答）$x=$ 　　　　, $y=$

問２
（答）

問３（１）
（答）

問３（２）　計算

（答）

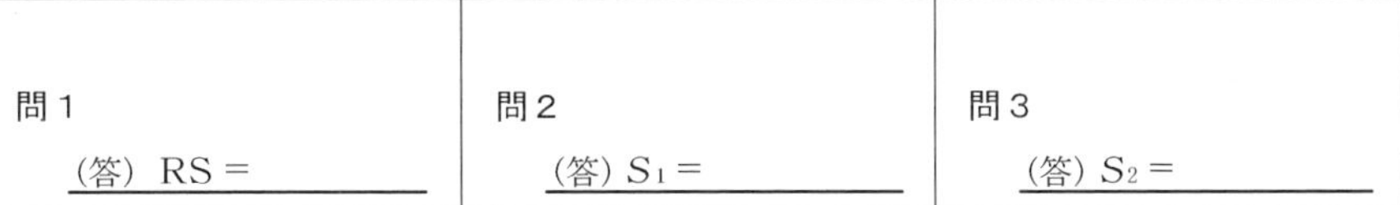

2

問１
（答）RS ＝

問２
（答）$S_1=$

問３
（答）$S_2=$

3

問１
（答）

問２
（答）$x=$

問３　計算

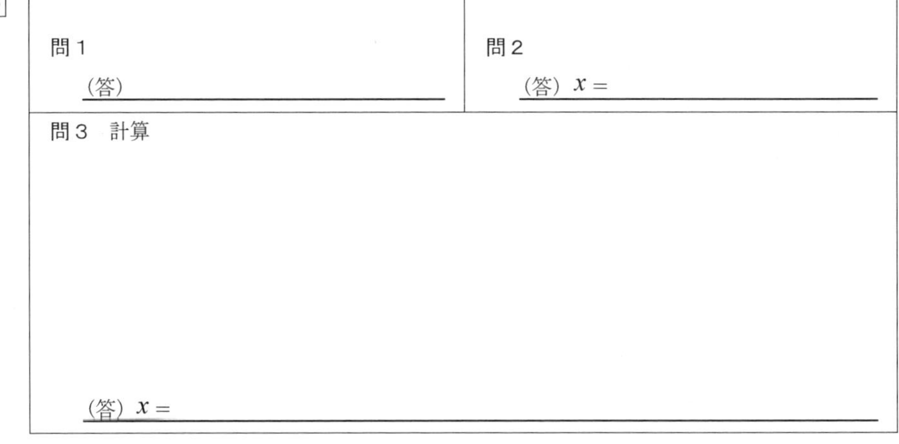

（答）$x=$

4

問１
（答）　　　通り

問２
（答）　　　通り

問３
（答）　　　通り

（注）この解答用紙は小社で作成いたしました。

推定配点	計
1　各７点×４　　2～4　各８点×９	100点

二〇二〇年度　早稲田大学本庄高等学院

国語解答用紙

番号　　氏名　　評点　／100

一

問1　(60字)

問2　(10字)

問3　こと

問4

問5　(始め)　(5字)　～　(終わり)　(5字)

問6

問7　①　②　③ たした　④ う　⑤

二

問1

問2　(50字)

問3　(始め)　(5字)

問4　Ⅰ　Ⅱ　Ⅲ　Ⅳ

問5

問6　態度

問7　① いだ　②　③　④　⑤

(注) この解答用紙は小社で作成いたしました。

推定配点	計
一 問1 12点　問2、問3 各6点×2　問4 3点 問5、問6 各6点×2　問7 各2点×5 二 問1 3点　問2 10点　問3 6点　問4 各3点×4 問5 4点　問6 6点　問7 各2点×5	100点

２０１９年度　早稲田大学本庄高等学院

英語解答用紙

番号		氏名		評点	／100

I		
	[1]	ⓐ ⓑ ⓒ ⓓ ⓔ
	[2]	ⓐ ⓑ ⓒ ⓓ ⓔ
	[3]	ⓐ ⓑ ⓒ ⓓ ⓔ
	[4]	ⓐ ⓑ ⓒ ⓓ ⓔ
	[5]	ⓐ ⓑ ⓒ ⓓ ⓔ
	[6]	ⓐ ⓑ ⓒ ⓓ ⓔ
	[7]	ⓐ ⓑ ⓒ ⓓ ⓔ
	[8]	ⓐ ⓑ ⓒ ⓓ ⓔ
	[9]	ⓐ ⓑ ⓒ ⓓ ⓔ
	[10]	ⓐ ⓑ ⓒ ⓓ ⓔ

II			
	問１	(1)	ⓐ ⓑ ⓒ ⓓ ⓔ
		(2)	ⓐ ⓑ ⓒ ⓓ ⓔ
		(3)	ⓐ ⓑ ⓒ ⓓ ⓔ
		(4)	ⓐ ⓑ ⓒ ⓓ ⓔ
		(5)	ⓐ ⓑ ⓒ ⓓ ⓔ
		(6)	ⓐ ⓑ ⓒ ⓓ ⓔ
		(7)	ⓐ ⓑ ⓒ ⓓ ⓔ
		(8)	ⓐ ⓑ ⓒ ⓓ ⓔ
		(9)	ⓐ ⓑ ⓒ ⓓ ⓔ
		(10)	ⓐ ⓑ ⓒ ⓓ ⓔ
		(11)	ⓐ ⓑ ⓒ ⓓ ⓔ
	問２	[1]	ⓐ ⓑ ⓒ ⓓ ⓔ
		[2]	ⓐ ⓑ ⓒ ⓓ ⓔ
		[3]	ⓐ ⓑ ⓒ ⓓ ⓔ
		[4]	ⓐ ⓑ ⓒ ⓓ ⓔ
	問３	[1]	ⓐ ⓑ ⓒ ⓓ ⓔ
		[2]	ⓐ ⓑ ⓒ ⓓ ⓔ
		[4]	ⓐ ⓑ ⓒ ⓓ ⓔ
		[5]	ⓐ ⓑ ⓒ ⓓ ⓔ
		[6]	ⓐ ⓑ ⓒ ⓓ ⓔ
		[7]	ⓐ ⓑ ⓒ ⓓ ⓔ
		[8]	ⓐ ⓑ ⓒ ⓓ ⓔ
		[9]	ⓐ ⓑ ⓒ ⓓ ⓔ

III			
	問１	①	ⓐ ⓑ ⓒ ⓓ ⓔ
		②	ⓐ ⓑ ⓒ ⓓ ⓔ
		③	ⓐ ⓑ ⓒ ⓓ ⓔ
	問２	(1)	ⓐ ⓑ ⓒ ⓓ ⓔ
		(2)	ⓐ ⓑ ⓒ ⓓ ⓔ
		(3)	ⓐ ⓑ ⓒ ⓓ ⓔ
		(4)	ⓐ ⓑ ⓒ ⓓ ⓔ
		(5)	ⓐ ⓑ ⓒ ⓓ ⓔ
		(6)	ⓐ ⓑ ⓒ ⓓ ⓔ
	問３	[1]	ⓐ ⓑ ⓒ ⓓ

II 問３

[３] He spent a lot of time teaching ＿＿＿＿＿＿＿＿.

[10] ＿＿＿＿＿＿＿＿ on top of his desk.

III 問３

[２] ＿＿＿＿＿＿＿＿

[３] I think joining ＿＿＿＿＿＿＿＿.

（注）この解答用紙は小社で作成いたしました。

推定配点		計
	I　各２点×10 II　問１，問２　各２点×15　問３　［１］，［２］　各２点×２　［３］　３点 ［４］～［９］　各２点×６　［10］　４点 III　問１，問２　各２点×９　問３　［１］　２点　［２］　３点　［３］　４点	100点

２０１９年度　早稲田大学本庄高等学院

数学解答用紙

番号		氏名		評点	／100

1

問１
（答）

問２
（答）　$x =$

問３
（答）　$\angle\mathrm{FCG} =$

問４　計算

（答）　$a =$　　　，$b =$

2

問１
（答）

問２
（答）

問３
（答）

3

問１
（答）　　　秒間

問２
（答）　$S =$

問３　計算

（答）（ア）　　，（イ）　　，（ウ）

4

問１
（答）AQ＝

問２
（答）　QR＝

問３
（答）　$S =$

（注）この解答用紙は小社で作成いたしました。

推定配点		計
	1　各７点×４　　2　各８点×３ 3　問１，問２　各８点×２　問３　(ア)　２点　(イ)，(ウ)　各３点×２ 4　各８点×３	100点

二〇一九年度　早稲田大学本庄高等学院

国語解答用紙

番号　氏名　評点 /100

一

問1 (20字)

問2 (30字)

問3 (55字)

問4 Ⅰ Ⅱ Ⅲ Ⅳ

問5

問6 A B

問7 ① ② ③ ④ り ⑤

二

問1 (30字)

問2 (5字)

問3 (始め) 〜 (終わり)

問4 (19字)

問5 (始め) 〜 (終わり)

問6 (10字)

問7 ① ② え ③ ④ ⑤

(注) この解答用紙は小社で作成いたしました。

推定配点	計
一 問1、問2　各7点×2　問3　10点　問4　各3点×4　問5　5点 問6　3点　問7　各2点×5 二 問1　8点　問2　5点　問3〜問5　各6点×3　問6　5点 問7　各2点×5	100点

２０１８年度　早稲田大学本庄高等学院

英語解答用紙

番号		氏名		評点	／100

I	[1]	ⓐ ⓑ ⓒ ⓓ ⓔ
	[2]	ⓐ ⓑ ⓒ ⓓ ⓔ
	[3]	ⓐ ⓑ ⓒ ⓓ ⓔ
	[4]	ⓐ ⓑ ⓒ ⓓ ⓔ
	[5]	ⓐ ⓑ ⓒ ⓓ ⓔ
	[6]	ⓐ ⓑ ⓒ ⓓ ⓔ
	[7]	ⓐ ⓑ ⓒ ⓓ ⓔ
	[8]	ⓐ ⓑ ⓒ ⓓ ⓔ
	[9]	ⓐ ⓑ ⓒ ⓓ ⓔ
	[10]	ⓐ ⓑ ⓒ ⓓ ⓔ

II	問１	(1)	ⓐ ⓑ ⓒ ⓓ ⓔ
		(2)	ⓐ ⓑ ⓒ ⓓ ⓔ
		(3)	ⓐ ⓑ ⓒ ⓓ ⓔ
		(4)	ⓐ ⓑ ⓒ ⓓ ⓔ
		(5)	ⓐ ⓑ ⓒ ⓓ ⓔ
		(6)	ⓐ ⓑ ⓒ ⓓ ⓔ
	問２	1.	ⓐ ⓑ ⓒ ⓓ ⓔ
		2.	ⓐ ⓑ ⓒ ⓓ ⓔ
		3.	ⓐ ⓑ ⓒ ⓓ ⓔ
		4.	ⓐ ⓑ ⓒ ⓓ ⓔ
		5.	ⓐ ⓑ ⓒ ⓓ ⓔ

II	問３	[1]	ⓐ ⓑ ⓒ ⓓ ⓔ
		[2]	ⓐ ⓑ ⓒ ⓓ ⓔ
		[3]	ⓐ ⓑ ⓒ ⓓ ⓔ
		[4]	ⓐ ⓑ ⓒ ⓓ ⓔ
		[5]	ⓐ ⓑ ⓒ ⓓ ⓔ
		[6]	ⓐ ⓑ ⓒ ⓓ ⓔ
		[7]	ⓐ ⓑ ⓒ ⓓ ⓔ

III	問１	(1)	ⓐ ⓑ ⓒ ⓓ ⓔ
		(2)	ⓐ ⓑ ⓒ ⓓ ⓔ
		(3)	ⓐ ⓑ ⓒ ⓓ ⓔ
		(4)	ⓐ ⓑ ⓒ ⓓ ⓔ
		(5)	ⓐ ⓑ ⓒ ⓓ ⓔ
		(6)	ⓐ ⓑ ⓒ ⓓ ⓔ
	問２		ⓐ ⓑ ⓒ ⓓ ⓔ
	問３		ⓐ ⓑ ⓒ ⓓ ⓔ
	問４		ⓐ ⓑ ⓒ ⓓ ⓔ
	問５		ⓐ ⓑ ⓒ ⓓ ⓔ
	問６		ⓐ ⓑ ⓒ ⓓ ⓔ

II 問３ [８]

[９] Something ________________.

III 問７ ________________.

（注）この解答用紙は小社で作成いたしました。

推定配点		計
	Ⅰ　各２点×10 Ⅱ　問１　各２点×６　問２　各３点×５ 問３　[１]～[７]　各２点×７　[８], [９]　各４点×２ Ⅲ　問１　各２点×６　問２～問６　各３点×５　問７　４点	100点

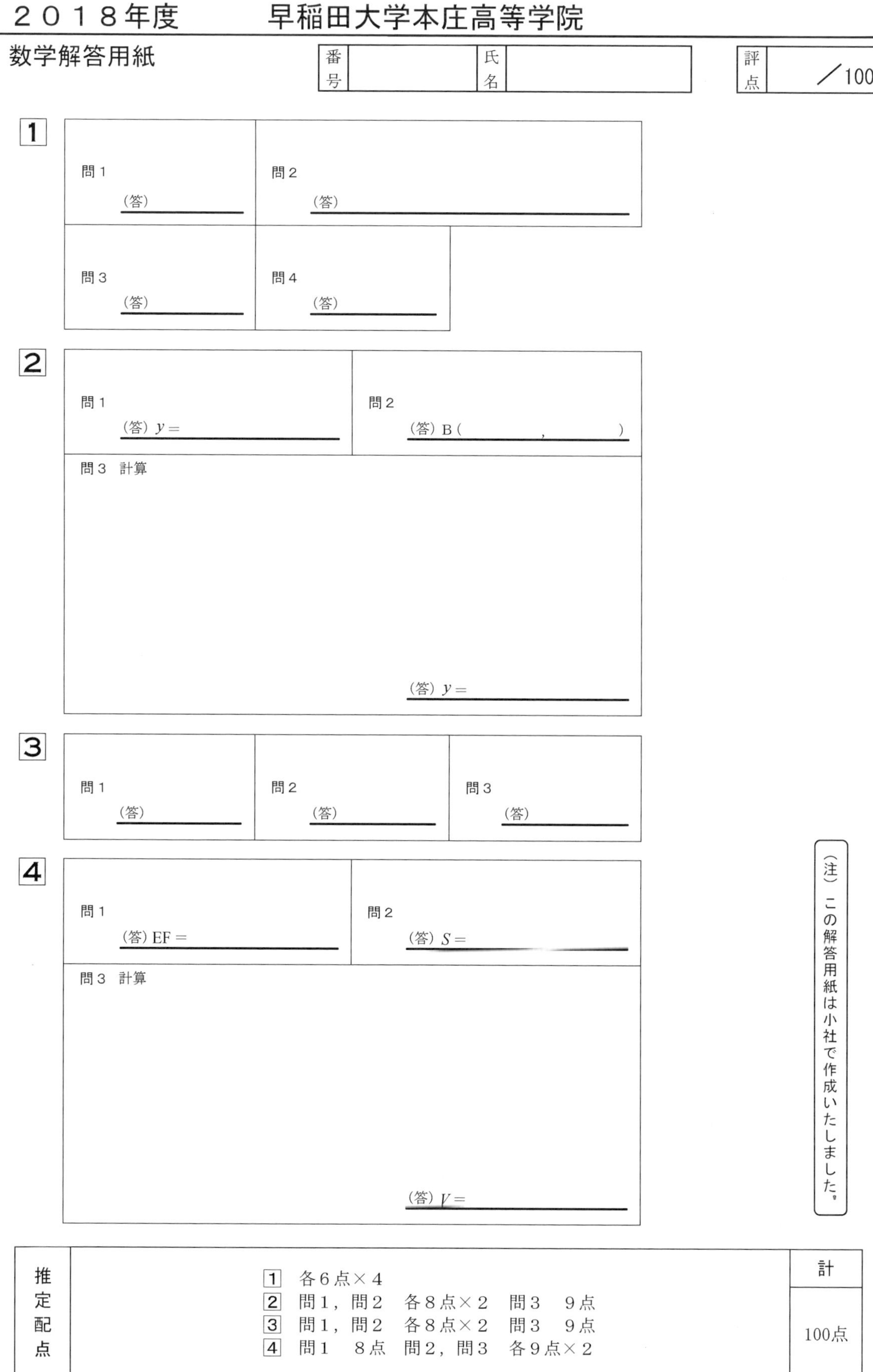

2018年度　早稲田大学本庄高等学院

数学解答用紙

番号		氏名		評点	／100

1

問1 （答）

問2 （答）

問3 （答）

問4 （答）

2

問1 （答）$y=$

問2 （答）B（　　，　　）

問3 計算

（答）$y=$

3

問1 （答）

問2 （答）

問3 （答）

4

問1 （答）EF＝

問2 （答）$S=$

問3 計算

（答）$V=$

（注）この解答用紙は小社で作成いたしました。

推定配点		計
	1 各6点×4 2 問1，問2　各8点×2　問3　9点 3 問1，問2　各8点×2　問3　9点 4 問1　8点　問2，問3　各9点×2	100点

二〇一八年度　早稲田大学本庄高等学院

国語解答用紙

番号　　氏名　　評点　／100

一

問1（始め）（5字）〜（終わり）（5字）

問2（25字）

問3

問4（7字）

問5（60字）

問6

問7　①　②　③　④　⑤

二

問1（20字）

問2　A　B　C　D

問3

問4　（1）（始め）（5字）〜（終わり）（5字）

（2）（6字）

問5（40字）

問6　①　②　③　④　⑤

（注）この解答用紙は小社で作成いたしました。

推定配点	計
一 問1　5点　問2、問3　各6点×2　問4　5点　問5　14点 問6　4点　問7　各2点×5 二 問1　6点　問2　各3点×4　問3、問4　各4点×3 問5　10点　問6　各2点×5	100点

平成29年度　　早稲田大学本庄高等学院

英語解答用紙

番号		氏名		評点	／100

I	問1	〔1〕	ⓐ ⓑ ⓒ ⓓ ⓔ
		〔2〕	ⓐ ⓑ ⓒ ⓓ ⓔ
		〔3〕	ⓐ ⓑ ⓒ ⓓ ⓔ
		〔4〕	ⓐ ⓑ ⓒ ⓓ ⓔ
	問2	〔1〕	ⓐ ⓑ ⓒ ⓓ ⓔ
		〔2〕	ⓐ ⓑ ⓒ ⓓ ⓔ
		〔3〕	ⓐ ⓑ ⓒ ⓓ ⓔ
		〔4〕	ⓐ ⓑ ⓒ ⓓ ⓔ
		〔5〕	ⓐ ⓑ ⓒ ⓓ ⓔ
		〔6〕	ⓐ ⓑ ⓒ ⓓ ⓔ
		〔7〕	ⓐ ⓑ ⓒ ⓓ ⓔ
		〔8〕	ⓐ ⓑ ⓒ ⓓ ⓔ
		〔9〕	ⓐ ⓑ ⓒ ⓓ ⓔ
		〔10〕	ⓐ ⓑ ⓒ ⓓ ⓔ
		〔11〕	ⓐ ⓑ ⓒ ⓓ ⓔ
		〔12〕	ⓐ ⓑ ⓒ ⓓ ⓔ
	問3	〔1〕	ⓐ ⓑ ⓒ ⓓ ⓔ
		〔2〕	ⓐ ⓑ ⓒ ⓓ ⓔ
		〔3〕	ⓐ ⓑ ⓒ ⓓ ⓔ
		〔4〕	ⓐ ⓑ ⓒ ⓓ ⓔ
		〔5〕	ⓐ ⓑ ⓒ ⓓ ⓔ

I	問3	〔6〕	ⓐ ⓑ ⓒ ⓓ ⓔ
		〔7〕	ⓐ ⓑ ⓒ ⓓ ⓔ
		〔8〕	ⓐ ⓑ ⓒ ⓓ ⓔ
		〔9〕	ⓐ ⓑ ⓒ ⓓ ⓔ

II	問1	①	ⓐ ⓑ ⓒ ⓓ ⓔ
		②	ⓐ ⓑ ⓒ ⓓ ⓔ
		③	ⓐ ⓑ ⓒ ⓓ ⓔ
	問2	(1)	ⓐ ⓑ ⓒ ⓓ ⓔ
		(2)	ⓐ ⓑ ⓒ ⓓ ⓔ
		(3)	ⓐ ⓑ ⓒ ⓓ ⓔ
		(4)	ⓐ ⓑ ⓒ ⓓ ⓔ
		(5)	ⓐ ⓑ ⓒ ⓓ ⓔ
		(6)	ⓐ ⓑ ⓒ ⓓ ⓔ
		(7)	ⓐ ⓑ ⓒ ⓓ ⓔ
		(8)	ⓐ ⓑ ⓒ ⓓ ⓔ
		(9)	ⓐ ⓑ ⓒ ⓓ ⓔ
		(10)	ⓐ ⓑ ⓒ ⓓ ⓔ
	問3	〔1〕	ⓐ ⓑ ⓒ ⓓ ⓔ
		〔2〕	ⓐ ⓑ ⓒ ⓓ ⓔ
		〔3〕	ⓐ ⓑ ⓒ ⓓ ⓔ

I 問3

〔10〕 In the United States, ________________.

〔11〕 ________________

II 問3

〔4〕 ________________

（注）この解答用紙は小社で作成いたしました。

推定配点		計
	I 問1　各3点×4　問2　各2点×12 問3　〔1〕～〔9〕　各2点×9　〔10〕　3点　〔11〕　2点 II 問1　各3点×3　問2　各2点×10　問3　各3点×4	100点

平成29年度　早稲田大学本庄高等学院

数学解答用紙

番号		氏名		評点	／100

1

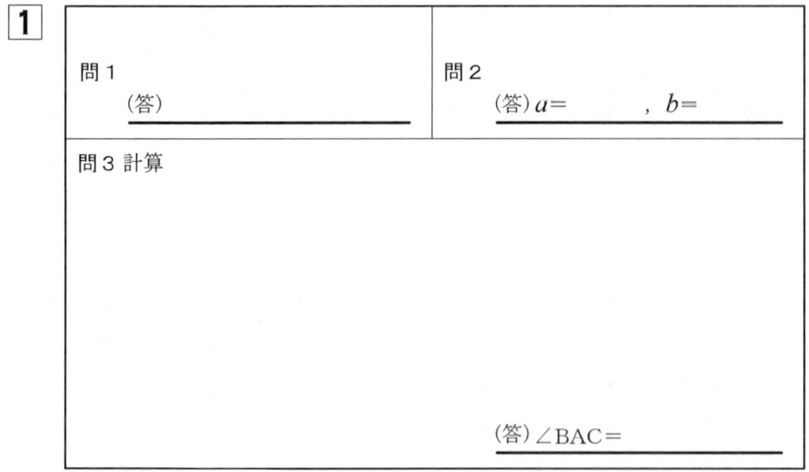

2

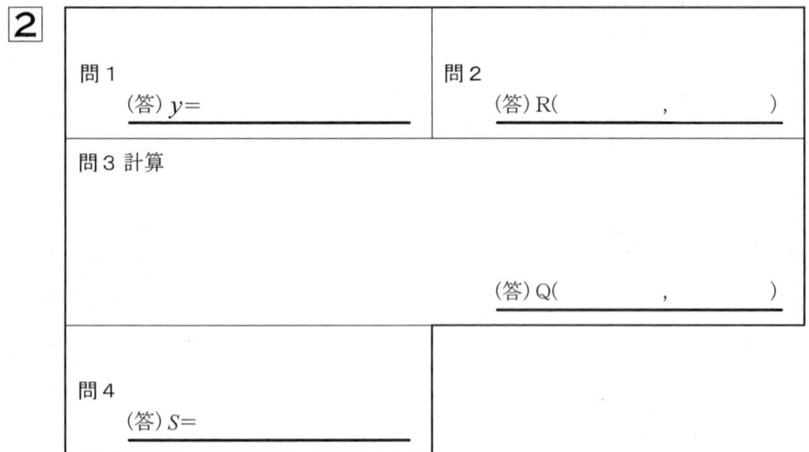

3

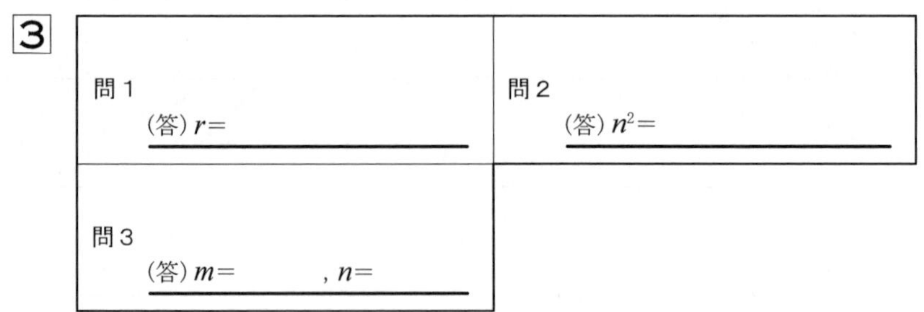

4

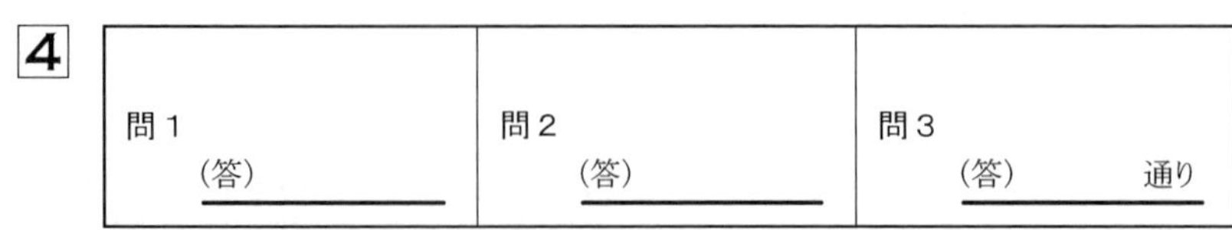

（注）この解答用紙は小社で作成いたしました。

推定配点		計
	1 各８点×３　2 各７点×４　3, 4 各８点×６	100点

平成二十九年度　早稲田大学本庄高等学院

国語解答用紙

番号　氏名　評点 /100

一

問1

問2 (4字)

問3 A B C D

問4 (始め) (5字) ～ (終わり) (5字)

問5 Ⅰ Ⅱ

問6 (10字)

問7 (30字)

問8 ① れる ② し ③ ④ ⑤

二

問1 (50字)

問2 A B

問3 (始め) (5字) ～ (終わり) (5字)

問4 (5字)

問5

問6 ① しく ② ③ ④ はゆく ⑤

(注) この解答用紙は小社で作成いたしました。

推定配点	
一 問1、問2 各5点×2 問3 各4点×4 問4 5点 問5 各2点×2 問6 5点 問7 7点 問8 各2点×5 二 問1 14点 問2 各2点×2 問3～問5 各5点×3 問6 各2点×5	計 100点

平成28年度　　早稲田大学本庄高等学院

英語解答用紙

番号		氏名	

評点	／100

I	問1	〔1〕	ⓐ ⓑ ⓒ ⓓ ⓔ
		〔2〕	ⓐ ⓑ ⓒ ⓓ ⓔ
		〔3〕	ⓐ ⓑ ⓒ ⓓ ⓔ
		〔4〕	ⓐ ⓑ ⓒ ⓓ ⓔ
		〔5〕	ⓐ ⓑ ⓒ ⓓ ⓔ
	問2	〔1〕	ⓐ ⓑ ⓒ ⓓ ⓔ
		〔2〕	ⓐ ⓑ ⓒ ⓓ ⓔ
		〔3〕	ⓐ ⓑ ⓒ ⓓ ⓔ
		〔4〕	ⓐ ⓑ ⓒ ⓓ ⓔ
		〔5〕	ⓐ ⓑ ⓒ ⓓ ⓔ
		〔6〕	ⓐ ⓑ ⓒ ⓓ ⓔ
		〔7〕	ⓐ ⓑ ⓒ ⓓ ⓔ
		〔8〕	ⓐ ⓑ ⓒ ⓓ ⓔ
		〔9〕	ⓐ ⓑ ⓒ ⓓ ⓔ
		〔10〕	ⓐ ⓑ ⓒ ⓓ ⓔ
		〔11〕	ⓐ ⓑ ⓒ ⓓ ⓔ
		〔12〕	ⓐ ⓑ ⓒ ⓓ ⓔ
		〔13〕	ⓐ ⓑ ⓒ ⓓ ⓔ
		〔14〕	ⓐ ⓑ ⓒ ⓓ ⓔ
		〔15〕	ⓐ ⓑ ⓒ ⓓ ⓔ

I	問3	〔1〕	ⓐ ⓑ ⓒ ⓓ ⓔ
		〔2〕	ⓐ ⓑ ⓒ ⓓ ⓔ
		〔3〕	ⓐ ⓑ ⓒ ⓓ ⓔ
		〔4〕	ⓐ ⓑ ⓒ ⓓ ⓔ
		〔5〕	ⓐ ⓑ ⓒ ⓓ ⓔ
		〔6〕	ⓐ ⓑ ⓒ ⓓ ⓔ
		〔7〕	ⓐ ⓑ ⓒ ⓓ ⓔ

II	問1	(1)	ⓐ ⓑ ⓒ ⓓ ⓔ
		(2)	ⓐ ⓑ ⓒ ⓓ ⓔ
		(3)	ⓐ ⓑ ⓒ ⓓ ⓔ
		(4)	ⓐ ⓑ ⓒ ⓓ ⓔ
		(5)	ⓐ ⓑ ⓒ ⓓ ⓔ
		(6)	ⓐ ⓑ ⓒ ⓓ ⓔ
		(7)	ⓐ ⓑ ⓒ ⓓ ⓔ
		(8)	ⓐ ⓑ ⓒ ⓓ ⓔ
	問2		ⓐ ⓑ ⓒ ⓓ ⓔ
	問3		ⓐ ⓑ ⓒ ⓓ ⓔ
	問4		ⓐ ⓑ ⓒ ⓓ ⓔ

I 問3
〔8〕

II 問5　　about city life.

問6

（注）この解答用紙は小社で作成いたしました。

推定配点		計
	I 問1　各3点×5　問2　各2点×15　問3　各3点×8 II 問1　各2点×8　問2～問6　各3点×5	100点

平成28年度　　早稲田大学本庄高等学院

数学解答用紙

番号		氏名		評点	／100

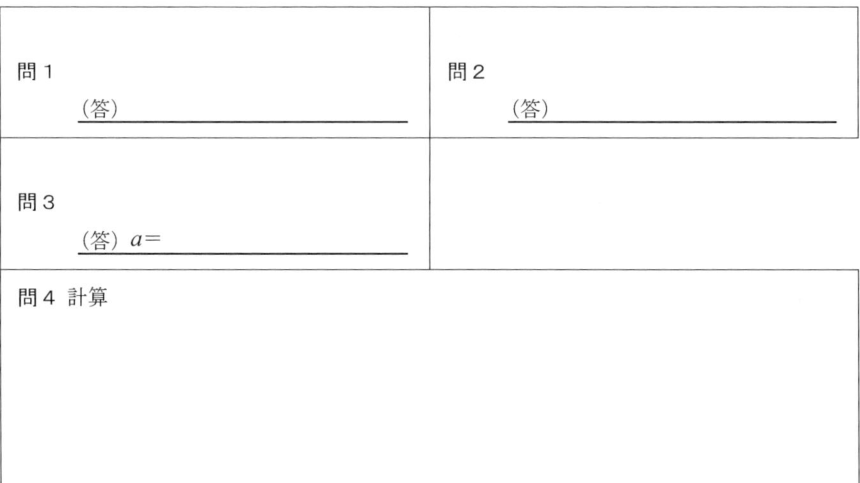

1

問1　（答）

問2　（答）

問3　（答）$a=$

問4 計算

（答）$a=$

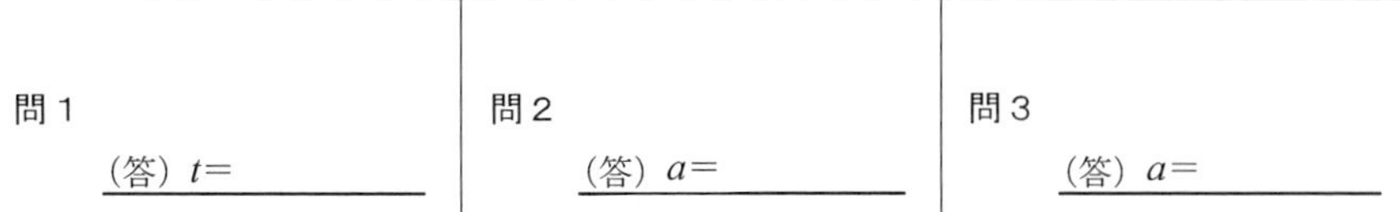

2

問1　（答）$t=$

問2　（答）$a=$

問3　（答）$a=$

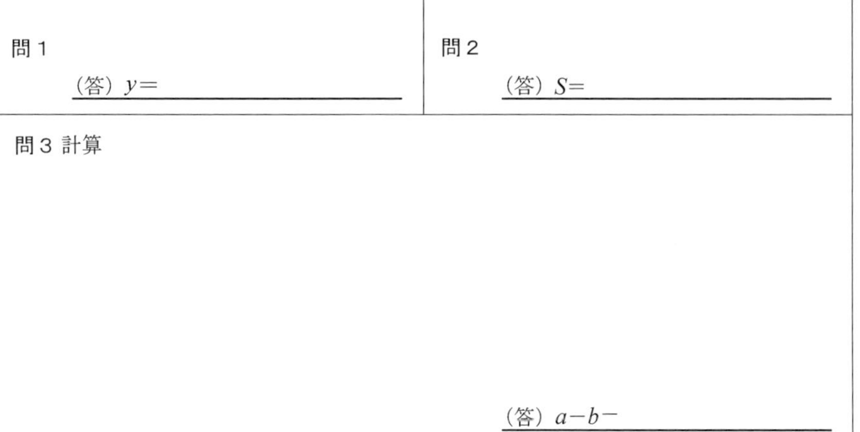

3

問1　（答）$y=$

問2　（答）$S=$

問3 計算

（答）$a-b-$

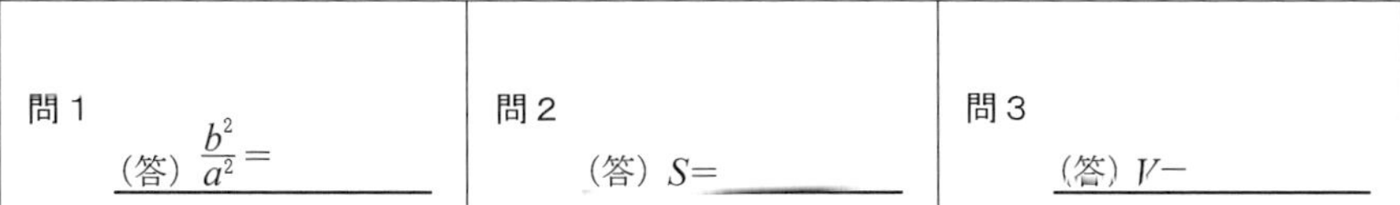

4

問1　（答）$\frac{b^2}{a^2}=$

問2　（答）$S=$

問3　（答）$V-$

（注）この解答用紙は小社で作成いたしました。

推定配点	1 各7点×4　2～4 各8点×9	計 100点

平成二十八年度　早稲田大学本庄高等学院

国語解答用紙

番号　　氏名　　評点　／100

一

問1 （始め）□□□□□（5字）　問2 □□□□（4字）

問3 A　B　C　D

問4 （30字）

問5 □　問6 （10字）

問7 （10字）

問8 から

問9 ①　②　み　③　④　⑤

二

問1 □　問2 □

問3 A　B　C

問4 （1）　（2）

問5 a　b

問6 （15字）

問7 ①　②　め　③　④　⑤　り

（注）この解答用紙は小社で作成いたしました。

推定配点	計
一 問1、問2 各5点×2 問3 各3点×4 問4〜問8 各5点×5 問9 各2点×5 二 問1、問2 各5点×2 問3、問4 各2点×5 問5 各4点×2 問6 5点 問7 各2点×5	100点

社会情勢の影響で中止の可能性がございます。必ず弊社HPをご確認ください。

◯首都圏最大級の進学相談会

第43回 中・高入試
受験なんでも相談会

主催 声の教育社

1都3県の有名校が参加!!

会場 新宿住友ビル三角広場

交通●ＪＲ・京王線・小田急線「新宿駅」西口徒歩8分
●都営地下鉄大江戸線「都庁前駅」A6出口直結
●東京メトロ丸ノ内線「西新宿駅」2番出口徒歩4分

日時 6月22日(土)… **中学受験**のみ
6月23日(日)… **高校受験**のみ

中学受験 午前・午後の2部制
高校受験 90分入れ替え4部制

特設ページ

入場予約6/8～(先行入場抽選5/31～)
当日まで入場予約可能(定員上限あり)
詳しくは弊社ＨＰ特設ページをご覧ください。

新会場の三角広場は天井高25m、換気システムも整った広々空間

●参加予定の中学校・高等学校一覧

22日(中学受験のみ)参加校
麻布中学校
跡見学園中学校
鷗友学園女子中学校
大妻中学校
大妻多摩中学校
大妻中野中学校
海城中学校
開智日本橋学園中学校
かえつ有明中学校
学習院女子中等科
暁星中学校
共立女子中学校
慶應義塾中等部（午後のみ）
恵泉女学園中学校
晃華学園中学校
攻玉社中学校
香蘭女学校中等科
駒場東邦中学校
サレジアン国際学園世田谷中学校
実践女子学園中学校
品川女子学院中等部
芝中学校
渋谷教育学園渋谷中学校
頌栄女子学院中学校
昭和女子大学附属昭和中学校
女子聖学院中学校
白百合学園中学校
成城中学校
世田谷学園中学校
高輪中学校
多摩大学附属聖ヶ丘中学校
田園調布学園中等部
千代田国際中学校
東京女学館中学校
東京都市大学付属中学校
東京農業大学第一中等部
豊島岡女子学園中学校
獨協中学校
ドルトン東京学園中等部
広尾学園中学校
広尾学園小石川中学校
富士見中学校
本郷中学校
三田国際学園中学校
三輪田学園中学校
武蔵中学校
山脇学園中学校
立教女学院中学校
早稲田中学校
和洋九段女子中学校
青山学院横浜英和中学校
浅野中学校
神奈川大学附属中学校
カリタス女子中学校
関東学院中学校
公文国際学園中等部
慶應義塾普通部（午後のみ）
サレジオ学院中学校
森村学園中等部
横浜女学院中学校
横浜雙葉中学校
光英VERITAS中学校
昭和学院秀英中学校
専修大学松戸中学校
東邦大学付属東邦中学校
和洋国府台女子中学校
浦和明の星女子中学校
大妻嵐山中学校
開智未来中学校

23日(高校受験のみ)参加校
岩倉高校
関東第一高校
共立女子第二高校
錦城高校
錦城学園高校
京華商業高校
国学院高校
国際基督教大学高校
駒澤大学高校
駒場学園高校
品川エトワール女子高校
下北沢成徳高校
自由ヶ丘学園高校
潤徳女子高校
杉並学院高校
正則高校
専修大学附属高校
大成高校
大東文化大学第一高校
拓殖大学第一高校
多摩大学目黒高校
中央大学高校
中央大学杉並高校
貞静学園高校
東亜学園高校
東京高校
東京工業大学附属科学技術高校
東京実業高校
東洋高校
東洋女子高校
豊島学院・昭和鉄道高校
二松学舎大学附属高校
日本大学櫻丘高校
日本大学鶴ヶ丘高校
八王子学園八王子高校
文華女子高校
豊南高校
朋優学院高校
保善高校
堀越高校
武蔵野大学附属千代田高校
明治学院高校
桐蔭学園高校
東海大学付属相模高校
千葉商科大学付属高校
川越東高校
城西大学付属川越高校

22・23日(中学受験・高校受験)両日参加校
【東京都】
青山学院中等部・高等部
足立学園中学・高校
郁文館中学・高校・グローバル高校
上野学園中学・高校
英明フロンティア中学・高校
江戸川女子中学・高校
学習院中等科・高等科
神田女学園中学・高校
北豊島中学・高校
共栄学園中学・高校
京華中学・高校
京華女子中学・高校
啓明学園中学・高校
工学院大学附属中学・高校
麴町学園女子中学校・高校
佼成学園中学・高校
佼成学園女子中学・高校
国学院大学久我山中学・高校
国士舘中学・高校
駒込中学・高校
駒沢学園女子中学・高校
桜丘中学・高校
サレジアン国際学園中学・高校
実践学園中学・高校
芝浦工業大学附属中学・高校
芝国際中学・高校
十文字中学・高校
淑徳中学・高校
淑徳巣鴨中学・高校
順天中学・高校
城西大学附属城西中学・高校
聖徳学園中学・高校
城北中学・高校
女子美術大学付属中学・高校
巣鴨中学・高校
聖学院中学・高校
成蹊中学・高校
成城学園中学・高校
青稜中学・高校
玉川学園　中学部・高等部
玉川聖学院中等部・高等部
中央大学附属中学・高校
帝京中学・高校
東海大学付属高輪台高校・中等部
東京家政学院中学・高校
東京家政大学附属女子中学・高校
東京成徳大学中学・高校
東京電機大学中学・高校
東京都市大学等々力中学・高校
東京立正中学・高校
桐朋中学・高校
桐朋女子中学・高校
東洋大学京北中学・高校
トキワ松学園中学・高校
中村中学・高校
日本工業大学駒場中学・高校
日本学園中学・高校
日本大学第一中学・高校
日本大学第二中学・高校
日本大学第三中学・高校
日本大学豊山中学・高校
日本大学豊山女子中学・高校
富士見丘中学・高校
藤村女子中学・高校
文化学園大学杉並中学・高校
文京学院大学女子中学・高校
文教大学付属中学・高校
法政大学中学・高校
宝仙学園中学・高校共学部理数インター
明星学園中学・高校
武蔵野大学中学・高校
明治学院中学・東村山高校
明治大学付属中野中学・高校
明治大学付属八王子中学・高校
明治大学付属明治中学・高校
明法中学・高校
目黒学院中学・高校
目黒日本大学中学・高校
目白研心中学・高校
八雲学園中学・高校
安田学園中学・高校
立教池袋中学・高校
立正大学付属立正中学・高校
早稲田実業学校中等部・高等部
早稲田大学高等学院・中学部
【神奈川県】
中央大学附属横浜中学・高校
桐光学園中学・高校
日本女子大学附属中学・高校
法政大学第二中学・高校
【千葉県】
市川中学・高校
国府台女子学院中学・高等部
芝浦工業大学柏中学・高校
渋谷教育学園幕張中学・高校
昭和学院中学・高校
東海大学付属浦安高校・中等部
麗澤中学・高校
【埼玉県】
浦和実業学園中学・高校
開智中学・高校
春日部共栄中学・高校
埼玉栄中学・高校
栄東中学・高校
狭山ヶ丘高校・付属中学校
昌平中学・高校
城北埼玉中学・高校
西武学園文理中学・高校
東京農業大学第三高校・附属中学校
獨協埼玉中学・高校
武南中学・高校
星野学園中学校・星野高校
立教新座中学・高校
【愛知県】
海陽中等教育学校

※上記以外の学校や志望校の選び方などの相談は

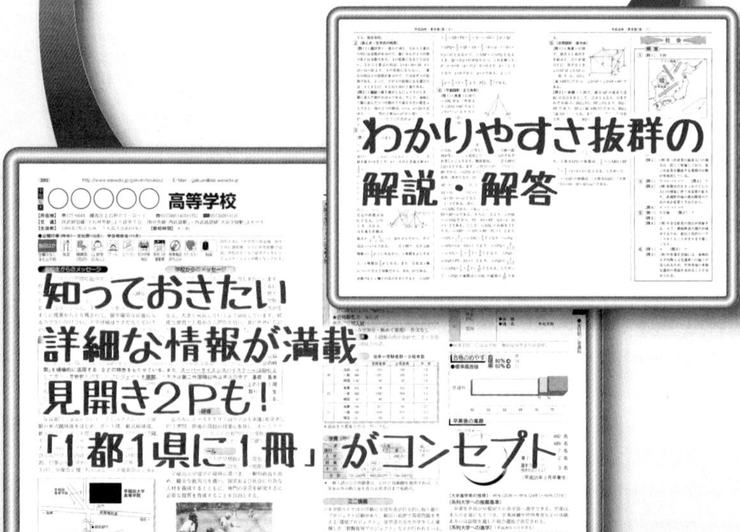